普通高等学校应用型教材
会 计

U0873960

税法（简明版）

第 4 版

主 编 梁文涛
副主编 苏 杉 张清亮

中国人民大学出版社
·北京·

前　言

“税法”是应用型院校财经专业的一门专业核心课。这门课服务于会计专业人才培养目标，培养具有一定企业涉税法律知识、涉税岗位能力的应用型人才。本课程坚持“理实一体，学做合一”，以涉税岗位能力的培养为主线，为培养学生具备从事财税工作应有的基本知识、基本技能和核算操作能力服务。

《税法（简明版）（第 4 版）》是作者在中国人民大学出版社出版的《税法（第 7 版）》的压缩版，适合学时少的“税法”课程使用。《税法（第 7 版）》的配套学习用书《税法习题集》也可以作为《税法（简明版）（第 4 版）》的配套习题集。“税法”课程的后续课程为“税务会计”“纳税筹划”，读者可以继续选用作者在中国人民大学出版社出版的《税务会计（简明版）（第 3 版）》《税务会计（第 5 版）》《〈税务会计（第 5 版）〉习题集》《纳税筹划（第 7 版）》《〈纳税筹划（第 7 版）〉习题集》。

本教材包括税法认知、增值税法、消费税法、企业所得税法、个人所得税法、其他税种税法（上）、其他税种税法（下）共 7 章内容。为培养应用型涉税岗位人才，本教材从“工作引例”“情境引例”“工作实例”“理论答疑”“实务答疑”等方面对涉税实例进行分析与操作，主要对企业实际工作所涉及的各税种的认知、计算、征收管理、涉税疑难问题等进行讲解，突出税法的实用性和应用性，让学生在学习税法理论知识的同时，提升对税法的实践和应用能力。

本教材在借鉴大量前期优秀成果的基础上，结合了作者对税法的理论与实践的认识，具有以下特色。

一、贯彻党的二十大精神，落实立德树人根本任务，实施课程思政

为贯彻党的二十大精神，落实立德树人根本任务，实施课程思政，本教材每章开头设置“素养提升”栏目，引导学生提升职业道德修养，同时，紧密结合本学科专业人才培养目标，突出重点、抓住关键点，以“素养园地”的形式将习近平新时代中国特色社会主义思想和党的二十大精神融入本教材，充分发挥教材的铸魂育人功能。

二、案例经典、丰富，实用性和应用性强

作者从多年归纳整理的 500 多个经典涉税疑难问题和案例中选取近 200 个，通过“情境引例”“理论答疑”“实务答疑”“工作实例”等方式融入教材。通过对这近 200 个涉税疑难问题和案例的解答及分析，帮助学生较快地把握税法的精髓和思想。

三、编写体例、形式和内容适合应用型人才培养特点

本教材每章开头设置“素养提升”，为落实立德树人提供指引，接着设置“能力目标”，让学生能够明确本章的学习目标；在每章具体学习之前设置“工作引例”，在每节具体学习之前设置“情境引例”，激发学生的学习兴趣；在税法理论知识的讲授过程中融入“理论答疑”，在税法实务知识的讲授过程中融入“实务答疑”，实现理实一体，与此同时设置“点拨指导”“特别提示”“归纳总结”“知识链接”等模块，并从“工作实例”“工作要求”“工作实施”三个方面对涉税实例进行分析与操作，让学生体验案例学习的趣味，再次激发学生的学习兴趣；在每节末尾以二维码的形式设置“即测即评”、在每章的最后设置“技能训练”“实战演练”，让学生通过练习，进一步理解和掌握所学知识。

四、严格按照新税法编写，体现最新的营改增、深化增值税改革有关政策（含13%和9%的增值税新税率）和个人所得税法等内容

本教材本次加印根据完稿之日（2025年5月20日）的最新税法修订。本教材在以后加印、修订或再版时，将根据最新税法及时修正和完善，同时在PPT等教学资源中体现。本教材根据自2019年4月1日起实行的深化增值税改革有关政策（含13%和9%的增值税新税率），自2019年1月1日起正式施行的新修订的《中华人民共和国个人所得税法》、新修订的《中华人民共和国个人所得税法实施条例》、《个人所得税专项附加扣除暂行办法》，自2019年7月1日起正式施行的《中华人民共和国车辆购置税法》，自2019年9月1日起正式施行的《中华人民共和国耕地占用税法》，自2020年9月1日起施行的《中华人民共和国资源税法》，自2021年9月1日起施行的《中华人民共和国城市维护建设税法》，自2021年9月1日起施行的《中华人民共和国契税法》，自2022年7月1日起施行的《中华人民共和国印花税法》，自2024年12月1日起施行的《中华人民共和国关税法》，自2024年12月1日起实施的《水资源税改革试点实施办法》，以及自2026年1月1日起施行的《中华人民共和国增值税法》（2025年12月31日之前，我国仍然适用《中华人民共和国增值税暂行条例》，并且目前我国与《中华人民共和国增值税法》相关的配套细则文件尚未全部出台，因此本教材本次出版按照《中华人民共和国增值税暂行条例》、同时结合《中华人民共和国增值税法》对“增值税法”的内容进行编写）等最新税收政策编写。同时，根据《国家税务总局关于简并税费申报有关事项的公告》（国家税务总局公告2021年第9号）、《国家税务总局关于增值税消费税与附加税费申报表整合有关事项的公告》（国家税务总局公告2021年第20号）、《国家税务总局关于进一步实施小微企业“六税两费”减免政策有关征管问题的公告》（国家税务总局公告2022年第3号）、《国家税务总局关于修订发布〈个人所得税专项附加扣除操作办法（试行）〉的公告》（国家税务总局公告2022年第7号）等文件，对纳税申报表、税费申报表进行了修订。

五、教学资源丰富

本教材为任课教师提供教学课件、教学大纲、授课讲义（教案）、即测即评习题

(通过二维码的方式)、技能训练、实战演练的参考答案等电子资源。任课教师可登录中国人民大学出版社网站(www.crup.com.cn)索取上述资源。

六、提供最新税收政策库链接

本教材提供最新税收政策库链接,读者可以通过税收政策库查询各个税种的最新法律法规文件。具体可登录 https://fgk.chinatax.gov.cn/zcfgk/c100006/listflfg.html 查阅。

本教材的出版得到了中国人民大学出版社相关工作人员的大力支持与帮助,在此表示感谢。本教材在撰写过程中,参考借鉴了大量相关专著、教材与论文,在此向其作者表示由衷的感谢。由于作者水平有限,以及会计、税收等法律、法规、政策不断修订变化,本教材难免存在不当之处,读者在实际运用时应当以最新的法律、法规、政策为准。同时,竭诚欢迎广大读者批评指正。若有意见、建议或指正,请发送至邮箱:nashuichouhua@126.com。欢迎使用本教材的教师加入 QQ 群:498267290(仅供任课教师加入,加入时请说明本人的单位、姓名)。

本教材由梁文涛担任主编,苏杉、张清亮担任副主编。

本教材不仅可以作为应用型院校的教材,而且可以作为各种财税培训机构的培训用书,还适合企业董事长、财务主管、税务经理以及律师、注册会计师、税务师、会计师、管理会计师、纳税筹划师等各类关注财税的人士阅读。

目 录

第1章

税法认知

素养提升

税收取之于民，用之于民。“坚持全面依法治国，推进法治中国建设。”①

1. 征税主体（税务机关、海关）应当深入贯彻“深化简政放权、放管结合、优化服务改革”② 精神，更好地服务市场主体，贡献税务智慧力量。

2. 纳税主体（纳税人）应当努力增强法治观念，“广泛践行社会主义核心价值观”③，持守纳税信用，合法合规纳税。

能力目标

1. 能识记税收的含义与特征、税法的含义与特征。

2. 能明确税收的分类、税法的构成要素、税收法律关系。

工作引例

全额累进税率和超额累进税率的运用

假定张某、李某、王某、赵某四人的本年④全年应纳税所得额分别为 36 000 元、36 001元、660 000 元、660 001 元。全额累进税率表（按年）和超额累进税率表（按年）分别如表 1－1 和表 1－2 所示。

---

①②③ 习近平. 高举中国特色社会主义伟大旗帜 为全面建设社会主义现代化国家而团结奋斗——在中国共产党第二十次全国代表大会上的报告. 北京：人民出版社，2022.

④ 若没有特殊说明，本书中的本年均指 2025 年。

表1-1　全额累进税率表（按年）

级数	全年应纳税所得额	税率（%）
1	不超过36 000元的	3
2	超过36 000元至144 000元的部分	10
3	超过144 000元至300 000元的部分	20
4	超过300 000元至420 000元的部分	25
5	超过420 000元至660 000元的部分	30
6	超过660 000元至960 000元的部分	35
7	超过960 000元的部分	45

表1-2　超额累进税率表（按年）

级数	全年应纳税所得额	税率（%）	速算扣除数（元）
1	不超过36 000元的	3	0
2	超过36 000元至144 000元的部分	10	2 520
3	超过144 000元至300 000元的部分	20	16 920
4	超过300 000元至420 000元的部分	25	31 920
5	超过420 000元至660 000元的部分	30	52 920
6	超过660 000元至960 000元的部分	35	85 920
7	超过960 000元的部分	45	181 920

工作要求

（1）采用全额累进税率，分别计算张某、李某、王某、赵某的应纳税额。

（2）采用超额累进税率，分别计算张某、李某、王某、赵某的应纳税额。

（3）通过比较全额累进税率和超额累进税率的特点来说明哪一种更为合理。

工作引例解析　见本章第2节。

第1节　税收的内涵和分类

情境引例

小王说："自2019年起，居民个人的综合所得，以每一纳税年度的收入额减除费用6万元及专项扣除、专项附加扣除和依法确定的其他扣除后的余额，为应纳税所得额。这样，我公司绝大多数人就不需要缴纳个人所得税了。不过，大部分人并不知道日常生活中买条牛仔裤、坐次出租车、吃顿饭、加箱油、买包烟、买瓶酒、买盒高档化妆品分别缴了多少税。"

你认为小王上述关于“买条牛仔裤、坐次出租车、吃顿饭、加箱油、买包烟、买瓶酒、买盒高档化妆品分别缴了多少税”的说法正确吗？

一、税收的含义与特征

（一）税收的含义

税收是国家为行使其职能、满足社会公共需要，凭借公共权力，按照法律所规定的标准和程序，参与国民收入分配并调整税收分配关系，强制、无偿且较为固定地取得财政收入的一种方式。

【特别提示】税收不仅是经济领域的问题，而且是政治领域、社会领域的大问题。

【素养园地】2015 年 10 月 29 日，习近平总书记在党的十八届五中全会第二次全体会议上对税收作如下论述：政府要有税收。政府必须提供外部性强的公共服务、基础设施。政府做这些事的钱从哪里来？主要是税收。政府可以发债，但也不能发过了头。如果经济增长速度挺高，但政府没有税收，没有钱干政府要干的事，民生和公共服务无从改善，社会也难以和谐稳定。政府的钱不能乱花，所以要控制好支出。①

（二）税收的特征

税收的特征包括以下三个方面：

（1）强制性。税收的强制性是指国家凭借其公共权力以法律的形式对税收征纳双方的权利（权力）与义务进行制约，既不是由纳税主体按照个人意志自愿缴纳，也不是由征税主体按照其意愿随意征税，而是按照法律的规定进行征税。

【点拨指导】国家征税是凭借政治权力，而不是凭借财产所有权。

（2）无偿性。税收的无偿性是指国家征税以后，所有税款一律纳入国家财政预算，由财政统一分配，而不直接向个体（具体）纳税人返还或支付报酬。税收的无偿性是对个体（具体）纳税人而言的，其享有的公共产品和公共服务与其缴纳的税款并非一一对等，但就纳税人整体而言，两者是对等的。政府使用征得的税款向社会全体成员包括个体（具体）纳税人提供公共产品和公共服务。因此，税收的无偿性表现为个体的无偿性、整体的有偿性。

【点拨指导】无偿性决定了税收是筹集财政收入的主要手段。

（3）固定性。税收的固定性是指国家事先以法律的形式规定了统一的征税标准，包括纳税人、征税对象、税率、纳税期限、纳税地点等。这些征税标准一经确定，在一定时期内是相对（而非绝对）稳定不变的。

① 习近平. 在党的十八届五中全会第二次全体会议上的讲话（节选）. 求是，2016（1）.

二、税收的分类

（一）按征税对象性质分类

按征税对象性质，税收可分为流转税、所得税、资源税和环境保护税、财产税、行为税、特定目的税六种。

1. 流转税

流转税，又称流转税类，也称商品（货物）和劳务税类，是指以货物、劳务、服务、无形资产或者不动产买卖的流转额为征税对象征收的各种税，如增值税、消费税、关税。流转税发生在生产、流通或服务领域，对保证国家能够及时、稳定、可靠地获取财政收入起着非常重要的作用。同时，流转税对调节生产、消费也起到一定的作用。因此，流转税是我国的主体税种。

【点拨指导】流转税类的特点是：以应税货物、劳务、服务、无形资产或者不动产的流转额为计税依据，在生产经营及销售的各流转环节征收，其征税数额（税收负担，简称税负）整体上不受成本、费用、利润变化的影响，但对销售价格的变化较为敏感。

2. 所得税

所得税，又称所得税类，是指以所得额（所得额为应纳税所得额的简称，对于土地增值税来说，又称增值额）为征税对象征收的各种税，如企业所得税、个人所得税、土地增值税。所得额在一般情况下等于总收入减去为取得收入耗费的各项成本费用后的余额。所得税按照全部收入减去成本费用后的余额（应纳税所得额）来计算缴纳，对调整国民收入分配、缩小纳税人的收入差距有着积极的作用。随着我国经济的发展，企业和个人所得逐渐增加，所得税已成为我国近年来增长较快的一类税种。

【点拨指导】所得税类的特点是：计税依据不是一般收入，而是总收入减除准予扣除项目后的余额（应纳税所得额），其征税数额（税负）受收入、成本、费用、利润高低的影响。

3. 资源税和环境保护税

资源税和环境保护税，又称资源税和环境保护税类，是指以各种应税自然资源、其他资源或者纳税人直接向环境排放的应税污染物为征税对象征收的各种税，如资源税、城镇土地使用税、环境保护税。征收资源税和环境保护税不仅可以促进资源节约利用，合理利用城镇土地，调节资源级差收入，而且可以保护和改善环境，减少污染物排放，推进生态文明建设，促进资源税和环境保护税涉税企业在平等的基础上公平竞争。

【点拨指导】资源税和环境保护税类的特点是：征税数额（税负）高低与资源级差收入水平或者应税污染物排放量关系密切，征税范围的选择比较灵活。

4. 财产税

财产税，又称财产税类，是指以纳税人拥有或支配的财产为征税对象征收的各种税，如房产税、车船税。征收财产税不仅可以使国家取得一定的财政收入，而且对提高财产的利用效率、限制财产不必要的占用起到一定作用。

【点拨指导】财产税类的特点是：征税数额（税负）与财产价值、数量关系密切，有利于缩小财富差距、调节分配关系。

5. 行为税

行为税，又称行为税类，是指以纳税人发生的某种行为为征税对象征收的各种税，如印花税、契税。行为税是国家为了对某些行为进行规范、限制、调节，使微观经济活动符合宏观经济的要求。

【点拨指导】行为税类的特点是：征税的选择性比较明显，税种较多，具有较强的时效性。

6. 特定目的税

特定目的税，又称特定目的税类，是指为了达到某种特定目的，对特定对象和特定行为征收的各种税，包括车辆购置税、耕地占用税、城市维护建设税、烟叶税、船舶吨税。特定目的税是国家对特定对象和特定行为进行调节，以达到某种特定目的而设立的税种。

【点拨指导】特定目的税类的特点是：征税的政策目的非常明确，其政策目的远远大于财政收入目的，其征收并不看重财政收入的多少。

【特别提示】自 2021 年 6 月 1 日起，纳税人申报缴纳城镇土地使用税、房产税、车船税、印花税、耕地占用税、资源税、土地增值税、契税、环境保护税、烟叶税中一个或多个税种时，使用《财产和行为税纳税申报表》。纳税人新增税源或税源变化时，需先填报《财产和行为税税源明细表》。《财产和行为税纳税申报表》和《财产和行为税税源明细表》中的“财产和行为税”是个广义的概念，包括城镇土地使用税、房产税、车船税、印花税、耕地占用税、资源税、土地增值税、契税、环境保护税、烟叶税。而狭义的“财产和行为税”中的财产税包括房产税、车船税；行为税包括印花税、契税。

（二）按计税依据分类

按计税依据，税收可分为从价税、从量税和复合税三种。

1. 从价税

从价税是以征税对象的一定价值单位（收入、价格、金额等）为标准，按一定比例税率计征的各种税，如增值税、个人所得税、房产税。一般而言，由于从价税的税额直接或间接与商品销售收入挂钩，也就是说，从价税的税额可以随商品价格的变化而变化，因此从价税的适用范围很广。

2. 从量税

从量税是以征税对象的一定数量单位（重量、件数、容积、面积、长度等）为标准，采用固定单位税额计征的各种税，如车船税、城镇土地使用税。从量税的税额不随商品价格的变化而变化，单位商品税负固定。由于通货膨胀等因素的影响，从量税的税负实际上处于下降的趋势，因此从量税不能大范围使用。

3. 复合税

复合税是从价税和从量税的结合，是既按照征税对象的一定价值单位又按照一定数量单位计征的各种税，如卷烟、白酒的消费税。

（三）按税收与价格的关系分类

按税收与价格的关系，税收可分为价内税和价外税两种。

1. 价内税

价内税是指税金包含在商品价格之中，作为价格构成部分的各种税，如消费税。消费税的计税依据为含消费税的价格。征收价内税有利于国家通过对税负的调整，直接调节生产和消费，但容易造成价格的扭曲。

2. 价外税

价外税是指税金不包含在商品价格之中，价税分列的各种税，如增值税。增值税的计税价格为不含增值税的价格，购买方在购买商品时，除需要支付约定的价款（不含增值税价款）外，还需要支付按规定税率计算出来的增值税税款，这两者是分开记载的。价外税与纳税人的收入、成本和利润没有直接联系，能更好地反映纳税人的经营成果，不会因征税而影响公平竞争。同时，价外税不会干扰价格对市场供求状况的正确反映，因此价外税更符合市场经济的要求。

（四）按税收收入的归属分类

按税收收入的归属，税收可分为中央税、地方税和中央地方共享税三种。

1. 中央税

中央税是指收入归中央政府支配使用的税种，如消费税、关税。

2. 地方税

地方税是指收入归地方政府支配使用的税种，如城镇土地使用税、耕地占用税。

3. 中央地方共享税

中央地方共享税是指收入由中央政府和地方政府按一定比例分享的税种，如增值税，中央分享50%，地方分享50%。

（五）按税收负担能否转嫁分类

按税收负担能否转嫁，税收可分为直接税和间接税两种。

1. 直接税

直接税是指纳税人就是税收的实际负担人（负税人），纳税人不能或不便于把税收负担转嫁给他人的各种税，如企业所得税、个人所得税、车辆购置税。直接税的纳税人不仅在形式上有纳税义务，实际上也是税收负担者，即纳税人与负税人是一致的。

2. 间接税

间接税是指纳税人不是税收的实际负担人（负税人），纳税人能够通过销售商品等行为来把税收负担转嫁给他人的各种税，如关税、消费税、增值税。间接税的纳税人虽然在形式上负有纳税义务，但实际上已将自己需要缴纳的税款加入销售价格中而由购买方负担或用其他方式转嫁给他人，即纳税人与负税人是不一致的。

【点拨指导】我国目前是以间接税和直接税为双主体的税制结构。

【情境引例解析】

从专业角度讲，买条牛仔裤、坐次出租车、吃顿饭、加箱油、买包烟、买瓶酒、买盒高档化妆品等缴税的说法是错误的。

增值税、消费税均为间接税，间接税的纳税人虽然表面上负有纳税义务，但实际上已将需要缴纳的税款加于所销售商品的价格上而由消费者负担或用其他方式转嫁给他人，即纳税人与负税人不一致。以买条牛仔裤为例，卖方作为纳税义务人（纳税人）负有缴纳销售牛仔裤的增值税的纳税义务，实际上是由卖方向税务机关缴纳了增值税，而消费者作为负税人通过购买牛仔裤只是承担了这部分税收，并没有纳税义务，更不用实际到税务机关缴税。

第 1 节即测即评

同理，坐次出租车、吃顿饭实际上是由消费者承担了增值税；加箱油、买包烟、买瓶酒、买盒高档化妆品实际上也是由消费者承担了增值税和消费税。消费者为负税人，而非纳税人。

第 2 节　税法的内涵和构成要素

情境引例

提高个人所得税起征点政策有效落地

我国在给企业减税降负的同时，一直关注着个人的减税降负。2018 年 8 月 31 日，第十三届全国人民代表大会常务委员会第五次会议通过了《关于修改〈中华人民共和国个人所得税法〉的决定》，此次《中华人民共和国个人所得税法》（简称《个人所得税法》）的修订除了将基本减除费用（起征点）提高到 5 000 元/月（6 万元/年）外，还扩大了低档个人所得税税率的级距，同时新增了子女教育等多项专项附加扣除，让很多人享受到了税收红利。①

你认为上述关于起征点的说法正确吗？

---

① 曾金华. 深化增值税改革、提高个税“起征点”等政策有效落地. 经济时报，2018－10－30.

一、税法的含义与特征

（一）税法的含义

税法是指有权的国家机关制定的有关调整税收分配过程中形成的权利义务关系的法律规范的总和。对税法的含义可以从以下三个方面理解：

（1）有权的国家机关主要是指最高国家权力机关，我国最高国家权力机关为全国人民代表大会，它的常设机关是全国人民代表大会常务委员会，后者在全国人大闭会期间行使最高国家权力。同时，在特定的法律框架和规则下，地方立法机关一般也拥有一定的税收立法权。另外，最高国家权力机关还可以依法授权部分行政机关制定某些税法，获取授权的行政机关也属于制定税法的主体。

（2）税法的调整对象是税收分配过程中形成的权利义务关系。从经济学的角度来看，税收分配关系是国家在参与社会剩余产品分配的过程中形成的一种经济利益关系，包括国家与纳税人之间的税收经济利益的分配关系和各级政府之间的税收经济利益的分配关系两个方面。税收分配的实质是经济利益的变动和调整。这种经济利益的变动和调整是借助法律的形式规定国家与纳税人的权利义务。

【理论答疑】税法调整对象和税收调整对象一样吗？

答：税法调整对象和税收调整对象是不一样的。税法调整的是税收分配过程中形成的权利义务关系，而税收调整的是税收分配关系。

（3）税法的范围有广义与狭义之分。广义的税法是各种税收法律规范形式的总和，从立法层次上划分，包括由全国人民代表大会及其常务委员会正式立法制定的税收法律、由国务院制定的税收法规、由有规章制定权的单位制定的税务部门规章、由省级人民代表大会制定的地方性税收法规。狭义的税法仅指由全国人民代表大会及其常务委员会正式立法制定的税收法律。

（二）税法的特征

税法的特征包括以下三点：

（1）从立法过程看，税法属于制定法，而不属于习惯法。现代国家的税法基本上都是经过一定的立法程序制定出来的，也就是说，税法是由国家制定的，而不是由习惯法或司法判例认可而来的。

（2）从法律性质看，税法属于义务性法规，而不属于授权性法规。义务性法规是指直接要求人们应当从事或不应当从事某种行为的法规，即直接规定人们某种义务的法规。税法是直接规定纳税人应当从事或不应当从事某种行为的法规，具有强制性。

【点拨指导】税法的强制性力度仅次于刑法；从权利义务的角度看，纳税人以履行义务为主；税法并非没有赋予纳税人权利，但税法赋予纳税人的权利从整体上看不是实体性权利，而是程序性权利。

（3）从内容看，税法属于综合法，而不属于单一法。税法是由实体法、程序法、争讼法等构成的综合法律体系，其内容涉及征税的基本原则、征纳双方的权利义务、税收管理规范、法律责任、解决税务争议的法律规范等。目前世界各国税法的结构大致有宪法加税收法典、宪法加税收基本法和税收单行法律法规、宪法加税收单行法律法规等不同的类型。

【特别提示】我国的税法结构是宪法加税收单行法律法规。我国目前还没有税收基本法。

【理论答疑】税收与税法的关系是怎样的？

答：税收与税法密不可分，税法是税收的法律表现形式，税收则是税法所确定的具体内容。有税必有法，无法不成税。

从税收与税法的联系上看，二者是辩证统一、互为因果关系的。具体来说，税收与税法都是以国家的存在为前提，都与国家财政收入密切相关；国家对税收的征管决定了税法的存在，而税法的存在决定了税收的分配关系。税法是税收内容的具体规范和权利保障，而税收是税法的实行结果，同时又是衡量税法科学性、合理性、可行性的重要尺度。

从二者的区别上看，税收属于经济基础范畴，税法则属于上层建筑范畴。

二、税法的构成要素

税法的构成要素又称课税要素、税收制度的构成要素，是指各种单行税法具有的共同的基本要素的总称。税法的构成要素包括总则、纳税义务人、征税对象、税目、税率、纳税期限、减税免税、纳税环节、纳税地点、罚则、附则等项目。

（一）总则

总则主要包括税法的立法意图、立法依据、适用原则等。

（二）纳税义务人

纳税义务人又称纳税人、纳税主体，是指依法直接负有纳税义务的法人、自然人及其他组织。由于各具体税收法律关系不同，各税种的税法具体调整对象也不同，因此纳税主体（纳税人）也有所不同。

在前面直接税与间接税的知识点中已经提到，纳税人与负税人不是同一概念。纳税人即依法缴纳税款的单位或个人，负税人即实际负担税款的单位或个人。税法只规定谁是纳税人，不规定谁是负税人。纳税人与负税人二者有些情况下是一致的，有些情况下是不一致的。例如，个人所得税的纳税人与负税人是一致的，而增值税的纳税人与负税人是不一致的。

【点拨指导】纳税人不一定就是负税人。在实际经济生活中，有的税收由纳税人自己负担，纳税人本身就是负税人，如企业所得税、个人所得税等；有的税收虽然由纳税人缴纳，但实际上是由他人（购买方）负担的，如增值税、消费税等。

【知识链接】与纳税人有关的概念。

（1）负税人：实际负担税款的单位或个人。

（2）代扣代缴义务人：有义务从持有的纳税人收入中扣除其应纳税款并代为缴纳的单位或个人。如支付给个人工资、薪金所得的企业为个人所得税的代扣代缴义务人。

（3）代收代缴义务人：有义务通过与纳税人的经济交往而向纳税人收取其应纳税款并代为缴纳的单位。如委托加工应税消费品的受托方为消费税的代收代缴义务人。

（4）代征代缴义务人：受税务机关委托而向纳税人代征税款的单位或个人。

（5）纳税单位：纳税人的有效集合。

【特别提示】扣缴义务人的概念有狭义和广义之分。狭义的扣缴义务人特指代扣代缴义务人，广义的扣缴义务人包括代扣代缴义务人和代收代缴义务人。本书对扣缴义务人采用广义概念。

（三）征税对象

征税对象，又称课税对象、征税客体，是指税法规定对什么征税，是征税主体和纳税主体双方权利义务共同指向的客体或标的物。征税对象是区别一种税与另一种税的重要标志。例如，企业所得税的征税对象为应纳税所得额；车船税的征税对象为车辆、船舶。

征税对象按其性质不同，可划分为流转额、所得额、资源和应税污染物、财产、行为、特定对象和特定行为六大类，因此也将税收分为相应的六大类，即流转税（又称商品（货物）和劳务税）、所得税、资源税和环境保护税、财产税、行为税、特定目的税。

与征税对象相关的两个基本概念是税基和税目。其中，税基又称计税依据，是计算征税对象应纳税款的直接数量依据或标准，是对征税对象的量的规定。征税对象和计税依据有些情况下是一致的，有些情况下是不一致的。例如，企业所得税的计税依据和征税对象均为应纳税所得额；车船税的计税依据为辆数、整备质量吨位数、净吨位数或者艇身长度，而其征税对象为应税车辆和船舶。

【点拨指导】征税对象与计税依据的关系。征税对象是指征税的客体或标的物；计税依据则是在征税的客体或标的物已经确定的前提下，对征税的客体或标的物据以计算应纳税款的依据或标准。征税对象是从质的方面对征税的规定；计税依据则是从量的方面对征税的规定，是征税对象量的表现。征税对象计税金额可以简称为计税依据。

（四）税目

税目是各税种的具体征税项目，反映征税的具体范围，是对征税对象质的界定。

税目体现征税的广度。有些税种征税对象比较复杂，需要设置税目，例如，我国的消费税设置了烟、酒、高档化妆品等 15 个税目。但并非所有的税种都必须设置税目（这一点与税法的构成要素的基本含义并不矛盾），例如，我国的企业所得税就不需要设置税目。

（五）税率

税率是税额与计税依据之间的比例，是计算税额的尺度。税率的高低直接关系到国家财政收入的多少和纳税人负担的大小。税率体现征税的深度。税率的形式如表 1－3 所示。

表 1－3　税率的形式

<table>
<tr><th colspan="2">税率类别</th><th>具体规定</th><th>应用的税种</th></tr>
<tr><td colspan="2">比例税率</td><td>对同一征税对象不分计税金额的大小，都按规定的同一比例计征税款</td><td>增值税、城市维护建设税、企业所得税等</td></tr>
<tr><td colspan="2">定额税率</td><td>按征税对象的一定计量单位，直接规定一个固定的税额计征税款</td><td>城镇土地使用税、车船税等</td></tr>
<tr><td rowspan="4">累进税率</td><td>全额累进税率</td><td>按征税对象的计税金额划分若干级距，每一级距分别规定不同的税率，税率依次提高，当计税金额达到相适应的某个级距时，征税对象的全部计税金额都按照这个级距的税率计征税款的一种累进税率</td><td>我国目前没有采用</td></tr>
<tr><td>超额累进税率</td><td>按征税对象的计税金额划分若干级距，每一级距分别规定不同的税率，税率依次提高，计税金额每超过一个规定的级距，对超过的部分按高一级的税率计征税款的一种累进税率</td><td>居民个人综合所得汇算清缴时的个人所得税、经营所得个人所得税等</td></tr>
<tr><td>全率累进税率</td><td>按征税对象计税金额的相对率（相对比例）划分若干级距，每一级距分别规定不同的税率，税率依次提高，当计税金额的相对率达到相适应的某个级距时，征税对象的全部计税金额都按照这个级距的税率计征税款的一种累进税率</td><td>我国目前没有采用</td></tr>
<tr><td>超率累进税率</td><td>按征税对象计税金额的相对率（相对比率）划分若干级距，每一级距分别规定不同的税率，税率依次提高，相对率每超过一个规定的级距，对超过的部分就按高一级的税率计征税款的一种累进税率</td><td>土地增值税</td></tr>
</table>

【工作引例解析】

（1）如果按照全额累进税率计算税额，则

张某应纳税额＝36 000×3％＝1 080（元）

李某应纳税额＝36 001×10％＝3 600.1（元）

王某应纳税额＝660 000×30％＝198 000（元）

赵某应纳税额＝660 001×35%＝231 000.35(元)

由此可见，李某比张某应纳税所得额增加1元，税额却增加了2 520.1元(3 600.1－1 080)；赵某比王某应纳税所得额增加1元，税额却增加了33 000.35元(231 000.35－198 000)，税负变化极不合理。

因此，全额累进税率的特点是：(1) 计算方法简单，在征税对象计税金额确定以后，相当于按照比例税率计征税款。(2) 税收负担不合理。特别是征税对象计税金额刚刚超过某一等级时，就要将全部计税金额按高一级的税率计算，税负出现跳跃式递增，甚至会出现增加的税额大于增加的收入金额的不合理现象，不利于鼓励纳税人增加收入。

(2) 如果按照超额累进税率计算税额，则

张某应纳税额＝36 000×3%＝1 080(元)

李某应纳税额＝36 000×3%＋1×10%＝1 080.1(元)

或　李某应纳税额＝36 001×10%－2 520＝1 080.1(元)

王某应纳税额＝36 000×3%＋(144 000－36 000)×10%＋(300 000－144 000)×20%＋(420 000－300 000)×25%＋(660 000－420 000)×30%＝145 080(元)

或　王某应纳税额＝660 000×30%－52 920＝145 080(元)

赵某应纳税额＝36 000×3%＋(144 000－36 000)×10%＋(300 000－144 000)×20%＋(420 000－300 000)×25%＋(660 000－420 000)×30%＋(660 001－660 000)×35%＝145 080.35(元)

或　赵某应纳税额＝660 001×35%－85 920＝145 080.35(元)

由此可见，李某比张某全年应纳税所得额增加1元，税额只增加了0.1元（1 080.1－1 080)；赵某比王某应纳税所得额增加1元，税额只增加了0.35元（145 080.35－145 080)，税负变化合理。

因此，超额累进税率的特点是：(1) 计算方法比较复杂，征税对象计税金额越大、等级越多，计算过程就越复杂。在实际工作中，为了解决超额累进税率计算税款这一比较复杂的问题，可以采取速算扣除法。(2) 累进幅度逐次递进且比较缓和，整体的税收负担较为合理。特别是征税对象计税金额刚刚超过某一等级时，只就超过部分的计税金额按高一级的税率计算，不会出现增加的税额大于增加的收入金额的不合理现象，有利于鼓励纳税人增加收入。(3) 边际税率和平均税率不一致，税收负担透明度差。

总之，相对于全额累进税率来说，超额累进税率更为合理。

(六) 纳税期限

与纳税期限相关的概念有纳税义务发生时间和纳税申报期限（或纳税申报与税款缴

纳期限）。理解纳税义务发生时间、纳税期限和纳税申报期限三个相关概念，对于纳税人能否准确计算应纳税款，能否保证应纳税款及时足额上缴等问题至关重要。

1. 纳税义务发生时间、纳税期限和纳税申报期限的含义

纳税义务发生时间是指纳税人具有纳税义务的起始时间，是一个时间点（某天）。《中华人民共和国增值税暂行条例实施细则》（简称《增值税暂行条例实施细则》）规定，采取预收货款方式销售货物，纳税义务发生时间为货物发出的当天。但生产销售的生产工期超过 12 个月的大型机械设备、船舶、飞机等货物，为收到预收款或者书面合同约定的收款日期的当天。例如，纳税人销售一批货物收到预收货款的日期是 2025 年 2 月 20 日，发出货物的日期是 2025 年 3 月 10 日，则其纳税义务发生的时间是 2025 年 3 月 10 日，而不是 2025 年 2 月 20 日。

纳税期限是指纳税人每隔固定时间汇总一次纳税义务的时间，一般为一个时间段（按次纳税除外）。纳税期限有三种形式：（1）按期纳税，如一般情况下的增值税、消费税等。（2）按次纳税，如耕地占用税、车辆购置税等。（3）按年计征、分期预缴或缴纳，如企业所得税按年计征，分月或者分季预缴，年终汇算清缴，多退少补；房产税、城镇土地使用税按年计征、分期缴纳。《中华人民共和国增值税暂行条例》（简称《增值税暂行条例》）规定，增值税的纳税期限分别为 1 日、3 日、5 日、10 日、15 日、1 个月或者 1 个季度。纳税人的具体纳税期限，由主管税务机关根据纳税人应纳税额的大小分别核定。以 1 个季度为纳税期限的规定适用于小规模纳税人、银行、财务公司、信托投资公司、信用社，以及财政部和国家税务总局规定的其他纳税人。不能按照固定期限纳税的，可以按次纳税。

纳税申报期限是指纳税人在纳税期满以后应依法向征税主体进行申报并缴纳税款的时间，一般为一个时间段。《增值税暂行条例》规定，纳税人以 1 个月或者 1 个季度为一个纳税期的，自期满之日起 15 日内申报纳税。例如，如果增值税纳税人的纳税义务发生时间为 2025 年 6 月 20 日，纳税期限为 1 个月，则其纳税申报期限为 2025 年 7 月 1—15 日。

【理论答疑】纳税申报期限和税款缴纳期限一样吗？纳税申报的当天必须同时缴纳税款吗？

答：由于纳税人需要在纳税申报期限内缴纳税款，因此纳税申报期限和税款缴纳期限是一样的。只要纳税人的银行对公账户的基本户有足够的余额，纳税人在进行纳税申报后税款马上就从账户里划走上缴了，也就是说，纳税申报和缴纳税款是同一天；纳税人的银行对公账户的基本户没有余额或者余额不足时，才会出现当天纳税申报，第二天或之后才能缴纳税款的情况。

2. 纳税义务发生时间、纳税期限和纳税申报期限的关系

纳税人要保证及时足额纳税，除了掌握应纳税款的计算方法外，还要理清纳税义务发生时间、纳税期限和纳税申报期限三者之间的关系。首先，根据税法确定不同税种的纳税期限，是按期纳税，还是按次纳税，还是按年计征、分期预缴或缴纳；其次，确定每笔业务的纳税义务发生时间是否属于该纳税期限；最后，根据纳税义务发生时间属于该纳税期限的业务计算应纳税款，在纳税期满后的纳税申报期限内申报并缴纳税款。

【点拨指导】《国家税务总局办公厅关于明确2025年度申报纳税期限的通知》（税总办征科函〔2024〕71号）规定：根据《中华人民共和国税收征收管理法实施细则》第一百零九条规定，结合《国务院办公厅关于2025年部分节假日安排的通知》（国办发明电〔2024〕12号）要求，现将实行每月或者每季度期满后15日内申报纳税的各税种2025年度具体申报纳税期限（“申报纳税期限”即为“纳税申报期限”）明确如下：（1）1月、7月、8月、9月、12月申报纳税期限分别截至当月15日。（2）2月1日至4日放假4天，申报纳税期限顺延至2月20日。（3）3月15日为星期六，申报纳税期限顺延至3月17日。（4）4月4日至6日放假3天，申报纳税期限顺延至4月18日。（5）5月1日至5日放假5天，申报纳税期限顺延至5月22日。（6）6月15日为星期日，申报纳税期限顺延至6月16日。（7）10月1日至8日放假8天，申报纳税期限顺延至10月27日。（8）11月15日为星期六，申报纳税期限顺延至11月17日。各单位遇到特殊情况需要调整申报纳税期限的，应当提前上报国家税务总局（征管和科技发展司）备案。

【工作实例1-1】 以增值税为例，甲商业企业为增值税一般纳税人，对外销售摩托车，不含税单价统一为10 000元，适用的增值税税率为13%。甲商业企业的增值税以1个月为纳税期限。甲商业企业2025年5月发生以下业务：

（1）5月5日，采用直接收款方式销售摩托车20辆。

（2）5月8日，采用赊销方式销售摩托车60辆，合同约定5月27日收款。

（3）5月16日，购进100辆摩托车取得的增值税专用发票上注明单价7 000元，该增值税专用发票本月符合抵扣规定①。

（4）5月25日，采用预收货款方式销售摩托车30辆，货款已经收到。

（5）5月27日，收到5月8日所售50辆摩托车货款，其余10辆尚未收到货款。

（6）5月29日，发出5月25日预收货款的摩托车10辆，其余20辆在6月5日发货。

【工作要求】计算回答下列问题：

（1）确定甲商业企业2025年5月每笔业务的增值税纳税期限。

（2）确定甲商业企业2025年5月每笔业务的增值税纳税义务发生时间。

（3）确定甲商业企业2025年5月发生增值税纳税义务的相关业务的增值税纳税申报期限。

【工作实施】（1）确定甲商业企业2025年5月每笔业务的增值税纳税期限：甲商业企业2025年5月每笔业务的增值税纳税期限均为2025年5月这一个月的时间段。

---

① “本月符合抵扣规定”指的是符合抵扣条件且发票上的进项税额从本月（期）销项税额中抵扣。全书同理。

（2）确定甲商业企业 2025 年 5 月每笔业务的增值税纳税义务发生时间：

①直接收款方式销售 20 辆摩托车的纳税义务发生时间是收到销售款项的当天，即 5 月 5 日。

②赊销方式销售 60 辆摩托车的纳税义务发生时间是书面合同约定的收款日期的当天（虽然在书面合同约定的收款日期的当天 5 月 27 日有 10 辆摩托车尚未收到货款），即 5 月 27 日。

③预收货款方式销售摩托车的纳税义务发生时间是货物发出的当天，即 5 月 29 日发出的 10 辆摩托车在 5 月 29 日发生纳税义务（发出这 10 辆摩托车的当天 5 月 29 日，为销售这 10 辆摩托车的纳税义务发生时间），6 月 5 日发出的 20 辆摩托车在 6 月 5 日发生纳税义务（发出这 20 辆摩托车的当天 6 月 5 日，为销售这 20 辆摩托车的纳税义务发生时间）。

因此，5 月销售的 110 辆摩托车只有 90 辆（20＋60＋10）在 5 月发生纳税义务，剩余的 20 辆在 6 月发生纳税义务。另外，5 月购进的 100 辆摩托车，由于取得增值税专用发票，且该增值税专用发票本月符合抵扣规定，因此其进项税额应在 5 月从销项税额中全部抵扣。

$$
\begin{aligned}
5\text{月应纳增值税} &= \text{销项税额}-\text{进项税额} \\
&= (20+60+10)\times 10\,000\times 13\% - 100\times 7\,000\times 13\% \\
&= 117\,000 - 91\,000 = 26\,000(\text{元})
\end{aligned}
$$

（3）确定甲商业企业 2025 年 5 月发生增值税纳税义务的相关业务的增值税纳税申报期限：甲商业企业 2025 年 5 月发生增值税纳税义务的相关业务的增值税纳税申报期限均为 2025 年 6 月 1—16 日，也就是说，甲商业企业应当于 2025 年 6 月 1—16 日内完成 2025 年 5 月发生增值税纳税义务的相关业务的纳税申报并缴纳税款 26 000 元。

（七）减税免税

减税免税是税法对特定的纳税人或征税对象针对税收减免的鼓励或照顾措施。减税是对应纳税额给予少征一部分税款的优惠，而免税是对应纳税额给予全部免征税款的优惠。减税免税可以分为税基式减免、税率式减免和税额式减免三种形式。

1. 税基式减免

税基式减免是指通过直接降低计税依据的方式来实现的减税免税。税基式减免涉及的概念包括起征点、免征额、项目扣除以及跨期结转等。

起征点是指征税对象达到一定金额才开始征税的起点，若征税对象计税金额未达到起征点则不予征税，若征税对象计税金额达到起征点则按全部金额计征税款。免征额是在征税对象的全部金额中免予征税的那一部分数额，对免征额的部分不予征税，仅对超过免征额的部分计征税款。项目扣除则是指在征税对象中扣除一定项目的金额，以其余额作为计税依据计征税款。跨期结转是指将以前纳税年度的亏损从本纳税年度的利润中予以扣除。

【点拨指导】整体而言，享受免征额税收优惠的纳税人要比享受同额起征点税收优惠的纳税人税负轻。起征点只能鼓励或照顾一部分纳税人，而免征额可以鼓励或照顾适用范围内的所有纳税人。

【特别提示】自2011年11月1日起，增值税按期限纳税的起征点为月销售额5 000～20 000元，按次纳税的起征点为每次（日）销售额300～500元。增值税起征点的适用范围限于个人。

【点拨指导】自2019年1月1日起，非居民个人的工资、薪金所得，以每月收入额减除费用5 000元后的余额为应纳税所得额。这里的减除费用额5 000元就是免征额。

【情境引例解析】

起征点和免征额不一样。假设起征点和免征额每年都为60 000元（每月都为5 000元），且不考虑其他扣除项目，应该如何纳税呢？若实际年所得额为50 000元，则无论是按照起征点的规定还是免征额的规定，都不用纳税。若实际年所得额为70 000元，情况就不一样了。按照免征额的规定，国家只能对超过部分10 000元（70 000－60 000）征税；而按照起征点的规定，国家必须对所有金额70 000元征税。

我国个人所得税中综合所得的征税模式，显然是按照10 000元的模式而不是按照70 000元的模式，因此，媒体上对个人所得税中综合所得普遍采用起征点的说法是错误的，实际上应为免征额。

2. 税率式减免

税率式减免是指通过直接降低税率的方式实现的减税免税。税率式减免涉及的概念包括重新确定较低的税率、选用其他较低的税率、零税率。

3. 税额式减免

税额式减免是指通过直接减少应纳税额的方式实现的减税免税。税额式减免涉及的概念包括全部免征、减半征收、核定减征率以及另定减征额等。

（八）纳税环节

纳税环节是指税法规定纳税人针对征税对象应当缴纳税款的环节。不同税种的纳税环节有可能分布在生产、批发、零售、进出口、取得收入、发生成本费用等各个环节上。

【点拨指导】与纳税环节相关的课税制度一般分为两类，即一次课征制和多次课征制。以销售货物为例，一次课征制是指同一税种在应税货物流转的全过程中只在某一环节课征的制度，如我国的消费税（卷烟、电子烟、超豪华小汽车消费税除外）；多次课征制是同一税种在应税货物流转的两个或两个以上环节都课征的制度，如我国的增值税。

（九）纳税地点

纳税地点是指根据各个税种征税对象的纳税环节以及便于对税源进行控制而规定的

纳税人（包括代征代缴、代扣代缴、代收代缴义务人）的具体纳税地点。

【点拨指导】 税法上规定的纳税地点主要有机构所在地、销售地、服务发生地、劳务发生地、财产所在地、报关地等。

（十）罚则

罚则又称法律责任，是对违反税法的行为采取的处罚措施。

（十一）附则

附则主要包括两项内容：一是规定此项税法的解释权；二是规定税法的生效时间。

第2节即测即评

第3节　税收法律关系

情境引例

甲市税务局稽查局于本年3月2日派出两名税务人员对我公司进行税务检查，税务人员在出示了各自的税务检查证后即要展开税务检查。我公司以税务人员未出示税务检查通知书为由拒绝税务检查，以此维护自己的权益。请问我公司的做法正确吗？

一、税收法律关系的含义

税收法律关系是指税法所确认和调整的、国家与纳税人之间、征税主体与纳税主体之间、相关国家机关之间在税收分配过程中形成的权利义务关系。税收法律关系包括：国家与纳税人之间的税收宪法性法律关系，征税主体与纳税主体（纳税人）之间的税收征纳关系，相关国家机关之间的税收权限划分法律关系，国际税收权益分配法律关系，税收救济法律关系等。

二、税收法律关系的构成

税收法律关系在总体上与其他法律关系一样，也是由主体、客体和内容三方面构成的，但在这三方面的具体内涵上，税收法律关系又具有一定的特殊性。

（一）税收法律关系的主体

法律关系的主体是指法律关系的参加者。税收法律关系的主体指税收法律关系中享有权利和承担义务的当事人。在我国，税收法律关系的主体包括征纳双方，即征税主体和纳税主体。

1. 征税主体

征税主体是指代表国家行使征税职责（权力）的国家行政机关，包括国家各级税务机关、海关。征税主体享有国家征税权力的同时意味着必须依法行使该权力，要求职权与职责相对等，体现了职、权、责的统一性。

2. 纳税主体

纳税主体是指依法直接负有纳税义务的法人、自然人和其他组织，其中包括在我国的外国企业、组织、外籍人、无国籍人，以及在我国虽然没有机构、场所但有来源于我国境内所得的外国企业或组织。由于具体税收法律关系不同，各税种的税法具体调整对象也不同，因此纳税主体（纳税人）也有所不同。我国对税收法律关系主体中纳税主体的确定，采取的是属地兼属人的原则。

【点拨指导】征税主体和纳税主体的法律地位相等，但权利义务不对等。

【特别提示】我国的法人主要有四种：机关法人、事业法人、企业法人、社团法人。

（二）税收法律关系的客体

税收法律关系的客体是指税收法律关系主体的权利、义务所共同指向的对象，也就是征税对象。例如，所得税法律关系的客体就是所得额，财产税法律关系的客体就是财产，流转税法律关系的客体就是销售额。

（三）税收法律关系的内容

税收法律关系的内容就是主体享有的权利和应承担的义务，这是税收法律关系中最实质的东西，也是税法的灵魂。税收法律关系的内容规定权利主体应当从事什么行为，不应当从事什么行为，以及如果违反了这些规定，应当承担的相应的法律责任。

1. 征税主体的权利（力）和义务

以征税主体中的税务机关为例，根据现行《中华人民共和国税收征收管理法》（简称《税收征收管理法》），可以将税务机关的职权（权利（力））与职责（义务）归纳如下：

（1）税务机关的职权（权利（力））。

1）税务管理权。

2）税收征收权。

3）税收检查权。

4）税务违法处理权。

5）税收行政立法权。

6）代位权和撤销权。

（2）税务机关的职责（义务）。

1）税务机关不得违反法律、行政法规的规定开征、停征、多征或少征税款，或擅自决定税收优惠。

2）税务机关应当将征收的税款和罚款、滞纳金按时足额并依照预算级次入库，不得截留和挪用。

3）税务机关应当依照法定程序征税，依法确定有关税收征收管理的事项。

4）税务机关应当依法办理减税、免税等税收优惠，对纳税人的咨询、请求和申诉作出答复处理或报请上级机关处理。

5）税务机关对纳税人的经营状况负有保密义务。

6）税务机关应当按照规定付给扣缴义务人代扣、代收税款的手续费，且不得强行要求非扣缴义务人代扣、代收税款。

7）税务机关应当严格按照法定程序实施和解除税收保全措施，如因税务机关的原因致使纳税人的合法权益遭受损失的，税务机关应当依法承担赔偿责任。

8）税务机关要广泛宣传税收法律、行政法规，普及纳税知识，无偿提供纳税咨询服务。

9）税务机关的工作人员在征收税款和查处税收违法案件时，与纳税人、扣缴义务人或者税收违法案件有利害关系的，应当回避。

2. 纳税主体的权利和义务

根据《税收征收管理法》及相关法律法规的规定，纳税主体（纳税人）的权利与义务可以归纳如下：

（1）纳税主体（纳税人）的权利。

1）知情权。

2）保密权。

3）税收监督权。

4）纳税申报方式选择权。

5）申请延期申报权。

6）申请延期缴纳税款权。

7）申请退还多缴税款权。

8）依法享受税收优惠权。

9）委托税务代理权。

10）陈述与申辩权。

11）对未出示税务检查证和税务检查通知书的拒绝检查权。

【情境引例解析】

根据《国家税务总局关于发布〈税务检查证管理办法〉的公告》（国家税务总局公告 2018 年第 44 号）的规定，税务检查证是具有法定执法权限的税务人员，对纳税人、扣缴义务人及其他当事人进行检查时，证明其执法身份、职责权限和执法范围的专用证件。税务检查证分为稽查部门专用税务检查证和征收管理部门专用税务检查证。稽查部门专用税务检查证，适用于稽查人员开展稽查工作，由稽查部门归口管理。征收管理部门专用税务检查证，适用于征收、管理人员开展日常检查工作，由征收管理部门归口管理。税务检查证内卡应当载明下列事项：持证人的姓名、照片、工作单位、证号、二维码、检查范围、检查职责、税务检查证专用印章、有效期限。税务人员进行检查时，应当出示税务检查证和税务检查通知书，可以以文字或音像形式记录出示情况。税务人员出示税务检查证时，可以告知被检查人或其他当事人通过扫描二维码查验持证人身份。

根据《税收征收管理法》的规定，税务机关派出的人员进行税务检查时，应当出示税务检查证和税务检查通知书，并有责任为被检查人保守秘密；未出示税务检查证和税务检查通知书的，被检查人有权拒绝检查。

因此，你公司的做法是正确的。

12）税收法律救济权。

13）依法要求听证的权利。

14）索取有关税收凭证的权利。

（2）纳税主体（纳税人）的义务。

1）依法进行税务登记的义务。

2）依法设置、保管账簿和有关资料，以及依法开具、使用、取得和保管发票的义务。

3）财务会计制度和会计核算软件备案的义务。

4）按照规定安装、使用税控装置的义务。

5）按时、如实申报的义务。

6）按时缴纳税款的义务。

7）代扣、代收税款的义务。

8）接受依法检查的义务。

9）及时提供信息的义务。

10）报告其他涉税信息的义务。

三、税收法律关系的产生、变更与消灭

（一）税收法律关系的产生

税收法律关系的产生是指在税收法律关系主体之间形成权利义务关系。由于税法属于义务性法规，因此，税收法律关系的产生应当以引起纳税义务产生的法律事实为标志。而纳税义务产生的标志应当是纳税主体发生的应当纳税的行为，如销售商品、取得收入等，不应当是征税主体或其他主体的行为。

（二）税收法律关系的变更

税收法律关系的变更是指某一法律事实的产生导致税收法律关系的主体、内容和客

体发生变化。税收法律关系变更的原因主要有以下几点：(1) 纳税主体自身的组织状况发生变化；(2) 纳税主体的生产经营或财产状况发生变化；(3) 征税主体的组织结构或管理方式发生变化；(4) 税法被修订、修正或调整；(5) 因不可抗力而造成破坏。

（三）税收法律关系的消灭

税收法律关系的消灭是指某一税收法律关系终止，即税收法律关系主体间权利义务关系终止。税收法律关系消灭的原因主要有以下几点：(1) 纳税主体已经履行完毕纳税义务；(2) 纳税义务因超过期限而消灭；(3) 纳税义务被免除；(4) 税法被废止；(5) 纳税主体消失。

第 3 节即测即评

技能训练

假设应税项目 A 每次收入的起征点为 10 000 元，税率为 10%；应税项目 B 每次收入的免征额为 10 000 元，税率为 10%。不考虑其他扣除项目。

要求：

(1) 计算应税项目 A 每次收入为 8 000 元的应纳税额；

(2) 计算应税项目 A 每次收入为 12 000 元的应纳税额；

(3) 计算应税项目 B 每次收入为 8 000 元的应纳税额；

(4) 计算应税项目 B 每次收入为 12 000 元的应纳税额。

实战演练

假设某国计算纳税人所得税时采用超额累进税率，该国对超额累进税率的规定如下：所得额在 1 000 元及以下时，税率为 10%；超过 1 000 元至 3 500 元的部分，税率为 20%；超过 3 500 元至 10 000 元的部分，税率为 30%；超过 10 000 元的部分，税率为 35%。假设纳税人所得额分别是 500 元、1 000 元、2 000 元、5 000 元、10 000 元、15 000 元。

任务要求：

分别计算其应纳税额。

第2章

增值税法[①]

素养提升

纳税人应当充分运用国家出台的增值税税收政策，合法合规纳税。

1. 我国出台了小微企业暂免征收增值税的优惠政策，有利于“支持中小微企业发展”[②]，扩大就业，改善民生，增强市场活力，促进国家经济的繁荣发展。

2. 我国出台了与农产品相关的增值税减免税政策，有利于鼓励农业生产，保护农业生产者的利益，保障国家的粮食安全，“加快建设农业强国”[③]。

能力目标

1. 能掌握判定增值税一般纳税人和小规模纳税人的标准，会判断哪些业务应当征收增值税，会选择增值税适用税率，能充分运用增值税优惠政策，会使用增值税专用发票。

2. 能根据相关业务资料计算一般计税方法下增值税销项税额、进项税额、进项税额转出额和应纳税额，简易计税方法下增值税应纳税额，进口货物增值税应纳税额。

3. 能合理选择和运用出口货物、劳务和跨境应税行为的增值税税收政策，根据相关业务资料进行增值税出口和跨境业务退（免）税和征税的计算。

4. 能确定增值税的纳税义务发生时间、纳税期限和纳税地点。

---

① 《中华人民共和国增值税法》自2026年1月1日起施行。2025年12月31日之前，我国仍然适用《中华人民共和国增值税暂行条例》，并且目前我国与《中华人民共和国增值税法》相关的配套细则文件尚未全部出台，因此本教材本次出版按照《中华人民共和国增值税暂行条例》、同时结合《中华人民共和国增值税法》对“增值税法”的内容进行编写。

②③ 习近平. 高举中国特色社会主义伟大旗帜 为全面建设社会主义现代化国家而团结奋斗——在中国共产党第二十次全国代表大会上的报告. 北京：人民出版社，2022.

工作引例

一、增值税的计算

甲企业为增值税一般纳税人，本年1月发生以下业务：

(1) 购进纪念品，取得的增值税专用发票上注明增值税4 000元，将其全部用于集体福利。

(2) 从某增值税小规模纳税人处购进原材料100 000元（含税），取得增值税普通发票；支付运输企业（增值税一般纳税人）不含税运输费16 000元，取得增值税专用发票。

(3) 销售汽车装饰物品，取得不含税收入20 000元；提供汽车修理劳务取得不含税收入12 000元；出租汽车取得不含税租金收入6 200元。

(4) 当月销售本企业使用过的2008年购入的一台机器设备，该机器设备购入时不得抵扣且未抵扣进项税额，取得含税销售收入20 600元，甲企业未放弃减税。

(5) 因管理不善丢失一批上年12月购入的原材料（上年12月已抵扣进项税额），账面成本为5 600元。

甲企业取得的上述增值税专用发票在本年1月均符合抵扣规定。

工作要求

(1) 计算甲企业本年1月可以抵扣的增值税进项税额。

(2) 计算甲企业本年1月的增值税销项税额。

(3) 计算甲企业本年1月的应纳增值税。

工作引例解析 见本章第2节。

二、营业税改征增值税的计算

甲公司为增值税一般纳税人，主营货物批发零售，兼营国际货运代理和运输服务，不满足增值税加计抵减政策的条件。甲公司本年1月应缴未缴增值税10万元。甲公司本年2月发生以下业务：

(1) 10日，上缴上月应缴未缴的增值税10万元。

(2) 12日，国内采购货物一批，取得增值税专用发票1张。增值税专用发票上注明金额20万元、增值税税额2.6万元，通过银行支付了上述款项。

(3) 13日，进口货物一批，取得海关出具的海关进口增值税专用缴款书3张，注明金额共计10万元、增值税税额共计1.3万元。

(4) 15日，销售货物一批，开具增值税专用发票1张，注明金额130万元、增值税税额16.9万元，款项已经收妥（假设不考虑成本结转）。

(5) 20日，将上月购进的原材料30万元（不含税购买价）用于发放职工福利，该批原材料的进项税额为3.9万元，上月已经从销项税额中抵扣。

(6) 21日，提供联运运输服务，共取得收入109万元，并开具增值税专用发票，注明运输费用100万元、增值税税额9万元。同时支付给联运方运费54.5万元（含税），并取得增值税专用发票。

（7）24日，提供国际货运代理服务，甲公司放弃国际货运代理服务的免税权，取得应税服务收入并开具增值税专用发票，注明销售额150万元、增值税税额9万元。为取得该收入，支付给一般纳税人代理公司代理费用60万元、增值税税额3.6万元，取得增值税专用发票1张；支付给小规模纳税人装卸费用30.3万元（含税），取得增值税专用发票1张；支付给小规模纳税人货物运输公司运费10万元（含税），取得增值税普通发票1张。

（8）26日，购进销售货物的设备4台，不含税价格共计30万元，款项已经支付，取得增值税专用发票1张，其中增值税合计3.9万元。

甲公司取得的上述增值税专用发票、海关进口增值税专用缴款书本年2月均符合抵扣规定。

工作要求

计算甲公司本年2月上述业务的增值税销项税额、进项税额和应纳税额。

工作引例解析 见本章第2节。

第1节 增值税的认知

情境引例

我公司是一家物业公司，请问收取的停车费和电梯广告位的出租费用应按什么项目缴纳增值税？

一、增值税纳税人和扣缴义务人的确定

（一）增值税的纳税人

增值税是指对在中华人民共和国境内（简称境内）销售货物、加工修理修配劳务（简称劳务）、服务、无形资产、不动产，以及进口货物的单位和个人（包括个体工商户），就其销售货物、劳务、服务、无形资产或者不动产的增值额和进口货物金额为计税依据而课征的一种流转税。因此，在中华人民共和国境内销售货物、加工修理修配劳务（简称劳务）、服务、无形资产、不动产，以及进口货物的单位和个人（包括个体工商户），为增值税的纳税人①。

① 根据学习的需要，本教材将增值税纳税人分为原增值税纳税人和营改增试点纳税人两大类。原增值税纳税人是指按照《增值税暂行条例》（国务院令第538号）等文件缴纳增值税的纳税人，其主要涉税行为包括销售货物、提供加工修理修配劳务以及进口货物。营改增试点纳税人是指按照《财政部 国家税务总局关于全面推开营业税改征增值税试点的通知》（财税〔2016〕36号）等文件缴纳增值税的纳税人，其主要涉税行为包括销售服务、无形资产或者不动产。

【特别提示】根据自2026年1月1日起施行的《中华人民共和国增值税法》（简称《增值税法》）的规定，“加工修理修配劳务”不再单独列示，而是并入“服务”，且“加工修理修配劳务”更名为“加工修理修配服务”。因此，根据《增值税法》的规定，增值税是对在中华人民共和国境内（简称境内）销售货物、服务、无形资产、不动产（简称应税交易），以及进口货物的单位和个人（包括个体工商户），就其销售货物、服务、无形资产、不动产的增值额和进口货物金额为计税依据而课征的一种流转税。

【特别提示】根据《增值税法》的规定，在中华人民共和国境内（简称境内）销售货物、服务、无形资产、不动产（简称应税交易），以及进口货物的单位和个人（包括个体工商户），为增值税的纳税人，应当依照本法规定缴纳增值税。

具体来说，在境内销售货物、提供加工修理修配劳务是指销售货物的起运地或者所在地在境内，提供的应税劳务发生在境内。

在境内销售服务、无形资产或者不动产是指：（1）服务（租赁不动产除外）或者无形资产（自然资源使用权除外）的销售方或者购买方在境内；（2）所销售或者租赁的不动产在境内；（3）所销售自然资源使用权的自然资源在境内；（4）财政部和国家税务总局规定的其他情形。

【特别提示】下列情形不属于在境内销售服务或者无形资产：（1）境外单位或者个人向境内单位或者个人销售完全在境外发生的服务；（2）境外单位或者个人向境内单位或者个人销售完全在境外使用的无形资产；（3）境外单位或者个人向境内单位或者个人出租完全在境外使用的有形动产；（4）境外单位或者个人为出境的函件、包裹在境外提供的邮政服务、收派服务；（5）境外单位或者个人向境内单位或者个人提供的工程施工地点在境外的建筑服务、工程监理服务；（6）境外单位或者个人向境内单位或者个人提供的工程、矿产资源在境外的工程勘察勘探服务；（7）境外单位或者个人向境内单位或者个人提供的会议展览地点在境外的会议展览服务；（8）财政部和国家税务总局规定的其他情形。

【点拨指导】英国的甲公司向我国境内的乙公司出租一台机器设备，但该设备被乙公司安排在其在法国的丙分公司使用，甲公司从乙公司取得租金收入不属于在我国境内销售服务或者无形资产，不征增值税。也就是说，乙公司无须代扣代缴甲公司的增值税。

【特别提示】根据《增值税法》的规定，在境内发生应税交易，是指下列情形：①销售货物的，货物的起运地或者所在地在境内；②销售或者租赁不动产、转让自然资源使用权的，不动产、自然资源所在地在境内；③销售金融商品的，金融商品在境内发行，或者销售方为境内单位和个人；④除上述第②、③项规定外，销售服务、无形资产的，服务、无形资产在境内消费，或者销售方为境内单位和个人。

单位是指企业、行政单位、事业单位、军事单位、社会团体及其他单位；个人是指个体工商户和其他个人。

对于销售货物、提供加工修理修配劳务或者进口货物的行为，单位租赁或者承包给其他单位或者个人经营的，以承租人或者承包人为纳税人。

对于销售服务、无形资产或者不动产的行为，单位以承包、承租、挂靠方式经营的，承包人、承租人、挂靠人（以下统称承包人）以发包人、出租人、被挂靠人（以下统称发包人）名义对外经营并由发包人承担相关法律责任的，以该发包人为纳税人，否则，以承包人为纳税人。

【特别提示】 2017年7月1日（含）以后，资管产品运营过程中发生的增值税应税行为，以资管产品管理人为增值税纳税人。

建筑企业与发包方签订建筑合同后，以内部授权或者三方协议等方式，授权集团内其他纳税人（以下称第三方）为发包方提供建筑服务，并由第三方直接与发包方结算工程款的，由第三方缴纳增值税并向发包方开具增值税专用发票，与发包方签订建筑合同的建筑企业不缴纳增值税。发包方可凭实际提供建筑服务的纳税人开具的增值税专用发票抵扣进项税额。

（二）增值税的扣缴义务人

境外的单位或者个人在境内提供加工修理修配劳务，在境内未设有经营机构的，以其境内代理人为增值税扣缴义务人；在境内没有代理人的，以购买方为增值税扣缴义务人。

境外单位或者个人在境内销售服务、无形资产或者不动产，在境内未设有经营机构的，以购买方为增值税扣缴义务人。财政部和国家税务总局另有规定的除外。

【特别提示】 根据《增值税法》的规定，境外单位和个人在境内发生应税交易，以购买方为扣缴义务人；按照国务院的规定委托境内代理人申报缴纳税款的除外。

二、增值税纳税人身份的确定

增值税纳税人分为小规模纳税人和一般纳税人两类，并实行不同的征收和管理方式。

（一）小规模纳税人和一般纳税人的标准

1. 小规模纳税人的标准

小规模纳税人是指年应征增值税销售额（简称年应税销售额，指销售货物、劳务、服务、无形资产、不动产年应征增值税销售额之和）未超过规定标准的纳税人。

【理论答疑】 什么是会计核算不健全？

答：根据《增值税一般纳税人登记管理办法》（国家税务总局令第43号）的规定，会计核算健全，是指能够按照国家统一的会计制度规定设置账簿，根据合法、有效凭证进行核算。

因此，会计核算不健全是指不能够按照国家统一会计制度的规定设置账簿，也不能够根据合法、有效凭证进行核算，包括不能够根据合法、有效凭证核算增值税的销项税额、进项税额和应纳税额。

（1）自2018年5月1日起，增值税小规模纳税人标准统一为年应税销售额500万元及以下。

（2）年应税销售额超过小规模纳税人标准的其他个人（指自然人）按小规模纳税人纳税（不属于一般纳税人）。

（3）对于原增值税纳税人，超过小规模纳税人标准的非企业性单位、不经常发生应税行为的企业，可选择按小规模纳税人纳税；对于营改增试点纳税人，年应税销售额超过小规模纳税人标准但不经常发生应税行为的单位和个体工商户，可选择按小规模纳税人纳税。

【特别提示】纳税人年应税销售额超过财政部、国家税务总局规定标准，且符合有关政策规定，选择按小规模纳税人纳税的，应当向主管税务机关提交书面说明。

【点拨指导】个体工商户以外的其他个人年应税销售额超过规定标准的，不需要向主管税务机关提交书面说明。

2. 一般纳税人的标准

年应税销售额超过财政部、国家税务总局规定的小规模纳税人标准（自 2018 年 5 月 1 日起，小规模纳税人标准为年应税销售额 500 万元及以下）的增值税纳税人，除税法另有规定外，应当向其机构所在地主管税务机关办理一般纳税人登记。其中，年应税销售额是指增值税纳税人在连续不超过 12 个月或 4 个季度的经营期内累计应征增值税销售额，包括纳税申报销售额、稽查查补销售额、纳税评估调整销售额。纳税申报销售额是指增值税纳税人自行申报的全部应征增值税销售额，其中包括免税销售额和税务机关代开发票销售额。稽查查补销售额和纳税评估调整销售额计入查补税款申报当月（或当季）的销售额，不计入税款所属期销售额。经营期是指在增值税纳税人存续期内的连续经营期间，含未取得销售收入的月份（或季度）。

销售服务、无形资产或者不动产（简称应税行为）有扣除项目的增值税纳税人，其应税行为年应税销售额按未扣除之前的销售额计算。增值税纳税人偶然发生的销售无形资产、转让不动产的销售额，不计入应税行为年应税销售额。

年应税销售额未超过规定标准的增值税纳税人，会计核算健全，能够提供准确税务资料的，可以向主管税务机关办理一般纳税人登记。会计核算健全是指能够按照国家统一的会计制度规定设置账簿，根据合法、有效凭证进行核算。

【特别提示】自 2015 年 4 月 1 日起，增值税一般纳税人资格实行登记制，登记事项由增值税纳税人向其主管税务机关办理。

【点拨指导】在增值税一般纳税人资格登记制下，除财政部、国家税务总局另有规定外，纳税人可根据需要自行选择当月 1 日或次月 1 日作为一般纳税人资格生效之日，按照增值税一般计税方法计算应纳税额，并按照规定领用（又称申领，下同）增值税专用发票。

【实务答疑】我公司年应税销售额未超过小规模纳税人标准，请问是否可以办理增值税一般纳税人登记？

答：根据《增值税一般纳税人登记管理办法》（国家税务总局令第 43 号）的规定，

年应税销售额未超过规定标准的纳税人，会计核算健全，能够提供准确税务资料的，可以向主管税务机关办理一般纳税人登记。

因此，你公司若会计核算健全，能够提供准确税务资料，可以向主管税务机关办理一般纳税人登记。

【特别提示】根据《增值税法》的规定，本法所称小规模纳税人，是指年应征增值税销售额未超过五百万元的纳税人。小规模纳税人会计核算健全，能够提供准确税务资料的，可以向主管税务机关办理登记，按照本法规定的一般计税方法计算缴纳增值税。根据国民经济和社会发展的需要，国务院可以对小规模纳税人的标准作出调整，报全国人民代表大会常务委员会备案。

（二）小规模纳税人和一般纳税人的征税管理

小规模纳税人实行简易计税方法，不得抵扣进项税额。

符合增值税一般纳税人条件的增值税纳税人应当向主管税务机关办理登记，以取得法定资格；未办理一般纳税人登记手续的，应按销售额依照增值税税率计算应纳税额，不得抵扣进项税额，也不得使用增值税专用发票。经税务机关审核登记的一般纳税人，可按规定领用和使用增值税专用发票，按《增值税暂行条例》规定计算缴纳增值税。

【特别提示】除国家税务总局另有规定外，纳税人一经登记为一般纳税人后，不得再转为小规模纳税人。

自2020年2月1日起，增值税小规模纳税人（其他个人除外）发生增值税应税行为，需要开具增值税专用发票的，可以自愿使用增值税发票管理系统自行开具。选择自行开具增值税专用发票的小规模纳税人，税务机关不再为其代开增值税专用发票。

三、增值税征税范围的确定

（一）征税范围的一般规定

1. 销售或进口货物

销售货物是指有偿转让货物的所有权。货物是指有形动产，包括电力、热力、气体在内。有偿是指从购买方取得货币、货物或者其他经济利益。

进口货物是指申报进入中国海关境内的货物。只要是报关进口的应税货物，均属于增值税的征税范围，除享受免税政策外，均须在进口环节缴纳增值税。

【点拨指导】以货物为例，一般情况下增值税的“销售”，必须符合两个条件：第一，货物的所有权转移；第二，是有偿的转移。

【特别提示】国际进出口通行规则：以货物为例，对进口货物征收增值税，对出口货物退（免）增值税。

2. 提供加工修理修配劳务

加工是指受托方接受来料承做货物，加工后的货物所有权仍属于委托方的业务，即通常所说的受托加工业务或者委托加工业务。委托加工业务是指由委托方提供原料及主要材料，受托方按照委托方的要求制造货物并收取加工费的业务。修理修配是指受托方对损伤和丧失功能的货物进行修复，使其恢复原状和功能的业务。提供加工修理修配劳务是指有偿提供加工修理修配劳务。单位或者个体工商户聘用的员工为本单位或雇主提供加工修理修配劳务则不包括在内。有偿是指取得货币、货物或其他经济利益。

【知识链接】加工修理修配的对象限于有形动产，而对不动产的是修缮行为，属于建筑服务。

3. 销售服务、无形资产或者不动产

销售服务、无形资产或者不动产，是指有偿提供服务、有偿转让无形资产或者不动产，但属于下列非经营活动的情形除外：

（1）行政单位收取的同时满足以下条件的政府性基金或者行政事业性收费：1）由国务院或者财政部批准设立的政府性基金，由国务院或者省级人民政府及其财政、价格主管部门批准设立的行政事业性收费；2）收取时开具省级以上（含省级）财政部门监（印）制的财政票据；3）所收款项全额上缴财政。

（2）单位或者个体工商户聘用的员工为本单位或者雇主提供取得工资的服务。

（3）单位或者个体工商户为聘用的员工提供的服务。

（4）财政部和国家税务总局规定的其他情形。

同样，有偿是指取得货币、货物或者其他经济利益。

【特别提示】增值税的征税范围已经包含生产、流通、服务领域。

【特别提示】根据《增值税法》的规定，销售货物、服务、无形资产、不动产，是指有偿转让货物、不动产的所有权，有偿提供服务，有偿转让无形资产的所有权或者使用权。

（二）销售服务、无形资产或者不动产的具体规定

1. 销售服务

销售服务是指提供交通运输服务、邮政服务、电信服务、建筑服务、金融服务、现代服务、生活服务。

（1）交通运输服务。交通运输服务是指利用运输工具将货物或者旅客送达目的地，使其空间位置得以转移的业务活动，包括陆路运输服务、水路运输服务、航空运输服务和管道运输服务。

1）陆路运输服务。陆路运输服务是指通过陆路（地上或者地下）运送货物或者旅客的运输业务活动，包括铁路运输服务和其他陆路运输服务。出租车公司向使用本公司自有出租车的出租车司机收取的管理费用，按照陆路运输服务缴纳增值税。

2）水路运输服务。水路运输服务是指通过江、河、湖、川等天然、人工水道或者海洋航道运送货物或者旅客的运输业务活动。水路运输的程租、期租业务，属于水路运输服务。程租业务是指运输企业为租船人完成某一特定航次的运输任务并收取租赁费的业务；期租业务是指运输企业将配备有操作人员的船舶租赁给他人使用一定期限，承租

期内听候承租方调遣，不论是否经营，均按天向承租方收取租赁费，发生的固定费用均由船东负担的业务。

3）航空运输服务。航空运输服务是指通过空中航线运送货物或者旅客的运输业务活动。航空运输的湿租业务属于航空运输服务。湿租业务是指航空运输企业将配备有机组人员的飞机租赁给他人使用一定期限，承租期内听候承租方调遣，不论是否经营，均按一定标准向承租方收取租赁费，发生的固定费用均由承租方承担的业务。

【特别提示】航天运输服务按照航空运输服务缴纳增值税。航天运输服务是指利用火箭等载体将卫星、空间探测器等空间飞行器发射到空间轨道的业务活动。

4）管道运输服务。管道运输服务是指通过管道设施输送气体、液体、固体物质的运输业务活动。

（2）邮政服务。邮政服务是指中国邮政集团公司及其所属邮政企业提供邮件寄递、邮政汇兑和机要通信等邮政基本服务的业务活动，包括邮政普遍服务、邮政特殊服务和其他邮政服务。

1）邮政普遍服务。邮政普遍服务是指函件、包裹等邮件寄递，以及邮票发行、报刊发行和邮政汇兑等业务活动。

2）邮政特殊服务。邮政特殊服务是指义务兵平常信函、机要通信、盲人读物和革命烈士遗物的寄递等业务活动。

3）其他邮政服务。其他邮政服务是指邮册等邮品销售、邮政代理等业务活动。

【知识链接】邮政储蓄业务按照金融服务缴纳增值税。

（3）电信服务。电信服务是指利用有线、无线的电磁系统或者光电系统等各种通信网络资源，提供语音通话服务，传送、发射、接收或者应用图像、短信等电子数据和信息的业务活动，包括基础电信服务和增值电信服务。

1）基础电信服务。基础电信服务是指利用固网、移动网、卫星、互联网，提供语音通话服务的业务活动，以及出租或者出售带宽、波长等网络元素的业务活动。

2）增值电信服务。增值电信服务是指利用固网、移动网、卫星、互联网、有线电视网络，提供短信和彩信服务、电子数据和信息的传输及应用服务、互联网接入服务等业务活动。

【特别提示】卫星电视信号落地转接服务，按照增值电信服务缴纳增值税。

（4）建筑服务。建筑服务是指各类建筑物、构筑物及其附属设施的建造、修缮、装饰，线路、管道、设备、设施等的安装以及其他工程作业的业务活动，包括工程服务、安装服务、修缮服务、装饰服务和其他建筑服务。物业服务企业为业主提供的装修服务，按照建筑服务缴纳增值税。纳税人将建筑施工设备出租给他人使用并配备操作人员的，按照建筑服务缴纳增值税。

1）工程服务。工程服务是指新建、改建各种建筑物、构筑物的工程作业，包括与建筑物相连的各种设备或者支柱、操作平台的安装或装设工程作业，以及各种窑炉和金属结构工程作业。

2）安装服务。安装服务是指生产设备、动力设备、起重设备、运输设备、传动设备、医疗实验设备以及其他各种设备、设施的装配、安置工程作业，包括与被安装设备相连的工作台、梯子、栏杆的装设工程作业，以及被安装设备的绝缘、防腐、保温、油漆等工程作业。

3）修缮服务。修缮服务是指对建筑物、构筑物进行修补、加固、养护、改善，使之恢复原来的使用价值或者延长其使用期限的工程作业。

【知识链接】有形动产修理属于加工修理修配劳务；建筑物、构筑物的修补、加固、养护、改善属于建筑服务中的修缮服务。

4）装饰服务。装饰服务是指对建筑物、构筑物进行修饰装修，使之美观或者具有特定用途的工程作业。

5）其他建筑服务。其他建筑服务是指上述工程作业之外的各种工程作业服务。

【知识链接】疏浚属于其他建筑服务，但航道疏浚属于物流辅助服务。

（5）金融服务。金融服务是指经营金融保险的业务活动，包括贷款服务、直接收费金融服务、保险服务和金融商品转让。

1）贷款服务。贷款是指将资金贷与他人使用而取得利息收入的业务活动。各种占用、拆借资金取得的收入，包括金融商品持有期间（含到期）利息（保本收益、报酬、资金占用费、补偿金等）收入、信用卡透支利息收入、买入返售金融商品利息收入、融资融券收取的利息收入，以及融资性售后回租、押汇、罚息、票据贴现、转贷等业务取得的利息及利息性质的收入，按照贷款服务缴纳增值税。融资性售后回租是指承租方以融资为目的，将资产出售给从事融资性售后回租业务的企业后，从事融资性售后回租业务的企业将该资产出租给承租方的业务活动。

【知识链接】融资性售后回租属于金融服务中的贷款服务；融资租赁属于现代服务中的租赁服务。此外，融资租赁仍可进一步分为动产融资租赁和不动产融资租赁，前者适用13%的税率，后者适用9%的税率。

【特别提示】以货币资金投资收取的固定利润或者保底利润，按照贷款服务缴纳增值税。

2）直接收费金融服务。直接收费金融服务是指为货币资金融通及其他金融业务提供相关服务并且收取费用的业务活动，包括提供货币兑换、账户管理、电子银行、信用卡、信用证、财务担保、资产管理、信托管理、基金管理、金融交易场所（平台）管理、资金结算、资金清算、金融支付等服务。

3）保险服务。保险服务是指投保人根据合同约定，向保险人支付保险费，保险人对于合同约定的可能发生的事故因其发生所造成的财产损失承担赔偿保险金责任，或者当被保险人死亡、伤残、疾病及达到合同约定的年龄、期限等条件时承担给付保险金责任的商业保险行为，包括人身保险服务和财产保险服务。

4）金融商品转让。金融商品转让是指转让外汇、有价证券、非货物期货和其他金融商品所有权的业务活动。其他金融商品转让包括基金、信托、理财产品等各类资产管理产品和各种金融衍生品的转让。

（6）现代服务。现代服务是指围绕制造业、文化产业、现代物流产业等提供技术性、知识性服务的业务活动，包括研发和技术服务、信息技术服务、文化创意服务、物流辅助服务、租赁服务、鉴证咨询服务、广播影视服务、商务辅助服务和其他现代服务。

1）研发和技术服务。研发和技术服务包括研发服务、合同能源管理服务、工程勘察勘探服务、专业技术服务。

2）信息技术服务。信息技术服务是指利用计算机、通信网络等技术对信息进行生产、收集、处理、加工、存储、运输、检索和利用，并提供信息服务的业务活动，包括软件服务、电路设计及测试服务、信息系统服务、业务流程管理服务和信息系统增值服务。

3）文化创意服务。文化创意服务包括设计服务、知识产权服务、广告服务和会议展览服务。宾馆、旅馆、旅社、度假村和其他经营性住宿场所提供会议场地及配套服务的活动，按照会议展览服务缴纳增值税。

4）物流辅助服务。物流辅助服务包括航空服务、港口码头服务、货运客运场站服务、打捞救助服务、装卸搬运服务、仓储服务和收派服务。

【特别提示】车辆停放服务属于不动产经营租赁服务，而不属于货运客运场站服务。

5）租赁服务。租赁服务包括融资租赁服务和经营租赁服务。水路运输的光租业务、航空运输的干租业务，属于经营租赁。光租业务是指运输企业将船舶在约定的时间内出租给他人使用，不配备操作人员，不承担运输过程中发生的各项费用，只收取固定租赁费的业务活动。干租业务是指航空运输企业将飞机在约定的时间内出租给他人使用，不配备机组人员，不承担运输过程中发生的各项费用，只收取固定租赁费的业务活动。

【归纳总结】水路运输的程租、期租业务属于“交通运输服务——水路运输服务”；航空运输的湿租业务属于“交通运输服务——航空运输服务”；水路运输的光租业务、航空运输的干租业务属于“现代服务——租赁服务”。

【点拨指导】通过实质重于形式原则来区分：程租、期租、湿租是连人（司机等）带交通工具一起出租，实质上是提供运输服务；干租、光租是只出租交通工具不带人（司机等），实质上是提供租赁服务。

【知识链接】有形动产融资租赁、不动产融资租赁，按照现代服务中的租赁服务缴纳增值税。但融资性售后回租服务属于贷款服务，应按照金融服务缴纳增值税。

【情境引例解析】

根据《财政部 国家税务总局关于全面推开营业税改征增值税试点的通知》（财税〔2016〕36号）附件1《营业税改征增值税试点实施办法》的规定，车辆停放服务、道路通行服务（包括过路费、过桥费、过闸费等）等按照不动产经营租赁服务缴纳增值税。将建筑物、构筑物等不动产或者飞机、车辆等有形动产的广告位出租给其他单位或者个人用于发布广告的，按照经营租赁服务缴纳增值税。

因此，你公司收取的停车费和电梯里面广告位的出租费用均属于现代服务中的租赁服务。

6）鉴证咨询服务。鉴证咨询服务包括认证服务、鉴证服务和咨询服务。

7）广播影视服务。广播影视服务包括广播影视节目（作品）的制作服务、发行服务和播映（含放映）服务。

8）商务辅助服务。商务辅助服务包括企业管理服务、经纪代理服务、人力资源服务、安全保护服务。纳税人提供武装守护押运服务，按照安全保护服务缴纳增值税。

9）其他现代服务。其他现代服务是指除研发和技术服务、信息技术服务、文化创意服务、物流辅助服务、租赁服务、鉴证咨询服务、广播影视服务和商务辅助服务以外的现代服务。纳税人对安装运行后的电梯提供的维护保养服务，按照其他现代服务缴纳增值税。纳税人提供植物养护服务，按照其他生活服务缴纳增值税。

（7）生活服务。生活服务是指为满足城乡居民日常生活需求提供的各类服务活动，包括文化体育服务、教育医疗服务、旅游娱乐服务、餐饮住宿服务、居民日常服务和其他生活服务。

1）文化体育服务。文化体育服务包括文化服务和体育服务。纳税人在游览场所经营索道、摆渡车、电瓶车、游船等取得的收入，按照文化体育服务缴纳增值税。

2）教育医疗服务。教育医疗服务包括教育服务和医疗服务。

3）旅游娱乐服务。旅游娱乐服务包括旅游服务和娱乐服务。

4）餐饮住宿服务。餐饮住宿服务包括餐饮服务和住宿服务。提供餐饮服务的纳税人销售的外卖食品，按照餐饮服务缴纳增值税。纳税人现场制作食品并直接销售给消费者的，按照餐饮服务缴纳增值税。纳税人以长（短）租形式出租酒店公寓并提供配套服务的，按照住宿服务缴纳增值税。

5）居民日常服务。居民日常服务是指主要为满足居民个人及其家庭日常生活需求提供的服务，包括市容市政管理、家政、婚庆、养老、殡葬、照料和护理、救助救济、美容美发、按摩、桑拿、氧吧、足疗、沐浴、洗染、摄影扩印等。

6）其他生活服务。其他生活服务是指除文化体育服务、教育医疗服务、旅游娱乐服务、餐饮住宿服务和居民日常服务之外的生活服务。

2. 销售无形资产

销售无形资产是指转让无形资产所有权或者使用权的业务活动。无形资产是指不具实物形态但能带来经济利益的资产，包括技术、商标、著作权、商誉、自然资源使用权和其他权益性无形资产。

技术包括专利技术和非专利技术；自然资源使用权包括土地使用权、海域使用权、探矿权、采矿权、取水权和其他自然资源使用权；其他权益性无形资产包括基础设施资产经营权、公共事业特许权、配额、经营权（包括特许经营权、连锁经营权、其他经营权）、经销权、分销权、代理权、会员权、席位权、网络游戏虚拟道具、域名、名称权、肖像权、冠名权、转会费等。

3. 销售不动产

销售不动产是指转让不动产所有权的业务活动。不动产是指不能移动或者移动后会引起性质、形状改变的财产，包括建筑物、构筑物等。

建筑物包括住宅、商业营业用房、办公楼等可供居住、工作或者进行其他活动的建造物；构筑物包括道路、桥梁、隧道、水坝等建造物。

【点拨指导】转让建筑物有限产权或者永久使用权的，转让在建的建筑物或者构筑物所有权的，以及在转让建筑物或者构筑物时一并转让其所占土地的使用权的，按照销售不动产缴纳增值税。

【特别提示】单独转让土地使用权，按销售无形资产缴纳增值税。

（三）属于征税范围的特殊行为

1. 视同销售货物

单位或者个体工商户的下列行为，视同销售货物，需要缴纳增值税。

（1）将货物交付其他单位或个人代销。

【点拨指导】本条是指代销业务中的委托方将货物交付其他单位或个人代销。

（2）销售代销货物。

【点拨指导】本条是指代销业务中的受托方销售代销货物。

（3）设有两个以上机构并实行统一核算的纳税人，将货物从一个机构移送到其他机构用于销售，但相关机构设在同一县（市）的除外。

【点拨指导】这里的“用于销售”是指受货机构发生以下情形之一的经营行为：向购货方开具发票；向购货方收取货款。受货机构的货物移送行为有上述两项情形之一的，应当向所在地税务机关缴纳增值税；未发生上述两项情形的，则应由总机构统一缴纳增值税。

【特别提示】根据《立法技术规范（试行）（一）》（全国人大常委会法工委发〔2009〕62号）的规定，规范年龄、期限、尺度、重量等数量关系，涉及以上、以下、以内、不满、超过的规定时，“以上、以下、以内”均含本数，“不满、超过”均不含本数。

（4）将自产或委托加工的货物用于非增值税应税项目。

【特别提示】自2016年5月1日起全面营改增，营业税退出了历史舞台，此处的“非增值税应税项目”已经失去了意义。根据财税〔2016〕36号文精神及增值税相关原理，本条失效。

（5）将自产或委托加工的货物用于集体福利或个人消费。

（6）将自产、委托加工或购进的货物作为投资，提供给其他单位或个体工商户。

（7）将自产、委托加工或购进的货物分配给股东或投资者。

（8）将自产、委托加工或购进的货物无偿赠送其他单位或个人。

纳税人发生固定资产视同销售行为，对已使用过的固定资产无法确定销售额的，以固定资产净值为销售额。

【知识链接】药品生产企业销售自产创新药的销售额为向购买方收取的全部价款和价外费用，其提供给患者后续免费使用的相同创新药，不属于增值税视同销售范围。

2. 视同销售服务、无形资产或者不动产

下列情形视同销售服务、无形资产或者不动产：

（1）单位或者个体工商户向其他单位或者个人无偿提供服务，但用于公益事业或者以社会公众为对象的除外；

（2）单位或者个人向其他单位或者个人无偿转让无形资产或者不动产，但用于公益事业或者以社会公众为对象的除外；

（3）财政部和国家税务总局规定的其他情形。

【点拨指导】根据国家指令无偿提供的铁路运输服务、航空运输服务，属于用于公益事业的服务。

【特别提示】纳税人出租不动产，租赁合同中约定免租期的，不属于视同销售服务。

【特别提示】根据《增值税法》的规定，有下列情形之一的，视同应税交易，应当依照本法规定缴纳增值税：①单位和个体工商户将自产或者委托加工的货物用于集体福利或者个人消费；②单位和个体工商户无偿转让货物；③单位和个人无偿转让无形资产、不动产或者金融商品。

3. 混合销售行为

详见本章第 2 节。

4. 兼营行为

详见本章第 2 节。

（四）不征收增值税项目

（1）根据国家指令无偿提供的铁路运输服务、航空运输服务，属于《营业税改征增值税试点实施办法》第十四条规定的用于公益事业的服务。

（2）存款利息。

（3）被保险人获得的保险赔付。

（4）房地产主管部门或其指定机构、公积金管理中心、开发企业以及物业管理单位代收的住宅专项维修资金。

（5）纳税人在资产重组过程中，通过合并、分立、出售、置换等方式，将全部或者部分实物资产以及与其相关联的债权、负债和劳动力一并转让给其他单位和个人，其中涉及的货物转让行为。

（6）纳税人在资产重组过程中，通过合并、分立、出售、置换等方式，将全部或者部分实物资产以及与其相关联的债权、负债和劳动力一并转让给其他单位和个人，其中涉及的不动产、土地使用权转让行为。

（7）自 2020 年 1 月 1 日起，纳税人取得的财政补贴收入，与其销售货物、劳务、服务、无形资产、不动产的收入或者数量直接挂钩的，应按规定计算缴纳增值税；纳税人取得的其他情形的财政补贴收入，不属于增值税应税收入，不征收增值税。

【特别提示】根据《增值税法》的规定，有下列情形之一的，不属于应税交易，不征收增值税：①员工为受雇单位或者雇主提供取得工资、薪金的服务；②收取行政事业性收费、政府性基金；③依照法律规定被征收、征用而取得补偿；④取得存款利息收入。

四、增值税税率和征收率的判定

一般纳税人一般情况下采用一般计税方法适用税率计算缴纳增值税。上述税率主要有以下三种情形：第一种是基本税率；第二种是低税率；第三种是出口货物、劳务、服务或者无形资产适用的零税率。一般纳税人特殊情况下采用简易计税方法适用征收率计算缴纳增值税。小规模纳税人采用简易计税方法适用征收率计算缴纳增值税。

（一）基本税率

增值税的基本税率为13%。纳税人销售货物、加工修理修配劳务、销售有形动产租赁服务或者进口货物，除适用9%税率、零税率的外，税率为13%。

【点拨指导】有形动产租赁包括有形动产融资租赁和有形动产经营性租赁。水路运输的光租业务和航空运输的干租业务，属于有形动产经营性租赁。

（二）低税率

增值税的低税率分以下两档。

1. 低税率9%

（1）纳税人销售或者进口下列货物，税率为9%：

农产品（含粮食，不含淀粉；含干姜、姜黄，不含麦芽、复合胶、人发制品）、自来水、暖气、石油液化气、天然气、食用植物油（含橄榄油，不含肉桂油、桉油、香茅油）、冷气、热水、煤气、居民用煤炭制品、食用盐、农机、饲料、农药、农膜、化肥、沼气、二甲醚、图书、报纸、杂志、音像制品、电子出版物。

【点拨指导】粮食包括稻谷、大米、大豆、小麦、杂粮、鲜山芋、山芋干、山芋粉以及经过加工的面粉（各种花式面粉除外）。

（2）纳税人销售交通运输、邮政、基础电信、建筑、不动产租赁服务，销售不动产，转让（销售）土地使用权，税率为9%。

【点拨指导】具体来说，纳税人销售增值电信服务、金融服务、现代服务和生活服务，销售土地使用权以外的无形资产，除适用13%税率（销售有形动产租赁服务）、9%税率（销售不动产租赁服务）、零税率的外，税率为6%。

2. 低税率6%

纳税人销售服务、无形资产，除适用13%税率、9%税率、零税率的外，税率为6%。

【特别提示】租赁服务属于现代服务，但有形动产租赁服务和不动产租赁服务均不适用6%的增值税税率。一般纳税人销售有形动产租赁服务，税率为13%；一般纳税人销售不动产租赁服务，税率为9%。

（三）零税率

1. 货物或者劳务适用的零税率

纳税人出口货物或者劳务，适用增值税零税率，但是，国务院另有规定的除外。零税率是税收优惠的一种体现，是为了鼓励企业出口货物或者劳务而采用的一种税率。

2. 服务或者无形资产适用的零税率

中华人民共和国境内的单位和个人销售的下列服务或者无形资产（即出口服务或者无形资产，统称为“跨境应税行为”），适用增值税零税率：

（1）国际运输服务。国际运输服务是指：1）在境内载运旅客或者货物出境；2）在境外载运旅客或者货物入境；3）在境外载运旅客或者货物。

（2）航天运输服务。

（3）向境外单位提供的完全在境外消费的下列服务：1）研发服务；2）合同能源管理服务；3）设计服务；4）广播影视节目（作品）的制作和发行服务；5）软件服务；6）电路设计及测试服务；7）信息系统服务；8）业务流程管理服务；9）离岸服务外包业务，包括信息技术外包服务（ITO）、技术性业务流程外包服务（BPO）、技术性知识流程外包服务（KPO），其所涉及的具体业务活动，按照《销售服务、无形资产、不动产注释》（财税〔2016〕36号印发）相对应的业务活动执行；10）转让技术。完全在境外消费，是指服务的实际接受方在境外，且与境内的货物和不动产无关；无形资产完全在境外使用，且与境内的货物和不动产无关；财政部和国家税务总局规定的其他情形。

（4）财政部和国家税务总局规定的其他服务。

【点拨指导】零税率不同于免税。以出口货物为例，出口货物免税仅指在出口销售环节免征增值税销项税额（一般计税方法下）或者应纳增值税税额（简易计税方法下），该出口货物在出口前相应的进项税额不能抵扣，也不能退还；而零税率是指对出口货物除了在出口销售环节免征增值税销项税额（一般计税方法下）或者增值税应纳税额（简易计税方法下）外，还要将该出口货物在出口前相应的进项税额按照税法规定的计算公式计算后予以直接退还（免退办法）或者先抵扣后退还（免抵退办法），使该出口货物在出口时完全不含增值税税款，从而以无增值税货物的形式进入国际市场。

【特别提示】根据《增值税法》的规定，（1）纳税人销售货物、加工修理修配服务、有形动产租赁服务，进口货物，除本条第（2）项、第（4）项、第（5）项规定外，税率为13%。（2）纳税人销售交通运输、邮政、基础电信、建筑、不动产租赁服务，销售不动产，转让土地使用权，销售或者进口下列货物，除本条第四项、第五项规定外，税率为9%：①农产品、食用植物油、食用盐；②自来水、暖气、冷气、热水、煤气、石油液化气、天然气、二甲醚、沼气、居民用煤炭制品；③图书、报纸、杂志、音像制品、电子出版物；④饲料、化肥、农药、农机、农膜。（3）纳税人销售服务、无形资产，除本条第（1）项、第（2）项、第（5）项规定外，税率为6%。（4）纳税人出口货物，税率为零；国务院另有规定的除外。（5）境内单位和个人跨境销售国务院规定范围内的服务、无形资产，税率为零。

（四）征收率

一般纳税人特殊情况下采用简易计税方法适用征收率。小规模纳税人缴纳增值税采用简易计税方法适用征收率。我国增值税的法定征收率是3%；一些特殊项目适用3%的征收率减按2%征收增值税；自2020年5月1日至2027年12月31日，从事二手车经销的纳税人销售其收购的二手车，减按0.5%征收率征收增值税。全面营改增后与不动产有关的特殊项目适用5%的征收率；一些特殊项目适用5%的征收率减按1.5%征收增值税（详见本章第2节）。

自2020年3月1日至2021年3月31日，湖北省增值税小规模纳税人，适用3%征收率的应税销售收入，免征增值税；适用3%预征率的预缴增值税项目，暂停预缴增值税。自2021年4月1日至2022年3月31日，湖北省增值税小规模纳税人，适用3%征收率的应税销售收入，减按1%征收率征收增值税；适用3%预征率的预缴增值税项目，减按1%预征率预缴增值税。自2020年3月1日至2022年3月31日，除湖北省外，其他省、自治区、直辖市的增值税小规模纳税人，适用3%征收率的应税销售收入，减按1%征收率征收增值税；适用3%预征率的预缴增值税项目，减按1%预征率预缴增值税。

自2022年4月1日至2022年12月31日，增值税小规模纳税人适用3%征收率的应税销售收入，免征增值税；适用3%预征率的预缴增值税项目，暂停预缴增值税。自2023年1月1日至2027年12月31日，增值税小规模纳税人适用3%征收率的应税销售收入，减按1%征收率征收增值税；适用3%预征率的预缴增值税项目，减按1%预征率预缴增值税。

【特别提示】增值税的征收率不仅仅适用于小规模纳税人，一般纳税人在某些特殊情况下采用简易计税方法也适用征收率。

【特别提示】根据《增值税法》的规定，适用简易计税方法计算缴纳增值税的征收率为3%。

五、增值税优惠政策的运用

（一）原增值税纳税人的增值税减免税政策

1.《增值税暂行条例》规定的免征增值税政策

（1）销售自产农产品是指农业生产者销售自产初级农产品（包括制种、“公司＋农户”经营模式的畜禽饲养）。

【点拨指导】农业是指种植业、养殖业、林业、牧业、水产业。农业生产者包括从事农业生产的单位和个人。

【特别提示】农业生产者销售的自产农产品是指直接从事植物的种植、收割和动物的饲养、捕捞的单位和个人销售的自产农产品。

（2）避孕药品和用具。

（3）古旧图书（指向社会收购的古书和旧书）。

（4）直接用于科学研究、科学试验和教学的进口仪器、设备。

（5）外国政府、国际组织无偿援助的进口物资和设备。

（6）由残疾人的组织直接进口供残疾人专用的物品。

（7）销售的自己使用过的物品（指其他个人[①]自己使用过的物品）。

【点拨指导】自然人张某出售自己使用过的电脑、手机或者汽车，免征增值税。

【点拨指导】增值税的免税是指对货物、劳务、服务、无形资产或者不动产在本流转环节的增值税销项税额（一般计税方法下）或者应纳增值税税额（简易计税方法下）予以免征。免税只免征本流转环节的增值税销项税额或者应纳增值税税额，对货物、劳务、服务、无形资产或者不动产在以前流转环节所缴纳的增值税税额（指的是增值税进项税额）不予退还，因此，免税货物、劳务、服务、无形资产或者不动产仍然负担一定的增值税。

2. 财政部、国家税务总局规定的增值税优惠政策

（1）资源综合利用产品和劳务增值税优惠政策。纳税人销售自产的资源综合利用产品和提供资源综合利用劳务，符合税法规定的相关条件的，可享受增值税即征即退政策。

（2）医疗卫生的增值税优惠政策。

1）非营利性医疗机构：自产自用的制剂免征增值税。

2）营利性医疗机构：取得的收入按规定征收各项税收。自执业登记起 3 年内对自产自用的制剂免征增值税。

3）疾病控制机构和妇幼保健机构等的服务收入：按国家规定价格取得的卫生服务收入免征增值税。

4）血站：供应给医疗机构的临床用血免征增值税。

5）供应非临床用血：可按简易计税方法计算应纳税额。

（3）修理修配劳务的增值税优惠。飞机修理，增值税实际税负超过 6%的部分即征即退。

（4）软件产品的增值税优惠。增值税一般纳税人销售其自行开发生产的软件产品，按 13%税率征收增值税后，对其增值税实际税负超过 3%的部分实行即征即退政策。增值税一般纳税人将进口软件产品进行本地化改造后对外销售，其销售的软件产品可享受

---

① 个人有两种：一种是个体工商户；另一种是其他个人。因此，其他个人指的是个体工商户以外的个人，即自然人。

上述增值税即征即退政策。

即征即退税额＝当期软件产品增值税应纳税额－当期软件产品销售额×3%

（5）至2027年供暖期结束，对供热企业向居民个人供热取得的采暖费收入继续免征增值税。

（6）蔬菜流通环节、部分鲜活肉蛋产品流通环节增值税免税政策。

1）自2012年1月1日起，对从事蔬菜批发、零售的纳税人销售的蔬菜免征增值税。各种蔬菜罐头不属于免征增值税范围。

2）自2012年10月1日起，对从事农产品批发、零售的纳税人销售的部分鲜活肉蛋产品免征增值税。

（7）制种行业增值税政策。制种企业在规定的生产经营模式下生产种子，属于农业生产者销售自产农产品，免征增值税。

（8）自2018年11月30日至2027年12月31日，对经国务院批准对外开放的货物期货品种保税交割业务，暂免征收增值税。

纳税人兼营免税、减税项目应当分别核算免税、减税项目的销售额；未分别核算销售额的，不得免税、减税。

【特别提示】根据《增值税法》的规定，纳税人兼营增值税优惠项目的，应当单独核算增值税优惠项目的销售额；未单独核算的项目，不得享受税收优惠。

（二）营改增优惠政策的运用

1. 营改增过渡期间免税政策

下列项目免征增值税：

（1）托儿所、幼儿园提供的保育和教育服务。

（2）养老机构提供的养老服务。

（3）残疾人福利机构提供的育养服务。

（4）婚姻介绍服务。

（5）殡葬服务。

（6）残疾人员本人为社会提供的服务。

（7）医疗机构提供的医疗服务。

（8）从事学历教育的学校提供的教育服务。

（9）学生勤工俭学提供的服务。

（10）农业机耕、排灌、病虫害防治、植物保护、农牧保险以及相关技术培训业务，家禽、牲畜、水生动物的配种和疾病防治。

（11）纪念馆、博物馆、文化馆、文物保护单位管理机构、美术馆、展览馆、书画院、图书馆在自己的场所提供文化体育服务取得的第一道门票收入。

（12）寺院、宫观、清真寺和教堂举办文化、宗教活动的门票收入。

（13）行政单位之外的其他单位收取的符合《营业税改征增值税试点实施办法》第十条规定条件的政府性基金和行政事业性收费。

（14）个人转让著作权。

（15）个人销售自建自用住房。

（16）2025年12月31日前，对经营公租房所取得的租金收入，免征增值税。

（17）台湾航运公司、航空公司从事海峡两岸海上直航、空中直航业务在大陆取得的运输收入。

（18）纳税人提供的直接或者间接国际货物运输代理服务。

（19）符合条件的利息收入。

（20）被撤销金融机构以货物、不动产、无形资产、有价证券、票据等财产清偿债务。

（21）保险公司开办的一年期以上人身保险产品取得的保费收入。

（22）符合条件的金融商品转让收入。

（23）金融同业往来利息收入。

（24）符合条件的担保机构从事中小企业信用担保或者再担保业务取得的收入（不含信用评级、咨询、培训等收入）3年内免征增值税。

（25）国家商品储备管理单位及其直属企业承担商品储备任务，从中央或者地方财政取得的利息补贴收入和价差补贴收入。

（26）纳税人提供技术转让、技术开发和与之相关的技术咨询、技术服务。

【素养园地】我国出台的与科学技术相关的增值税税收优惠政策，有利于推动科学进步和技术创新，提升我国在国际上的竞争力和影响力，体现了“必须坚持科技是第一生产力、人才是第一资源、创新是第一动力，深入实施科教兴国战略、人才强国战略、创新驱动发展战略，开辟发展新领域新赛道，不断塑造发展新动能新优势”① 的理念。

（27）符合条件的合同能源管理服务。

（28）2027年12月31日前，免征图书批发、零售环节增值税。

（29）2027年12月31日前，对科普单位的门票收入，以及县级及以上党政部门和科协开展科普活动的门票收入，免征增值税。

（30）政府举办的从事学历教育的高等、中等和初等学校（不含下属单位），举办进修班、培训班取得的全部归该学校所有的收入。

（31）政府举办的职业学校设立的主要为在校学生提供实习场所并由学校出资自办、由学校负责经营管理、经营收入归学校所有的企业，从事《销售服务、无形资产、不动产注释》中“现代服务”（不含融资租赁服务、广告服务和其他现代服务）、“生活服务”（不含文化体育服务、其他生活服务和桑拿、氧吧）业务活动取得的收入。

（32）家政服务企业由员工制家政服务员提供家政服务取得的收入。

---

① 习近平. 高举中国特色社会主义伟大旗帜 为全面建设社会主义现代化国家而团结奋斗——在中国共产党第二十次全国代表大会上的报告，北京：人民出版社，2022.

（33）福利彩票、体育彩票的发行收入。

（34）军队空余房产租赁收入。

（35）为了配合国家住房制度改革，企业、行政事业单位按房改成本价、标准价出售住房取得的收入。

（36）将土地使用权转让给农业生产者用于农业生产。

（37）涉及家庭财产分割的个人无偿转让不动产、土地使用权。

（38）纳税人采取转包、出租、互换、转让、入股等方式将承包地流转给农业生产者用于农业生产。

（39）土地所有者出让土地使用权和土地使用者将土地使用权归还给土地所有者。

【点拨指导】土地所有者依法征收土地，并向土地使用者支付土地及其相关有形动产、不动产补偿费的行为，属于上述情形。

（40）县级以上地方人民政府或自然资源行政主管部门出让、转让或收回自然资源使用权（不含土地使用权）。

（41）随军家属就业。

（42）军队转业干部就业。

（43）2027年12月31日前，对企业集团内单位（含企业集团）之间的资金无偿借贷行为，免征增值税。

（44）提供社区养老、抚育、家政等服务取得的收入。

（45）纳税人将国有农用地出租给农业生产者用于农业生产。

【特别提示】根据《增值税法》的规定，下列项目免征增值税：

（1）农业生产者销售的自产农产品，农业机耕、排灌、病虫害防治、植物保护、农牧保险以及相关技术培训业务，家禽、牲畜、水生动物的配种和疾病防治；

（2）医疗机构提供的医疗服务；

（3）古旧图书，自然人销售的自己使用过的物品；

（4）直接用于科学研究、科学试验和教学的进口仪器、设备；

（5）外国政府、国际组织无偿援助的进口物资和设备；

（6）由残疾人的组织直接进口供残疾人专用的物品，残疾人个人提供的服务；

（7）托儿所、幼儿园、养老机构、残疾人服务机构提供的育养服务，婚姻介绍服务，殡葬服务；

（8）学校提供的学历教育服务，学生勤工俭学提供的服务；

（9）纪念馆、博物馆、文化馆、文物保护单位管理机构、美术馆、展览馆、书画院、图书馆举办文化活动的门票收入，宗教场所举办文化、宗教活动的门票收入。

上述免税项目具体标准由国务院规定。

2. 营改增过渡期间即征即退政策

（1）一般纳税人提供管道运输服务，对其增值税实际税负超过3%的部分实行增值税即征即退政策。

（2）经中国人民银行、中国银行保险监督管理委员会（现为国家金融监督管理总局）或者商务部批准（含备案）从事融资租赁业务的试点纳税人中的一般纳税人，提供有形动产融资租赁服务和有形动产融资性售后回租服务，对其增值税实际税负超过3%的部分实行增值税即征即退政策。商务部授权的省级商务主管部门和国家经济技术开发区批准（含备案）的从事融资租赁业务和融资性售后回租业务的试点纳税人中的一般纳税人，2016年5月1日后实收资本达到1.7亿元的，从达到标准的当月起按照上述规定执行；2016年5月1日后实收资本未达到1.7亿元但注册资本达到1.7亿元的，在2016年7月31日前仍可按照上述规定执行，2016年8月1日后开展的有形动产融资租赁业务和有形动产融资性售后回租业务不得按照上述规定执行。

（3）上述“增值税实际税负”，是指纳税人当期提供应税服务实际缴纳的增值税税额占纳税人当期提供应税服务取得的全部价款和价外费用的比例。

3. 营改增优惠承继政策

本地区营改增试点实施之日前，如果试点纳税人已经按照有关政策规定享受了营业税税收优惠，在剩余税收优惠政策期限内，可以按照《营业税改征增值税试点实施办法》继续享受有关增值税优惠。

4. 营改增试点前发生业务的处理

（1）试点纳税人发生应税行为，按照国家有关营业税政策规定差额征收营业税的，因取得的全部价款和价外费用不足以抵减允许扣除项目金额，截至纳入营改增试点之日前尚未扣除的部分，不得在计算试点纳税人增值税应税销售额时抵减，应当向原主管税务机关申请退还营业税。

（2）试点纳税人发生应税行为，在纳入营改增试点之日前已缴纳营业税，纳入营改增试点后因发生退款减除营业额的，应当向原主管税务机关申请退还已缴纳的营业税。

（3）试点纳税人纳入营改增试点之日前发生的应税行为，因税收检查等原因需要补缴税款的，应按照营业税政策的规定补缴营业税。

5. 营改增零税率政策

见本节“四、增值税税率和征收率的判定”下的“（三）零税率”。

6. 营改增境外服务或者无形资产免税政策

境内的单位和个人销售的下列服务或者无形资产（即出口服务或者无形资产，统称为“跨境应税行为”）免征增值税，但财政部和国家税务总局规定适用零税率的除外。

（1）服务：

1）工程项目在境外的建筑服务。

2）工程项目在境外的工程监理服务。

3）工程、矿产资源在境外的工程勘察勘探服务。

4）会议展览地点在境外的会议展览服务。

5）存储地点在境外的仓储服务。

6）标的物在境外使用的有形动产租赁服务。

7）在境外提供的广播影视节目（作品）的播映服务。

8）在境外提供的文化体育服务、教育医疗服务、旅游服务。

（2）为出口货物提供的邮政服务、收派服务、保险服务。为出口货物提供的保险服务，包括出口货物保险和出口信用保险。

（3）向境外单位提供的完全在境外消费的服务和无形资产：

1）电信服务。

2）知识产权服务。

3）物流辅助服务（仓储服务、收派服务除外）。

4）鉴证咨询服务。

5）专业技术服务。

6）商务辅助服务。

7）广告投放地在境外的广告服务。

8）无形资产。

（4）以无运输工具承运方式提供的国际运输服务。

（5）为境外单位之间的货币资金融通及其他金融业务提供的直接收费金融服务，且该服务与境内的货物、无形资产和不动产无关。

（6）财政部和国家税务总局规定的其他服务。

7. 税额抵减

试点纳税人在制度转换以后，初次购买增值税税控系统专用设备（包括分开票机）所支付的费用，可凭购买增值税税控系统专用设备取得的增值税专用发票，在增值税应纳税额中全额抵减（抵减额为价税合计额），不足抵减的可结转下期继续抵减。非初次购买所支付的费用由纳税人自行负担。

增值税纳税人在制度转换以后，缴纳的技术维护费（不含补缴的转换日以前的技术维护费），可凭技术维护服务单位开具的技术维护费发票，在增值税应纳税额中全额抵减，不足抵减的可结转下期继续抵减。技术维护费按照价格主管部门核定的标准执行。

增值税一般纳税人支付的上述两项费用在增值税应纳税额中全额抵减的，其增值税专用发票不作为增值税抵扣凭证，其进项税额不得从销项税额中抵扣。

8. 放弃免税权等规定

纳税人发生应税行为适用免税、减税规定的，可以放弃免税、减税，依照税法规定缴纳增值税。放弃免税、减税后，36个月内不得再申请免税、减税。一般纳税人可以在增值税免税、减税项目执行期限内，按照纳税申报期选择实际享受该项增值税免税、减税政策的起始时间。一般纳税人在享受增值税免税、减税政策后，按照《财政部 国家税务总局关于全面推开营业税改征增值税试点的通知》（财税〔2016〕36号）附件1《营业税改征增值税试点实施办法》第四十八条的有关规定，要求放弃免税、减税权的，应当以书面形式提交纳税人放弃免（减）税权声明，报主管税务机关备案。一般纳税人自提交备案资料的次月起，按照规定计算缴纳增值税。纳税人发生应税行为同时适用免税和零税率规定的，纳税人可以选择适用免税或者零税率。

【点拨指导】纳税人放弃免税权的原因主要有两点：一是放弃免税权后，有远远超过销项税额的大额进项税额可以抵扣；二是多数购买方有取得增值税专用发票的要求或者需求，销售方只有放弃免税权，才能对外开具增值税专用发票。

【特别提示】根据《增值税法》的规定，纳税人可以放弃增值税优惠；放弃优惠的，在三十六个月内不得享受该项税收优惠，小规模纳税人除外。

（三）增值税的起征点

个人发生应税行为的销售额未达到增值税起征点的，免征增值税；达到起征点的，全额计算缴纳增值税。增值税起征点的适用范围仅限于个人，不包括登记为一般纳税人的个体工商户。

1. 原增值税纳税人的增值税起征点的幅度规定

（1）销售货物的，为月销售额 5 000～20 000 元；

（2）提供加工修理修配劳务的，为月销售额 5 000～20 000 元；

（3）按次纳税的，为每次（日）销售额 300～500 元。

2. 营改增试点纳税人的增值税起征点的幅度规定

（1）按期纳税的，为月销售额 5 000～20 000 元（含本数）；

（2）按次纳税的，为每次（日）销售额 300～500 元（含本数）。

起征点的调整由财政部和国家税务总局规定。省、自治区、直辖市财政厅（局）和税务局应当在规定的幅度内，根据实际情况确定本地区适用的起征点，并报财政部和国家税务总局备案。

【特别提示】根据《增值税法》的规定，小规模纳税人发生应税交易，销售额未达到起征点的，免征增值税；达到起征点的，依照本法规定全额计算缴纳增值税。上述起征点标准由国务院规定，报全国人民代表大会常务委员会备案。

（四）小微企业暂免征收增值税的优惠政策

自 2023 年 1 月 1 日至 2027 年 12 月 31 日，国家税务总局关于增值税小规模纳税人减免增值税等政策有关征管事项规定如下：

（1）增值税小规模纳税人（简称小规模纳税人）发生增值税应税销售行为，合计月销售额未超过 10 万元（以 1 个季度为 1 个纳税期的，季度销售额未超过 30 万元）的，免征增值税。

小规模纳税人发生增值税应税销售行为，合计月销售额超过 10 万元（以 1 个季度为 1 个纳税期的，季度销售额超过 30 万元），但扣除本期发生的销售不动产的销售额后未超过 10 万元（以 1 个季度为 1 个纳税期的，季度销售额未超过 30 万元）的，其销售货物、劳务、服务、无形资产取得的销售额免征增值税。

（2）适用增值税差额征税政策的小规模纳税人，以差额后的销售额确定是否可以享受“自2023年1月1日至2027年12月31日，对月销售额10万元（以1个季度为1个纳税期的，季度销售额30万元）以下（含本数）的增值税小规模纳税人，免征增值税”规定中的免征增值税政策。

《增值税及附加税费申报表（小规模纳税人适用）》中的“免税销售额”相关栏次，填写差额后的销售额。

（3）《增值税暂行条例实施细则》第九条所称的其他个人，采取一次性收取租金形式出租不动产取得的租金收入，可在对应的租赁期内平均分摊，分摊后的月租金收入未超过10万元的，免征增值税。

（4）小规模纳税人取得应税销售收入，适用“自2023年1月1日至2027年12月31日，对月销售额10万元（以1个季度为1个纳税期的，季度销售额30万元）以下（含本数）的增值税小规模纳税人，免征增值税”规定中的免征增值税政策的，纳税人可就该笔销售收入选择放弃免税并开具增值税专用发票。

（5）小规模纳税人取得应税销售收入，适用“自2023年1月1日至2027年12月31日，增值税小规模纳税人适用3%征收率的应税销售收入，减按1%征收率征收增值税”政策的，应按照1%征收率开具增值税发票。纳税人可就该笔销售收入选择放弃减税并开具增值税专用发票。

（6）小规模纳税人取得应税销售收入，纳税义务发生时间在2022年12月31日前并已开具增值税发票，如发生销售折让、中止或者退回等情形需要开具红字发票，应开具对应征收率红字发票或免税红字发票；开票有误需要重新开具的，应开具对应征收率红字发票或免税红字发票，再重新开具正确的蓝字发票。

（7）小规模纳税人发生增值税应税销售行为，合计月销售额未超过10万元（以1个季度为1个纳税期的，季度销售额未超过30万元）的，免征增值税的销售额等项目应填写在《增值税及附加税费申报表（小规模纳税人适用）》“小微企业免税销售额”或者“未达起征点销售额”相关栏次；减按1%征收率征收增值税的销售额应填写在《增值税及附加税费申报表（小规模纳税人适用）》“应征增值税不含税销售额（3%征收率）”相应栏次，对应减征的增值税应纳税额按销售额的2%计算填写在《增值税及附加税费申报表（小规模纳税人适用）》“本期应纳税额减征额”及《增值税减免税申报明细表》减税项目相应栏次。

（8）按固定期限纳税的小规模纳税人可以选择以1个月或1个季度为纳税期限，一经选择，一个会计年度内不得变更。

（9）按照现行规定应当预缴增值税税款的小规模纳税人，凡在预缴地实现的月销售额未超过10万元（以1个季度为1个纳税期的，季度销售额未超过30万元）的，当期无需预缴税款。在预缴地实现的月销售额超过10万元（以1个季度为1个纳税期的，季度销售额超过30万元）的，适用3%预征率的预缴增值税项目，减按1%预征率预缴增值税。

（10）小规模纳税人中的单位和个体工商户销售不动产，应按其纳税期、上述第（9）条以及其他现行政策规定确定是否预缴增值税；其他个人销售不动产，继续按照现行规定征免增值税。

（11）纳税人按照《财政部 税务总局关于明确增值税小规模纳税人减免增值税等政策的公告》（财政部 税务总局公告 2023 年第 1 号）第四条规定申请办理抵减或退还已缴纳税款，如果已经向购买方开具了增值税专用发票，应先将增值税专用发票追回。

【知识链接】自 2023 年 1 月 1 日至 2027 年 12 月 31 日，增值税小规模纳税人适用 3%征收率的应税销售收入，减按 1%征收率征收增值税；适用 3%预征率的预缴增值税项目，减按 1%预征率预缴增值税。

【特别提示】根据《增值税法》的规定，根据国民经济和社会发展的需要，国务院对支持小微企业发展、扶持重点产业、鼓励创新创业就业、公益事业捐赠等情形可以制定增值税专项优惠政策，报全国人民代表大会常务委员会备案。国务院应当对增值税优惠政策适时开展评估、调整。

六、增值税专用发票的使用和管理

增值税专用发票是作为销售方的增值税纳税人销售货物、劳务、服务、无形资产或者不动产开具的发票，是作为购买方的增值税纳税人支付增值税税额并可按照增值税有关规定据以抵扣增值税进项税额的凭证（据以抵扣增值税进项税额的权利仅限于增值税一般纳税人）。一般纳税人应通过增值税防伪税控系统（自 2015 年 1 月 1 日起，升级为增值税发票管理系统，下同）使用专用发票。增值税专用发票的使用，包括领用、开具、缴销、认证纸质专用发票及其相应的数据电文。

【点拨指导】增值税一般纳税人本期申报抵扣的增值税专用发票必须先进行认证，纳税人可以持增值税专用发票的抵扣联在办税服务厅认证窗口认证，或进行远程认证（指的是网上增值税专用发票认证，包括扫描认证、勾选确认认证两种）。

【特别提示】自 2020 年 2 月 1 日起，增值税小规模纳税人（其他个人除外）发生增值税应税行为，需要开具增值税专用发票的，可以自愿使用增值税发票管理系统自行开具。选择自行开具增值税专用发票的小规模纳税人，税务机关不再为其代开增值税专用发票。也就是说，自 2020 年 2 月 1 日起，小规模纳税人也可以使用增值税专用发票。使用，对于小规模纳税人来说，包括领用、开具、缴销。

（一）增值税专用发票的领用和开具范围

1. 领用范围

自 2020 年 2 月 1 日起，全面推行小规模纳税人自行开具增值税专用发票之后，增值税一般纳税人和增值税小规模纳税人均可以领用增值税专用发票。有下列情形之一的，不得领用增值税专用发票。

（1）会计核算不健全，不能向税务机关准确提供增值税销项税额、进项税额、应纳税额数据及其他有关增值税税务资料的。上列其他有关增值税税务资料的内容，由省、自治区、直辖市和计划单列市税务机关确定。

（2）应当办理一般纳税人登记而未办理的。

（3）有《税收征收管理法》规定的税收违法行为，拒不接受税务机关处理的。

（4）有下列行为之一，经税务机关责令限期改正而仍未改正的：

1）虚开增值税专用发票。

2）私自印制增值税专用发票。

3）向税务机关以外的单位和个人买取增值税专用发票。

4）借用他人增值税专用发票。

5）未按《增值税专用发票使用规定》第十一条开具增值税专用发票。

6）未按规定保管增值税专用发票和专用设备。有下列情形之一的，为未按规定保管增值税专用发票和专用设备：未设专人保管增值税专用发票和专用设备；未按税务机关要求存放增值税专用发票和专用设备；未将认证相符的增值税专用发票抵扣联、认证结果通知书和认证结果清单装订成册；未经税务机关检查，擅自销毁增值税专用发票基本联次。

7）未按规定申请办理防伪税控系统变更发行。

8）未按规定接受税务机关检查。

有上述情形的，如已领取增值税专用发票，主管税务机关应暂扣其结存的增值税专用发票和税控专用设备。

2. 开具范围

纳税人发生应税销售行为，应当向索取增值税专用发票的购买方开具增值税专用发票，并在增值税专用发票上分别注明销售额和销项税额。

属于下列情形之一的，不得开具增值税专用发票：

（1）应税销售行为的购买方为消费者个人的。

（2）发生应税销售行为适用免税规定的。

（3）部分适用增值税简易（简易计税方法）征收政策规定的。

1）增值税一般纳税人的单采血浆站销售非临床用人体血液选择简易计税方法的。

2）纳税人销售旧货，按简易办法（简易计税方法）依3%征收率减按2%征收增值税的。

3）纳税人销售自己使用过的固定资产[①]，适用按简易办法（简易计税方法）依3%征收率减按2%征收增值税政策的。

---

① “纳税人销售自己使用过的固定资产，适用简易办法（简易计税方法）依3%征收率减按2%征收增值税”政策中的“固定资产”属于货物范畴，即动产，而非不动产。全书同。

纳税人销售自己使用过的固定资产，适用按简易办法（简易计税方法）依3%征收率减按2%征收增值税政策的，可以放弃减税，按简易办法（简易计税方法）依3%征收率缴纳增值税，并可以开具增值税专用发票。

（4）法律、法规及国家税务总局规定的其他情形。

【点拨指导】商业企业一般纳税人零售烟、酒、食品、服装、鞋帽（不包括劳保专用部分）、化妆品等消费品的，不得开具增值税专用发票。

【知识链接】金融商品转让，不得开具增值税专用发票；从事经纪代理服务，向委托方收取的政府性基金或者行政事业性收费，不得开具增值税专用发票；选择差额计算方法计算销售额的纳税人，提供旅游服务向旅游服务购买方收取并支付的可以从全部价款和价外费用中扣除的费用，不得开具增值税专用发票。

【实务答疑】我公司为增值税一般纳税人，请问向小规模纳税人销售货物时能否开具增值税专用发票?

答：根据《增值税暂行条例》的规定，纳税人发生应税销售行为，应当向索取增值税专用发票的购买方开具增值税专用发票，并在增值税专用发票上分别注明销售额和销项税额。属于下列情形之一的，不得开具增值税专用发票：

（1）应税销售行为的购买方为消费者个人的；

（2）发生应税销售行为适用免税规定的。

根据《增值税专用发票使用规定》（国税发〔2006〕156号）的规定，商业企业一般纳税人零售的烟、酒、食品、服装、鞋帽（不包括劳保专用部分）、化妆品等消费品不得开具增值税专用发票。

税法并没有明确规定增值税一般纳税人不得向小规模纳税人开具增值税专用发票。因此，你公司作为增值税一般纳税人向小规模纳税人的销售行为如果不属于上述规定的不得开具增值税专用发票情形的，在作为小规模纳税人的购买方索取增值税专用发票的情况下，你公司作为增值税一般纳税人可以向作为小规模纳税人的购买方开具增值税专用发票。但小规模纳税人即使取得增值税专用发票，发票上的进项税额也不能抵扣，因此一般情况下，增值税一般纳税人向小规模纳税人开具增值税普通发票。

（二）增值税专用发票的基本内容和开具要求

1. 增值税专用发票的联次

增值税专用发票由基本联次或者基本联次附加其他联次构成，分为三联版和六联版两种。基本联次为三联：第一联为记账联，是销售方记账凭证；第二联为抵扣联，是购买方扣税凭证；第三联为发票联，是购买方记账凭证。其他联次用途，由纳税人自行确定。纳税人办理产权过户手续需要使用发票的，可以使用增值税专用发票第六联。

根据规定，自2014年8月1日起启用新版增值税专用发票和增值税普通发票。2014年8月1日起启用的新版增值税专用发票样本如图2-1所示。

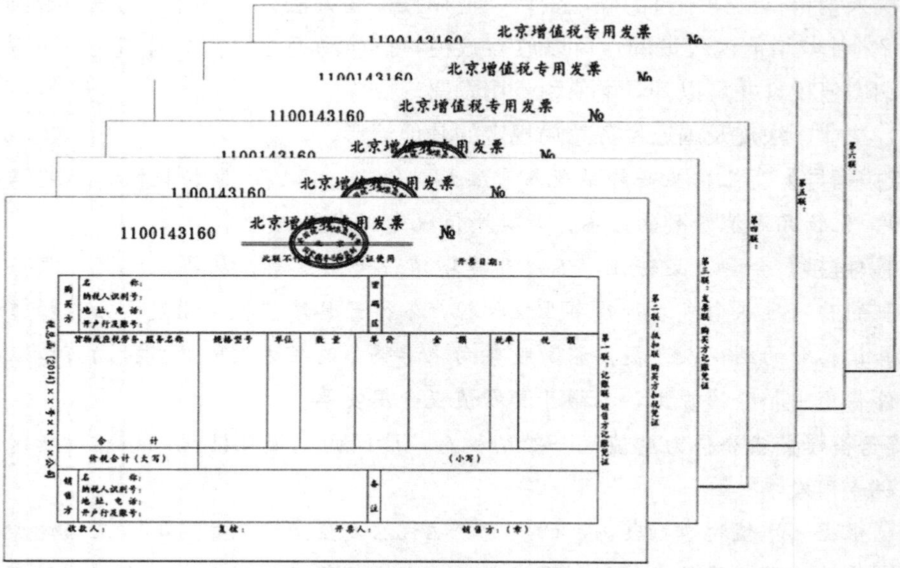

图 2－1　新版增值税专用发票样本

【特别提示】增值税专用发票和增值税普通发票票样基本内容是一致的，只是增值税专用发票比增值税普通发票多了抵扣联这一联，抵扣联的用途是作为进项税额从销项税额中抵扣的凭证。

2. 增值税专用发票的基本内容

（1）购销双方的纳税人名称，购销双方的地址。

（2）购销双方的纳税人识别号。

（3）发票字轨号码。

（4）销售货物、劳务、服务、无形资产或者不动产的名称、计量单位、数量。

（5）不包括增值税在内的单价及总金额。

（6）增值税税率、增值税税额、填开的日期。

3. 增值税专用发票的开具要求

（1）项目齐全，与实际交易相符。

（2）字迹清楚，不得压线、错格。

（3）发票联和抵扣联加盖发票专用章。

【特别提示】《发票管理办法》第二十一条规定："开具发票应当按照规定的时限、顺序、栏目，全部联次一次性如实开具，开具纸质发票应当加盖发票专用章。"由此可知，根据最新规定，发票上只能加盖发票专用章，不能加盖财务专用章。

（4）按照增值税纳税义务发生时间开具。

不符合上述要求的增值税专用发票，购买方有权拒收。

（三）增值税专用发票进项税额的抵扣时限

见本章第2节中的“进项税额的抵扣时限”相关内容。

（四）开具红字增值税专用发票的处理流程

自 2016 年 8 月 1 日起，针对红字发票开具的有关问题规定如下。

（1）增值税一般纳税人开具增值税专用发票后，发生销货退回、开票有误、应税服务中止等情形但不符合发票作废条件，或者因销货部分退回及发生销售折让，需要开具红字增值税专用发票的，按以下方法处理：

1）购买方取得增值税专用发票已用于申报抵扣的，购买方可在增值税发票管理新系统（以下简称增值税发票管理系统）中填开并上传《开具红字增值税专用发票信息表》，在填开《开具红字增值税专用发票信息表》时不填写相对应的蓝字增值税专用发票信息，应暂依《开具红字增值税专用发票信息表》所列增值税税额从当期进项税额中转出，待取得销售方开具的红字增值税专用发票后，与《开具红字增值税专用发票信息表》一并作为记账凭证。

购买方取得增值税专用发票未用于申报抵扣但发票联或抵扣联无法退回的，购买方填开《开具红字增值税专用发票信息表》时应填写相对应的蓝字增值税专用发票信息。

销售方开具增值税专用发票尚未交付购买方，以及购买方未用于申报抵扣并将发票联及抵扣联退回的，销售方可在增值税发票管理系统中填开并上传《开具红字增值税专用发票信息表》。销售方填开《开具红字增值税专用发票信息表》时应填写相对应的蓝字增值税专用发票信息。

2）主管税务机关通过网络接收纳税人上传的《开具红字增值税专用发票信息表》，系统自动校验通过后，生成带有红字发票信息表编号的《开具红字增值税专用发票信息表》，并将信息同步至纳税人端系统中。

3）销售方凭税务机关系统校验通过的《开具红字增值税专用发票信息表》开具红字增值税专用发票，在增值税发票管理系统中以销项负数开具。红字增值税专用发票应与《开具红字增值税专用发票信息表》一一对应。

4）纳税人也可凭《开具红字增值税专用发票信息表》电子信息或纸质资料到税务机关对《开具红字增值税专用发票信息表》的内容进行系统校验。

（2）税务机关为小规模纳税人代开增值税专用发票，需要开具红字增值税专用发票的，按照一般纳税人开具红字增值税专用发票的方法处理。

（3）纳税人需要开具红字增值税普通发票的，可以在所对应的蓝字增值税普通发票金额范围内开具多份红字增值税普通发票。红字机动车销售统一发票需与原蓝字机动车销售统一发票一一对应。

（五）增值税专用发票不得作为抵扣进项税额凭证的规定

（1）经认证，有下列情形之一的，不得作为增值税进项税额的抵扣凭证，税务机关退还原件，购买方可要求销售方重新开具增值税专用发票。

1）无法认证。无法认证是指增值税专用发票所列密文或者明文不能辨认，无法产生认证结果。

2）纳税人识别号认证不符。纳税人识别号认证不符是指增值税专用发票所列购买方纳税人识别号有误。

3）增值税专用发票代码、号码认证不符。增值税专用发票代码、号码认证不符是指增值税专用发票所列密文解译后与明文的代码或者号码不一致。

（2）经认证，有下列情形之一的，暂时不得作为增值税进项税额的抵扣凭证，税务机关扣留原件，查明原因，分情况进行处理。

1）重复认证。重复认证是指已经认证相符的同一张增值税专用发票再次认证。

2）密文有误。密文有误是指增值税专用发票所列密文无法解译。

3）认证不符。认证不符是指纳税人识别号有误，或者增值税专用发票所列密文解译后与明文不一致。本项所称认证不含（1）中的第2）、3）项所列情形。

4）列为失控增值税专用发票。列为失控增值税专用发票是指认证时的增值税专用发票已被登记为失控增值税专用发票。

（3）增值税专用发票抵扣联无法认证的，可使用增值税专用发票发票联到主管税务机关认证。增值税专用发票发票联复印件留存备查。

【特别提示】纳税人虚开增值税专用发票，未就其虚开金额申报并缴纳增值税的，应按照其虚开金额补缴增值税；已就其虚开金额申报并缴纳增值税的，不再按照其虚开金额补缴增值税。税务机关对纳税人虚开增值税专用发票的行为，应按规定给予处罚。纳税人取得虚开的增值税专用发票，不得作为增值税合法有效的扣税凭证抵扣其进项税额。

（六）增值税专用发票的丢失

增值税一般纳税人丢失已开具增值税专用发票的发票联和抵扣联，丢失前已认证相符的，购买方凭销售方提供的相应增值税专用发票记账联复印件及销售方所在地主管税务机关出具的《丢失增值税专用发票已报税证明单》，经购买方主管税务机关审核同意后，可作为增值税进项税额的抵扣凭证；丢失前未认证的，购买方凭销售方提供的相应增值税专用发票记账联复印件到主管税务机关进行认证，认证相符的凭该增值税专用发票记账联复印件及销售方所在地主管税务机关出具的《丢失增值税专用发票已报税证明单》，经购买方主管税务机关审核同意后，可作为增值税进项税额的抵扣凭证。

增值税一般纳税人丢失已开具增值税专用发票的抵扣联，丢失前已认证相符的，可使用增值税专用发票发票联复印件留存备查；丢失前未认证的，可使用增值税专用发票发票联到主管税务机关认证，增值税专用发票发票联复印件留存备查。

增值税一般纳税人丢失已开具增值税专用发票的发票联，可将增值税专用发票抵扣联作为记账凭证，增值税专用发票抵扣联复印件留存备查。

（七）在新办纳税人中实行增值税专用发票电子化有关事项

（1）自2020年12月21日起，在天津、河北、上海、江苏、浙江、安徽、广东、重庆、四川、宁波和深圳等11个地区的新办纳税人中实行专票电子化，受票方范围为全国。其中，宁波、石家庄和杭州等3个地区已试点纳税人开具增值税电子专用发票（以下简称电子专票）的受票方范围扩至全国。

自2021年1月21日起，在北京、山西、内蒙古、辽宁、吉林、黑龙江、福建、江西、山东、河南、湖北、湖南、广西、海南、贵州、云南、西藏、陕西、甘肃、青海、宁夏、新疆、大连、厦门和青岛等25个地区的新办纳税人中实行专票电子化，受票方范围为全国。

实行专票电子化的新办纳税人具体范围由国家税务总局，各省、自治区、直辖市和计划单列市税务局（以下简称各省税务局）确定。

(2) 电子专票由各省税务局监制，采用电子签名代替发票专用章，属于增值税专用发票，其法律效力、基本用途、基本使用规定等与增值税纸质专用发票（以下简称纸质专票）相同。

(3) 电子专票的发票代码为12位，编码规则：第1位为0，第2～5位代表省、自治区、直辖市和计划单列市，第6～7位代表年度，第8～10位代表批次，第11～12位为13。发票号码为8位，按年度、分批次编制。

(4) 自各地专票电子化实行之日起，本地区需要开具增值税纸质普通发票、增值税电子普通发票（以下简称电子普票）、纸质专票、电子专票、纸质机动车销售统一发票和纸质二手车销售统一发票的新办纳税人，统一领取税务UKey开具发票。税务机关向新办纳税人免费发放税务UKey，并依托增值税电子发票公共服务平台，为纳税人提供免费的电子专票开具服务。

(5) 税务机关按照电子专票和纸质专票的合计数，为纳税人核定增值税专用发票领用数量。电子专票和纸质专票的增值税专用发票（增值税税控系统）最高开票限额应当相同。

(6) 纳税人开具增值税专用发票时，既可以开具电子专票，也可以开具纸质专票。受票方索取纸质专票的，开票方应当开具纸质专票。

(7) 纳税人开具电子专票后，发生销货退回、开票有误、应税服务中止、销售折让等情形，需要开具红字电子专票的，按照以下规定执行：

1) 购买方已将电子专票用于申报抵扣的，由购买方在增值税发票管理系统中填开并上传《开具红字增值税专用发票信息表》（简称《信息表》），填开《信息表》时不填写相对应的蓝字电子专票信息。

购买方未将电子专票用于申报抵扣的，由销售方在增值税发票管理系统中填开并上传《信息表》，填开《信息表》时应填写相对应的蓝字电子专票信息。

2) 税务机关通过网络接收纳税人上传的《信息表》，系统自动校验通过后，生成带有“红字发票信息表编号”的《信息表》，并将信息同步至纳税人端系统中。

3) 销售方凭税务机关系统校验通过的《信息表》开具红字电子专票，在增值税发票管理系统中以销项负数开具。红字电子专票应与《信息表》一一对应。

4）购买方已将电子专票用于申报抵扣的，应当暂依《信息表》所列增值税税额从当期进项税额中转出，待取得销售方开具的红字电子专票后，与《信息表》一并作为记账凭证。

（8）受票方取得电子专票用于申报抵扣增值税进项税额或申请出口退税、代办退税的，应当登录增值税发票综合服务平台确认发票用途，登录地址由各省税务局确定并公布。

（9）单位和个人可以通过全国增值税发票查验平台（https://inv-veri.chinatax.gov.cn）对电子专票信息进行查验；可以通过全国增值税发票查验平台下载增值税电子发票版式文件阅读器，查阅电子专票并验证电子签名有效性。

（10）纳税人以电子发票（含电子专票和电子普票）报销入账归档的，按照《财政部 国家档案局关于规范电子会计凭证报销入账归档的通知》（财会〔2020〕6 号）的规定执行。

七、深化增值税改革中有关增值税发票的规定

（1）增值税一般纳税人在增值税税率调整前（2019 年 3 月 31 日前）已按原 16%、10%适用税率开具的增值税发票，发生销售折让、中止或者退回等情形需要开具红字发票的，按照原适用税率开具红字发票；开票有误需要重新开具的，先按照原适用税率开具红字发票后，再重新开具正确的蓝字发票。

（2）纳税人在增值税税率调整前未开具增值税发票的增值税应税销售行为，需要补开增值税发票的，应当按照原适用税率补开。

（3）增值税发票税控开票软件税率栏次默认显示调整后税率，纳税人发生上述第（1）（2）项所列情形的，可以手工选择原适用税率开具增值税发票。

（4）国家税务总局在增值税发票税控开票软件中更新了《商品和服务税收分类编码表》，纳税人应当按照更新后的《商品和服务税收分类编码表》开具增值税发票。

（5）纳税人应当及时完成增值税发票税控开票软件升级和自身业务系统调整。

【点拨指导】国家税务总局决定，自 2024 年 12 月 1 日起，在全国正式推广应用全面数字化电子发票（简称数电发票），有关事项公告如下：（1）数电发票是《中华人民共和国发票管理办法》中“电子发票”的一种，是将发票的票面要素全面数字化、号码全国统一赋予、开票额度智能授予、信息通过税务数字账户等方式在征纳主体之间自动流转的新型发票。数电发票与纸质发票具有同等法律效力。（2）数电发票为单一联次，以数字化形态存在，类别包括电子发票（增值税专用发票）、电子发票（普通发票）、电子发票（航空运输电子客票行程单）、电子发票（铁路电子客票）、电子发票（机动车销售统一发票）、电子发票（二手车销售统一发票）等。数电发票可以根据特定业务标签生成建筑服务、成品油、报废产品收购等特定业务发票。（3）数电

第 1 节即测即评

发票的票面基本内容包括：发票名称、发票号码、开票日期、购买方信息、销售方信息、项目名称、规格型号、单位、数量、单价、金额、税率/征收率、税额、合计、价税合计、备注、开票人等。(4) 数电发票的号码为 20 位，其中：第 1—2 位代表公历年度的后两位，第 3—4 位代表开票方所在的省级税务局区域代码，第 5 位代表开具渠道等信息，第 6—20 位为顺序编码。

【特别提示】根据《增值税法》的规定，纳税人应当依法开具和使用增值税发票。增值税发票包括纸质发票和电子发票。电子发票与纸质发票具有同等法律效力。国家积极推广使用电子发票。

第 2 节　增值税的计算

情境引例

我公司是一家酒店，为增值税一般纳税人，请问我公司销售单独收费的货物、服务如何缴纳增值税？

一、增值税一般计税方法下应纳税额的计算

增值税的计税方法主要包括一般计税方法和简易计税方法。我国目前对增值税一般纳税人增值税的计算一般情况下采用一般计税方法，某些特殊情况下采用或者选择采用简易计税方法；我国目前对小规模纳税人增值税的计算采用简易计税方法。

【点拨指导】一般计税方法也就是国际上通行的购进扣税法，即先按当期销售额和适用税率计算出销项税额（这是对销售额进行全额征税，而非差额征税），然后对当期购进项目已经缴纳的税额（即进项税额）进行抵扣，从而间接计算出当期增值额部分的应纳税额。

【特别提示】根据《增值税法》的规定，①纳税人发生应税交易，应当按照一般计税方法，通过销项税额抵扣进项税额计算应纳税额的方式，计算缴纳增值税；本法另有规定的除外。②小规模纳税人可以按照销售额和征收率计算应纳税额的简易计税方法，计算缴纳增值税。③中外合作开采海洋石油、天然气增值税的计税方法等，按照国务院的有关规定执行。

增值税一般纳税人在一般计税方法下的应纳税额等于本期销项税额减本期进项税额。增值税一般纳税人在一般计税方法下应纳税额的计算公式为：

应纳增值税＝本期销项税额－本期准予抵扣进项税额

【知识链接】当期销项税额小于当期进项税额不足抵扣时，其不足部分可以结转下期继续抵扣。

【特别提示】根据《增值税法》的规定，按照一般计税方法计算缴纳增值税的，应纳税额为当期销项税额抵扣当期进项税额后的余额。

境外的单位或者个人在境内提供加工修理修配劳务，在境内未设有经营机构的，以其境内代理人为增值税扣缴义务人；在境内没有代理人的，以购买方为增值税扣缴义务人。境外的单位或者个人在境内销售服务、无形资产或不动产，在境内未设有经营机构的，以购买方为增值税扣缴义务人。

上述增值税扣缴义务人按照下列公式计算应扣缴税额：

应扣缴税额＝购买方支付的价款÷(1＋税率)×税率

【特别提示】根据《增值税法》的规定，境外单位和个人在境内发生应税交易，以购买方为扣缴义务人；按照国务院的规定委托境内代理人申报缴纳税款的除外。扣缴义务人依照本法规定代扣代缴税款的，按照销售额乘以税率计算应扣缴税额。

（一）销项税额的计算

销项税额是指一般纳税人在一般计税方法下销售货物，提供加工修理修配劳务，销售服务、无形资产或者不动产，按照销售额和增值税税率计算并收取的增值税税额。销项税额的计算公式如下：

销项税额＝销售额×税率

因此，要计算销项税额，关键在于确定销售额。

【特别提示】根据《增值税法》的规定，销项税额，是指纳税人发生应税交易，按照销售额乘以本法规定的税率计算的增值税税额。

【特别提示】根据《增值税法》的规定，销售额，是指纳税人发生应税交易取得的与之相关的价款，包括货币和非货币形式的经济利益对应的全部价款，不包括按照一般计税方法计算的销项税额和按照简易计税方法计算的应纳税额。

1. 一般销售方式下销售额的确定

（1）一般销售方式下销售货物、提供加工修理修配劳务的销售额的确定。销售货物、提供加工修理修配劳务的销售额是指纳税人销售货物或提供应税劳务向购买方收取的全部价款和价外费用，但不包括收取的销项税额。

【知识链接】如果销售的货物是消费税应税产品，则全部价款中包括消费税。如果销售的货物是进口产品，则全部价款中包括进口关税。

价外费用包括价外向购买方收取的手续费、补贴、基金、集资费、返还利润、奖励费、违约金、滞纳金、延期付款利息、赔偿金、代收款项、代垫款项、包装费、包装物租金、储备费、优质费、运输装卸费以及其他各种性质的价外收费。但下列项目不包括在内：

1）受托加工应征消费税的消费品所代收代缴的消费税。

2）同时符合以下条件的代垫运输费用：承运部门的运输费用发票开具给购买方的；纳税人（销售方）将该项发票转交给购买方的（这里指的是销售方为购买方代垫的运输费用）。

3）同时符合以下条件代为收取的政府性基金或者行政事业性收费：由国务院或者财政部批准设立的政府性基金，由国务院或者省级人民政府及其财政、价格主管部门批准设立的行政事业性收费，收取时开具省级以上财政部门印制的财政票据，所收款项全额上缴财政。

4）销售货物的同时代办保险等而向购买方收取的保险费，以及向购买方收取的代购买方缴纳的车辆购置税、车辆牌照费。

【特别提示】一般情况下，价外费用本身都是含增值税的价外费用，在计算销项税额时，需换算成不含增值税的价外费用。其换算公式为：

不含税价外费用＝含税价外费用÷(1＋税率)

另外，销售额以人民币计算。纳税人以人民币以外的货币结算销售额，应当折合成人民币计算。其销售额的人民币折合率，可以选择销售额发生的当天或当月 1 日中国人民银行公布的市场汇价。纳税人应事先确定采用何种汇率，一旦确定，在一年内不得变更。

【工作实例 2-1】 甲服装厂为增值税一般纳税人。本年 1 月，销售服装并开具增值税专用发票，取得含税销售额 350 万元；销售服装并开具增值税普通发票，取得含税销售额 120 万元；将购进的布料用于集体福利，该布料购进价为 20 万元，同类布料不含税销售价为 23 万元。该服装适用的增值税税率为 13%。

【工作要求】计算甲服装厂本年 1 月的增值税销项税额。

【工作实施】将购进的布料用于集体福利，不视同销售货物，无须计算销项税额，其进项税额也不得从销项税额中抵扣；销售服装时不论是否开具增值税专用发票，均应计算销项税额。

增值税销项税额＝(350＋120)÷(1＋13%)×13%＝54.07(万元)

（2）一般销售方式下销售服务、无形资产或者不动产的销售额的确定。销售服务、无形资产或者不动产的销售额，是指纳税人销售服务、无形资产或者不动产向购买方收取的全部价款和价外费用，财政部和国家税务总局另有规定的除外。其中价外费用是指价外收取的各种性质的价外收费，但不包括代为收取的政府性基金或者行政事业性收费，以及以委托方名义开具发票代委托方收取的款项。

2. 价税合并收取情况下销售额的确定

含税销售额需换算成不含税销售额，作为增值税的计税依据。其换算公式为：

销售额＝含税销售额÷(1＋税率)

【点拨指导】增值税属于价外税，一般情况下，题目中会明确指出销售额是否含增值税。在未明确指出的情况下，注意以下原则：（1）商业企业的“零售价”肯定含增值税；（2）增值税专用发票和增值税普通发票注明的不含税金额（不含税销售额）肯定不含增值税；（3）增值税专用发票和增值税普通发票上注明的价税合计金额肯定含增值税；（4）价外费用和收取的包装物押金视为含增值税收入。

【特别提示】有人认为增值税专用发票上注明的金额是不含增值税的金额，而增值税普通发票注明上的金额是含增值税的金额，这种认识是错误的。因为增值税专用发票和增值税普通发票的格式整体上是一样的，票面上既有不含增值税的金额，又有含增值税的金额（即价税合计金额）。

【特别提示】增值税一般纳税人采用一般计税方法计算“销项税额”的基数“销售额”是不含增值税的；小规模纳税人或一般纳税人采用简易计税方法计算“应纳增值税税额”的基数“销售额”也是不含增值税的，如果是含增值税的销售额，先要换算成不含增值税的销售额，再计算“销项税额”或者“应纳增值税税额”。

【特别提示】根据《增值税法》的规定，增值税为价外税，应税交易的销售额不包括增值税税额。增值税税额，应当按照国务院的规定在交易凭证上单独列明。

3. 特殊销售方式下销售额的确定

（1）采取折扣方式销售。

1）折扣销售在会计上又叫商业折扣，是指销售方在销售货物时，因购买方购货数量较大或与销售方有特殊关系等原因而给予对方价格上的优惠（直接打折）。其销售额和折扣额在同一张发票上“金额”栏分别注明的，可按折扣后的销售额征收增值税。未在同一张发票上“金额”栏注明折扣额，而仅在发票上“备注”栏注明折扣额的，折扣额不得从销售额中扣除。折扣销售仅限于货物价格的折扣，如果销售方将自产、委托加工或购进的货物用于实物折扣，则该实物折扣额不能从货物销售额中减除，且该实物应按《增值税暂行条例实施细则》“视同销售货物”中的“无偿赠送其他单位或者个人”计算缴纳增值税。

【工作实例2-2】 甲企业为增值税一般纳税人，本年1月向乙商场销售服装1 000件，每件不含税价格为100元。由于乙商场购买量大，甲企业按原价八折优惠销售，乙商场付款后，甲企业向乙商场开具的增值税专用发票上“金额”栏分别注明了销售额和折扣额。该服装适用的增值税税率为13%。

【工作要求】计算甲企业上述业务的增值税销项税额。

【工作实施】纳税人采取折扣方式销售货物（即折扣销售），销售额和折扣额在同一张发票上“金额”栏分别注明的，按折扣后的销售额征收增值税。

$$增值税销项税额=1\ 000\times100\times80\%\times13\%=10\ 400(元)$$

2）销售折扣在会计上又叫现金折扣，是指销售方在销售货物或提供应税劳务后，为了鼓励购买方及早偿付货款而协议许诺给予购买方的一种折扣优待（如10天内付款，货款折扣2%；20天内付款，货款折扣1%；30天内付款，全价）。销售折扣发生在销货之后，是一种融资性质的理财费用，因此不得从销售额中扣除。

【知识链接】在计算增值税时，销售折扣不得从销售额中扣除，但是在计算企业所得税时，销售折扣作为财务费用可以在企业所得税税前扣除。

3）纳税人向购买方开具增值税专用发票后，由于累计购买到一定量或市场价格下降等原因，销售方给予购买方的价格优惠或补偿等折扣、折让行为，可按规定开具红字增值税专用发票。

4）纳税人销售服务、无形资产或者不动产，将价款和折扣额在同一张发票上分别注明的，以折扣后的价款为销售额；未在同一张发票上分别注明的，以价款为销售额，不得扣减折扣额。

5）纳税人销售服务、无形资产或者不动产，开具增值税专用发票后，发生开票有误或者销售折让、中止、退回等情形的，应当按照国家税务总局的规定开具红字增值税专用发票；未按照规定开具红字增值税专用发票的，不得扣减销项税额或者销售额。

（2）采取以旧换新方式销售。

1）金银首饰以外的以旧换新业务，应按新货物的同期销售价格确定销售额，不得减除旧货物的收购价格。对于换取的旧货物，若取得增值税专用发票等合法扣税凭证，则增值税专用发票等合法扣税凭证上注明的进项税额可以从销项税额中抵扣。

2）金银首饰以旧换新业务，按销售方实际收到的不含增值税的全部价款征税。

【工作实例2-3】 甲金店为增值税一般纳税人，本年1月采取以旧换新方式销售纯金项链8条，每条新项链的不含税销售额为3 200元，收购旧项链的不含税金额为每条2 000元。

【工作要求】计算甲金店上述业务的增值税销项税额。

【工作实施】

增值税销项税额＝(3 200－2 000)×8×13%＝1 248(元)

（3）采取还本销售方式销售。还本销售是指销售方将货物出售之后，按约定的时间，一次或分次将货款部分或全部退还给购买方，退还的货款即为还本支出。采取还本销售方式销售货物，其销售额就是货物的销售价格，不得从销售额中减除还本支出。

【特别提示】还本销售方式实际上是一种筹资行为，是以货物换取资金的使用价值，到期还本不付息的行为。

（4）采取以物易物方式销售。以物易物双方以各自发出的货物核算销售额并计算销项税额。

【点拨指导】对于一般纳税人之间的以物易物，双方是否可以抵扣进项税额需要看能否取得对方开具的增值税专用发票等合法扣税凭证、换入的货物是否属于可以抵扣进项税额的货物等。若能取得对方开具的增值税专用发票等合法扣税凭证且换入的货物是可以抵扣进项税额的货物，则可以抵扣进项税额。

（5）包装物押金是否计入销售额。包装物是指纳税人包装本单位货物的各种物品。纳税人销售货物时另收取包装物押金，目的是促使购买方及早退回包装物以便周转使用。根据税法的规定，纳税人为销售货物而出租出借包装物收取的押金，单独记账核算的，不并入销售额征税。但对因逾期未收回包装物不再退还的押金，应按所包装货物的适用税率征收增值税。

【点拨指导】 对上述“逾期”的解释如下：根据《国家税务总局关于取消包装物押金逾期期限审批后有关问题的通知》（国税函〔2004〕827号）的规定，纳税人为销售货物出租出借包装物而收取的押金，无论包装物周转使用期限长短，超过1年（含1年）以上仍不退还的均并入销售，应按所包装货物的适用税率征收增值税。

纳税人向购买方收取的逾期包装物押金，应视为含税收入，在征税时换算成不含税收入并入销售额计征增值税。

【特别提示】 包装物押金不应混同于包装物租金。包装物租金在销货时作为价外费用并入销售额计算销项税额。

对销售除啤酒、黄酒以外的其他酒类产品而收取的包装物押金，无论是否返还以及会计上如何核算，均应并入当期销售额征税。对销售啤酒、黄酒所收取的押金，按一般押金的规定处理。

（6）贷款服务，以提供贷款服务取得的全部利息及利息性质的收入为销售额。自2018年1月1日起，金融机构开展贴现、转贴现业务，以其实际持有票据期间取得的利息收入作为贷款服务销售额计算缴纳增值税。此前贴现机构已就贴现利息收入全额缴纳增值税的票据，转贴现机构转贴现利息收入继续免征增值税。

（7）直接收费金融服务，以提供直接收费金融服务收取的手续费、佣金、酬金、管理费、服务费、经手费、开户费、过户费、结算费、转托管费等各类费用为销售额。

（8）营改增试点纳税人销售电信服务时，附带赠送用户识别卡、电信终端等货物或者电信服务的，应将其取得的全部价款和价外费用进行分别核算，按各自适用的税率计算缴纳增值税。

4. 差额征收方式下销售额的确定

见本节“三、增值税差额征收应纳税额的计算”。

5. 需要核定的销售额的确定

（1）纳税人销售货物价格明显偏低并无正当理由或者有视同销售货物行为而无销售额者，在计算时，其销售额要按照如下规定的顺序来确定：

1）按纳税人最近时期同类货物的平均销售价格确定。

2）按其他纳税人最近时期同类货物的平均销售价格确定。

3）用以上两种方法均不能确定其销售额的，可按组成计税价格确定销售额。其计算公式为：

①若销售的货物不属于消费税应税消费品：

组成计税价格＝成本＋利润＝成本×(1＋成本利润率)

②若销售的货物属于消费税应税消费品：

a. 实行从价定率办法计算纳税的组成计税价格的计算公式为：

组成计税价格＝成本＋利润＋消费税
＝成本×(1＋成本利润率)＋消费税
＝成本×(1＋成本利润率)÷(1－消费税比例税率)

b. 实行从量定额办法计算纳税的组成计税价格的计算公式为：

组成计税价格＝成本＋利润＋消费税
＝成本×(1＋成本利润率)＋消费税
＝成本×(1＋成本利润率)＋课税数量×消费税定额税率

c. 实行复合计税办法计算纳税的组成计税价格的计算公式为：

组成计税价格＝成本＋利润＋消费税
＝成本×(1＋成本利润率)＋消费税
＝[成本×(1＋成本利润率)＋课税数量×消费税定额税率]
÷(1－消费税比例税率)

式中，成本分为：销售自产货物的为实际生产成本；销售外购货物的为实际采购成本。成本利润率由国家税务总局确定，一般为10%。但属于应采用从价定率及复合计税办法征收消费税的货物，其组成计税价格中的成本利润率均为国家税务总局确定的应税消费品的成本利润率（具体见第3章表3－5应税消费品的全国平均成本利润率）。

【工作实例2－4】 甲公司为增值税一般纳税人，本年1月将一批新研制的产品赠送给老顾客使用。甲公司并无同类产品的销售价格，其他公司也无同类货物。已知该批产品的生产成本为16万元。该产品适用的增值税税率为13%。

【工作要求】 计算甲公司上述视同销售行为的增值税销项税额。

【工作实施】

增值税销项税额＝160 000×(1＋10%)×13%＝22 880(元)

（2）纳税人销售服务、无形资产或者不动产价格明显偏低或偏高且不具有合理商业目的的，或者发生视同销售服务、无形资产或者不动产行为而无销售额的，主管税务机关有权按照下列顺序确定其销售额：

1）按照纳税人最近时期销售同类服务、无形资产或者不动产的平均价格确定。

2）按照其他纳税人最近时期销售同类服务、无形资产或者不动产的平均价格确定。

3）按照组成计税价格确定。组成计税价格的计算公式为：

组成计税价格＝成本×(1＋成本利润率)

式中，成本利润率由国家税务总局确定。

【点拨指导】不具有合理商业目的是指以谋取税收利益为主要目的，通过人为安排，减少、免除、推迟缴纳增值税税款，或者增加退还增值税税款。

【特别提示】根据《增值税法》的规定，发生视同应税交易以及销售额为非货币形式的，纳税人应当按照市场价格确定销售额。销售额明显偏低或者偏高且无正当理由的，税务机关可以依照《税收征收管理法》和有关行政法规的规定核定销售额。

6. 特殊销售行为销售额的确定

(1) 混合销售行为。一项销售行为如果既涉及货物又涉及服务，为混合销售。从事货物的生产、批发或者零售的单位和个体工商户的混合销售行为，按照销售货物缴纳增值税；其他单位和个体工商户的混合销售行为，按照销售服务缴纳增值税。从事货物的生产、批发或者零售的单位和个体工商户，包括以从事货物的生产、批发或者零售为主，并兼营销售服务的单位和个体工商户在内。

【特别提示】纳税人销售活动板房、机器设备、钢结构件等自产货物的同时提供建筑、安装服务，不属于混合销售，应分别核算货物和建筑服务的销售额，分别适用不同的税率或者征收率。

【点拨指导】货物生产企业销售货物的同时提供运输服务，按照销售货物缴纳增值税；培训机构提供培训的同时销售培训纸质资料，按照销售服务（生活服务）缴纳增值税。

【理论答疑】如何理解混合销售行为？

答：根据《财政部 国家税务总局关于全面推开营业税改征增值税试点的通知》（财税〔2016〕36号）附件1《营业税改征增值税试点实施办法》的规定，一项销售行为如果既涉及服务又涉及货物，为混合销售。从事货物的生产、批发或者零售的单位和个体工商户的混合销售行为，按照销售货物缴纳增值税；其他单位和个体工商户的混合销售行为，按照销售服务缴纳增值税。从事货物的生产、批发或者零售的单位和个体工商户，包括以从事货物的生产、批发或者零售为主，并兼营销售服务的单位和个体工商户在内。

混合销售行为成立的行为标准有两点：一是其销售行为必须是一项；二是该项行为必须既涉及服务又涉及货物。货物是指增值税税法中规定的有形动产，包括电力、热力和气体在内；服务是指属于营改增范围的交通运输服务、建筑服务、金融保险服务、邮政服务、电信服务、现代服务、生活服务等。

在确定混合销售是否成立时，其上述两点行为标准必须同时存在。如果一项销售行为只涉及销售服务，不涉及货物，这种行为就不是混合销售行为；反之，如果涉及销售服务和货物的行为，不是存在于一项销售行为之中，这种行为也不是混合销售行为。例如，生产货物的单位在销售货物的同时附带运输，这种销售货物及提供运输的行为属于混合销售行为，所收取的货物款项及运输费用应一律按销售货物缴纳增值税。也就是说，销售服务是为直接销售一批货物而提供的，两者之间是紧密的从属关系。

【特别提示】根据《增值税法》的规定，纳税人发生一项应税交易涉及两个以上税率、征收率的，按照应税交易的主要业务适用税率、征收率。

（2）兼营行为。纳税人兼营销售货物、加工修理修配劳务、服务、无形资产或者不动产适用不同税率或者征收率的，应当分别核算适用不同税率或者征收率的销售额；未分别核算的，按照以下方法从高适用税率或者征收率：

1）兼有（兼营）不同税率的销售货物、加工修理修配劳务、服务、无形资产或者不动产，从高适用税率。

2）兼有（兼营）不同征收率的销售货物、加工修理修配劳务、服务、无形资产或者不动产，从高适用征收率。

3）兼有（兼营）不同税率和征收率的销售货物、加工修理修配劳务、服务、无形资产或者不动产，从高适用税率。

【点拨指导】判断混合销售行为的关键是“同时”；判断兼营行为的关键是“并”。

【特别提示】根据《增值税法》的规定，纳税人发生两项以上应税交易涉及不同税率、征收率的，应当分别核算适用不同税率、征收率的销售额；未分别核算的，从高适用税率。

【工作实例2-5】　甲公司为增值税一般纳税人，本年1月兼营销售货物、运输服务、咨询服务，当期共取得含税销售收入226万元，且未分别核算。

【工作要求】计算甲公司上述业务的增值税销项税额。

【工作实施】按照“纳税人兼营销售货物、劳务、服务、无形资产或者不动产，适用不同税率或者征收率的，应当分别核算适用不同税率或者征收率的销售额；未分别核算的，从高适用税率”的规定，从高适用销售货物13%的税率，则

$$增值税销项税额=226\div(1+13\%)\times13\%=26(万元)$$

【情境引例解析】

（1）长包房，餐饮，洗衣，商务中心的打印、复印、传真、秘书翻译、快递服务收入，按6%的税率计税。

（2）电话费收入按9%的税率计税。

（3）酒店商品部、迷你吧的收入按所售商品的适用税率计税。

（4）避孕药品和用具可免征增值税。应向主管税务机关办理备案，免税收入应分开核算，按规定进行申报，且不得开具增值税专用发票。

（5）接送客人取得的收入按9%的税率计税。

（6）停车费收入、将场地出租给银行安放自动柜员机、给其他单位或个人做卖场取得的收入，均为不动产租赁服务收入，按9%的税率计税。该不动产在2016年4月30日前取得的，可选择简易计税方法按5%的征收率计税。

（7）酒店送餐到房间的服务，按6%的税率计税。

根据《财政部 国家税务总局关于全面推开营业税改征增值税试点的通知》（财税〔2016〕36号）附件1《营业税改征增值税试点实施办法》的规定，纳税人兼营销售货物、劳务、服务、无形资产或者不动产，适用不同税率或者征收率的，应当分别核算适用不同税率或者征收率的销售额；未分别核算的，从高适用税率。你公司属于酒店业，也应当分别核算适用不同税率或者征收率的销售额。

【理论答疑】 全面营改增后，混合销售行为与兼营行为有什么区别？

答：根据《财政部 国家税务总局关于全面推开营业税改征增值税试点的通知》（财税〔2016〕36号）附件1《营业税改征增值税试点实施办法》的规定，纳税人兼营销售货物、劳务、服务、无形资产或者不动产，适用不同税率或者征收率的，应当分别核算适用不同税率或者征收率的销售额；未分别核算的，从高适用税率。一项销售行为如果既涉及服务又涉及货物，为混合销售。从事货物的生产、批发或者零售的单位和个体工商户的混合销售行为，按照销售货物缴纳增值税；其他单位和个体工商户的混合销售行为，按照销售服务缴纳增值税。

由此可见，全面营改增后不再有非增值税应税项目的说法，也不再有混业经营的概念，混合销售行为和兼营行为都只涉及增值税，两者的区别在于是否发生在同一项销售行为上。混合销售行为是指同一项销售行为既涉及服务又涉及货物；兼营行为是指不同的销售行为涉及不同的增值税应税项目。

【工作实例2-6】 甲公司为增值税一般纳税人，适用一般计税方法计税。甲公司的经营范围包括货物销售、运输服务、租赁服务。甲公司本年1月销售200吨螺纹钢给乙公司，不含税售价为2 200元/吨，货物由甲公司车辆运输至乙公司，每吨取得含税运费收入129.87元；甲公司出租脚手架给丙公司，取得含税租赁收入50 000元；甲公司出租店面给丁公司，取得含税租赁收入10 000元。

【工作要求】 计算甲公司上述业务可抵扣的增值税进项税额。

【工作实施】 在全面营改增后，销售螺纹钢并负责运输属于混合销售行为，收取的运费按销售货物缴纳增值税；出租脚手架和店面则属于兼营行为。

$$增值税应税收入=[2\,200+129.87\div(1+13\%)]\times200+50\,000\div(1+13\%)+10\,000\div(1+9\%)=516\,407.94(元)$$

$$增值税销项税额=[2\,200+129.87\div(1+13\%)]\times200\times13\%+50\,000\div(1+13\%)\times13\%+10\,000\div(1+9\%)\times9\%=66\,766.06(元)$$

（二）进项税额的计算

进项税额是指纳税人购进货物、加工修理修配劳务、服务、无形资产或者不动产，支付或者负担的增值税税额。

【特别提示】 根据《增值税法》的规定，进项税额，是指纳税人购进货物、服务、无形资产、不动产支付或者负担的增值税税额。

1. 准予从销项税额中抵扣的进项税额

增值税一般纳税人下列进项税额准予从销项税额中抵扣：

（1）从销售方取得的增值税专用发票（含机动车销售统一发票，下同）上注明的增值税税额。

【点拨指导】视同销售行为所涉及的购进货物的进项税额，凡取得增值税专用发票等扣税凭证且符合抵扣规定的，准予从销项税额中抵扣。

（2）从海关取得的海关进口增值税专用缴款书上注明的增值税税额。

（3）自2018年5月1日起，纳税人购进农产品，原适用11%扣除率的，扣除率调整为10%。自2019年4月1日起，纳税人购进农产品，原适用10%扣除率的，扣除率调整为9%。自2019年4月1日起，纳税人购进农产品，按下列规定抵扣进项税额：

1）除第2）项规定外，纳税人购进农产品，取得增值税一般纳税人开具的增值税专用发票或海关进口增值税专用缴款书的，以增值税专用发票或海关进口增值税专用缴款书上注明的增值税税额为进项税额；从按简易计税方法依照3%征收率计算缴纳增值税的小规模纳税人取得增值税专用发票的，以增值税专用发票上注明的金额和9%的扣除率计算进项税额；取得（开具）农产品销售发票或收购发票的，以农产品销售发票或收购发票上注明的农产品买价和9%的扣除率计算进项税额。

【知识链接】收购农产品的买价，包括纳税人购进农产品在农产品收购发票或者销售发票上注明的价款和按规定缴纳的烟叶税。

《财政部 国家税务总局关于收购烟叶支付的价外补贴进项税额抵扣问题的通知》（财税〔2011〕21号）规定，烟叶收购单位收购烟叶时按照国家有关规定以现金形式直接补贴烟农的生产投入补贴（简称价外补贴），属于农产品买价，为《中华人民共和国增值税暂行条例实施细则》（财政部 国家税务总局令第50号）第十七条中“价款”的一部分。烟叶收购单位，应将价外补贴与烟叶收购价格在同一张农产品收购发票或者销售发票上分别注明，否则，价外补贴不得计算增值税进项税额进行抵扣。

$$\begin{array}{c}\text{准予抵扣的}\\\text{增值税进项税额}\end{array}=(\text{烟叶收购价款}+\text{实际价外补贴}^{①}+\text{应纳烟叶税})\times\text{扣除率}$$

其中，应纳烟叶税的计算公式如下：

$$\begin{array}{c}\text{纳税人收购烟叶实际支付的}\\\text{价款总额(烟叶收购价款总额)}\end{array}=\text{烟叶收购价款}+\text{价外补贴}^{②}$$

$$\begin{aligned}\text{烟叶税应纳税额}&=\begin{array}{c}\text{纳税人收购烟叶实际支付的}\\\text{价款总额(烟叶收购价款总额)}\end{array}\times\text{税率}\\&=(\text{烟叶收购价款}+\text{价外补贴})\times\text{税率}\\&=(\text{烟叶收购价款}+\text{价外补贴})\times 20\%\end{aligned}$$

---

① 该价外补贴是实际发生的价外补贴。

② 该价外补贴是按照公式计算出来的价外补贴，即价外补贴=烟叶收购价款×10%。

价外补贴＝烟叶收购价款×10％

应纳烟叶税＝烟叶收购价款×(1＋10％)×20％

2）自2019年4月1日起的营改增试点期间，纳税人购进用于生产或者委托加工13％税率货物的农产品，按照10％的扣除率计算进项税额。

【特别提示】 自2016年5月1日起全面推开营改增，有人因此错误地认为营改增试点已经结束。实际上当前仍然是营改增试点期间，至于营改增试点何时结束，需要等国家税务总局发布相关文件。

【点拨指导】 自2019年4月1日起，纳税人购进用于生产或委托加工13％税率货物的农产品，在购买时先抵扣9％，领用用于生产销售或委托加工13％税率货物时再抵扣1％。

3）继续推进农产品增值税进项税额核定扣除试点。纳税人购进农产品进项税额已实行核定扣除的，仍按照《财政部 国家税务总局关于在部分行业试行农产品增值税进项税额核定扣除办法的通知》（财税〔2012〕38号）、《财政部 国家税务总局关于扩大农产品增值税进项税额核定扣除试点行业范围的通知》（财税〔2013〕57号）执行。其中，财税〔2012〕38号文附件1《农产品增值税进项税额核定扣除试点实施办法》中第四条第（二）项规定的扣除率调整为9％；第（三）项规定的扣除率调整为按上述第1）、2）项规定执行。

4）纳税人从批发、零售环节购进适用免征增值税政策的蔬菜、部分鲜活肉蛋而取得的普通发票，不得作为计算抵扣进项税额的凭证。

5）纳税人购进农产品既用于生产销售或委托加工13％税率货物又用于生产销售其他货物服务的，应当分别核算用于生产销售或委托加工13％税率货物和其他货物服务的农产品进项税额。未分别核算的，统一以增值税专用发票或海关进口增值税专用缴款书上注明的增值税税额为进项税额，或者以农产品收购发票或销售发票上注明的农产品买价和9％的扣除率计算进项税额。

6）销售发票是指农业生产者销售自产农产品适用免征增值税政策而开具的普通发票。

（4）自用的应征消费税的摩托车、汽车、游艇，2013年8月1日（含）以后购入的，其进项税额准予从销项税额中抵扣。

（5）自境外单位或者个人购进劳务、服务、无形资产或者境内的不动产，从税务机关或者扣缴义务人取得的代扣代缴税款的完税凭证上注明的增值税税额。纳税人凭完税凭证抵扣进项税额的，应当具备书面合同、付款证明和境外单位的对账单或者发票。资料不全的，其进项税额不得从销项税额中抵扣。

（6）自2019年4月1日起，购进国内旅客运输服务，其进项税额允许从销项税额中抵扣。

纳税人购进国内旅客运输服务未取得增值税专用发票的，暂按照以下规定确定进项税额：

1）取得增值税电子普通发票的，为发票上注明的税额；

2）取得注明旅客身份信息的航空运输电子客票行程单的，为按照下列公式计算的进项税额：

航空旅客运输进项税额＝(票价＋燃油附加费)÷(1＋9％)×9％

3）取得注明旅客身份信息的铁路车票的，为按照下列公式计算的进项税额：

铁路旅客运输进项税额＝票面金额÷(1＋9％)×9％

4）取得注明旅客身份信息的公路、水路等其他客票的，为按照下列公式计算的进项税额：

公路、水路等其他旅客运输进项税额＝票面金额÷(1＋3％)×3％

【特别提示】根据《增值税法》的规定，纳税人应当凭法律、行政法规或者国务院规定的增值税扣税凭证从销项税额中抵扣进项税额。

【工作实例2－7】 甲公司为增值税一般纳税人，主要生产A，B两种产品，本年1月发生下列业务：

(1) 1日，购入原材料一批，取得增值税专用发票，注明价款300 000元、税额39 000元。同时支付运费价税合计32 700元，取得增值税专用发票，注明运费金额30 000元、税额2 700元。货款及运费均以银行存款支付。

(2) 3日，购进一批免税农产品作为原材料，农产品收购凭证上注明价款为95 000元，款项以银行存款支付。该批农产品当月全部领用，用于生产增值税税率为13％的产品。

(3) 9日，收到乙公司投资的原材料，双方协议不含税作价1 000 000元，该原材料适用的增值税税率为13％，取得增值税专用发票一张。

(4) 取得注明旅客身份信息的铁路车票一张，票面金额为150元；取得注明旅客身份信息的公路客票一张，票面金额为120元。以上车票或者客票均为甲公司员工出差过程中购买并使用。

甲公司取得的增值税专用发票本年1月均符合抵扣规定。

【工作要求】计算甲公司本年1月上述业务可抵扣的增值税进项税额。

【工作实施】自2019年4月1日起，纳税人购进用于生产销售或委托加工13％税率货物的农产品，按照10％的扣除率计算进项税额。

可抵扣的增值税进项税额＝39 000＋2 700＋95 000×10％＋1 000 000×13％
＋150÷(1＋9％)×9％＋120÷(1＋3％)×3％
＝181 215.88(元)

【工作实例2－8】 甲建筑企业为增值税一般纳税人，本年1月取得新项目（适用一般计税方法）的建筑收入110万元（含增值税）；当月购进汽油10万元（不含增值税）且取得增值税专用发票；购入运输车辆30万元（不含增值税）且取得增值税专用发票；取得分包建筑方开具的增值税专用发票50万元（不含增值税）。甲建筑企业取得的增值税专用发票本年1月均符合抵扣规定。

【工作要求】计算甲建筑企业本年1月上述业务可抵扣的增值税进项税额。

【工作实施】

$$可抵扣的增值税进项税额=10\times13\%+30\times13\%+50\times9\%=9.7(万元)$$

2. 不得从销项税额中抵扣的进项税额

下列项目的进项税额不得从销项税额中抵扣。

（1）纳税人取得的增值税扣税凭证不符合法律、行政法规或者国家税务总局有关规定的，其进项税额不得从销项税额中抵扣。

【点拨指导】增值税扣税凭证，是指增值税专用发票、海关进口增值税专用缴款书、农产品收购发票或者销售发票（含农产品核定扣除的进项税额）、代扣代缴税收完税凭证和符合规定的国内旅客运输发票等。

【特别提示】纳税人凭完税凭证抵扣进项税额的，应当具备书面合同、付款证明和境外单位的对账单或者发票。资料不全的，其进项税额不得从销项税额中抵扣。

（2）用于简易计税方法计税项目、免征增值税项目、集体福利或者个人消费的购进货物、劳务、服务、无形资产和不动产。其中涉及的固定资产、无形资产、不动产，仅指专用于上述项目的固定资产、无形资产（不包括其他权益性无形资产）、不动产。纳税人的交际应酬消费属于个人消费。

【特别提示】自2018年1月1日起，纳税人租入固定资产、不动产，既用于一般计税方法计税项目，又用于简易计税方法计税项目、免征增值税项目、集体福利或者个人消费的，其进项税额准予从销项税额中全额抵扣。

【点拨指导】业务招待活动中耗用的各类礼品，包括烟、酒、服装，不得抵扣进项税额。

【特别提示】由于销售建筑服务、销售不动产属于营改增的范畴，因此纳税人将购进的货物用于修建厂房仓库、装修办公楼的，其进项税额可以从销项税额中抵扣，但是将购进的货物用于集体福利（如修建职工宿舍、食堂、单位幼儿园）或个人消费的，其进项税额不得从销项税额中抵扣。

【实务答疑】我公司为增值税一般纳税人，既有简易计税方法计税项目，又有一般计税方法计税项目。请问在营改增后购进不动产既用于简易计税方法计税项目又用于一般计税方法计税项目，若取得增值税专用发票，其进项税额能否从销项税额中抵扣？

答：根据《增值税暂行条例》和《财政部 国家税务总局关于全面推开营业税改征增值税试点的通知》（财税〔2016〕36号）附件1《营业税改征增值税试点实施办法》的规定，下列项目的进项税额不得从销项税额中抵扣：用于简易计税方法计税项目、免征增值税项目、集体福利或者个人消费的购进货物、劳务、服务、无形资产和不动产。其中涉及的固定资产、无形资产、不动产，仅指专用于上述项目的固定资产、无形资产

（不包括其他权益性无形资产）、不动产。

因此，你公司在营改增后购进不动产，并且不是专用于简易计税方法计税项目（“不是专用于简易计税方法计税项目”是指“既用于简易计税方法计税项目，又用于一般计税方法计税项目”），若取得增值税专用发票，其进项税额可以从销项税额中抵扣。

（3）非正常损失的购进货物，以及相关的劳务和交通运输服务。

（4）非正常损失的在产品、产成品所耗用的购进货物（不包括固定资产）、劳务和交通运输服务。

（5）非正常损失的不动产，以及该不动产所耗用的购进货物、设计服务和建筑服务。

（6）非正常损失的不动产在建工程所耗用的购进货物、设计服务和建筑服务。纳税人新建、改建、扩建、修缮、装饰不动产，均属于不动产在建工程。

（7）购进的贷款服务、餐饮服务、居民日常服务和娱乐服务。

【特别提示】2019年3月31日之前，购进的旅客运输服务，其进项税额不得从销项税额中抵扣；自2019年4月1日起，购进的旅客运输服务，其进项税额准予从销项税额中抵扣。

【点拨指导】保险服务进项税额的抵扣。

（1）提供保险服务的纳税人以实物赔付方式承担机动车辆保险责任的，自行向车辆修理劳务提供方购进的车辆修理劳务，其进项税额可以按规定从保险公司销项税额中抵扣。

（2）提供保险服务的纳税人以现金赔付方式承担机动车辆保险责任的，将应付给被保险人的赔偿金直接支付给车辆修理劳务提供方，不属于保险公司购进车辆修理劳务，其进项税额不得从保险公司销项税额中抵扣。

（3）纳税人提供的其他财产保险服务，比照上述规定执行。

（8）财政部和国家税务总局规定的其他情形。

【点拨指导】上述第（5）（6）项所称的货物，是指构成不动产实体的材料和设备，包括建筑装饰材料和给排水、采暖、卫生、通风、照明、通信、煤气、消防、中央空调、电梯、电气、智能化楼宇设备及配套设施；纳税人接受贷款服务向贷款方支付的与该笔贷款直接相关的投融资顾问费、手续费、咨询费等费用，其进项税额不得从销项税额中抵扣；固定资产是指使用期限超过12个月的机器、机械、运输工具，以及其他与生产经营有关的设备、工具、器具等有形动产；不动产、无形资产的具体范围，按照《销售服务、无形资产、不动产注释》执行；非正常损失是指因管理不善造成货物被盗、丢失、霉烂变质，以及因违反法律法规造成货物或者不动产被依法没收、销毁、拆除的情形。

【特别提示】因不可抗力造成的损失，相应的进项税额可以从销项税额中抵扣。

【点拨指导】（1）全部业务均适用简易计税方法的一般纳税人不可以抵扣进项税额；（2）全部业务均适用一般计税方法的一般纳税人可以抵扣进项税额；（3）既有适用一般计税方法的业务又有适用简易计税方法的业务的一般纳税人，可以抵扣进项税额，但应当注意的是，用于简易计税方法计税项目的购进货物、劳务、服务、无形资产和不动产，其进项税额不得从销项税额中抵扣。

【特别提示】根据《增值税法》的规定，纳税人的下列进项税额不得从其销项税额中抵扣：（1）适用简易计税方法计税项目对应的进项税额；（2）免征增值税项目对应的进项税额；（3）非正常损失项目对应的进项税额；（4）购进并用于集体福利或者个人消费的货物、服务、无形资产、不动产对应的进项税额；（5）购进并直接用于消费的餐饮服务、居民日常服务和娱乐服务对应的进项税额；（6）国务院规定的其他进项税额。

【实务答疑】我公司是一家医药公司，为增值税一般纳税人，请问我公司购进的药品存放过期是否属于正常经营损失？购进当期已经抵扣过的进项税额是否需作转出处理？

答：根据《财政部 国家税务总局关于全面推开营业税改征增值税试点的通知》（财税〔2016〕36号）附件1《营业税改征增值税试点实施办法》的规定，非正常损失是指因管理不善造成货物被盗、丢失、霉烂变质，以及因违反法律法规造成货物或者不动产被依法没收、销毁、拆除的情形。

因此，纳税人生产或购入的在货物外包装或使用说明书中注明有使用期限的货物，超过有效（保存或保质）期而无法进行正常销售，需作销毁处理的，可视作企业在经营过程中的正常经营损失，不纳入非正常损失，购进当期已经抵扣过的进项税额不需要作转出处理。你公司作为一家医药公司，购进的药品存放过期属于正常经营损失，购进当期已经抵扣过的进项税额不需要作转出处理。

（9）适用一般计税方法的纳税人，兼营简易计税方法计税项目、免征增值税项目而无法划分不得抵扣的进项税额，按照下列公式计算不得抵扣的进项税额：

$$\begin{matrix}\text{不得抵扣的}\\\text{进项税额}\end{matrix}=\begin{matrix}\text{当期无法划分的}\\\text{全部进项税额}\end{matrix}\times\left(\begin{matrix}\text{当期简易计税方法}\\\text{计税项目销售额}\end{matrix}+\begin{matrix}\text{免征增值税}\\\text{项目销售额}\end{matrix}\right)\div\begin{matrix}\text{当期全部}\\\text{销售额}\end{matrix}$$

主管税务机关可以按照上述公式依据年度数据对不得抵扣的进项税额进行清算。

【工作实例2-9】 甲企业为增值税一般纳税人，本年1月外购一批材料用于应税货物的生产，取得增值税专用发票，价款为20 000元，增值税税额为2 600元；外购一批材料用于应税货物和免税货物的生产，取得增值税专用发票，价款为30 000元，增值税税额为3 900元，但无法划分不得抵扣的进项税额。当月应税货物销售额为60 000元，免税货物销售额为65 000元。

【工作要求】计算甲企业本年1月上述业务不得抵扣的进项税额①。

【工作实施】

不得抵扣的进项税额＝3 900×65 000÷(60 000＋65 000)＝2 028(元)②

（10）已抵扣进项税额的购进货物（不含固定资产）、劳务、服务，发生上述第（2）至（8）项情形（简易计税方法计税项目、免征增值税项目除外）的，应当将该进项税额从当期进项税额中扣减（即进项税额转出）；无法确定该进项税额的，按照当期实际

① 这里特指“兼营简易计税方法计税项目、免征增值税项目而无法划分不得抵扣的进项税额”。

② 计算不得抵扣的进项税额时，仅对不能准确划分的进项税额进行分摊计算。

成本计算应扣减的进项税额。

（11）已抵扣进项税额的固定资产、无形资产或者不动产，发生上述第（2）至（8）项情形的，按照下列公式计算不得抵扣的进项税额：

不得抵扣的进项税额＝固定资产、无形资产或者不动产净值×适用税率

式中，固定资产、无形资产或者不动产净值是指纳税人根据财务会计制度计提折旧或摊销后的余额。

【工作实例2-10】 甲公司为增值税一般纳税人，本年1月购入一辆汽车自用，汽车不含税价格为24万元，机动车销售统一发票上注明的增值税税款为3.12万元，甲公司取得的机动车销售统一发票本年1月符合抵扣规定。汽车折旧期限为5年，采用直线法计提折旧。本年2月该汽车因管理不善被盗，无法直接确定进项税额。

【工作要求】 计算甲公司本年2月需转出的进项税额。

【工作实施】 甲公司需按照固定资产净值计算应转出的进项税额，即

进项税额转出额＝(24－24÷5÷12×1)×13%＝3.07(万元)

另外，按照《增值税暂行条例》第十条和上述第（2）项规定情形不得抵扣且未抵扣进项税额的固定资产、无形资产、不动产，发生用途改变，用于允许抵扣进项税额的应税项目，可在用途改变的次月按照下列公式，依据合法有效的增值税扣税凭证，计算可以抵扣的进项税额。

$$\text{可以抵扣的进项税额}=\text{固定资产、无形资产、不动产净值}\div\left(1+\text{适用税率}\right)\times\text{适用税率}$$

可以抵扣的进项税额应取得合法有效的增值税扣税凭证。

【实务答疑】 我公司为增值税一般纳税人，本年7月将一台职工食堂用的空调调整到财务科使用，该空调购置时间为本年1月，原值为3 390元（不含税价格为3 000元、进项税额为390元，取得增值税专用发票），折旧年限为5年，残值率为5%。该空调原用在职工食堂时属于集体福利使用，进项税额未抵扣。请问怎样计算固定资产改变用途后可以抵扣的进项税额？

答：根据《财政部 国家税务总局关于全面推开营业税改征增值税试点的通知》（财税〔2016〕36号）附件2《营业税改征增值税试点有关事项的规定》，按照《营业税改征增值税试点实施办法》第二十七条第（一）项规定不得抵扣且未抵扣进项税额的固定资产、无形资产、不动产，发生用途改变，用于允许抵扣进项税额的应税项目，可在用途改变的次月按照下列公式计算可以抵扣的进项税额。

$$\text{可以抵扣的进项税额}=\text{固定资产、无形资产、不动产净值}\div\left(1+\text{适用税率}\right)\times\text{适用税率}$$

这里的净值应是固定资产、无形资产、不动产改变用途当月月末的净值。

本年7月末的固定资产净值＝3 390－3 390×(1－5%)÷5÷12×6
＝3 067.95(元)

本年8月可以抵扣的进项税额＝固定资产净值÷(1＋适用税率)×适用税率
＝3 067.95÷(1＋13%)×13%
＝352.95(元)

(12) 纳税人适用一般计税方法计税的，因销售折让、中止或者退回而退还给购买方的增值税税额，应当从当期的销项税额中扣减；因销售折让、中止或者退回而收回的增值税税额，应当从当期的进项税额中扣减。

(13) 对商业企业向供货方收取的与商品销售量、销售额挂钩（如以一定比例、金额、数量计算）的各种返还收入，均应按照平销返利行为的有关规定冲减当期增值税进项税额。

(14) 出口业务实行免抵退税办法的，其免抵退税不得免征和抵扣税额，应作进项税额转出处理；出口业务实行免退税办法的，其出口业务在购进时的进项税额与按国家规定的退税率计算的应退税额的差额，应作进项税额转出处理。

(15) 有下列情形之一者，应当按销售额依照增值税税率计算应纳税额，不得抵扣进项税额，也不得使用增值税专用发票。

1) 增值税一般纳税人会计核算不健全，或者不能够提供准确税务资料的。

2) 应当办理增值税一般纳税人登记而未办理的。

3. 进项税额结转抵扣等情况的税务处理

(1) 纳税人在计算应纳税额时，如果出现当期销项税额小于当期进项税额不足抵扣的情况，当期进项税额不足抵扣的部分可以结转下期继续抵扣。

【特别提示】根据《增值税法》的规定，当期进项税额大于当期销项税额的部分，纳税人可以按照国务院的规定选择结转下期继续抵扣或者申请退还。

(2) 增值税一般纳税人（原纳税人）在资产重组中将全部资产、负债、劳动力一并转让给其他增值税一般纳税人（新纳税人），并按程序办理注销税务登记的，其在办理注销税务登记前尚未抵扣的进项税额可以结转至新纳税人处继续抵扣。

(3) 增值税一般纳税人注销或取消辅导期一般纳税人资格，转为小规模纳税人时，其存货不作进项税额转出处理，其留抵税额也不予以退税。

(4) 生产性服务业、生活性服务业的增值税加计抵减政策。

自2023年1月1日至2023年12月31日，生产性服务业、生活性服务业的增值税加计抵减政策按照以下规定执行：

1) 允许生产性服务业纳税人按照当期可抵扣进项税额加计5%抵减应纳税额。生产性服务业纳税人，是指提供邮政服务、电信服务、现代服务、生活服务取得的销售额占全部销售额的比重超过50%的纳税人。

2) 允许生活性服务业纳税人按照当期可抵扣进项税额加计10%抵减应纳税额。生活性服务业纳税人，是指提供生活服务取得的销售额占全部销售额的比重超过50%的纳税人。

3）纳税人适用加计抵减政策的其他有关事项，按照《财政部 税务总局 海关总署关于深化增值税改革有关政策的公告》（财政部 税务总局 海关总署公告2019年第39号）、《财政部 税务总局关于明确生活性服务业增值税加计抵减政策的公告》（财政部 税务总局公告2019年第87号）等有关规定执行。

4）符合《财政部 税务总局 海关总署关于深化增值税改革有关政策的公告》（财政部 税务总局海关总署2019年第39号）、《财政部 税务总局关于明确增值税小规模纳税人减免增值税等政策的公告》（财政部 税务总局公告2023年第1号）规定的生产性服务业纳税人，应在年度首次确认适用5%加计抵减政策时，通过电子税务局或办税服务厅提交《适用5%加计抵减政策的声明》；符合《财政部 税务总局关于明确生活性服务业增值税加计抵减政策的公告》（财政部 税务总局公告2019年第87号）、《财政部 税务总局关于明确增值税小规模纳税人减免增值税等政策的公告》（财政部 税务总局公告2023年第1号）规定的生活性服务业纳税人，应在年度首次确认适用10%加计抵减政策时，通过电子税务局或办税服务厅提交《适用10%加计抵减政策的声明》。

5）纳税人适用加计抵减政策的其他征管事项，按照《国家税务总局关于国内旅客运输服务进项税抵扣等增值税征管问题的公告》（国家税务总局公告2019年第31号）第二条等有关规定执行。

（5）先进制造业企业的增值税加计抵减政策。

自2023年1月1日至2027年12月31日，允许先进制造业企业按照当期可抵扣进项税额加计5%抵减应纳增值税税额。先进制造业企业是指高新技术企业（含所属的非法人分支机构）中的制造业一般纳税人，高新技术企业是指按照《科技部 财政部 国家税务总局关于修订印发〈高新技术企业认定管理办法〉的通知》（国科发火〔2016〕32号）规定认定的高新技术企业。先进制造业企业具体名单，由各省、自治区、直辖市、计划单列市工业和信息化部门会同同级科技、财政、税务部门确定。

【特别提示】自2023年1月1日至2027年12月31日，对生产销售先进工业母机主机、关键功能部件、数控系统的增值税一般纳税人，允许按当期可抵扣进项税额加计15%抵减企业应纳增值税税额。自2023年1月1日至2027年12月31日，允许集成电路设计、生产、封测、装备、材料企业，按照当期可抵扣进项税额加计15%抵减应纳增值税税额。

（6）增值税期末留抵退税。

1）试行增值税期末留抵税额退税（试行退还60%增量留抵税额）。

自2019年4月1日起，试行增值税期末留抵税额退税制度。同时符合以下条件的纳税人，可以向主管税务机关申请退还增量留抵税额：

①自2019年4月税款所属期起，连续6个月（按季纳税的，连续两个季度）增量留抵税额均大于零，且第6个月增量留抵税额不低于50万元；

②纳税信用等级为A级或者B级；

③申请退税前36个月未发生骗取留抵退税、出口退税或虚开增值税专用发票情形的；

④申请退税前36个月未因偷税被税务机关处罚两次及以上的；

⑤自2019年4月1日起未享受即征即退、先征后返（退）政策的。

增量留抵税额，是指与2019年3月底相比新增加的期末留抵税额。

纳税人当期允许退还的增量留抵税额，按照以下公式计算：

允许退还的增量留抵税额＝增量留抵税额×进项构成比例×60%

进项构成比例，为2019年4月至申请退税前一税款所属期内已抵扣的增值税专用发票（含税控机动车销售统一发票）、海关进口增值税专用缴款书、解缴税款完税凭证注明的增值税占同期全部已抵扣进项税额的比重。

2）先进制造业期末留抵退税（全额退还增量留抵税额及扩围）。

自2019年6月1日起，同时符合以下条件的部分先进制造业纳税人，可以自2019年7月及以后纳税申报期向主管税务机关申请退还增量留抵税额：

①增量留抵税额大于零；

②纳税信用等级为A级或者B级；

③申请退税前36个月未发生骗取留抵退税、出口退税或虚开增值税专用发票情形；

④申请退税前36个月未因偷税被税务机关处罚两次及以上；

⑤自2019年4月1日起未享受即征即退、先征后返（退）政策。

部分先进制造业纳税人，是指按照《国民经济行业分类》，生产并销售非金属矿物制品、通用设备、专用设备及计算机、通信和其他电子设备销售额占全部销售额的比重超过50%的纳税人。

销售额比重根据纳税人申请退税前连续12个月的销售额计算确定；申请退税前经营期不满12个月但满3个月的，按照实际经营期的销售额计算确定。

增量留抵税额，是指与2019年3月31日相比新增加的期末留抵税额。

部分先进制造业纳税人当期允许退还的增量留抵税额，按照以下公式计算：

允许退还的增量留抵税额＝增量留抵税额×进项构成比例

【特别提示】政策由之前的“允许退还的增量留抵税额＝增量留抵税额×进项构成比例×60%”更新为“允许退还的增量留抵税额＝增量留抵税额×进项构成比例”或者“允许退还的增量留抵税额＝增量留抵税额×进项构成比例×100%”。

进项构成比例，为2019年4月至申请退税前一税款所属期内已抵扣的增值税专用发票（含税控机动车销售统一发票）、海关进口增值税专用缴款书、解缴税款完税凭证明的增值税税额占同期全部已抵扣进项税额的比重。

自2021年4月1日起，将部分先进制造业纳税人退还增量留抵税额有关政策扩大至先进制造业，增加医药、化学纤维、铁路、船舶、航空航天和其他运输设备、电气机械和器材、仪器仪表销售额占全部销售额的比重超过50%的纳税人。

3）小微企业和制造业等行业期末留抵退税（一次性退还存量留抵税额及继续扩围）。

①自2022年4月1日起，加大小微企业增值税期末留抵退税政策力度，将先进制造业按月全新退还增值税增量留抵税额政策范围扩大至符合条件的小微企业（含个体工商户，下同），并一次性退还小微企业存量留抵税额。

②自2022年4月1日起，加大“制造业”“科学研究和技术服务业”“电力、热力、燃气及水生产和供应业”“软件和信息技术服务业”“生态保护和环境治理业”和“交通运输、仓储和邮政业”（以下简称制造业等行业）增值税期末留抵退税政策力度，将先进制造业按月全额退还增值税增量留抵税额政策范围扩大至符合条件的制造业等行业企业（含个体工商户，下同），并一次性退还制造业等行业企业存量留抵税额。

③小微企业和制造业等行业纳税人办理期末留抵退税，需同时符合以下条件：

a. 纳税信用等级为A级或者B级；

b. 申请退税前36个月未发生骗取留抵退税、骗取出口退税或虚开增值税专用发票情形；

c. 申请退税前36个月未因偷税被税务机关处罚两次及以上；

d. 2019年4月1日起未享受即征即退、先征后返（退）政策。

④增量留抵税额，区分以下情形确定：

纳税人获得一次性存量留抵退税前，增量留抵税额为当期期末留抵税额与2019年3月31日相比新增加的留抵税额。

纳税人获得一次性存量留抵退税后，增量留抵税额为当期期末留抵税额。

⑤存量留抵税额，区分以下情形确定：

纳税人获得一次性存量留抵退税前，当期期末留抵税额大于或等于2019年3月31日期末留抵税额的，存量留抵税额为2019年3月31日期末留抵税额；当期期末留抵税额小于2019年3月31日期末留抵税额的，存量留抵税额为当期期末留抵税额。

纳税人获得一次性存量留抵退税后，存量留抵税额为零。

⑥纳税人按照以下公式计算允许退还的留抵税额：

允许退还的增量留抵税额＝增量留抵税额×进项构成比例×100%

允许退还的存量留抵税额＝存量留抵税额×进项构成比例×100%

进项构成比例，为2019年4月至申请退税前一税款所属期已抵扣的增值税专用发票（含带有“增值税专用发票”字样全面数字化的电子发票、税控机动车销售统一发票）、收费公路通行费增值税电子普通发票、海关进口增值税专用缴款书、解缴税款完税凭证注明的增值税税额占同期全部已抵扣进项税额的比重。

【特别提示】与之前的政策相比，计算进项构成比例的分子增加了“收费公路通行费增值税电子普通发票”这一项。

4）期末留抵退税政策进一步扩围。

自2022年7月1日起，将制造业等行业按月全额退还增值税增量留抵税额、一次性退还存量留抵税额的政策范围，扩大至“批发和零售业”“农、林、牧、渔业”“住宿和餐饮业”“居民服务、修理和其他服务业”“教育”“卫生和社会工作”和“文化、体育和娱乐业”。

4. 进项税额的抵扣时限

（1）自2017年7月1日起至2020年2月29日，进项税额抵扣时限的规定。

自2017年7月1日起，增值税一般纳税人取得的2017年7月1日及以后开具的增值税专用发票和机动车销售统一发票，应自开具之日起360日内认证或登录增值税发票选择确认平台进行确认，并在规定的纳税申报期内，向主管税务机关申报抵扣进项税额。

自2017年7月1日起，增值税一般纳税人取得的2017年7月1日及以后开具的海关进口增值税专用缴款书，应自开具之日起360日内向主管税务机关报送《海关完税凭证抵扣清单》，申请稽核比对。

【点拨指导】为了把握“进项税额的抵扣时限”政策的来龙去脉，本教材给出了“自2017年7月1日起至2020年2月29日，进项税额抵扣时限的规定”。需要注意的是，上述规定仅适用于自2017年7月1日起至2020年2月29日期间。

（2）自2020年3月1日起，进项税额抵扣时限的规定。

自2020年3月1日起，增值税一般纳税人取得2017年1月1日及以后开具的增值税专用发票、海关进口增值税专用缴款书、机动车销售统一发票、收费公路通行费增值税电子普通发票，取消认证确认、稽核比对、申报抵扣的期限。纳税人在进行增值税纳税申报时，应当通过本省（自治区、直辖市和计划单列市）增值税发票综合服务平台对上述扣税凭证信息进行用途确认。

自2020年3月1日起，增值税一般纳税人取得2016年12月31日及以前开具的增值税专用发票、海关进口增值税专用缴款书、机动车销售统一发票，超过认证确认、稽核比对、申报抵扣期限，但符合规定条件的，仍可按照《国家税务总局关于逾期增值税扣税凭证抵扣问题的公告》（国家税务总局公告2011年第50号，国家税务总局公告2017年第36号、2018年第31号修改）、《国家税务总局关于未按期申报抵扣增值税扣税凭证有关问题的公告》（国家税务总局公告2011年第78号，国家税务总局公告2018年第31号修改）规定，继续抵扣进项税额。

二、增值税简易计税方法下应纳税额的计算

简易计税方法既适用于小规模纳税人的应税行为，也适用于一般纳税人适用该计税方法的特定应税行为。简易计税方法的应纳增值税税额等于本期不含税销售额乘以增值税征收率，不得抵扣进项税额。其计算公式为：

应纳增值税＝销售额×征收率

【特别提示】根据《增值税法》的规定，按照简易计税方法计算缴纳增值税的，应纳税额为当期销售额乘以征收率。

【点拨指导】简易计税方法下的销售额与一般计税方法下的销售额的内容是一致的，

都是销售货物、劳务、服务、无形资产或者不动产向购买方收取的全部价款和价外费用，且不包括从购买方收取的增值税税额。

我国增值税的法定征收率是 3%；一些特殊项目适用 3%的征收率减按 2%执行。全面营改增后与不动产有关的特殊项目适用 5%的征收率；一些特殊项目适用 5%的征收率减按 1.5%执行。其他有关增值税征收率的规定详见本章第 1 节。

（一）增值税一般纳税人按照简易计税方法适用征收率的情况

1. 原增值税一般纳税人按照简易计税方法（包含应当按照简易计税方法和可以选择按照简易计税方法）适用征收率的情况

（1）暂按简易计税方法依照 3%的征收率。增值税一般纳税人销售货物属于下列情形之一的，暂按简易计税方法，自 2014 年 7 月 1 日起依照 3%（2014 年 6 月 30 日之前为 4%）的征收率计算缴纳增值税。

1）寄售商店代销寄售物品（包括居民个人寄售的物品在内）。

2）典当业销售死当物品。

（2）按照简易计税方法依照 3%征收率减按 2%征收。

1）增值税一般纳税人销售自己使用过的固定资产。增值税一般纳税人销售自己使用过的不得抵扣且未抵扣进项税额的固定资产，按照简易计税方法，自 2014 年 7 月 1 日起依照 3%征收率减按 2%征收增值税（2014 年 6 月 30 日之前为 4%征收率减半征收增值税）。上述业务应当开具增值税普通发票，不得开具增值税专用发票。其销售额和应纳税额的计算公式如下：

销售额＝含税销售额÷(1＋3%)

应纳增值税＝销售额×2%

【特别提示】纳税人销售自己使用过的固定资产，适用按简易办法（简易计税方法）依 3%征收率减按 2%征收增值税政策的，可以放弃减税，按简易办法（简易计税方法）依 3%征收率缴纳增值税，并可以开具增值税专用发票。

【特别提示】一般纳税人销售自己使用过的除固定资产以外的物品，应当按照适用税率征收增值税。

【知识链接】2008 年 12 月 31 日之前，增值税一般纳税人购进的固定资产，其进项税额不得从销项税额中抵扣；自 2009 年 1 月 1 日起，增值税一般纳税人购进的用于生产经营的固定资产（自用的应征消费税的汽车、摩托车、游艇除外），其进项税额可以从销项税额中抵扣；自 2013 年 8 月 1 日起，增值税一般纳税人购进自用的应征消费税的汽车、摩托车、游艇，其进项税额准予从销项税额中抵扣。

【点拨指导】增值税一般纳税人销售自己使用过的 2013 年 8 月 1 日以后购进或者自制的应征消费税的摩托车、汽车、游艇，按照适用税率征收增值税。增值税一般纳税人销售自己使用过的 2013 年 7 月 31 日以前购进或者自制的应征消费税的摩托车、汽车、游艇，按照简易计税方法依照3%征收率减按2%征收增值税。

2）增值税一般纳税人（一般指旧货经营单位）销售旧货。增值税一般纳税人（一般指旧货经营单位）销售旧货，按照简易计税方法，自2014年7月1日起依3%征收率减按2%征收增值税，且应该开具增值税普通发票，不得开具增值税专用发票。旧货是指进入二次流通的具有部分使用价值的货物（含2013年8月1日之前购入不得抵扣且未抵扣进项税额的旧汽车、旧摩托车和旧游艇），但不包括个人自己使用过的物品。自2020年5月1日至2027年12月31日，从事二手车经销的纳税人销售其收购的二手车，由原按照简易办法（简易计税方法）依3%征收率减按2%征收增值税，改为减按0.5%征收增值税，并按下列公式计算销售额：

销售额＝含税销售额÷(1+0.5%)

【知识链接】小规模纳税人销售旧货，减按2%征收率征收增值税（这里指的是增值税小规模纳税人适用3%征收率计算出不含税销售额后再减按2%征收率征收）。

【归纳总结】见表2-1。

表2-1　一般纳税人销售自己使用过的物品或旧货的计税归纳

<table>
<tr><th colspan="3">具体情形</th><th>税务处理</th></tr>
<tr><td rowspan="3">销售自己使用过的物品</td><td rowspan="2">固定资产（动产）</td><td>按规定不得抵扣且未抵扣进项税额</td><td>应纳增值税＝含税销售额÷(1+3%)×2%</td></tr>
<tr><td>按规定可以抵扣进项税额</td><td rowspan="2">销项税额＝含税销售额÷(1＋适用税率13%或9%)×适用税率13%或9%</td></tr>
<tr><td colspan="2">除固定资产以外的物品</td></tr>
<tr><td rowspan="2">销售旧货（他人用旧的）</td><td colspan="2">除“自2020年5月1日至2027年12月31日，从事二手车经销的纳税人销售其收购的二手车”以外的销售旧货（他人用旧的）</td><td>应纳增值税＝含税销售额÷(1+3%)×2%</td></tr>
<tr><td colspan="2">自2020年5月1日至2027年12月31日，从事二手车经销的纳税人销售其收购的二手车</td><td>应纳增值税＝含税销售额÷(1+0.5%)×0.5%</td></tr>
</table>

【知识链接】见表2-2。

表2-2　小规模纳税人销售自己使用过的物品或旧货的计税归纳

<table>
<tr><th colspan="2">具体情形</th><th>税务处理</th></tr>
<tr><td colspan="2">其他个人（个体工商户以外的个人，即自然人）销售自己使用过的固定资产或除固定资产以外的物品</td><td>免征增值税</td></tr>
<tr><td rowspan="4">其他个人以外的小规模纳税人</td><td>销售自己使用过的固定资产（动产）</td><td>应纳增值税＝含税销售额÷(1+3%)×2%</td></tr>
<tr><td>销售自己使用过的除固定资产以外的物品</td><td>应纳增值税＝含税销售额÷(1+3%)×3%</td></tr>
<tr><td>除“自2020年5月1日至2027年12月31日，从事二手车经销的纳税人销售其收购的二手车”以外的销售旧货（他人用旧的）</td><td>应纳增值税＝含税销售额÷(1+3%)×2%</td></tr>
<tr><td>自2020年5月1日至2027年12月31日，从事二手车经销的纳税人销售其收购的二手车</td><td>应纳增值税＝含税销售额÷(1+0.5%)×0.5%</td></tr>
</table>

注：不考虑“自2020年3月1日至2022年3月31日的小规模纳税人增值税减免政策”“自2022年4月1日至2022年12月31日小规模纳税人增值税免税政策”“自2023年1月1日至2027年12月31日的小规模纳税人增值税减免政策”。没有特别说明，全书同。

【工作实例2-11】 甲企业为增值税一般纳税人，主营旧电脑交易。2019年5月销售旧电脑取得含税销售额206万元；除上述收入外，该企业当月又将本企业于2007年6月购入自用的一辆货车和2010年10月购入自用的一辆货车分别以10.3万元和22.6万元的含税价格出售。假设本月无其他业务，且可抵扣的进项税额为0。已知：一般纳税人销售自己使用过的2008年12月31日以前购入的机器设备类固定资产，依照3%征收率减按2%征收增值税；一般纳税人销售自己使用过的2009年1月1日以后购入的机器设备类固定资产，按适用税率征收增值税。

【工作要求】计算甲企业当月的应纳增值税。

【工作实施】增值税一般纳税人销售旧电脑（属于旧货）依照3%征收率减按2%征收增值税，则

该笔业务应纳增值税＝206÷(1＋3%)×2%＝4(万元)

一般纳税人销售自己使用过的2009年1月1日以前购入的货车（属于机器设备类固定资产），依照3%征收率减按2%征收增值税，则

该笔业务应纳增值税＝10.3÷(1＋3%)×2%＝0.2(万元)

一般纳税人销售自己使用过的2009年1月1日以后购入的货车（属于机器设备类固定资产），按适用税率（13%）征收增值税，则

该笔业务增值税销项税额＝22.6÷(1＋13%)×13%＝2.6(万元)

应纳增值税合计＝4＋0.2＋(2.6－0)＝6.8(万元)

(3) 可选择按简易计税方法依照3%的征收率。增值税一般纳税人销售自产的下列货物，可选择按简易计税方法，自2014年7月1日起依照3%（2014年6月30日之前为6%）的征收率计算缴纳增值税。

1）县级及县级以下小型水力发电单位生产的电力。小型水力发电单位是指各类投资主体建设的装机容量为5万千瓦以下（含5万千瓦）的小型水力发电单位。

2）建筑用和生产建筑材料所用的砂、土、石料。

3）以自己采掘的砂、土、石料或其他矿物连续生产的砖、瓦、石灰（不含黏土实心砖、瓦）。

4）用微生物、微生物代谢产物、动物毒素、人或动物的血液或组织制成的生物制品。

5）自来水。对自来水公司销售自来水按简易计税方法依照3%征收率征收增值税时，不得抵扣其购进自来水取得增值税扣税凭证上注明的增值税税款。

6）商品混凝土（仅限于以水泥为原料生产的水泥混凝土）。

7）属于增值税一般纳税人的单采血浆站销售的非临床用人体血液（此项一旦选择按简易计税方法适用的征收率计税，不得对外开具增值税专用发票）。

8）自2022年3月1日起，从事再生资源回收的增值税一般纳税人销售其收购的再

生资源，可以选择适用简易计税方法依照3%征收率计算缴纳增值税，或适用一般计税方法计算缴纳增值税。

【特别提示】增值税一般纳税人选择简易计税方法计算缴纳增值税后，36个月内不得变更。

【点拨指导】增值税一般纳税人采取简易计税方法计税时，不得抵扣进项税额。

2. 营改增试点一般纳税人按照简易计税方法（多数情况下可以选择按照简易计税方法，而非必须按照简易计税方法）适用征收率的情况

（1）部分应税服务。

增值税一般纳税人发生下列应税行为可以选择适用简易计税方法计税：

1）公共交通运输服务。公共交通运输服务包括轮客渡、公交客运、地铁、城市轻轨、出租车、长途客运、班车。班车是指按固定路线、固定时间运营并在固定站点停靠的运送旅客的陆路运输服务。

2）经认定的动漫企业为开发动漫产品提供的动漫脚本编撰、形象设计、背景设计、动画设计、分镜、动画制作、摄制、描线、上色、画面合成、配音、配乐、音效合成、剪辑、字幕制作、压缩转码（面向网络动漫、手机动漫格式适配）服务，以及在境内转让动漫版权（包括动漫品牌、形象或者内容的授权及再授权）。

动漫企业和自主开发、生产动漫产品的认定标准和认定程序，按照《文化部 财政部 国家税务总局关于印发〈动漫企业认定管理办法（试行）〉的通知》（文市发〔2008〕51号）的规定执行。

3）电影放映服务、仓储服务、装卸搬运服务、收派服务和文化体育服务。

4）以纳入营改增试点之日前取得的有形动产为标的物提供的经营租赁服务。

5）在纳入营改增试点之日前签订的尚未执行完毕的有形动产租赁合同。

6）提供物业管理服务的纳税人，向服务接受方收取的自来水水费，以扣除其对外支付的自来水水费后的余额为销售额，按简易计税方法依照3%征收率计算缴纳增值税。

7）非企业性单位中的增值税一般纳税人提供的研发和技术服务、信息技术服务、鉴证咨询服务，以及销售技术、著作权等无形资产，可以选择简易计税方法依照3%征收率计算缴纳增值税。

非企业性单位中的增值税一般纳税人提供“技术转让、技术开发和与之相关的技术咨询、技术服务”，可以参照上述规定，选择简易计税方法依照3%征收率计算缴纳增值税。

8）增值税一般纳税人提供教育辅助服务，可以选择简易计税方法依照3%征收率计算缴纳增值税。

【特别提示】一般纳税人发生财政部和国家税务总局规定的特定应税行为，可以选择适用简易计税方法计税，但一经选择，36个月内不得变更。

（2）建筑服务。

1）增值税一般纳税人以清包工方式提供的建筑服务，可以选择适用简易计税方法计税。以清包工方式提供建筑服务是指施工方不采购建筑工程所需的材料或只采购辅助材料，并收取人工费、管理费或者其他费用的建筑服务。

2）增值税一般纳税人为甲供工程提供的建筑服务，可以选择适用简易计税方法计税。甲供工程是指全部或部分设备、材料、动力由工程发包方自行采购的建筑工程。一般纳税人销售电梯的同时提供安装服务，其安装服务可以按照甲供工程选择适用简易计税方法计税。

3）增值税一般纳税人为建筑工程老项目提供的建筑服务，可以选择适用简易计税方法计税。建筑工程老项目是指《建筑工程施工许可证》注明的合同开工日期在2016年4月30日前的建筑工程项目，或者未取得《建筑工程施工许可证》、建筑工程承包合同注明的开工日期在2016年4月30日前的建筑工程项目。

4）增值税一般纳税人跨县（市）提供建筑服务，选择适用一般计税方法计税的，应以取得的全部价款和价外费用为销售额计算应纳税额。纳税人应以取得的全部价款和价外费用扣除支付的分包款后的余额，按照2%的预征率在建筑服务发生地预缴税款后，向机构所在地主管税务机关进行纳税申报。

5）增值税一般纳税人跨县（市）提供建筑服务，选择适用简易计税方法计税的，应以取得的全部价款和价外费用扣除支付的分包款后的余额为销售额，按照3%的征收率计算应纳税额。纳税人应按照上述计税方法在建筑服务发生地预缴税款后，向机构所在地主管税务机关进行纳税申报。

纳税人在同一地级行政区范围内跨县（市、区）提供建筑服务，不适用《纳税人跨县（市、区）提供建筑服务增值税征收管理暂行办法》（国家税务总局公告2016年第17号印发）。

【点拨指导】纳税人提供建筑服务，按照规定允许从其取得的全部价款和价外费用中扣除的分包款，是指支付给分包方的全部价款和价外费用。

6）建筑工程总承包单位为房屋建筑的地基与基础、主体结构提供工程服务，建设单位自行采购全部或部分钢材、混凝土、砌体材料、预制构件的，适用简易计税方法计税。

【工作实例2-12】 甲公司为增值税一般纳税人，机构所在地为N县。本年1月1日以清包工方式到M县承接A工程项目，并将A工程项目中的部分施工项目分包给乙公司。本年1月30日发包方按进度支付工程价款222万元。当月该项目甲公司购进材料取得的增值税专用发票上注明的税额为8万元；1月甲公司支付给乙公司工程分包款60万元，乙公司开具给甲公司增值税发票，税额为4.95万元。对A工程项目甲公司选择适用简易计税方法计算应纳税额。

【工作要求】计算甲公司本年1月上述项目的应纳增值税。

【工作实施】增值税一般纳税人跨县（市）提供建筑服务，选择适用简易计税方法计税的，应以取得的全部价款和价外费用扣除支付的分包款后的余额为销售额，按照3%的征收率计算应纳税额。纳税人应按照上述计税方法在建筑服务发生地预缴税款后，向机构所在地主管税务机关进行纳税申报。

甲公司10月在M县预缴增值税=(222−60)÷(1+3%)×3%=4.72(万元)

在N县差额申报，则

扣除预缴增值税后应纳增值税=(222−60)÷(1+3%)×3%−4.72=0

应纳增值税合计=4.72+0=4.72(万元)

(3) 销售不动产。

1）增值税一般纳税人销售其2016年4月30日前取得（不含自建）的不动产，可以选择适用简易计税方法，以取得的全部价款和价外费用减去该项不动产购置原价或者取得不动产时的作价后的余额为销售额，按照5%的征收率计算应纳税额。纳税人应按照上述计税方法在不动产所在地预缴税款后，向机构所在地主管税务机关进行纳税申报。

2）增值税一般纳税人销售其2016年4月30日前自建的不动产，可以选择适用简易计税方法，以取得的全部价款和价外费用为销售额，按照5%的征收率计算应纳税额。纳税人应按照上述计税方法在不动产所在地预缴税款后，向机构所在地主管税务机关进行纳税申报。

3）房地产开发企业中的增值税一般纳税人，销售自行开发的房地产老项目，可以选择适用简易计税方法按照5%的征收率计税。一般纳税人销售自行开发的房地产老项目适用简易计税方法计税的，以取得的全部价款和价外费用为销售额，不得扣除对应的土地价款。

【特别提示】房地产开发企业中的一般纳税人购入未完工的房地产老项目继续开发后，以自己名义立项销售的不动产，属于房地产老项目，可以选择适用简易计税方法按照5%的征收率计算缴纳增值税。

4）房地产开发企业采取预收款方式销售所开发的房地产项目，在收到预收款时按照3%的预征率预缴增值税。

5）个体工商户销售购买的住房，应按照《营业税改征增值税试点过渡政策的规定》中第五条的规定免征增值税。纳税人应按照上述计税方法在不动产所在地预缴税款后，向机构所在地主管税务机关进行纳税申报。

【工作实例2-13】 甲物流企业为增值税一般纳税人，本年1月转让20年前建造的办公楼，取得销售收入1 800万元，该办公楼账面原值为1 000万元，已计提折旧300万元。甲物流企业选择适用简易计税方法计税。

【工作要求】计算甲物流企业上述业务的应纳增值税。

【工作实施】增值税一般纳税人销售其2016年4月30日前自建的不动产，可以选择适用简易计税方法，以取得的全部价款和价外费用为销售额，按照5%的征收率计算应纳税额。

应纳增值税＝1 800÷(1＋5%)×5%＝85.71(万元)

（4）不动产经营租赁服务。

1）增值税一般纳税人出租其2016年4月30日前取得的不动产，可以选择适用简易计税方法，按照5%的征收率计算应纳税额。纳税人出租其2016年4月30日前取得的与机构所在地不在同一县（市）的不动产，应按照上述计税方法在不动产所在地预缴税款后，向机构所在地主管税务机关进行纳税申报。不动产所在地与机构所在地在同一县（市、区）的，纳税人向机构所在地主管税务机关申报纳税。

2）增值税一般纳税人出租其在2016年5月1日后取得的、与机构所在地不在同一县（市）的不动产，应按照3%的预征率在不动产所在地预缴税款后，向机构所在地主管税务机关申报纳税。不动产所在地与机构所在地在同一县（市、区）的，纳税人应向机构所在地主管税务机关申报纳税。

【特别提示】自2021年10月1日起，住房租赁企业中的增值税一般纳税人向个人出租住房取得的全部出租收入，可以选择适用简易计税方法，按照5%的征收率减按1.5%计算缴纳增值税，或适用一般计税方法计算缴纳增值税。住房租赁企业中的增值税一般纳税人向个人出租住房适用简易计税方法并进行预缴的，减按1.5%预征率预缴增值税。住房租赁企业中的增值税一般纳税人，对利用非居住存量土地和非居住存量房屋（含商业办公用房、工业厂房改造后出租用于居住的房屋）建设的保障性租赁住房，取得保障性租赁住房项目认定书后，向个人出租上述保障性租赁住房的，比照适用上述增值税政策。其中，住房租赁企业，是指按规定向住房城乡建设部门进行开业报告或者备案的从事住房租赁经营业务的企业。

（5）收取高速公路的车辆通行费。公路经营企业中的增值税一般纳税人收取营改增试点前开工的高速公路的车辆通行费，可以选择适用简易计税方法，减按3%的征收率计算应纳税额。营改增试点前开工的高速公路是指相关施工许可证明上注明的合同开工日期在2016年4月30日前的高速公路。

（6）销售自己使用过的固定资产。营改增后的增值税一般纳税人销售自己使用过的“本地区试点实施之日（含）”以后购进或自制的固定资产，按照适用税率征收增值税；销售自己使用过的“本地区试点实施之日”以前购进或者自制的固定资产，按照3%征收率减按2%征收增值税。具体公式为：

销售额＝含税销售额÷(1＋3%)

应纳增值税＝销售额×2%

使用过的固定资产是指纳税人根据财务会计制度已经计提折旧的固定资产。

（7）其他情况。

1）2016年4月30日前签订的不动产融资租赁合同，或以2016年4月30日前取得的不动产提供的融资租赁服务，可以选择适用简易计税方法，按照5%的征收率计算应纳税额。增值税一般纳税人以经营租赁方式出租其 2016 年 4 月 30 日前取得的不动产，可以选择适用简易计税方法，按照 5%的征收率计算应纳税额。

2）纳税人提供人力资源外包服务，按照经纪代理服务缴纳增值税，其销售额不包括受客户单位委托代为向客户单位员工发放的工资和代理缴纳的社会保险、住房公积金。向委托方收取并代为发放的工资和代理缴纳的社会保险、住房公积金，不得开具增值税专用发票，可以开具增值税普通发票。增值税一般纳税人提供人力资源外包服务，可以选择适用简易计税方法，按照 5%的征收率计算应纳税额。

3）纳税人以经营租赁方式将土地出租给他人使用，按照不动产经营租赁服务缴纳增值税。纳税人转让 2016 年 4 月 30 日前取得的土地使用权，可以选择适用简易计税方法，以取得的全部价款和价外费用减去取得该土地使用权的原价后的余额为销售额，按照 5%的征收率计算应纳税额。

（二）增值税小规模纳税人按照简易计税方法计税的规定

增值税小规模纳税人销售货物，提供加工修理修配劳务，销售服务、无形资产或者不动产，按照取得的销售额和增值税的征收率计算应纳税额，但不得抵扣进项税额。其中销售额为对外销售货物，提供加工修理修配劳务，销售服务、无形资产或者不动产时，向对方收取的全部价款和价外费用。具体的确定标准与增值税一般纳税人的销售额相同。

增值税小规模纳税人按征收率征税。增值税小规模纳税人因销售退回或销售折让而退还给购买方的销售额，应从发生销货退回或折让当期的销售额中扣减，而不必追究其原发票的处理。对于营改增增值税小规模纳税人来说，其纳税人适用简易计税方法计税的，因销售折让、中止或者退回而退还给购买方的销售额，应当从当期销售额中扣减，扣减当期销售额后仍有余额造成多缴的税款，可以从以后的应纳税额中扣减。

增值税小规模纳税人销售货物，提供加工修理修配劳务，销售服务、无形资产或者不动产，向对方收取的款项往往包含增值税，因此，在计算应纳税额时，需将含税销售额换算成不含税销售额，具体计算公式为：

销售额＝含税销售额÷(1＋征收率)

【特别提示】小规模纳税人购进货物、劳务、服务、无形资产或者不动产时，即使取得了增值税专用发票，也不得抵扣进项税额。一般纳税人采取简易计税方法计税时，购进货物、劳务、服务、无形资产或者不动产，即使取得了增值税专用发票，也不得抵扣进项税额。

增值税一般纳税人购置税控收款机所支付的增值税税额（以购进税控收款机取得的增值税专用发票上注明的增值税税额为准），准予在该企业当期的增值税销项税额中抵扣。增值税小规模纳税人购置税控收款机，经主管税务机关审核批准后，可凭购进税控收款机取得的增值税专用发票，按照发票上注明的增值税税额，抵免当期增值税应纳税额，或者按照购进税控收款机取得的增值税普通发票上注明的价款，依下列公式计算可抵免税额：

可抵免税额＝价款÷(1＋13%)×13%

【知识链接】 增值税纳税人（包括一般纳税人和小规模纳税人，下同）2011 年 12 月 1 日（含，下同）以后初次购买增值税税控系统专用设备（包括分开票机）支付的费用，可凭购买增值税税控系统专用设备取得的增值税专用发票，在增值税应纳税额中全额抵减（抵减额为价税合计额），不足抵减的可结转下期继续抵减。增值税纳税人非初次购买增值税税控系统专用设备支付的费用，由其自行负担，不得在增值税应纳税额中抵减。增值税税控系统包括：增值税防伪税控系统、机动车销售统一发票税控系统等。增值税防伪税控系统的专用设备包括金税卡、IC 卡、读卡器或金税盘和报税盘；机动车销售统一发票税控系统专用设备包括税控盘和传输盘。

增值税纳税人 2011 年 12 月 1 日以后缴纳的技术维护费（不含补缴的 2011 年 11 月 30 日以前的技术维护费），可凭技术维护服务单位开具的技术维护费发票，在增值税应纳税额中全额抵减，不足抵减的可结转下期继续抵减。技术维护费按照价格主管部门核定的标准执行。

增值税一般纳税人购买增值税税控系统专用设备支付的费用以及缴纳的技术维护费在增值税应纳税额中全额抵减的，其增值税专用发票不作为增值税抵扣凭证，其进项税额不得从销项税额中抵扣。

1. 增值税小规模纳税人销售货物或者劳务按照简易计税方法适用征收率的特殊规定

(1) 增值税小规模纳税人（除其他个人外）销售自己使用过的固定资产。增值税小规模纳税人（除其他个人外）销售自己使用过的固定资产，减按 2%的征收率征收增值税。这里指的是小规模纳税人适用 3%的征收率计算出不含税销售额后再减按 2%的征收率征收。其销售额和应纳税额的计算公式如下：

销售额＝含税销售额÷(1＋3%)

应纳增值税＝销售额×2%

(2) 增值税小规模纳税人（除其他个人外）销售自己使用过的除固定资产以外的物品。增值税小规模纳税人（除其他个人外）销售自己使用过的除固定资产以外的物品，应按 3%的征收率征收增值税。其销售额和应纳税额的计算公式如下：

销售额＝含税销售额÷(1＋3%)

应纳增值税＝销售额×3%

【特别提示】 其他个人销售自己使用过的固定资产或者除固定资产以外的物品，属于上文中的个人（其他个人）销售自己使用过的物品，免征增值税。

2. 小规模纳税人销售服务、无形资产或者不动产按照简易计税方法适用征收率的特殊规定

（1）小规模纳税人跨县（市）提供建筑服务。小规模纳税人跨县（市）提供建筑服务，应以取得的全部价款和价外费用扣除支付的分包款后的余额为销售额，按照3%的征收率计算应纳税额。其应纳税额的计算公式如下：

应纳增值税＝含税销售额÷(1＋3%)×3%

（2）小规模纳税人转让不动产。

小规模纳税人转让不动产（除个人转让其购买的住房外），按照5%的征收率计算应纳税额。

1）非房地产企业小规模纳税人转让其取得的不动产，除个人转让其购买的住房外，按照以下规定缴纳增值税：

①小规模纳税人转让其取得（不含自建）的不动产，以取得的全部价款和价外费用扣除不动产购置原价或者取得不动产时的作价后的余额为销售额，按照5%的征收率计算应纳税额。

②小规模纳税人转让其自建的不动产，以取得的全部价款和价外费用为销售额，按照5%的征收率计算应纳税额。

除其他个人之外的小规模纳税人，应按照上述规定的计税方法向不动产所在地主管税务机关预缴税款，向机构所在地主管税务机关申报纳税；其他个人按照以上规定的计税方法向不动产所在地主管税务机关申报纳税。

2）房地产开发企业中的小规模纳税人采取预收款方式销售自行开发的房地产项目，应在收到预收款时按照3%的预征率预缴增值税。小规模纳税人销售自行开发的房地产项目，应按照《营业税改征增值税试点实施办法》第四十五条规定的纳税义务发生时间，以当期销售额和5%的征收率计算当期应纳税额，抵减已预缴税款后，向主管税务机关申报纳税。未抵减完的预缴税款可以结转下期继续抵减。

（3）个人销售其购买的住房。

在北京市、上海市、广州市和深圳市之外的地区，个人将购买不足2年的住房对外销售的，按照5%的征收率全额缴纳增值税；个人将购买2年以上（含2年）的住房对外销售的，免征增值税。

自2024年12月1日起，北京市、上海市、广州市和深圳市，凡取消普通住宅和非普通住宅标准的，取消普通住宅和非普通住宅标准后，与全国其他地区适用统一的个人销售住房增值税政策，对该城市个人将购买2年以上（含2年）的住房对外销售的，免征增值税。

(4)小规模纳税人出租不动产。小规模纳税人出租不动产，按照以下规定缴纳增值税：

1)单位和个体工商户出租不动产(不含个体工商户出租住房)，按照5%的征收率计算应纳税额。个体工商户出租住房，按照5%的征收率减按1.5%计算应纳税额。

不动产所在地与机构所在地不在同一县(市、区)的，纳税人应按照上述计税方法向不动产所在地主管税务机关预缴税款，向机构所在地主管税务机关申报纳税。

不动产所在地与机构所在地在同一县(市、区)的，纳税人应向机构所在地主管税务机关申报纳税。

【特别提示】自2021年10月1日起，住房租赁企业中的增值税小规模纳税人向个人出租住房，按照5%的征收率减按1.5%计算缴纳增值税。住房租赁企业中的增值税小规模纳税人向个人出租住房适用简易计税方法并进行预缴的，减按1.5%预征率预缴增值税。住房租赁企业中的增值税小规模纳税人，对利用非居住存量土地和非居住存量房屋(含商业办公用房、工业厂房改造后出租用于居住的房屋)建设的保障性租赁住房，取得保障性租赁住房项目认定书后，向个人出租上述保障性租赁住房的，比照适用上述增值税政策。其中，住房租赁企业，是指按规定向住房城乡建设部门进行开业报告或者备案的从事住房租赁经营业务的企业。

2)其他个人出租不动产(不含住房)，按照5%的征收率计算应纳税额，向不动产所在地主管税务机关申报纳税。其他个人出租住房，按照5%的征收率减按1.5%计算应纳税额，向不动产所在地主管税务机关申报纳税。

【归纳总结】见表2-3。

表2-3 小规模纳税人的征收率运用归纳一览表

小规模纳税人的销售标的		适用的征收率
自己使用过的	固定资产(动产)	3%减按2%
	物品	3%
自己未使用过的	固定资产(动产)	3%
	旧货	3%减按2%
取得或自建的	不动产	5%
出租	不动产	5%
	住房租赁企业向个人出租住房	5%减按1.5%
	个人出租住房	5%减按1.5%
其他营改增应税行为		3%

注：不考虑“自2020年3月1日至2022年3月31日的小规模纳税人增值税征收率减免政策”“自2020年5月1日至2027年12月31日从事二手车经销的纳税人销售其收购的二手车的增值税减免政策”“自2022年4月1日至2022年12月31日小规模纳税人增值税免税政策”“自2023年1月1日至2027年12月31日的小规模纳税人增值税减免政策”。没有特别说明，全书同。

【工作实例2－14】 甲企业为增值税一般纳税人，本年1月销售自己使用过的包装物一批，取得含税收入2 260元；销售自己使用过的小汽车一辆，取得含税收入30 900元，已知该小汽车于2013年6月购进。假设甲企业本年1月无其他业务，可抵扣的进项税额为0。

【工作要求】 计算甲企业本年1月的应纳增值税。

【工作实施】 一般纳税人销售自己使用过的固定资产以外的物品，按照适用税率征收增值税；一般纳税人销售自己使用过的不得抵扣且未抵扣进项税额的固定资产，按照简易计税方法依照3%征收率减按2%征收增值税；2013年8月1日以前购进的小汽车，不得抵扣进项税额。

$$\begin{aligned}\text{应纳增值税}&=[2\,260\div(1+13\%)\times13\%-0]+30\,900\div(1+3\%)\times2\%\\&=860(\text{元})\end{aligned}$$

【工作实例2－15】 甲公司为增值税小规模纳税人，选择按月申报缴纳增值税。本年1月甲公司向增值税一般纳税人乙公司提供资讯信息服务，取得含增值税销售额20.2万元；向增值税小规模纳税人丙公司提供注册信息服务，取得含增值税销售额1.01万元；购进办公用品，支付价款2.06万元，并取得增值税普通发票。甲公司本年1月减按1%征收率征收增值税。

【工作要求】 计算甲公司本年1月上述业务的应纳增值税。

【工作实施】

$$\text{销售额}=(20.2+1.01)\div(1+1\%)=21(\text{万元})$$

$$\text{应纳增值税}=21\times1\%=0.21(\text{万元})$$

三、增值税差额征收应纳税额的计算

（一）营改增试点一般纳税人一般计税方法下差额征收应纳税额的计算

营改增试点一般纳税人一般计税方法下差额征收应纳税额的计算公式为：

$$\text{计税销售额}=\left(\begin{matrix}\text{取得的全部含税}\\\text{价款和价外费用}\end{matrix}-\begin{matrix}\text{支付给其他单位}\\\text{或个人的含税价款}\end{matrix}\right)\div(1+\text{税率或征收率})$$

$$\text{应纳增值税}=\text{计税销售额}\times\text{税率或征收率}$$

营改增试点一般纳税人一般计税方法下允许差额征收的具体情况如下：

（1）金融商品转让，按照卖出价扣除买入价后的余额为销售额。转让金融商品出现的正负差，按盈亏相抵后的余额为销售额。若相抵后出现负差，可结转下一纳税期与下期转让金融商品销售额相抵，但年末时仍出现负差的，不得转入下一会计年度。金融商品的买入价，可以选择按照加权平均法或者移动加权平均法进行核算，选择后 36 个月内不得变更。

【特别提示】金融商品转让，不得开具增值税专用发票。

【点拨指导】纳税人无偿转让股票时，转出方以该股票的买入价为卖出价，按照“金融商品转让”计算缴纳增值税；在转入方将上述股票再转让时，以原转出方的卖出价为买入价，按照“金融商品转让”计算缴纳增值税。

（2）经纪代理服务，以取得的全部价款和价外费用，扣除向委托方收取并代为支付的政府性基金或者行政事业性收费后的余额为销售额。向委托方收取的政府性基金或者行政事业性收费，不得开具增值税专用发票。

（3）融资租赁和融资性售后回租业务。

1）经中国人民银行、银保监会（现为国家金融监督管理总局）或者商务部批准从事融资租赁业务的营改增试点纳税人，提供融资租赁服务，以取得的全部价款和价外费用，扣除支付的借款利息（包括外汇借款和人民币借款利息）、发行债券利息和车辆购置税后的余额为销售额。

2）经中国人民银行、银保监会（现为国家金融监督管理总局）或者商务部批准从事融资租赁业务的营改增试点纳税人，提供融资性售后回租服务，以取得的全部价款和价外费用（不含本金），扣除对外支付的借款利息（包括外汇借款和人民币借款利息）、发行债券利息后的余额为销售额。

3）营改增试点纳税人根据 2016 年 4 月 30 日前签订的有形动产融资性售后回租合同，在合同到期前提供的有形动产融资性售后回租服务，可继续按照有形动产融资租赁服务缴纳增值税。其销售额的计算可以选择以下方法之一：

①以向承租方收取的全部价款和价外费用，扣除向承租方收取的价款本金，以及对外支付的借款利息（包括外汇借款和人民币借款利息）、发行债券利息后的余额为销售额。纳税人提供有形动产融资性售后回租服务，计算当期销售额时可以扣除的价款本金，为书面合同约定的当期应当收取的本金。无书面合同或者书面合同没有约定的，为当期实际收取的本金。营改增试点纳税人提供有形动产融资性售后回租服务，向承租方收取的有形动产价款本金，不得开具增值税专用发票，可以开具增值税普通发票。

②以向承租方收取的全部价款和价外费用，扣除支付的借款利息（包括外汇借款和人民币借款利息）、发行债券利息后的余额为销售额。

4）经商务部授权的省级商务主管部门和国家经济技术开发区批准的从事融资租赁业务的营改增试点纳税人，2016 年 5 月 1 日后实收资本达到 1.7 亿元的，从达到标准的当月起按照上述第 1）、2）、3）项规定执行；2016 年 5 月 1 日后实收资本未达到 1.7 亿元但注册资本达到 1.7 亿元的，在 2016 年 7 月 31 日前仍可按照上述第 1）、2）、3）项规定执行，2016 年 8 月 1 日后开展的融资租赁业务和融资性售后回租业务不得按照上述第1）、2）、3）项规定执行。

（4）航空运输企业的销售额，不包括代收的机场建设费和代售其他航空运输企业客票而代收转付的价款。

（5）营改增试点纳税人中的一般纳税人提供客运场站服务，以其取得的全部价款和价外费用，扣除支付给承运方运费后的余额为销售额。

（6）营改增试点纳税人提供旅游服务，可以选择以取得的全部价款和价外费用，扣除向旅游服务购买方收取并支付给其他单位或者个人的住宿费、餐饮费、交通费、签证费、门票费和支付给其他接团旅游企业的旅游费用后的余额为销售额。

选择上述办法计算销售额的营改增试点纳税人，向旅游服务购买方收取并支付的上述费用，不得开具增值税专用发票，可以开具增值税普通发票。

纳税人提供旅游服务，将火车票、飞机票等交通费发票原件交付给旅游服务购买方而无法收回的，以交通费发票复印件作为差额扣除凭证。

（7）营改增试点纳税人提供建筑服务适用简易计税方法的，以取得的全部价款和价外费用扣除支付的分包款后的余额为销售额。

（8）房地产开发企业中的一般纳税人销售其开发的房地产项目（选择简易计税方法的房地产老项目除外），以取得的全部价款和价外费用，扣除受让土地时向政府部门支付的土地价款后的余额为销售额。

房地产老项目是指《建筑工程施工许可证》注明的合同开工日期在2016年4月30日前的房地产项目。

（9）纳税人转让不动产缴纳增值税差额扣除的有关规定。

1）纳税人转让不动产，按照有关规定差额缴纳增值税的，如因丢失等原因无法提供取得不动产时的发票，可向税务机关提供其他能证明契税计税金额的完税凭证等资料，进行差额扣除。

2）纳税人以契税计税金额进行差额扣除的，按照下列公式计算增值税应纳税额：

①2016年4月30日及以前缴纳契税的：

$$增值税应纳税额=\left[\begin{matrix}全部交易价格\\（含增值税）\end{matrix}-\begin{matrix}契税计税金额\\（含营业税）\end{matrix}\right]\div(1+5\%)\times5\%$$

②2016年5月1日及以后缴纳契税的：

$$增值税应纳税额=\left[\begin{matrix}全部交易价格\\（含增值税）\end{matrix}\div(1+5\%)-\begin{matrix}契税计税金额\\（不含增值税）\end{matrix}\right]\times5\%$$

3）纳税人同时保留取得不动产时的发票和其他能证明契税计税金额的完税凭证等资料的，应当凭发票进行差额扣除。

【特别提示】除了上述第（1）项外纳税人从全部价款和价外费用中扣除价款，应当取得符合法律、行政法规和国家税务总局规定的有效凭证，否则不得扣除。有效凭证包括：发票、境外签收单据、完税凭证、财政票据及其他。有效凭证是指：支付给境内单位或者个人的款项，以发票为合法有效凭证；支付给境外单位或者个人的款项，以该单位或者个人的签收单据为合法有效凭证，税务机关对签收单据有疑义的，可以要求其提供境外公证机构的确认证明；缴纳的税款，以完税凭证为合法有效凭证；扣除的政府性基金、行政事业性收费或者向政府支付的土地价款，以省级以上（含省级）财政部门监（印）制的财政票据为合法有效凭证。

（二）营改增试点小规模纳税人和一般纳税人简易计税方法下差额征收应纳税额的计算方法

营改增试点小规模纳税人和一般纳税人简易计税方法下差额征收应纳税额的计算公式为：

$$\text{计税销售额}=\left(\begin{matrix}\text{取得的全部含税}\\ \text{价款和价外费用}\end{matrix}-\begin{matrix}\text{支付给其他单位}\\ \text{或个人的含税价款}\end{matrix}\right)\div(1+\text{征收率})$$

$$\text{应纳增值税}=\text{计税销售额}\times\text{征收率}$$

营改增试点小规模纳税人和一般纳税人简易计税方法下允许差额征收的具体情况与营改增试点一般纳税人一般计税方法下允许差额征收的具体情况相同。

【归纳总结】纳税人（总包方）跨县（市、区）提供建筑服务的增值税税务处理见表2-4。

【归纳总结】一般纳税人转让不动产（不包括个体工商户中的一般纳税人转让其购买的住房）的增值税税务处理见表2-5。

【归纳总结】小规模纳税人转让不动产（不包括个人中的小规模纳税人转让其购买的住房）的增值税税务处理见表2-6。

【归纳总结】个人转让其购买的住房的增值税税务处理见表2-7。

【归纳总结】一般纳税人出租不动产（不包括个体工商户中的一般纳税人出租住房）的增值税税务处理见表2-8。

【归纳总结】小规模纳税人出租不动产（不包括个人中的小规模纳税人出租住房）的增值税税务处理见表2-9。

【归纳总结】个人出租住房的增值税税务处理见表2-10。

【归纳总结】房地产开发企业销售自行开发的房地产项目的增值税税务处理见表2-11。

表 2-4　纳税人（总包方）跨县（市、区）提供建筑服务的增值税税务处理

<table>
<tr><th>纳税人资格类型</th><th colspan="2">项目类型</th><th>计税方法</th><th>预缴税款</th><th>预征率</th><th>预缴税款地点</th><th>纳税申报</th><th>征收率或税率</th><th>纳税申报地点</th></tr>
<tr><td rowspan="3">一般纳税人</td><td colspan="2">新项目（指2016年5月1日后开工，下同）</td><td>一般计税</td><td rowspan="2">差额预缴税款：
预缴增值税＝差额÷(1＋9%)×2%＝(全部价款和价外费用－支付的分包款)÷(1＋9%)×2%</td><td rowspan="2">2%</td><td rowspan="2">建筑服务发生地主管税务机关</td><td rowspan="2">全额缴税，抵减预缴税款：
应纳增值税＝全部价款和价外费用÷(1＋9%)×9%－进项税额－预缴增值税＝全部价款和价外费用÷(1＋9%)×9%－进项税额－(全部价款和价外费用－支付的分包款)÷(1＋9%)×2%</td><td rowspan="2">9%税率</td><td rowspan="3">机构所在地主管税务机关</td></tr>
<tr><td colspan="2">老项目（指2016年4月30日前开工，下同）</td><td>选择适用一般计税</td></tr>
<tr><td colspan="2">老项目</td><td>选择适用简易计税</td><td>差额预缴税款：
预缴增值税＝差额÷(1＋3%)×3%＝(全部价款和价外费用－支付的分包款)÷(1＋3%)×3%</td><td>3%</td><td>建筑服务发生地主管税务机关</td><td>差额缴税，抵减预缴税款：
应纳增值税＝差额÷(1＋3%)×3%－预缴增值税＝(全部价款和价外费用－支付的分包款)÷(1＋3%)×3%－(全部价款和价外费用－支付的分包款)÷(1＋3%)×3%＝0</td><td>3%征收率</td></tr>
<tr><td rowspan="2">小规模纳税人</td><td>单位和个体工商户</td><td>新项目或老项目</td><td>简易计税</td><td>差额预缴税款：
预缴增值税＝差额÷(1＋3%)×3%＝(全部价款和价外费用－支付的分包款)÷(1＋3%)×3%</td><td>3%</td><td>建筑服务发生地主管税务机关</td><td>差额缴税，抵减预缴税款：
应纳增值税＝差额÷(1＋3%)×3%－预缴增值税＝(全部价款和价外费用－支付的分包款)÷(1＋3%)×3%－(全部价款和价外费用－支付的分包款)÷(1＋3%)×3%＝0</td><td>3%征收率</td><td>机构所在地主管税务机关</td></tr>
<tr><td>其他个人</td><td>新项目或老项目</td><td>简易计税</td><td colspan="3">—</td><td>差额缴税：
应纳增值税＝差额÷(1＋3%)×3%＝(全部价款和价外费用－支付的分包款)÷(1＋3%)×3%</td><td>3%征收率</td><td>建筑服务发生地主管税务机关</td></tr>
</table>

表2-5 一般纳税人转让不动产（不包括个体工商户中的一般纳税人转让其购买的住房）的增值税税务处理

项目类别	建设类别	计税方法	预缴税款	预征率	预缴税款地点	纳税申报	征收率或税率	纳税申报地点
一般纳税人转让老项目（指2016年4月30日前取得，下同）	非自建（不包括个体工商户中的一般纳税人转让其购买的住房）	选择适用简易计税	差额预缴税款：预缴增值税＝转让差额÷(1＋5%)×5%	5%	不动产所在地主管税务机关	差额缴税，抵减预缴税款：应纳增值税＝转让差额÷(1＋5%)×5%－预缴增值税＝转让差额÷(1＋5%)×5%－转让差额÷(1＋5%)×5%＝0	5%征收率	机构所在地主管税务机关
		选择适用一般计税				全额缴税，抵减预缴税款：应纳增值税＝出售全价÷(1＋9%)×9%－进项税额－预缴增值税＝出售全价÷(1＋9%)×9%－进项税额－转让差额÷(1＋5%)×5%	9%税率	
	自建	选择适用简易计税	全额预缴税款：预缴增值税＝出售全价÷(1＋5%)×5%			全额缴税，抵减预缴税款：应纳增值税＝出售全价÷(1＋5%)×5%－预缴增值税＝出售全价÷(1＋5%)×5%－出售全价÷(1＋5%)×5%＝0	5%征收率	
		选择适用一般计税				全额缴税，抵减预缴税款：应纳增值税＝出售全价÷(1＋9%)×9%－进项税额－预缴增值税＝出售全价÷(1＋9%)×9%－进项税额－出售全价÷(1＋5%)×5%	9%税率	
一般纳税人转让新项目（指2016年5月1日后取得，下同）	非自建（不包括个体工商户中的一般纳税人转让其购买的住房）	一般计税	差额预缴税款：预缴增值税＝转让差额÷(1＋5%)×5%	5%	不动产所在地主管税务机关	全额缴税，抵减预缴税款：应纳增值税＝出售全价÷(1＋9%)×9%－进项税额－预缴增值税＝出售全价÷(1＋9%)×9%－进项税额－转让差额÷(1＋5%)×5%	9%税率	机构所在地主管税务机关
	自建		全额预缴税款：预缴增值税＝出售全价÷(1＋5%)×5%			全额缴税，抵减预缴税款：应纳增值税＝出售全价÷(1＋9%)×9%－进项税额－预缴增值税＝出售全价÷(1＋9%)×9%－进项税额－出售全价÷(1＋5%)×5%		

表 2-6　小规模纳税人转让不动产（不包括个人中的小规模纳税人转让其购买的住房）的增值税税务处理

纳税人类别	建设类别	预缴税款	预征率	预缴税款地点	纳税申报	征收率或税率	纳税申报地点
单位中的小规模纳税人、个体工商户中的小规模纳税人转让不动产	非自建（不包括个体工商户中的小规模纳税人转让其购买的住房）	差额预缴税款： 预缴增值税＝转让差额÷(1+5%)×5%	5%	不动产所在地主管税务机关	差额缴税，抵减预缴税款： 应纳增值税＝转让差额÷(1＋5%)×5%－预缴增值税＝转让差额÷(1＋5%)×5%－转让差额÷(1＋5%)×5%＝0	5%征收率	机构所在地主管税务机关
	自建	全额预缴税款： 预缴增值税＝出售全价÷(1+5%)×5%			全额缴税，抵减预缴税款： 应纳增值税＝出售全价÷(1＋5%)×5%－预缴增值税＝出售全价÷(1＋5%)×5%－出售全价÷(1＋5%)×5%＝0		
其他个人转让不动产	非自建（不包括其他个人转让其购买的住房）	—			差额缴税： 应纳增值税＝转让差额÷(1+5%)×5%	5%征收率	不动产所在地主管税务机关
	自建	—			全额缴税： 应纳增值税＝出售全价÷(1+5%)×5%		

表2-7 个人转让其购买的住房的增值税税务处理

纳税人类别	住房类别			预缴税款	预征率	预缴税款地点	纳税申报	征收率或税率	纳税申报地点
个体工商户（可以是一般纳税人，也可以是小规模纳税人）	购买不足2年			全额预缴税款： 预缴增值税＝出售全价÷(1＋5%)×5%	5%	住房所在地主管税务机关	全额缴税，抵减预缴税款： 应纳增值税＝出售全价÷(1＋5%)×5%－预缴增值税＝出售全价÷(1＋5%)×5%－出售全价÷(1＋5%)×5%＝0	5%征收率	机构所在地主管税务机关
	购买2年以上	北上广深	非普通住房	差额预缴税款： 预缴增值税＝转让差额÷(1＋5%)×5%			差额缴税，抵减预缴税款： 应纳增值税＝转让差额÷(1＋5%)×5%－预缴增值税＝转让差额÷(1＋5%)×5%－转让差额÷(1＋5%)×5%＝0		
			普通住房	免税（预缴额为0）			免税		
		其他地区							
其他个人（一定是小规模纳税人）	购买不足2年			—			全额缴税： 应纳增值税＝出售全价÷(1＋5%)×5%	5%征收率	住房所在地主管税务机关
	购买2年以上	北上广深	非普通住房	—			差额缴税： 应纳增值税＝转让差额÷(1＋5%)×5%		
			普通住房	—			免税		
		其他地区							

表 2-8　一般纳税人出租不动产（不包括个体工商户中的一般纳税人出租住房）的增值税税务处理

出租不动产类别	计税方法	出租不动产所在地	预缴税款	预征率	预缴税款地点	纳税申报	征收率或税率	纳税申报地点
单位中的一般纳税人出租2016年4月30日前取得的不动产、个体工商户中的一般纳税人出租2016年4月30日前取得的非住房不动产	选择适用简易计税	不动产所在地与机构所在地不在同一县（市）	全额预缴税款： 预缴增值税＝含税销售额÷(1+5%)×5%	5%	不动产所在地主管税务机关	全额缴税，抵减预缴税款： 应纳增值税＝含税销售额÷(1+5%)×5%－预缴增值税＝含税销售额÷(1+5%)×5%－含税销售额÷(1+5%)×5%＝0	5% 征收率	机构所在地主管税务机关
		不动产所在地与机构所在地在同一县（市）	—			全额缴税： 应纳增值税＝含税销售额÷(1+5%)×5%		
	选择适用一般计税	不动产所在地与机构所在地不在同一县（市）	全额预缴税款： 预缴增值税＝含税销售额÷(1+9%)×3%	3%	不动产所在地主管税务机关	全额缴税，抵减预缴税款： 应纳增值税＝含税销售额÷(1+9%)×9%－进项税额－预缴税款＝含税销售额÷(1+9%)×9%－进项税额－含税销售额÷(1+9%)×3%	9% 税率	
		不动产所在地与机构所在地在同一县（市）	—			全额缴税： 应纳增值税＝含税销售额÷(1+9%)×9%－进项税额		
单位中的一般纳税人出租2016年5月1日后取得的不动产、个体工商户中的一般纳税人出租2016年5月1日后取得的非住房不动产	一般计税	不动产所在地与机构所在地不在同一县（市）	全额预缴税款： 预缴增值税＝含税销售额÷(1+9%)×3%	3%	不动产所在地主管税务机关	全额缴税，抵减预缴税款： 应纳增值税＝含税销售额÷(1+9%)×9%－进项税额－预缴税款＝含税销售额÷(1+9%)×9%－进项税额－含税销售额÷(1+9%)×3%	9% 税率	机构所在地主管税务机关
		不动产所在地与机构所在地在同一县（市）	—			全额缴税： 应纳增值税＝含税销售额÷(1+9%)×9%－进项税额		

表2-9 小规模纳税人出租不动产（不包括个人中的小规模纳税人出租住房）的增值税税务处理

出租不动产类别	出租不动产所在地	预缴税款	预征率	预缴税款地点	纳税申报	征收率或税率	纳税申报地点
单位中的小规模纳税人出租不动产、个体工商户中的小规模纳税人出租非住房不动产	不动产所在地与机构所在地不在同一县（市）	全额预缴税款： 预缴增值税=含税销售额÷(1+5%)×5%	5%	不动产所在地主管税务机关	全额缴税，抵减预缴税款： 应纳增值税=含税销售额÷(1+5%)×5%－预缴增值税=含税销售额÷(1+5%)×5%－含税销售额÷(1+5%)×5%=0	5%征收率	机构所在地主管税务机关
	不动产所在地与机构所在地在同一县（市）	—			全额缴税： 应纳增值税=含税销售额÷(1+5%)×5%		
其他个人出租非住房不动产	无论不动产所在地与机构所在地是否在同一县（市）	—			全额缴税： 应纳增值税=含税销售额÷(1+5%)×5%	5%征收率	不动产所在地主管税务机关

表2-10　个人出租住房的增值税税务处理

出租不动产类别	出租不动产所在地	预缴税款	预征率	预缴税款地点	纳税申报	征收率或税率	纳税申报地点
个体工商户中的一般纳税人出租住房	不动产所在地与机构所在地不在同一县（市）	全额预缴税款：预缴增值税＝含税销售额÷(1＋5%)×1.5%	5%减按1.5%	不动产所在地主管税务机关	全额缴税，抵减预缴税款：应纳增值税＝含税销售额÷(1＋5%)×1.5%－预缴增值税＝含税销售额÷(1＋5%)×1.5%－含税销售额÷(1＋5%)×1.5%＝0	5%征收率减按1.5%	机构所在地主管税务机关
	不动产所在地与机构所在地在同一县（市）	—			全额缴税：应纳增值税＝含税销售额÷(1+5%)×1.5%		
个体工商户中的小规模纳税人出租住房	不动产所在地与机构所在地不在同一县（市）	全额预缴税款：预缴增值税＝含税销售额÷(1＋5%)×1.5%	5%减按1.5%	不动产所在地主管税务机关	全额缴税，抵减预缴税款：应纳增值税＝含税销售额÷(1＋5%)×1.5%－预缴增值税＝含税销售额÷(1＋5%)×1.5%－含税销售额÷(1＋5%)×1.5%＝0	5%征收率减按1.5%	机构所在地主管税务机关
	不动产所在地与机构所在地在同一县（市）	—			全额缴税：应纳增值税＝含税销售额÷(1+5%)×1.5%		
其他个人（一定是小规模纳税人）出租住房	无论不动产所在地与机构所在地是否在同一县（市）	—			全额缴税：应纳增值税＝含税销售额÷(1+5%)×1.5%	5%征收率减按1.5%	机构所在地主管税务机关

表2-11　房地产开发企业销售自行开发的房地产项目的增值税税务处理

纳税人类别	预售房产类型	计税方法	预缴税款（若预售，则预缴；反之，不预缴）	预征率	预缴税款地点	纳税申报	征收率或税率	纳税申报地点
一般纳税人	自行开发老项目	选择适用简易计税	全额预缴税款： 预缴增值税＝预收款÷(1＋5%)×3%	3%	主管税务机关	全额缴税，抵减预缴税款： 应纳增值税＝全部价款和价外费用÷(1＋5%)×5%－预缴增值税＝全部价款和价外费用÷(1＋5%)×5%－预收款÷(1＋5%)×3%	5%征收率	主管税务机关
		选择适用一般计税	全额预缴税款： 预缴增值税＝预收款÷(1＋9%)×3%	3%		差额缴税，抵减预缴税款： 应纳增值税＝(全部价款和价外费用－当期允许扣除的支付给政府部门的土地价款)÷(1＋9%)×9%－进项税额－预缴增值税＝(全部价款和价外费用－当期允许扣除的支付给政府部门的土地价款)÷(1＋9%)×9%－进项税额－预收款÷(1＋9%)×3%	9%税率	
	自行开发新项目	一般计税						
小规模纳税人	自行开发老项目或者新项目	简易计税	全额预缴税款： 预缴增值税＝预收款÷(1＋5%)×3%	3%		全额缴税，抵减预缴税款： 应纳增值税＝含税销售额÷(1＋5%)×5%－预缴增值税＝全部价款和价外费用÷(1＋5%)×5%－预收款÷(1＋5%)×3%	5%征收率	主管税务机关

四、进口货物应纳税额的计算

不管是增值税一般纳税人还是增值税小规模纳税人进口货物，都按照组成计税价格和税法规定的税率（如13%，9%）计算应纳税额。

【点拨指导】一方面，进口货物增值税的计税依据是组成计税价格而非其他金额；另一方面，增值税小规模纳税人进口货物时使用税率计税，而不使用征收率。

进口货物计算增值税应纳税额的计算公式如下：

应纳增值税＝组成计税价格×增值税税率

式中，组成计税价格的计算公式如下：

（1）若进口货物不属于消费税应税消费品：

组成计税价格＝关税完税价格＋关税

（2）若进口货物属于消费税应税消费品：

1）实行从价定率办法计算纳税的组成计税价格的计算公式为：

组成计税价格＝关税完税价格＋关税＋消费税
＝(关税完税价格＋关税)÷(1－消费税比例税率)

2）实行从量定额办法计算纳税的组成计税价格的计算公式为：

组成计税价格＝关税完税价格＋关税＋消费税
＝关税完税价格＋关税＋海关核定的应税消费品进口征税数量×消费税定额税率

3）实行复合计税办法计算纳税的组成计税价格的计算公式为：

组成计税价格＝关税完税价格＋关税＋消费税
＝(关税完税价格＋关税＋海关核定的应税消费品进口征税数量×消费税定额税率)÷(1－消费税比例税率)

纳税人在计算进口货物的增值税时应注意以下问题：

（1）进口货物增值税的组成计税价格中包括已纳进口关税税额。如果进口货物属于消费税应税消费品，其组成计税价格中还要包括进口环节已纳消费税税额。

（2）根据《中华人民共和国海关法》（简称《海关法》）的规定，进出口货物的完税价格，由海关以该货物的成交价格为基础审查确定。成交价格不能确定时，完税价格由海关依法估定。进口货物的完税价格包括货物的货价、货物运抵中华人民共和国境内输入地点起卸前的运输及其相关费用、保险费。根据《中华人民共和国关税法》（简称

《关税法》，自2024年12月1日起实施）的规定，进口货物的计税价格（关税完税价格）以成交价格以及该货物运抵中华人民共和国境内输入地点起卸前的运输及其相关费用、保险费为基础确定。

【特别提示】根据《增值税法》的规定，进口货物，按照本法规定的组成计税价格乘以适用税率计算缴纳增值税。组成计税价格，为关税计税价格加上关税和消费税；国务院另有规定的，从其规定。

【工作实例2-16】 甲企业为增值税一般纳税人，本年1月进口一批高档化妆品，关税完税价格为170万元。高档化妆品适用的关税税率为150%，消费税税率为15%。

【工作要求】计算甲企业上述进口高档化妆品业务的应纳增值税。

【工作实施】

进口高档化妆品应纳增值税＝(关税完税价格＋关税)÷(1－消费税比例税率)×增值税税率

＝(170＋170×150%)÷(1－15%)×13%＝65(万元)

【工作引例解析一】

(1) 业务(1)：将购进的货物用于集体福利，不属于增值税视同销售货物行为，相应的货物进项税额不得从销项税额中抵扣。

业务(2)：从增值税小规模纳税人处购进原材料，由于取得的是普通发票，因此购进原材料的进项税额不得从销项税额中抵扣，但是支付的运费取得了增值税专用发票，进项税额准予从销项税额中抵扣，则

准予抵扣的进项税额＝16 000×9%＝1 440(元)

业务(5)：

应转出的进项税额＝5 600×13%＝728(元)

当月准予抵扣的进项税额＝1 440－728＝712(元)

(2) 业务(3)：销售汽车装饰物品、提供汽车修理劳务、出租汽车，均属于增值税征收范围。

当月的销项税额＝(20 000＋12 000＋6 200)×13%＝4 966(元)

(3) 业务(4)：

应纳增值税＝20 600÷(1＋3%)×2%＝400(元)

当月应纳增值税合计＝4 966－712＋400＝4 654(元)

【工作引例解析二】

业务(2)：

进项税额＝2.6(万元)

业务（3）：

进项税额＝1.3(万元)

业务（4）：

销项税额＝16.9(万元)

业务（5）：

进项税额转出额＝3.9(万元)

业务（6）：

销项税额＝9(万元)

进项税额＝54.5÷(1＋9％)×9％＝4.5(万元)

业务（7）：

销项税额＝9(万元)

进项税额＝3.6＋30.3÷(1＋1％)×1％＝3.9(万元)

业务（8）：

进项税额＝3.9(万元)

销项税额合计＝16.9＋9＋9＝34.9(万元)

进项税额合计＝2.6＋1.3＋4.5＋3.9＋3.9＝16.2(万元)

进项税额转出额合计＝3.9(万元)

应纳增值税＝34.9－(16.2－3.9)＝22.6(万元)

其中

本月销售货物应纳增值税＝16.9－(2.6＋1.3＋3.9－3.9)

＝13(万元)

本月提供服务应纳增值税＝(9＋9)－(4.5＋3.9)＝9.6(万元)

本月应纳增值税合计＝13＋9.6＝22.6(万元)

第2节即测即评

第3节　增值税出口和跨境业务退（免）税和征税的计算

情境引例

我公司是一家外贸企业，不慎丢失增值税专用发票抵扣联，请问还能办理出口退税吗？

出口和跨境业务是“出口货物、劳务和跨境应税行为”的简称。一国对出口货物、劳务和跨境应税行为（根据我国税法，跨境应税行为主要包括“出口服务或者无形资产”）实行退（免）税政策是国际贸易中通常采用且被世界各国普遍接受的，是为了鼓励各国出口和跨境业务公平竞争的一种退还或免征间接税（目前我国主要包括增值税、消费税）的税收措施，即对出口货物、劳务和跨境应税行为已承担或应承担的增值税和消费税等间接税实行退还或者免征。

一、出口货物、劳务和跨境应税行为的增值税税收政策

目前，我国的出口货物、劳务和跨境应税行为的增值税税收政策分为以下三种形式：

（1）出口免税并退税。《财政部 国家税务总局关于出口货物劳务增值税和消费税政策的通知》（财税〔2012〕39 号，以下简称《通知》）中所述的“适用增值税退（免）税政策”的属于适用“出口免税并退税”政策的范围；出口服务或者无形资产（统称跨境应税行为）适用零税率增值税的项目（本章第 1 节中“四、增值税税率和征收率的判定”下的“（三）零税率”下的“2. 服务或者无形资产适用的零税率”）也属于适用“出口免税并退税”政策的范围。出口免税是指对货物、劳务、服务或者无形资产在出口销售环节免征增值税税额（指的是销项税额或者应纳增值税），这是把货物、劳务、服务或者无形资产的出口销售环节与出口前的销售环节视为一个增值税征税环节（由于国家鼓励出口而给予出口销售环节免征增值税的优惠）。出口退税是指对货物、劳务、服务或者无形资产在出口前的购买环节（指的是为生产出口货物、劳务、服务或者无形资产而购买原材料等环节）实际承担（负担）的增值税税额（主要指的是进项税额），按规定的退税率计算后予以退还。

（2）出口免税不退税。《通知》中所述的“适用增值税免税政策”的属于适用“出口免税不退税”政策的范围；出口服务或者无形资产（统称跨境应税行为）免征增值税的项目（本章第 1 节中“五、增值税优惠政策的运用”下的“（二）营改增优惠政策的运用”下的“6. 营改增境外服务或者无形资产免税政策”）也属于适用“出口免税不退税”政策的范围；“境内的单位和个人提供适用增值税零税率的服务或者无形资产，如果属于适用简易计税方法的，实行免征增值税办法”也属于适用“出口免税不退税”政策的范围。出口免税与上述第（1）项含义相同。出口不退税是指适用这个政策的出口货物、劳务、服务或者无形资产因在出口前的购买环节（指的是为生产出口货物、劳务、服务或者无形资产而购买原材料等环节）是免征增值税的，因此，出口时该货物、劳务、服务或者无形资产的价格中本身就不含增值税，也不需要退还增值税税额；或者是适用这个政策的出口货物、劳务、服务或者无形资产因在出口前的购买环节（指的是为生产出口货物、劳务、服务或者无形资产而购买原材料等环节）实际承担（负担）的

进项税额不得抵扣[①]，应当计入成本，因此也不需要退还增值税税额（主要指的是进项税额）。

（3）出口不免税也不退税。《通知》中所述的“适用增值税征税政策”的属于适用“出口不免税也不退税”政策的范围。出口不免税是指对国家限制或禁止出口的某些货物、劳务、服务或者无形资产的出口销售环节视同内销环节，照常征收增值税（指的是销项税额或者应纳增值税税额）。出口不退税是指对这些货物、劳务、服务或者无形资产出口不退还出口前的购买环节（指的是为生产出口货物、劳务、服务或者无形资产而购买原材料等环节）实际承担（负担）的增值税税额（主要指的是进项税额）。

【特别提示】只有“出口免税并退税”政策才涉及增值税的出口退税，“出口免税不退税”政策、“出口不免税也不退税”政策不涉及增值税的出口退税。

二、适用增值税退（免）税政策的范围

对下列出口货物、劳务和跨境应税行为，除适用增值税免税政策和增值税征税政策外，实行增值税退（免）税政策（又称免征并退还增值税政策，即上述出口免税并退税政策）。

1. 出口企业出口货物

出口企业，是指依法办理工商登记、税务登记、对外贸易经营者备案登记，自营或委托出口货物的单位或个体工商户，以及依法办理工商登记、税务登记但未办理对外贸易经营者备案登记，委托出口货物的生产企业。

【特别提示】生产企业，是指具有生产能力（包括加工修理修配能力）的单位或个体工商户。

出口货物，是指企业向海关报关后实行离境并销售给境外单位和个人的货物，分为自营出口货物和委托出口货物两类。

【特别提示】对于企业出口给外商的新造集装箱，交付到境内指定堆场，并取得出口货物报关单（出口退税专用），同时符合其他出口退（免）税规定的，准予按照现行规定办理出口退（免）税。

2. 出口企业或其他单位视同出口货物

（1）出口企业对外援助、对外承包、境外投资的出口货物。

（2）出口企业经海关报关进入国家批准的出口加工区、保税物流园区、保税港区、综合保税区、珠澳跨境工业区（珠海园区）、中哈霍尔果斯国际边境合作中心（中方配套区域）、保税物流中心（B型）（以上统称特殊区域）并销售给特殊区域内单位或境外单位、个人的货物。

---

① 例如，一般纳税人用于免征增值税项目（出口免税就属于这种情形）的购进货物、劳务、服务、无形资产和不动产，其进项税额不得从销项税额中抵扣；增值税小规模纳税人出口的货物、劳务、服务或者无形资产在出口前的购买环节的进项税额也不得抵扣，而应当计入成本。

（3）免税品经营企业销售的货物（国家规定不允许经营和限制出口的货物、卷烟和超出免税品经营企业《企业法人营业执照》规定经营范围的货物除外）。

（4）出口企业或其他单位销售给用于国际金融组织或外国政府贷款国际招标建设项目的中标机电产品（简称中标机电产品）。

【特别提示】上述中标机电产品，包括外国企业中标再分包给出口企业或其他单位的机电产品。

（5）生产企业销售的自产的海洋工程结构物，或者融资租赁企业及其设立的项目子公司、金融租赁公司及其设立的项目子公司购买并以融资租赁方式出租的国内生产企业生产的海洋工程结构物，但购买方或者承租方需为按实物征收增值税的中外合作油（气）田开采企业。

【点拨指导】自 2017 年 1 月 1 日起，生产企业销售的自产的海洋工程结构物，或者融资租赁企业及其设立的项目子公司、金融租赁公司及其设立的项目子公司购买并以融资租赁方式出租的国内生产企业生产的海洋工程结构物，应按规定缴纳增值税，不再适用增值税出口退税政策，但购买方或者承租方为按实物征收增值税的中外合作油（气）田开采企业的除外。

（6）出口企业或其他单位销售给国际运输企业用于国际运输工具上的货物。

【点拨指导】上述规定暂仅适用于外轮供应公司，远洋运输供应公司销售给外轮、远洋货轮的货物，国内航空供应公司生产销售给国内和国外航空公司国际航班的航空食品。

（7）出口企业或其他单位销售给特殊区域内生产企业生产耗用且不向海关报关而输入特殊区域的水（包括蒸汽）、电力、燃气（以下称输入特殊区域的水电气）。

3. 生产企业出口视同自产货物

生产企业出口视同自产货物，免征增值税税额（指的是销项税额），相应的进项税额抵减应纳增值税税额（不包括适用增值税即征即退、先征后退政策的应纳增值税税额），未抵减完的部分予以退还。视同自产货物的具体范围包括：

（1）持续经营以来从未发生骗取出口退税、虚开增值税专用发票或农产品收购发票、接受虚开增值税专用发票（善意取得虚开增值税专用发票除外）行为且同时符合下列条件的生产企业出口的外购货物，可视同自产货物适用增值税退（免）税政策：

1）已取得增值税一般纳税人资格。

2）已持续经营 2 年及 2 年以上。

3）纳税信用等级 A 级。

4）上一年度销售额 5 亿元以上。

5）外购出口的货物与本企业自产货物同类型或具有相关性。

（2）持续经营以来从未发生骗取出口退税、虚开增值税专用发票或农产品收购发票、接受虚开增值税专用发票（善意取得虚开增值税专用发票除外）行为但不能同时符合上述第（1）条规定的条件的生产企业，出口的外购货物符合下列条件之一的，可视同自产货物申报适用增值税退（免）税政策：

1）同时符合下列条件的外购货物：

①与本企业生产的货物名称、性能相同。

②使用本企业注册商标或境外单位或个人提供给本企业使用的商标。

③出口给进口本企业自产货物的境外单位或个人。

2）与本企业所生产的货物属于配套出口，且出口给进口本企业自产货物的境外单位或个人的外购货物，符合下列条件之一的：

①用于维修本企业出口的自产货物的工具、零部件、配件。

②不经过本企业加工或组装，出口后能直接与本企业自产货物组合成成套设备的货物。

3）经集团公司总部所在地的地级以上税务局认定的集团公司，其控股（按照《中华人民共和国公司法》第二百一十六条规定的口径执行）的生产企业之间收购的自产货物以及集团公司与其控股的生产企业之间收购的自产货物。

4）同时符合下列条件的委托加工货物：

①与本企业生产的货物名称、性能相同，或者是用本企业生产的货物再委托深加工的货物。

②出口给进口本企业自产货物的境外单位或个人。

③委托方与受托方必须签订委托加工协议，且主要原材料必须由委托方提供，受托方不垫付资金，只收取加工费，开具加工费（含代垫的辅助材料）的增值税专用发票。

5）用于本企业中标项目下的机电产品。

6）用于对外承包工程项目下的货物。

7）用于境外投资的货物。

8）用于对外援助的货物。

9）生产自产货物的外购设备和原材料（农产品除外）。

4. 出口企业对外提供加工修理修配劳务

对外提供加工修理修配劳务，是指对进境复出口货物或从事国际运输的运输工具进行的加工修理修配。

5. 融资租赁货物出口退税

对融资租赁企业、金融租赁公司及其设立的项目子公司（以下统称融资租赁出租方），以融资租赁方式租赁给境外承租人且租赁期限在5年（含）以上，并向海关报关后实际离境的货物，试行增值税、消费税出口退税政策。

融资租赁出口货物的范围，包括飞机、飞机发动机、铁道机车、铁道客车车厢、船舶及其他货物，具体应符合《增值税暂行条例实施细则》第二十一条“固定资产”的相关规定。

【特别提示】上述融资租赁企业，仅包括金融租赁公司、经商务部批准设立的外商投资融资租赁公司、经商务部和国家税务总局共同批准开展融资业务试点的内资融资租赁企业、经商务部授权的省级商务主管部门和国家经济技术开发区批准的融资租赁公司。

【特别提示】上述金融租赁公司，仅包括经中国银行保险监督管理委员会（现为国家金融监督管理总局）批准设立的金融租赁公司。

6. 增值税一般纳税人提供零税率服务或者无形资产

（1）自2014年1月1日起，增值税一般纳税人提供适用零税率的应税服务，实行增值税退（免）税办法。

（2）自2016年5月1日起，跨境应税行为（出口服务或者无形资产）适用增值税零税率。跨境应税行为，是指中国境内的单位和个人销售规定的服务或者无形资产，规定的服务或者无形资产范围参见《财政部 国家税务总局关于全面推开营业税改征增值税试点的通知》（财税〔2016〕36号）附件4《跨境应税行为适用增值税零税率和免税政策的规定》（即为本章第1节中“四、增值税税率和征收率的判定”下的“（三）零税率”下的“2. 服务或者无形资产适用的零税率”）。

三、出口货物、劳务和跨境应税行为退（免）增值税的基本方法

适用增值税退（免）税政策的出口货物、劳务和跨境应税行为，按照下列规定实行增值税免抵退税办法或免退税办法（免退税办法又称先征后退办法）。

（1）免抵退税办法。

对于出口货物、劳务而言，适用增值税一般计税方法的生产企业出口自产货物和视同自产货物、对外提供加工修理修配劳务，以及《财政部 国家税务总局关于出口货物劳务增值税和消费税政策的通知》（财税〔2012〕39号）附件5中列名生产企业出口非自产货物，实行免抵退税办法。即上述企业在货物、劳务的出口销售环节免征增值税税额（指的是销项税额），相应的进项税额抵减应纳增值税税额（不包括适用增值税即征即退、先征后退政策的应纳增值税税额），未抵减完的部分予以退还。

对于跨境应税行为而言，境内的单位和个人提供适用增值税零税率的服务或者无形资产，适用增值税一般计税方法的生产企业实行免抵退税办法，适用增值税一般计税方法的外贸企业直接将服务或自行研发的无形资产出口，视同生产企业连同其出口货物统一实行免抵退税办法。即上述企业在服务或者无形资产的出口销售环节免征增值税税额（指的是销项税额），相应的进项税额抵减应纳增值税税额（不包括适用增值税即征即退、先征后退政策的应纳增值税税额），未抵减完的部分予以退还。

【点拨指导】免抵退税办法的整体思路为：出口销售环节免征增值税税额（指的是销项税额），相应的进项税额（以前购买环节承担的进项税额）先用来抵减应纳增值税税额（不包括适用增值税即征即退、先征后退政策的应纳增值税税额），未抵减完的部分予以退还。

（2）免退税办法。

对于出口货物、劳务而言，不具有生产能力的出口企业（又称外贸企业）或其他单位出口货物或者劳务，实行免退税办法。即不具有生产能力的出口企业（又称外贸企

业）或其他单位将外购的货物、劳务出口，在出口销售环节免征增值税税额（指的是销项税税额），相应的外购货物、劳务的进项税额按规定予以退还。

对于跨境应税行为而言，境内的单位和个人提供适用增值税零税率的服务或者无形资产，适用增值税一般计税方法的外贸企业外购服务或者无形资产出口实行免退税办法。即外贸企业将外购的服务或者无形资产出口，在出口销售环节免征增值税税额（指的是销项税额），相应的外购服务或者无形资产的进项税额按规定予以退还。

【点拨指导】免退税办法的整体思路为：出口销售环节免征增值税税额（指的是销项税额），相应的进项税额（以前购买环节承担的进项税额）按规定予以退还。

【特别提示】出口服务或者无形资产退（免）税有以下几项特殊规定：

（1）境内的单位和个人提供适用增值税零税率的服务或者无形资产，属于适用简易计税方法的，实行免征增值税办法（实际上适用“出口免税不退税”政策）。

（2）按照国家有关规定应取得相关资质的国际运输服务项目，纳税人取得相关资质的，适用增值税零税率政策；未取得的，适用增值税免税政策。

（3）境内的单位或个人提供程租服务，如果租赁的交通工具用于国际运输服务和港澳台运输服务，由出租方按规定申请适用增值税零税率。

（4）境内的单位和个人向境内单位或个人提供期租、湿租服务，如果承租方利用租赁的交通工具向其他单位或个人提供国际运输服务和港澳台运输服务，由承租方适用增值税零税率。境内的单位或个人向境外单位或个人提供期租、湿租服务，由出租方适用增值税零税率。

【点拨指导】出口服务或者无形资产（统称跨境应税行为）适用零税率增值税的项目（本章第1节中“四、增值税税率和征收率的判定”下的“（三）零税率”下的“2. 服务或者无形资产适用的零税率”）属于适用“出口免税并退税”政策的范围。

出口服务或者无形资产（统称跨境应税行为）免征增值税的项目（本章第1节中“五、增值税优惠政策的运用”下的“（二）营改增优惠政策的运用”下的“6. 营改增境外服务或者无形资产免税政策”）属于适用“出口免税不退税”政策的范围。

【特别提示】纳税人发生应税行为同时适用免税和零税率规定的，可以选择适用免税或者零税率。

【特别提示】境内的单位和个人销售适用增值税零税率的服务或者无形资产的，可以放弃适用增值税零税率，选择免税或按规定缴纳增值税。放弃适用增值税零税率后，36个月内不得再申请适用增值税零税率。

【特别提示】实行增值税退（免）税办法的增值税零税率服务或者无形资产不得开具增值税专用发票。

四、出口货物、劳务和跨境应税行为退（免）增值税计税依据的确定

出口货物、劳务增值税退（免）税的计税依据，按照出口货物、劳务的出口发票

（外销发票）、其他普通发票或购进出口货物、劳务的增值税专用发票、海关进口增值税专用缴款书确定；跨境应税行为增值税退（免）税的计税依据，按照《国家税务总局关于发布〈适用增值税零税率应税服务退（免）税管理办法〉的公告》（国家税务总局公告2014年第11号）等文件执行。具体规定如下：

1. 出口货物、劳务的增值税退（免）税的计税依据

（1）生产企业出口货物或者劳务（进料加工复出口货物除外）增值税退（免）税的计税依据，为出口货物或者劳务的实际离岸价（FOB）。实际离岸价应以出口发票上的离岸价为准，但如果出口发票不能反映实际离岸价，主管税务机关有权予以核定。

（2）生产企业进料加工复出口货物增值税退（免）税的计税依据，按出口货物的离岸价（FOB）扣除出口货物所含的海关保税进口料件的金额后确定。

【特别提示】海关保税进口料件，是指海关以进料加工贸易方式监管的出口企业从境外和特殊区域等进口的料件。包括出口企业从境外单位或个人购买并从海关保税仓库提取且办理海关进料加工手续的料件，以及保税区外的出口企业从保税区内的企业购进并办理海关进料加工手续的进口料件。

（3）生产企业国内购进无进项税额且不计提进项税额的免税原材料加工后出口的货物的计税依据，按出口货物的离岸价（FOB）扣除出口货物所含的国内购进免税原材料的金额后确定。

（4）外贸企业出口货物（委托加工修理修配货物除外）增值税退（免）税的计税依据，为购进出口货物的增值税专用发票注明的金额或海关进口增值税专用缴款书注明的完税价格。

（5）外贸企业出口委托加工修理修配货物增值税退（免）税的计税依据，为加工修理修配费用增值税专用发票注明的金额。外贸企业应将加工修理修配使用的原材料（进料加工海关保税进口料件除外）作价销售给受托加工修理修配的生产企业，受托加工修理修配的生产企业应将原材料成本并入加工修理修配费用开具发票。

（6）出口进项税额未计算抵扣的已使用过的设备增值税退（免）税的计税依据，按下列公式确定：

$$\text{退(免)税计税依据}=\text{增值税专用发票上的金额或海关进口增值税专用缴款书注明的完税价格}\times\text{已使用过的设备固定资产净值}\div\text{已使用过的设备原值}$$

$$\text{已使用过的设备固定资产净值}=\text{已使用过的设备原值}-\text{已使用过的设备已计提累计折旧}$$

已使用过的设备是指出口企业根据财务会计制度已经计提折旧的固定资产。

（7）免税品经营企业销售的货物增值税退（免）税的计税依据，为购进货物的增值税专用发票注明的金额或海关进口增值税专用缴款书注明的完税价格。

（8）中标机电产品增值税退（免）税的计税依据，生产企业为销售机电产品的普通发票注明的金额，外贸企业为购进货物的增值税专用发票注明的金额或海关进口增值税专用缴款书注明的完税价格。

（9）生产企业向海上石油天然气开采企业销售的自产的海洋工程结构物增值税退（免）税的计税依据，为销售海洋工程结构物的增值税普通发票注明的金额。

（10）输入特殊区域的水电气增值税退（免）税的计税依据，为作为购买方的特殊区域内生产企业购进水（包括蒸汽）、电力、燃气的增值税专用发票注明的金额。

2. 跨境应税行为退（免）增值税计税依据

（1）实行免抵退税办法的零税率服务或者无形资产免抵退税计税依据。

1）以铁路运输方式载运旅客的，为按照铁路合作组织清算规则清算后的实际运输收入。

2）以铁路运输方式载运货物的，为按照铁路运输进款清算办法，对“发站”或“到站（局）”名称包含“境”字的货票上注明的运输费用以及直接相关的国际联运杂费清算后的实际运输收入。

3）以航空运输方式载运货物或旅客的，如果国际运输或港澳台运输各航段由多个承运人承运，为中国航空结算有限责任公司清算后的实际收入；如果国际运输或港澳台运输各航段由一个承运人承运，为提供航空运输服务取得的收入。

4）其他实行免抵退税办法的增值税零税率服务或者无形资产，为提供增值税零税率服务或者无形资产取得的收入。

（2）实行免退税办法的零税率服务或者无形资产免退税计税依据。

1）从境内单位或者个人购进出口零税率服务或者无形资产的，为取得提供方开具的增值税专用发票上注明的金额。

2）从境外单位或者个人购进出口零税率服务或者无形资产的，为取得的解缴税款的完税凭证上注明的金额。

【特别提示】实行退（免）税办法的服务和无形资产，如果主管税务机关认定出口价格偏高的，有权按照核定的出口价格计算退（免）税，核定的出口价格低于外贸企业购进价格的，低于部分对应的进项税额不予退税，转入成本。

五、出口货物、劳务和跨境应税行为增值税退税率的判定

（1）退税率的一般规定。除财政部和国家税务总局根据国务院决定而明确的增值税出口退税率（以下称退税率）外，出口货物、劳务、服务或者无形资产的退税率为其适用税率。目前我国增值税出口退税率分为五档，即13%、10%、9%、6%和零税率。

（2）退税率的特殊规定。

1）外贸企业购进按简易计税方法征税的出口货物、从小规模纳税人购进出口货物，其退税率分别为简易计税方法实际执行的征收率、小规模纳税人征收率。上述出口货物

取得增值税专用发票的，退税率按照增值税专用发票上的税率和出口货物退税率孰低的原则确定。

2）出口企业委托加工修理修配货物，其加工修理修配费用的退税率为出口货物的退税率。

3）中标机电产品、出口企业向海关报关进入特殊区域销售给特殊区域内生产企业生产耗用的列名原材料、输入特殊区域的水电气，其退税率为适用税率。如果国家调整列名原材料的退税率，列名原材料应当自调整之日起按调整后的退税率执行。

【特别提示】适用不同退税率的货物、劳务和跨境应税行为，应分开报关、核算并申报退（免）税，未分开报关、核算或划分不清的，从低适用退税率。

六、增值税退（免）税的计算

以下仅以“出口货物或者劳务”来说明增值税免抵退税和免退税的计算。

（一）出口货物或者劳务增值税免抵退税的计算

对于出口货物、劳务而言，适用增值税一般计税方法的生产企业出口自产货物和视同自产货物、对外提供加工修理修配劳务，以及《财政部 国家税务总局关于出口货物劳务增值税和消费税政策的通知》（财税〔2012〕39号）附件5中列名生产企业出口非自产货物，实行免抵退税办法。

以生产企业出口自产货物为例，对于“免抵退”，具体来说，免是指对生产企业出口的自产货物，免征本企业生产销售环节的增值税税额（指的是免征出口销售环节的增值税销项税额）；抵是指生产企业出口自产货物所耗用的原材料、零部件、燃料、动力等所含应予退还的进项税额，先抵减内销货物的应纳税额（即应纳增值税税额，指的是内销货物销项税额－内销货物进项税额－上期留抵税额）；退是指生产企业出口的自产货物，在当月内应抵减的进项税额大于内销货物的应纳税额时，对未抵减完的进项税额部分按规定予以退还。

免抵退税办法的计算步骤如下：

（1）当期应纳税额的计算。

$$当期应纳税额=当期销项税额-(当期进项税额-当期不得免征和抵扣税额)$$

$$\begin{aligned}\begin{matrix}当期不得免征\\和抵扣税额\end{matrix}&=\begin{matrix}当期出口货物\\离岸价\end{matrix}\times\begin{matrix}外汇人民币\\折合率\end{matrix}\\&\quad\times\left(\begin{matrix}出口货物\\适用税率\end{matrix}-\begin{matrix}出口货物\\退税率\end{matrix}\right)-\begin{matrix}当期不得免征\\和抵扣税额抵减额\end{matrix}\end{aligned}$$

$$\begin{matrix}当期不得免征\\和抵扣税额抵减额\end{matrix}=\begin{matrix}当期免税购进\\原材料价格\end{matrix}\times\left(\begin{matrix}出口货物\\适用税率\end{matrix}-\begin{matrix}出口货物\\退税率\end{matrix}\right)$$

（2）当期免抵退税额的计算。

$$\text{当期免抵退税额}=\text{当期出口货物离岸价}\times\text{外汇人民币折合率}\times\text{出口货物退税率}-\text{当期免抵退税额抵减额}$$

当期免抵退税额抵减额＝当期免税购进原材料价格×出口货物退税率

（3）当期应退税额和免抵税额的计算。

1）当期期末留抵税额≤当期免抵退税额，则

当期应退税额＝当期期末留抵税额

当期免抵税额＝当期免抵退税额－当期应退税额

2）当期期末留抵税额＞当期免抵退税额，则

当期应退税额＝当期免抵退税额

当期免抵税额＝当期免抵退税额－当期应退税额＝0

【特别提示】当期期末留抵税额（实为当期期末退税前的留抵税额）为当期《增值税及附加税费申报表（一般纳税人适用）》中的“期末留抵税额”。

（4）当期免税购进原材料价格包括当期国内购进的无进项税额且不计提进项税额的免税原材料的价格和当期进料加工保税进口料件的价格，其中当期进料加工保税进口料件的价格为组成计税价格。

$$\text{当期进料加工保税进口料件的组成计税价格}=\text{当期进口料件到岸价}+\text{海关实征关税}+\text{海关实征消费税}$$

1）采用“实耗法”的，当期进料加工保税进口料件的组成计税价格为当期进料加工出口货物耗用的进口料件组成计税价格。其计算公式为：

$$\text{当期进料加工保税进口料件的组成计税价格}=\text{当期进料加工出口货物离岸价}\times\text{外汇人民币折合率}\times\text{计划分配率}$$

计划分配率＝计划进口总值÷计划出口总值×100%

实行纸质手册和电子化手册的生产企业，应根据海关签发的加工贸易手册或加工贸易电子化纸质单证所列的计划进出口总值计算计划分配率。

实行电子账册的生产企业，计划分配率按前一期已核销的实际分配率确定；新启用电子账册的，计划分配率按前一期已核销的纸质手册或电子化手册的实际分配率确定。

2）采用“购进法”的，当期进料加工保税进口料件的组成计税价格为当期实际购进的进料加工进口料件的组成计税价格。

若当期实际不得免征和抵扣税额抵减额大于当期出口货物离岸价×外汇人民币折合率×（出口货物适用税率－出口货物退税率）的，则

当期不得免征和抵扣税额抵减额＝当期出口货物离岸价×外汇人民币折合率×(出口货物适用税率－出口货物退税率)

【点拨指导】免抵退税办法的计算步骤解读（主要解读上面的步骤（1）至（3））：

第一步：免。

免征生产销售环节的增值税（即免征出口销售环节的增值税销项税）。

第二步：剔。

当期免抵退税不得免征和抵扣税额（属于进项税转出额）＝当期出口货物离岸价格×外汇人民币牌价×(出口货物征税率－出口货物退税率)－当期免抵退税不得免征和抵扣税额抵减额

当期免抵退税不得免征和抵扣税额抵减额＝当期免税购进原材料价格×(出口货物征税率－退税率)

第三步：抵。

当期应纳税额＝当期内销货物的销项税额－(当期全部进项税额－当期免抵退税不得免征和抵扣的税额)－上期留抵税额

若当期应纳税额≥0，则不涉及退税，但涉及免抵税；若当期应纳税额＜0，则其绝对值便为当期期末退税前的留抵税额。

第四步：退。

首先计算免抵退税总额：

当期免抵退税额＝当期出口货物离岸价×外汇人民币牌价×出口货物退税率－当期免抵退税额抵减额

当期免抵退税额抵减额＝当期免税购进原材料价格×出口货物退税率

其次运用孰低原则确定出口退税额，并确定退税之外的免抵税额：

（1）若当期应纳税额＜0，且当期期末退税前的留抵税额≤当期免抵退税额：

当期应退税额＝当期期末退税前的留抵税额

当期免抵税额＝当期免抵退税额－当期应退税额

当期期末退税后的留抵税额（结转下期继续留抵税额）＝当期期末退税前的留抵税额－当期应退税额＝0

（2）若当期应纳税额＜0，且当期期末退税前的留抵税额＞当期免抵退税额：

当期应退税额＝当期免抵退税额

当期免抵税额＝0

当期期末退税后的留抵税额（结转下期继续留抵税额）＝当期期末退税前的留抵税额－当期应退税额

（3）若当期应纳税额≥0：

当期期末退税前的留抵税额＝0

当期应退税额＝0

当期免抵税额＝当期免抵退税额

当期期末退税后的留抵税额（结转下期继续留抵税额）＝当期期末退税前的留抵税额－当期应退税额＝0

当期期末退税前的留抵税额为当期《增值税及附加税费申报表（一般纳税人适用）》中的“期末留抵税额”。

【工作实例2-17】 甲企业是一家生产企业，为增值税一般纳税人，具有进出口经营权。本年1月甲企业发生以下业务：进口货物，关税完税价格为500万元，关税税率为10%，海关代征了进口环节增值税。进料加工免税进口料件一批，海关暂免征税，予以放行，组成计税价格为100万元，从国内市场购进材料支付的价款为1 400万元（不含增值税），取得的增值税专用发票上注明的增值税税额为182万元。甲企业取得的增值税专用发票本年1月符合抵扣规定。外销（出口）进料加工货物的离岸价为1 000万元。内销货物的销售额为1 200万元（不含税）。该企业适用免抵退税办法，上期留抵税额为60万元。上述货物内销时均适用13%的增值税税率，上述货物出口时适用的增值税出口退税率为9%。

【工作要求】 计算回答下列问题：

（1）计算甲企业当期免抵退税不得免征和抵扣税额。

（2）计算甲企业当期应纳税额。

（3）计算甲企业当期免抵退税额。

（4）计算甲企业当期应退税额、当期免抵税额及当期期末留抵税额。

【工作实施】

（1）当期免抵退税不得免征和抵扣税额抵减额＝100×(13%－9%)＝4(万元)

当期免抵退税不得免征和抵扣税额＝1 000×(13%－9%)－4＝36(万元)

（2）当期应纳税额＝1 200×13%－[182＋500×(1＋10%)×13%－36]－60

＝－121.5(万元)

当期期末退税前的留抵税额＝121.5(万元)

（3）当期免抵退税额抵减额＝100×9%＝9(万元)

当期免抵退税额＝1 000×9%－9＝81(万元)

（4）当期期末退税前的留抵税额121.5万元＞当期免抵退税额81万元，则

当期应退税额＝当期免抵退税额＝81(万元)

当期免抵税额＝当期免抵退税额－当期应退税额＝81－81＝0

当期期末退税后的留抵税额(结转下期继续留抵税额)＝121.5－81＝40.5(万元)

（二）出口货物或者劳务增值税免退税的计算

对于出口货物、劳务而言，不具有生产能力的出口企业（又称外贸企业）或其他单位出口货物或者劳务，实行免退税办法。

以出口货物为例，免退是指不具有生产能力的出口企业（又称外贸企业）或其他单位将外购的货物出口，在出口销售环节免征增值税税额（指的是销项税额），相应的外购货物的进项税额（以前购买环节承担的进项税额）按规定予以退还。

（1）外贸企业出口委托加工修理修配货物以外的货物。

$$\text{当期应退税额}=\text{购进出口货物的增值税专用发票或海关进口增值税专用缴款书注明的金额}\times\text{出口货物退税率}$$

（2）外贸企业出口委托加工修理修配货物。

$$\text{当期应退税额}=\text{加工修理修配费用增值税专用发票注明的金额}\times\text{出口货物退税率}$$

退税率低于适用税率的，相应计算出的差额部分的税款为不予退税金额，需作进项税额转出处理，计入出口货物劳务成本。

$$\text{当期不予退税金额（进项税额转出额）}=\text{购进出口货物的增值税专用发票或海关进口增值税专用缴款书注明的金额或加工修理修配费用增值税专用发票注明的金额}\times(\text{出口货物征税率}-\text{出口货物退税率})$$

【情境引例解析】

根据《国家税务总局关于发布〈出口货物劳务增值税和消费税管理办法〉的公告》（国家税务总局公告 2012 年第 24 号）的规定，出口企业和其他单位丢失增值税专用发票抵扣联的，在增值税专用发票认证相符后，可凭增值税专用发票的发票联复印件向主管出口退税的税务机关申报退（免）税。

【工作实例 2-18】 乙公司为增值税一般纳税人，具有进出口经营权，本年 1 月从某日用化妆品公司购进出口用护发用品 1 000 箱，取得增值税专用发票，注明价款 200 万元、增值税税额 26 万元，货款已用银行存款支付。当月该批产品已全部出口，售价为每箱 500 美元（当日汇率为 1 美元＝6.8 元人民币），申请退税的单证齐全。该护发用品出口时适用的增值税出口退税率为 9%。乙公司取得的增值税专用发票本年 1 月符合抵扣规定。

【工作要求】

（1）计算乙公司当期应退增值税。

（2）计算乙公司当期增值税进项税额转出额。

【工作实施】

（1）当期应退增值税＝200×9%＝18(万元)

第 3 节即测即评

（2）当期增值税进项税额转出额＝26－18＝8(万元)

第4节　增值税的征收管理

情境引例

我公司本年1月销售一批货物，因为业务需要，当月尚未收到货款就已开具发票。请问我公司当月需要针对该项业务申报缴纳增值税吗？

一、增值税的征收管理要求

（一）增值税的纳税义务发生时间

增值税由税务机关征收，进口货物的增值税由海关代征。个人携带或者邮寄进境自用物品的增值税，连同关税一并计征。具体办法由国务院关税税则委员会会同有关部门制定。

【特别提示】根据《增值税法》的规定，增值税由税务机关征收，进口货物的增值税由海关代征。海关应当将代征增值税和货物出口报关的信息提供给税务机关。个人携带或者寄递进境物品增值税的计征办法由国务院制定，报全国人民代表大会常务委员会备案。

1. 增值税纳税义务发生时间的基本规定

（1）纳税人销售货物、劳务、服务、无形资产或者不动产，其增值税纳税义务发生时间为收讫销售款项或者取得索取销售款项凭据的当天；先开具发票的，为开具发票的当天。

（2）纳税人进口货物，其增值税纳税义务发生时间为报关进口的当天。

（3）增值税扣缴义务发生时间为纳税人增值税纳税义务发生的当天。

2. 增值税纳税义务发生时间的具体规定

（1）纳税人采取直接收款方式销售货物的，不论货物是否发出，其增值税纳税义务发生时间均为收到销售款项或取得索取销售款项凭据的当天。纳税人销售应税劳务，其增值税纳税义务发生时间为提供劳务同时收讫销售款项或者取得索取销售款项凭据的当天。

【点拨指导】纳税人生产经营活动中采取直接收款方式销售货物，已将货物移送对方并暂估销售收入入账，但既未取得销售款项或取得索取销售款项凭据也未开具销售发票的，其增值税纳税义务发生时间为取得销售款项或取得索取销售款项凭据的当天；先开具发票的，为开具发票的当天。

（2）纳税人发生销售服务、无形资产或者不动产行为的，其增值税纳税义务发生时间为收讫销售款项或者取得索取销售款项凭据的当天；先开具发票的，为开具发票的当天。

【点拨指导】取得索取销售款项凭据的当天是指书面合同确定的付款日期；未签订书面合同或者书面合同未确定付款日期的，为服务、无形资产转让完成的当天或者不动产权属变更的当天。

（3）纳税人采取托收承付和委托银行收款方式销售货物的，其增值税纳税义务发生时间为发出货物并办妥托收手续的当天。

（4）纳税人采取赊销和分期收款方式销售货物的，其增值税纳税义务发生时间为书面合同约定的收款日期的当天；无书面合同的或者书面合同没有约定收款日期的，为货物发出的当天。

（5）纳税人采取预收货款方式销售货物的，其增值税纳税义务发生时间为货物发出的当天，但生产销售生产工期超过12个月的大型机械设备、船舶、飞机等货物，为收到预收款或者书面合同约定的收款日期的当天。

（6）纳税人提供租赁服务采取预收款方式的，其增值税纳税义务发生时间为收到预收款的当天。

（7）纳税人提供建筑服务取得预收款，应在收到预收款时，以取得的预收款扣除支付的分包款后的余额，按照规定的预征率预缴增值税。按照现行规定应在建筑服务发生地预缴增值税的项目，纳税人收到预收款时在建筑服务发生地预缴增值税。按照现行规定无须在建筑服务发生地预缴增值税的项目，纳税人收到预收款时在机构所在地预缴增值税。适用一般计税方法计税的项目预征率为2%，适用简易计税方法计税的项目预征率为3%。

（8）纳税人委托其他纳税人代销货物的，其增值税纳税义务发生时间为收到代销单位的代销清单或者收到全部或部分货款的当天；未收到代销清单及货款的，为发出代销货物满180天的当天。

（9）纳税人从事金融商品转让的，其增值税纳税义务发生时间为金融商品所有权转移的当天。

（10）证券公司、保险公司、金融租赁公司、证券基金管理公司、证券投资基金以及其他经中国人民银行、银保监会（现为国家金融监督管理总局）、证监会批准成立且经营金融保险业务的机构发放贷款后，自结息日起90天内发生的应收未收利息按现行规定缴纳增值税；自结息日起90天后发生的应收未收利息暂不缴纳增值税，待实际收到利息时按规定缴纳增值税。

（11）纳税人提供建筑服务，被工程发包方从应支付的工程款中扣押的质押金、保证金，未开具发票的，以纳税人实际收到质押金、保证金的当天为增值税纳税义务发生时间。

（12）纳税人发生视同销售货物行为（不包括代销行为），其增值税纳税义务发生时间为货物移送的当天。纳税人发生视同销售服务、无形资产或者不动产行为的，其增值税纳税义务发生时间为服务、无形资产转让完成的当天或者不动产权属变更的当天。

【情境引例解析】

根据《增值税暂行条例》的规定，发生应税销售行为，增值税纳税义务发生时间，为收讫销售款项或者取得索取销售款项凭据的当天；先开具发票的，为开具发票的当天。因此，你公司未收款而先开具发票时，便应确认为增值税纳税义务发生并申报缴纳增值税。

【特别提示】根据《增值税法》的规定，增值税纳税义务发生时间，按照下列规定确定：

（1）发生应税交易，纳税义务发生时间为收讫销售款项或者取得销售款项索取凭据的当日；先开具发票的，为开具发票的当日。

（2）发生视同应税交易，纳税义务发生时间为完成视同应税交易的当日。

（3）进口货物，纳税义务发生时间为货物报关进口的当日。

（4）增值税扣缴义务发生时间为纳税人增值税纳税义务发生的当日。

（二）增值税的纳税期限

增值税的纳税期限分为1日、3日、5日、10日、15日、1个月或者1个季度。纳税人的具体纳税期限，由主管税务机关根据纳税人应纳税额的大小分别核定。以1个季度为纳税期限的规定适用于小规模纳税人、银行、财务公司、信托投资公司、信用社，以及财政部和国家税务总局规定的其他纳税人。不能按照固定期限纳税的，可以按次纳税。

纳税人以1个月或者1个季度为一个纳税期的，自期满之日起15日内申报纳税；以1日、3日、5日、10日或者15日为一个纳税期的，自期满之日起5日内预缴税款，于次月1日起15日内申报纳税并结清上月应纳税款。

扣缴义务人解缴税款的期限，按照上述规定执行。

【特别提示】根据《增值税法》的规定，增值税的计税期间分别为10日、15日、1个月或者1个季度。纳税人的具体计税期间，由主管税务机关根据纳税人应纳税额的大小分别核定。不经常发生应税交易的纳税人，可以按次纳税。

纳税人以1个月或者1个季度为1个计税期间的，自期满之日起15日内申报纳税；以10日或者15日为1个计税期间的，自次月1日起15日内申报纳税。

扣缴义务人解缴税款的计税期间和申报纳税期限，依照上述规定执行。

纳税人进口货物，应当按照海关规定的期限申报并缴纳税款。

纳税人以10日或者15日为1个计税期间的，应当自期满之日起5日内预缴税款。

法律、行政法规对纳税人预缴税款另有规定的，从其规定。

（三）增值税的纳税地点

1. 原增值税纳税人增值税的纳税地点

（1）固定业户应当向其机构所在地主管税务机关申报纳税。总机构和分支机构不在同一县（市）的，应当分别向各自所在地主管税务机关申报纳税；经国务院财政、税务主管部门或者其授权的财政、税务机关批准，可以由总机构汇总向总机构所在地主管税务机关申报纳税。

固定业户到外县（市）销售货物或者劳务，应当向其机构所在地主管税务机关报告外出经营事项，并向其机构所在地主管税务机关申报纳税；未报告的，应当向销售地或者劳务发生地的主管税务机关申报纳税；未向销售地或劳务发生地的主管税务机关申报纳税的，由其机构所在地主管税务机关补征税款。

（2）非固定业户销售货物或者应税劳务，应当向其销售地或者劳务发生地的主管税务机关申报纳税；未向销售地或者劳务发生地的主管税务机关申报纳税的，由其机构所在地或者居住地主管税务机关补征税款。

（3）进口货物，应当向报关地海关申报纳税。

（4）扣缴义务人应当向其机构所在地或者居住地的主管税务机关申报缴纳其扣缴的税款。

2. 营改增试点纳税人增值税的纳税地点

（1）固定业户应当向其机构所在地或者居住地主管税务机关申报纳税。总机构和分支机构不在同一县（市）的，应当分别向各自所在地的主管税务机关申报纳税；经财政部和国家税务总局或者其授权的财政、税务机关批准，可以由总机构汇总向总机构所在地的主管税务机关申报纳税。

（2）非固定业户应当向应税行为发生地主管税务机关申报纳税；未申报纳税的，由其机构所在地或者居住地主管税务机关补征税款。

（3）原以地市一级机构汇总缴纳营业税的金融机构，营改增后继续以地市一级机构汇总缴纳增值税。

同一省（自治区、直辖市、计划单列市）范围内的金融机构，经省（自治区、直辖市、计划单列市）税务局和财政厅（局）批准，可以由总机构汇总向总机构所在地的主管税务机关申报缴纳增值税。

（4）其他个人提供建筑服务，销售或者租赁不动产，转让自然资源使用权，应向建筑服务发生地、不动产所在地、自然资源所在地主管税务机关申报纳税。

（5）扣缴义务人应当向其机构所在地或者居住地主管税务机关申报缴纳扣缴的税款。

【特别提示】根据《增值税法》的规定，增值税纳税地点，按照下列规定确定：

（1）有固定生产经营场所的纳税人，应当向其机构所在地或者居住地主管税务机关申报纳税。总机构和分支机构不在同一县（市）的，应当分别向各自所在地的主管税务机关申报纳税；经省级以上财政、税务主管部门批准，可以由总机构汇总向总机构所在地的主管税务机关申报纳税。

（2）无固定生产经营场所的纳税人，应当向其应税交易发生地主管税务机关申报纳税；未申报纳税的，由其机构所在地或者居住地主管税务机关补征税款。

（3）自然人销售或者租赁不动产，转让自然资源使用权，提供建筑服务，应当向不动产所在地、自然资源所在地、建筑服务发生地主管税务机关申报纳税。

（4）进口货物的纳税人，应当按照海关规定的地点申报纳税。

（5）扣缴义务人，应当向其机构所在地或者居住地主管税务机关申报缴纳扣缴的税款；机构所在地或者居住地在境外的，应当向应税交易发生地主管税务机关申报缴纳扣缴的税款。

二、增值税的纳税申报

（一）增值税一般纳税人增值税的纳税申报

1. 申报及缴纳程序

一般纳税人办理纳税申报，需要经过发票认证、抄报税、纳税申报、税款缴纳、清卡解锁等程序。

（1）发票认证。增值税一般纳税人本期申报抵扣的增值税专用发票必须先进行认证，纳税人可以持增值税专用发票的抵扣联在办税服务厅认证窗口认证，或进行远程认证（指的是网上增值税专用发票认证）。网上增值税专用发票认证是指增值税一般纳税人月底前使用扫描仪采集专用发票抵扣联票面信息，扫入认证专用软件（增值税发票抵扣联企业信息采集系统），生成电子数据，通过互联网报送税务机关，由税务机关进行解密认证，并将认证结果信息返回纳税人的一种专用发票认证方式。税务机关认证后，向纳税人下达“认证结果通知书”和“认证结果清单”。对于认证不符及密文有误的抵扣联，税务机关暂不予抵扣，并当场扣留作调查处理。未经认证的，不得申报抵扣。专用发票认证一般在月末进行。自 2019 年 3 月 1 日起，将取消增值税发票认证的纳税人范围扩大至全部一般纳税人。一般纳税人取得增值税发票（包括增值税专用发票、机动车销售统一发票、收费公路通行费增值税电子普通发票，下同）后，可以自愿使用增值税发票综合服务平台查询、选择用于申报抵扣、出口退税或者代办退税的增值税发票信息（一般称作发票勾选确认或者勾选认证）。

（2）抄报税。抄税是指开票纳税人将防伪税控系统中当月开具的增值税发票的信息读入纳税人开发票使用的金税卡；报税是指纳税人将金税卡中的开票信息报送给税务机关。纳税人在征期内登入开票软件，通过“报税处理”功能中的“网上抄报”系统自动实现抄报税功能，将企业的开票信息联网上报给税务机关。

（3）纳税申报。本步纳税申报主要是指提交税费申报表等资料，而广义的纳税申报包括上一步抄报税。

纳税申报工作可分为上门申报和网上申报。纳税人在次月1日起15日内，不论有无销售额，均应按主管税务机关核定的纳税期限按期向当地税务机关申报。

上门申报是指纳税人到办税服务厅纳税申报窗口请购，或到税务局网站下载、打印整套《增值税及附加税费申报表（一般纳税人适用）》及其附表，依填报说明进行填写。纳税人携带填写好的《增值税及附加税费申报表（一般纳税人适用）》及其附表和相关资料到办税服务厅纳税申报窗口进行纳税申报。

网上申报是指纳税人通过网络，填写《增值税及附加税费申报表（一般纳税人适用）》及其附表，并向主管税务机关提交上述申报表等资料的一种纳税申报方法。目前，我国绝大多数地区已经实行网上申报。

（4）税款缴纳。对于实行税库银联网的纳税人，税务机关将纳税申报表单据送到纳税人的开户银行，由银行进行自动转账处理；未实行税库银联网的纳税人应当到税务机关指定的银行进行现金缴纳。

（5）清卡解锁。网上申报缴纳税款成功后，纳税人需再次登入开票软件，执行“清卡解锁”操作，本步操作是将开票信息进行整理，纳税人可以转入下期进行开票处理。

【特别提示】如果企业在征期内没有按期进行纳税申报，金税卡将自动锁死，纳税人将无法进行下期的购买发票和开票处理。

2. 纳税申报时需提交的资料

增值税一般纳税人对增值税进行纳税申报时，必须实行电子信息采集。使用防伪税控系统开具增值税专用发票的纳税人必须在抄报税成功后，方可向所在地税务局办税服务厅进行纳税申报。

【点拨指导】自2021年5月1日起，海南、陕西、大连和厦门开展增值税、消费税分别与城市维护建设税、教育费附加、地方教育附加申报表整合试点，启用《增值税及附加税费申报表（一般纳税人适用）》、《增值税及附加税费申报表（小规模纳税人适用）》、《增值税及附加税费预缴表》及其附列资料和《消费税及附加税费申报表》。自2021年8月1日起，上述申报表整合工作在全国推开，增值税、消费税分别与城市维护建设税、教育费附加、地方教育附加申报表整合，启用《增值税及附加税费申报表（一般纳税人适用）》、《增值税及附加税费申报表（小规模纳税人适用）》、《增值税及附加税费预缴表》及其附列资料和《消费税及附加税费申报表》。

增值税一般纳税人对增值税进行纳税申报时，应当填报《增值税及附加税费预缴表附列资料（附加税费情况表）》（略），以及《增值税及附加税费预缴表》（略）；《增值税及附加税费申报表附列资料（一）（本期销售情况明细）》（略），《增值税及附加税费申报表附列资料（二）（本期进项税额明细）》（略），《增值税及附加税费申报表附列资料（三）（服务、不动产和无形资产扣除项目明细）》（略），《增值税及附加税费申报表附列资料（四）（税额抵减情况表）》（略），《增值税及附加税费申报表（一般纳税人适用）附列资料（五）（附加税费情况表）》（见表2-12），《增值税减免税申报明细表》

（略），以及《增值税及附加税费申报表（一般纳税人适用）》（见表2-13）。

表2-12　增值税及附加税费申报表（一般纳税人适用）附列资料（五）

（附加税费情况表）

税（费）款所属时间：　年　月　日至　年　月　日

纳税人名称：（公章）　　　　　　　　　　　　　　　　　　　金额单位：元（列至角分）

<table>
<tr><td colspan="4" rowspan="2">本期是否适用小微企业“六税两费”减免政策</td><td colspan="2" rowspan="2">□是　□否</td><td colspan="3">减免政策适用主体</td><td colspan="5">□个体工商户
□小型微利企业</td></tr>
<tr><td colspan="3">适用减免政策起止时间</td><td colspan="5">年　月至　年　月</td></tr>
<tr><td rowspan="3">税（费）种</td><td colspan="3">计税（费）依据</td><td rowspan="2">税（费）率（%）</td><td rowspan="2">本期应纳税（费）额</td><td colspan="2">本期减免税（费）额</td><td colspan="2">小微企业“六税两费”减免政策</td><td colspan="2">试点建设培育产教融合型企业</td><td rowspan="2">本期已缴税（费）额</td><td rowspan="2">本期应补（退）税（费）额</td></tr>
<tr><td>增值税税额</td><td>增值税免抵税额</td><td>留抵退税本期扣除额</td><td>减免性质代码</td><td>减免税（费）额</td><td>减征比例（%）</td><td>减征额</td><td>减免性质代码</td><td>本期抵免金额</td></tr>
<tr><td>1</td><td>2</td><td>3</td><td>4</td><td>5=(1+2−3)×4</td><td>6</td><td>7</td><td>8</td><td>9=(5−7)×8</td><td>10</td><td>11</td><td>12</td><td>13=5−7−9−11−12</td></tr>
<tr><td>城市维护建设税</td><td>1</td><td></td><td></td><td></td><td></td><td></td><td></td><td></td><td></td><td></td><td>—</td><td>—</td><td></td></tr>
<tr><td>教育费附加</td><td>2</td><td></td><td></td><td></td><td></td><td></td><td></td><td></td><td></td><td></td><td></td><td></td><td></td></tr>
<tr><td>地方教育附加</td><td>3</td><td></td><td></td><td></td><td></td><td></td><td></td><td></td><td></td><td></td><td></td><td></td><td></td></tr>
<tr><td>合计</td><td>4</td><td>—</td><td>—</td><td>—</td><td>—</td><td></td><td></td><td></td><td>—</td><td></td><td>—</td><td></td><td></td></tr>
<tr><td colspan="4" rowspan="3">本期是否适用试点建设培育产教融合型企业抵免政策</td><td rowspan="3">□是
□否</td><td colspan="7">当期新增投资额</td><td>5</td><td></td></tr>
<tr><td colspan="7">上期留抵可抵免金额</td><td>6</td><td></td></tr>
<tr><td colspan="7">结转下期可抵免金额</td><td>7</td><td></td></tr>
<tr><td colspan="5" rowspan="3">可用于扣除的增值税留抵退税额使用情况</td><td colspan="7">当期新增可用于扣除的留抵退税额</td><td>8</td><td></td></tr>
<tr><td colspan="7">上期结存可用于扣除的留抵退税额</td><td>9</td><td></td></tr>
<tr><td colspan="7">结转下期可用于扣除的留抵退税额</td><td>10</td><td></td></tr>
</table>

表 2-13　增值税及附加税费申报表

（一般纳税人适用）

根据国家税收法律法规及增值税相关规定制定本表。纳税人不论有无销售额，均应按税务机关核定的纳税期限填写本表，并向当地税务机关申报。

税款所属时间：自　年　月　日至　年　月　日　　　　填表日期：　年　月　日

金额单位：元（列至角分）

纳税人识别号（统一社会信用代码）：□□□□□□□□□□□□□□□□□□□□ 所属行业：

纳税人名称：		法定代表人姓名		注册地址		生产经营地址	
开户银行及账号		登记注册类型		电话号码			

项目		栏次	一般项目		即征即退项目	
			本月数	本年累计	本月数	本年累计
销售额	（一）按适用税率计税销售额	1				
	其中：应税货物销售额	2				
	应税劳务销售额	3				
	纳税检查调整的销售额	4				
	（二）按简易办法计税销售额	5				
	其中：纳税检查调整的销售额	6				
	（三）免、抵、退办法出口销售额	7			—	—
	（四）免税销售额	8			—	—
	其中：免税货物销售额	9			—	—
	免税劳务销售额	10			—	—
税款计算	销项税额	11				
	进项税额	12				
	上期留抵税额	13				—
	进项税额转出	14				
	免、抵、退应退税额	15			—	—
	按适用税率计算的纳税检查应补缴税额	16			—	—
	应抵扣税额合计	17＝12＋13－14－15＋16		—		—
	实际抵扣税额	18（如 17＜11，则为 17，否则为 11）				
	应纳税额	19＝11－18				
	期末留抵税额	20＝17－18				—
	简易计税办法计算的应纳税额	21				
	按简易计税办法计算的纳税检查应补缴税额	22			—	—
	应纳税额减征额	23				
	应纳税额合计	24＝19＋21－23				
税款缴纳	期初未缴税额（多缴为负数）	25				
	实收出口开具专用缴款书退税额	26			—	—
	本期已缴税额	27＝28＋29＋30＋31				
	①分次预缴税额	28		—		—
	②出口开具专用缴款书预缴税额	29		—	—	—
	③本期缴纳上期应纳税额	30				
	④本期缴纳欠缴税额	31				

续表

税款缴纳	期末未缴税额（多缴为负数）	32＝24＋25＋26－27				
	其中：欠缴税额（≥0）	33＝25＋26－27		—		—
	本期应补（退）税额	34＝24－28－29		—		—
	即征即退实际退税额	35	—	—		
	期初未缴查补税额	36			—	—
	本期入库查补税额	37			—	—
	期末未缴查补税额	38＝16＋22＋36－37			—	—
附加税费	城市维护建设税本期应补（退）税额	39			—	—
	教育费附加本期应补（退）费额	40			—	—
	地方教育附加本期应补（退）费额	41			—	—
声明：此表是根据国家税收法律法规及相关规定填写的，本人（单位）对填报内容（及附带资料）的真实性、可靠性、完整性负责。 纳税人（签章）：　　年　月　日						
经办人： 经办人身份证号： 代理机构签章： 代理机构统一社会信用代码：			受理人： 受理税务机关（章）： 受理日期：　　年　月　日			

（二）增值税小规模纳税人增值税的纳税申报

小规模纳税人对增值税进行纳税申报时，应当填报《增值税及附加税费预缴表附列资料（附加税费情况表）》（略），以及《增值税及附加税费预缴表》（略）；《增值税及附加税费申报表（小规模纳税人适用）附列资料（一）（服务、不动产和无形资产扣除项目明细）》（略）、《增值税及附加税费申报表（小规模纳税人适用）附列资料（二）（附加税费情况表）》（见表2-14）、《增值税减免税申报明细表》（略），以及《增值税及附加税费申报表（小规模纳税人适用）》（见表2-15）。

表2-14　增值税及附加税费申报表（小规模纳税人适用）附列资料（二）

（附加税费情况表）

税（费）款所属时间：　年　月　日至　年　月　日

纳税人名称：（公章）　　　　金额单位：元（列至角分）

税（费）种	计税（费）依据	税（费）率（%）	本期应纳税（费）额	本期减免税（费）额		增值税小规模纳税人“六税两费”减征政策		本期已缴税（费）额	本期应补（退）税（费）额
	增值税税额			减免性质代码	减免税（费）额	减征比例（%）	减征额		
	1	2	3＝1×2	4	5	6	7＝（3－5）×6	8	9＝3－5－7－8
城市维护建设税									
教育费附加									
地方教育附加									
合计	—	—		—		—			

表 2-15 增值税及附加税费申报表

（小规模纳税人适用）

纳税人识别号（统一社会信用代码）：□□□□□□□□□□□□□□□□□□□□

纳税人名称： 金额单位：元（列至角分）

税款所属期： 年 月 日至 年 月 日 填表日期： 年 月 日

	项目	栏次	本期数		本年累计	
			货物及劳务	服务、不动产和无形资产	货物及劳务	服务、不动产和无形资产
一、计税依据	（一）应征增值税不含税销售额（3%征收率）	1				
	增值税专用发票不含税销售额	2				
	其他增值税发票不含税销售额	3				
	（二）应征增值税不含税销售额（5%征收率）	4	—		—	
	增值税专用发票不含税销售额	5	—		—	
	其他增值税发票不含税销售额	6	—		—	
	（三）销售使用过的固定资产不含税销售额	7（7≥8）		—		—
	其中：其他增值税发票不含税销售额	8		—		—
	（四）免税销售额	9=10+11+12				
	其中：小微企业免税销售额	10				
	未达起征点销售额	11				
	其他免税销售额	12				
	（五）出口免税销售额	13（13≥14）				
	其中：其他增值税发票不含税销售额	14				
二、税款计算	本期应纳税额	15				
	本期应纳税额减征额	16				
	本期免税额	17				
	其中：小微企业免税额	18				
	未达起征点免税额	19				
	应纳税额合计	20=15-16				
	本期预缴税额	21			—	—
	本期应补（退）税额	22=20-21			—	—
三、附加税费	城市维护建设税本期应补（退）税额	23				
	教育费附加本期应补（退）费额	24				
	地方教育附加本期应补（退）费额	25				

声明：此表是根据国家税收法律法规及相关规定填写的，本人（单位）对填报内容（及附带资料）的真实性、可靠性、完整性负责。

纳税人（签章）： 年 月 日

经办人： 经办人身份证号： 代理机构签章： 代理机构统一社会信用代码：	受理人： 受理税务机关（章）： 受理日期： 年 月 日

第4节即测即评

技能训练

1. 甲生产企业为增值税小规模纳税人，选择按月申报缴纳增值税。本年1月销售边角废料，开具增值税专用发票，取得含税收入120 000元；销售自己使用过的货车一辆，取得含税收入103 000元。

要求：计算甲生产企业本年1月的应纳增值税。

2. 甲企业为增值税一般纳税人。本年1月从国外进口一批原材料，完税价格为120万元，该批原材料分别按10%和13%的税率向海关缴纳了关税和进口环节增值税，并取得了相关完税凭证。该批原材料当月加工成产品后全部在国内销售，取得销售收入300万元（不含增值税），同时支付运输费6万元（不含增值税，且取得增值税专用发票）。已知该企业产品适用的增值税税率为13%。

要求：计算甲企业本年1月的应纳增值税。

3. 甲工业企业为增值税小规模纳税人，选择按月申报缴纳增值税。本年1月取得销售收入90 000元（含增值税），开具增值税专用发票；购进原材料一批，支付货款30 900元（含增值税）。

要求：计算甲工业企业本年1月的应纳增值税。

4. 甲管道运输公司主要从事天然气输送服务，为增值税一般纳税人。本年1月该公司向客户运输天然气共取得不含税收入2 800万元，同时随同天然气输送向客户收取管道维护费54.5万元，当月发生可以抵扣的增值税进项税额为150万元。

要求：计算甲管道运输公司本年1月可申请办理即征即退的增值税。

5. 甲广告公司为增值税一般纳税人。本年1月，取得广告设计收入不含税价款86万元，奖励费收入3.18万元；支付设备租赁费，取得的增值税专用发票上注明的增值税为3万元。

要求：计算甲广告公司本年1月的应纳增值税。

实战演练

1. 甲空调生产企业为增值税一般纳税人。本年1月生产经营业务如下：

（1）采用分期收款方式销售空调，合同规定的不含增值税销售额共计380万元，本月应收回75%的货款，其余货款于下月10日全部收回。由于购买方本月资金紧张，实际支付不含税货款190万元。

（2）将成本为15万元的自产特制空调用于本企业职工宿舍，该批空调没有同类产品价格。

（3）当月销售空调，收取价税合计金额480万元，另收取包装费120万元，开具增值税普通发票。

（4）购进生产用原材料及水、电等取得的增值税专用发票上注明的增值税共计 6.5 万元。

（5）购进一批电磁炉，作为奖励发给职工，取得的增值税专用发票上注明的增值税为 0.26 万元。

（6）购进一批生产设备，取得增值税专用发票，注明价款 20 万元、增值税 2.6 万元。

（7）购进一辆小轿车自用，取得增值税专用发票，注明价款 10 万元、增值税 1.3 万元。

已知：成本利润率为 10%，甲空调生产企业取得的增值税专用发票本年 1 月均符合抵扣规定。

任务要求：

（1）计算甲空调生产企业本年 1 月的增值税销项税额。

（2）计算甲空调生产企业本年 1 月准予抵扣的增值税进项税额。

（3）计算甲空调生产企业本年 1 月的应纳增值税。

2. 甲传媒有限责任公司（简称甲公司）主要经营电视剧、电影等广播影视节目的制作和发行，为增值税一般纳税人。本年 1 月发生如下业务：

（1）9 日，为乙电视剧剧组提供片头、片尾、片花制作服务，取得含税服务费 212 万元。

（2）9 日，购入 10 台计算机，用于本公司的日常业务制作，支付含税价款 5.65 万元，取得增值税专用发票。

（3）10 日，购入一辆小轿车，取得机动车销售统一发票，支付价税合计金额 33.9 万元。

（4）11 日，取得设计服务收入含税价款 106 万元。

（5）22 日，甲公司制作的电影在丙影院开始上映，向丙影院支付含增值税上映费用 20 万元，取得丙影院开具的增值税专用发票（丙影院的电影放映服务选择采用增值税简易计税方法）。

（6）25 日，支付增值税税控系统技术维护费用合计 500 元，取得增值税专用发票，注明价款 471.70 元、增值税 28.30 元。

甲公司取得的增值税专用发票（含机动车销售统一发票）本年 1 月均符合抵扣规定。

任务要求：

（1）计算甲公司提供片头、片尾、片花制作服务取得收入应计算的增值税销项税额。

（2）计算甲公司购入计算机准予抵扣的增值税进项税额。

（3）计算甲公司购入小汽车准予抵扣的增值税进项税额。

（4）计算甲公司提供设计服务取得收入应计算的增值税销项税额。

（5）计算甲公司支付影院的上映费用准予抵扣的增值税进项税额。

（6）计算甲公司本年 1 月的应纳增值税。

第3章

消费税法

素养提升

纳税人应当充分运用国家出台的消费税税收政策，合法合规纳税。

1. 我国对过度消费不利于人类健康的消费品（如烟、酒）征收消费税，有利于“推进健康中国建设”“倡导文明健康生活方式”[①]，维护社会秩序稳定。

2. 我国对某些不可再生和替代的稀缺消费品（如成品油）征收消费税，有利于引导群众节约资源，体现了“实施全面节约战略，推进各类资源节约集约利用”[②] 的精神。

能力目标

1. 能界定消费税纳税人，会判断哪些产品应当缴纳消费税，会选择消费税适用税率，能确定不同类别的应税消费品的消费税纳税环节。

2. 能根据相关业务资料计算直接对外销售应税消费品的应纳税额、自产自用应税消费品的应纳税额、委托加工应税消费品的应纳税额及进口应税消费品的应纳税额。

3. 能合理选择和运用出口应税消费品的消费税税收政策，根据相关业务资料进行消费税出口退（免）税和征税的计算。

4. 能确定消费税的纳税义务发生时间、纳税期限和纳税地点。

工作引例

消费税的计算

甲企业是一家高尔夫球及球具生产厂家，为增值税一般纳税人。本年1月甲企业发生以下业务：

①② 习近平. 高举中国特色社会主义伟大旗帜 为全面建设社会主义现代化国家而团结奋斗——在中国共产党第二十次全国代表大会上的报告. 北京：人民出版社，2022.

(1) 购进一批原材料，取得增值税专用发票，注明价款4 000元、增值税520元；委托乙企业将其加工成15个高尔夫球包，支付加工费8 000元、增值税1 040元，取得乙企业开具的增值税专用发票。乙企业同类高尔夫球包不含税销售价格为460元/个。甲企业收回时，乙企业代收代缴了消费税。

(2) 从生产企业购进高尔夫球杆的杆头，取得增值税专用发票，注明货款16 000元、增值税2 080元；购进高尔夫球杆的杆身，取得增值税专用发票，注明货款23 600元、增值税3 068元；购进高尔夫球杆的握把，取得增值税专用发票，注明货款1 000元、增值税130元；当月领用外购的杆头、握把、杆身各80%，加工成A，B两种型号的高尔夫球杆共15把。

(3) 当月将自产的A型高尔夫球杆2把对外销售，取得不含税销售收入12 000元；另将自产的A型高尔夫球杆5把赞助给高尔夫球大赛。

(4) 将自产的B型高尔夫球杆3把移送至非独立核算门市部销售，当月门市部对外销售了2把，取得价税合计金额23 500元。

其他相关资料：高尔夫球及球具适用的消费税税率为10%，成本利润率为10%；甲企业取得的增值税专用发票本年1月均符合抵扣规定。

工作要求

(1) 计算乙企业应代收代缴的消费税。

(2) 计算甲企业应自行缴纳的消费税。

工作引例解析 见本章第2节。

第1节 消费税的认知

情境引例

我公司进口小汽车的零部件，请问是否需要缴纳消费税？我公司使用进口的零部件组装成小汽车，请问是否需要缴纳消费税？

一、消费税纳税人和代收代缴义务人的确定

(一) 消费税的纳税人

消费税是对特定的消费品及消费行为征收的一种税。在我国，消费税是对中华人民共和国境内从事生产、委托加工、进口、批发或零售应税消费品（属于应当征收消费税的消费品，以下简称应税消费品）的单位和个人，就其销售额或销售数量，在特定环节

征收的一种税。

凡在中华人民共和国境内生产、委托加工和进口《中华人民共和国消费税暂行条例》（简称《消费税暂行条例》）规定的应税消费品的单位和个人，以及国务院确定的销售（主要是指批发或零售）《消费税暂行条例》规定的某些应税消费品的单位和个人，均为消费税纳税人。其中，境内是指生产、委托加工和进口应税消费品的起运地或所在地在境内；单位是指企业、行政单位、事业单位、军事单位、社会团体及其他单位；个人是指个体工商户以及其他个人。

（二）消费税的代收代缴义务人

委托加工的应税消费品，除受托方为个人外，由受托方在向委托方交货时代收代缴税款，该受托方为消费税的代收代缴义务人。

二、消费税征税范围的确定

（一）征税范围的确定原则

（1）某些过度消费会对人身健康、社会秩序、生态环境等方面造成危害的特殊消费品，如烟，酒，鞭炮、焰火，小汽车，摩托车，电池，涂料。

（2）某些高档消费品、奢侈品、非生活必需品，如高档化妆品、贵重首饰及珠宝玉石、高尔夫球及球具、高档手表、游艇。

（3）某些不可再生和替代的稀缺消费品，如成品油。

消费税的征税范围不是一成不变的，随着经济的发展，会根据国家的政策和经济状况及消费结构的变化进行适当调整。

【素养园地】我国对某些高档消费品、奢侈品（如高档化妆品、贵重首饰及珠宝玉石、高尔夫球及球具）征收消费税，有利于引导群众理性消费，限制铺张浪费，体现了“弘扬勤俭节约精神，培育时代新风新貌”[①] 的理念。

（二）征税范围的具体规定

1. 烟

烟指凡是以烟叶为原料加工生产的产品。烟的征收范围包括卷烟、雪茄烟、烟丝和电子烟。

【特别提示】卷烟包括进口卷烟、白包卷烟、手工卷烟和未经国务院批准纳入计划的企业及个人生产的卷烟。

【点拨指导】自2022年11月1日起，将电子烟纳入消费税征收范围，在烟税目下

① 习近平. 高举中国特色社会主义伟大旗帜 为全面建设社会主义现代化国家而团结奋斗——在中国共产党第二十次全国代表大会上的报告. 北京：人民出版社，2022.

增设电子烟子目。电子烟是指用于产生气溶胶供人抽吸等的电子传输系统，包括烟弹、烟具以及烟弹与烟具组合销售的电子烟产品。烟弹是指含有雾化物的电子烟组件。烟具是指将雾化物雾化为可吸入气溶胶的电子装置。

2. 酒

酒是指酒精度在1度以上的各种酒类饮料。酒类包括粮食白酒、薯类白酒、黄酒、啤酒、果啤和其他酒。

【特别提示】自2014年12月1日起，取消酒精消费税。取消酒精消费税后，“酒及酒精”税目相应改为“酒”，并继续按现行消费税政策执行，同时取消汽车轮胎消费税。自2015年2月1日起，对电池和涂料征收消费税。

【特别提示】对饮食业、商业、娱乐业举办的啤酒屋（啤酒坊）利用啤酒生产设备生产的啤酒，应当征收消费税。

【点拨指导】对以黄酒为酒基生产的配制或泡制酒，按其他酒征收消费税。葡萄酒按其他酒征收消费税。

3. 高档化妆品

高档化妆品包括高档美容、修饰类化妆品，高档护肤类化妆品和成套化妆品。高档美容、修饰类化妆品和高档护肤类化妆品是指生产（进口）环节销售（完税）价格（不含增值税）在10元/毫升（克）或15元/片（张）及以上的美容、修饰类化妆品和护肤类化妆品。

【特别提示】自2016年10月1日起，取消对普通美容、修饰类化妆品征收消费税，将“化妆品”税目名称改为“高档化妆品”。

【点拨指导】舞台、戏剧、影视演员化妆用的上妆油、卸装油、油彩，不属于本税目的征收范围。

【特别提示】对普通护肤护发品不征收消费税。

4. 贵重首饰及珠宝玉石

贵重首饰及珠宝玉石包括凡以金、银、白金、宝石、珍珠、钻石、翡翠、珊瑚、玛瑙等贵重稀有物质以及其他金属、人造宝石等制作的各种纯金银首饰及镶嵌首饰和经采掘、打磨、加工的各种珠宝玉石。对出国人员免税商店销售的金银首饰也征收消费税。

5. 鞭炮、焰火

鞭炮、焰火包括各种类型的鞭炮、焰火。

【特别提示】体育上用的发令纸、鞭炮药引线，不按本税目征收消费税。

6. 成品油

成品油包括汽油、柴油、航空煤油、石脑油、溶剂油、润滑油、燃料油七个子目。

【特别提示】对原油不征收消费税。

7. 小汽车

小汽车是指由动力驱动，具有4个或4个以上车轮的非轨道承载的车辆。电动车、沙滩车、雪地车、卡丁车、高尔夫车不属于消费税征税范围，不征收消费税。自2016

年12月1日起，“小汽车”税目下增设“超豪华小汽车”子税目，征收范围为每辆零售价格130万元（不含增值税）及以上的乘用车和中轻型商用客车，即乘用车和中轻型商用客车子税目中的超豪华小汽车。

【特别提示】“小汽车”税目不包括大型商用客车、大货车、大卡车。

8. 摩托车

摩托车包括轻便摩托车和摩托车两种。对发动机气缸容量在250毫升（不含）以下的小排量摩托车不征收消费税。

9. 高尔夫球及球具

高尔夫球及球具是指从事高尔夫球运动所需的各种专用装备，包括高尔夫球、高尔夫球杆及高尔夫球包（袋）等。高尔夫球杆的杆头、杆身和握把属于本税目的征收范围。

10. 高档手表

高档手表是指销售价格（不含增值税）每只在10 000元（含）以上的各类手表。本税目征收范围包括符合以上标准的各类手表。

11. 游艇

游艇是指长度大于8米（含）小于90米（含），船体由玻璃钢、钢、铝合金、塑料等多种材料制作，可以在水上移动的水上浮载体。

12. 木制一次性筷子

木制一次性筷子又称卫生筷子，是指以木材为原料，经过锯段、浸泡、旋切、刨切、烘干、筛选、打磨、倒角、包装等环节加工而成的各类供一次性使用的筷子。

13. 实木地板

实木地板是指以木材为原料，经锯割、干燥、刨光、截断、开榫、涂漆等工序加工而成的块状或条状的地面装饰材料。

【特别提示】“实木地板”税目征收范围包括各类规格的实木地板，实木指接地板，实木复合地板，及用于装饰墙壁、天棚的侧端面为榫、槽的实木装饰板。未经涂饰的素板属于本税目征税范围。

14. 电池

电池是一种将化学能、光能等直接转换为电能的装置，一般是指由电极、电解质、容器、极端，通常还有隔离层组成的基本功能单元，以及用一个或多个基本功能单元装配成的电池组。范围包括原电池、蓄电池、燃料电池、太阳能电池和其他电池。

自2015年2月1日起对电池（铅蓄电池除外）征收消费税；对无汞原电池、金属氢化物镍蓄电池（又称氢镍蓄电池或镍氢蓄电池）、锂原电池、锂离子蓄电池、太阳能电池、燃料电池、全钒液流电池免征消费税。2015年12月31日前对铅蓄电池缓征消费税；自2016年1月1日起，对铅蓄电池按4%的税率征收消费税。

15. 涂料

涂料是指涂于物体表面能形成具有保护、装饰或特殊性能的固态涂膜的一类液体或固体材料之总称。自 2015 年 2 月 1 日起，对涂料征收消费税，其中，施工状态下挥发性有机物（volatile organic compounds，VOC）含量低于 420 克/升（含）的涂料免征消费税。

三、消费税税率的判定

消费税实行从价定率的比例税率、从量定额的定额税率和从价定率与从量定额相结合的复合计税三种形式，设置了不同的税率。多数消费品采用比例税率，最高税率为 56%，最低税率为 1%；对成品油和黄酒、啤酒等实行定额税率；对卷烟、白酒实行从价定率与从量定额相结合计算应纳税额的复合计税办法。现行《应税消费品名称、税率和计量单位对照表》如表 3-1 所示。

表 3-1　应税消费品名称、税率和计量单位对照表

应税消费品名称	比例税率	定额税率	计量单位
一、烟			
1. 卷烟			
(1) 工业			
①甲类卷烟（调拨价 70 元（不含增值税)/条以上（含 70 元））	56%	30 元/万支	万支
②乙类卷烟（调拨价 70 元（不含增值税)/条以下）	36%	30 元/万支	
(2) 商业批发	11%	50 元/万支	
2. 雪茄烟	36%	—	支
3. 烟丝	30%	—	千克
4. 电子烟			
(1) 工业	36%	—	盒
(2) 商业批发	11%	—	盒
二、酒			
1. 白酒	20%	0.5 元/500 克(毫升)	500 克（毫升）
2. 黄酒	—	240 元/吨	吨
3. 啤酒			
(1) 甲类啤酒（出厂价格 3 000 元（不含增值税)/吨以上（含 3 000 元））	—	250 元/吨	吨
(2) 乙类啤酒（出厂价格 3 000 元（不含增值税)/吨以下）	—	220 元/吨	
4. 其他酒	10%	—	吨
三、高档化妆品	15%	—	实际使用计量单位
四、贵重首饰及珠宝玉石			

续表

应税消费品名称	比例税率	定额税率	计量单位
1. 金银首饰、铂金首饰和钻石及钻石饰品	5%	—	实际使用计量单位
2. 其他贵重首饰和珠宝玉石	10%	—	
五、鞭炮、焰火	15%	—	实际使用计量单位
六、成品油			
1. 汽油	—	1.52元/升	升
2. 柴油	—	1.20元/升	
3. 航空煤油	—	1.20元/升	
4. 石脑油	—	1.52元/升	
5. 溶剂油	—	1.52元/升	
6. 润滑油	—	1.52元/升	
7. 燃料油	—	1.20元/升	
七、摩托车			
1. 气缸容量（排气量，下同）=250毫升	3%	—	辆
2. 气缸容量>250毫升	10%	—	
八、小汽车			
1. 乘用车			
(1) 气缸容量（排气量，下同）≤1.0升	1%	—	辆
(2) 1.0升<气缸容量≤1.5升	3%	—	
(3) 1.5升<气缸容量≤2.0升	5%	—	
(4) 2.0升<气缸容量≤2.5升	9%	—	
(5) 2.5升<气缸容量≤3.0升	12%	—	
(6) 3.0升<气缸容量≤4.0升	25%	—	
(7) 气缸容量>4.0升	40%	—	
2. 中轻型商用客车	5%	—	
3. 超豪华小汽车	10%	—	
九、高尔夫球及球具	10%	—	实际使用计量单位
十、高档手表	20%	—	只
十一、游艇	10%	—	艘
十二、木制一次性筷子	5%	—	万双
十三、实木地板	5%	—	平方米
十四、电池	4%	—	只
十五、涂料	4%	—	吨

在消费税税率运用中应注意以下问题：

（1）对兼营不同税率的应税消费品适用税目、税率的规定。对纳税人兼营不同税率的应税消费品，应当分别核算其销售额或销售数量。未分别核算销售额或销售数量的，或者将不同税率的应税消费品组成成套消费品销售的，从高适用税率征收。

（2）对卷烟适用税目、税率的具体规定。对白包卷烟、手工卷烟、自产自用没有同牌号规格调拨价格的卷烟、委托加工没有同牌号规格调拨价格的卷烟、未经国务院批准纳入计划的企业和个人生产的卷烟，除按定额税率征收外，一律按56%的比例税率征收。

（3）卷烟计量单位之间的换算：1标准箱＝250标准条＝2 500标准包＝50 000支；1标准条＝10标准包＝200支；1标准包＝20支。卷烟在生产环节的定额税率为0.003元/支，相当于0.6元/标准条、150元/标准箱。

（4）甲类卷烟是指每标准条（200支，下同）调拨价格在70元（不含增值税）以上（含70元）的卷烟；乙类卷烟是指每标准条调拨价格在70元（不含增值税）以下（不含70元）的卷烟。

（5）甲类啤酒是指每吨出厂价（含包装物及包装物押金）在3 000元（不含增值税）以上（含3 000元）的啤酒；乙类啤酒是指每吨出厂价（含包装物及包装物押金）在3 000元（不含增值税）以下（不含3 000元）的啤酒。

（6）消费税税目、税率的调整由国务院确定，地方无权调整。

四、消费税纳税环节的归类

消费税的纳税环节主要有生产环节、自产自用环节①、委托加工环节、进口环节、批发环节（仅适用于卷烟、电子烟）、零售环节（仅适用于金银首饰、铂金首饰和钻石及钻石饰品，超豪华小汽车）。

（一）消费税的基本纳税环节

（1）纳税人生产的应税消费品，于纳税人销售时纳税。

【点拨指导】这里的销售主要是指出厂环节的销售。

【特别提示】工业企业以外的单位和个人的下列行为视为应税消费品的生产行为，按规定征收消费税：

1）将外购的消费税非应税产品以消费税应税产品对外销售的；

2）将外购的消费税低税率应税产品以高税率应税产品对外销售的。

（2）纳税人自产自用的应税消费品，用于连续生产应税消费品的，不纳税；用于其他方面的，于移送使用时纳税。

---

① “自产自用环节”可以单独作为消费税纳税环节的一种，也可以归类于“生产环节”。

【点拨指导】用于连续生产应税消费品是指纳税人将自产自用应税消费品作为直接材料生产最终应税消费品，自产自用应税消费品构成最终应税消费品的实体。用于其他方面是指纳税人将自产自用的应税消费品用于生产非应税消费品、在建工程、管理部门、非生产机构、提供劳务、馈赠、赞助、集资、广告、样品、职工福利、奖励等方面。

（3）委托加工的应税消费品，除受托方为个人外，由受托方在向委托方交货时代收代缴税款。

（4）进口的应税消费品，于报关进口时纳税。

【点拨指导】进口环节缴纳的消费税由海关代征。

【知识链接】进口环节缴纳的增值税、进口关税也由海关代征。

【情境引例解析】

根据《消费税暂行条例》的规定，在中华人民共和国境内生产、委托加工和进口本条例规定的消费品的单位和个人，以及国务院确定的销售本条例规定的消费品的其他单位和个人，为消费税的纳税人，应当依照本条例缴纳消费税。由于小汽车零部件不属于消费税的税目，因此纳税人进口汽车零部件不需要缴纳消费税。另外，小汽车属于消费税的税目，若组装的小汽车属于消费税的应税范围，需要在生产环节（于出厂销售时）缴纳消费税。

（二）“贵重首饰及珠宝玉石”税目下“金银首饰、铂金首饰和钻石及钻石饰品”子税目的纳税环节

自1995年1月1日起，金银首饰消费税由生产销售环节征收改为零售环节征收。改在零售环节征收消费税的金银首饰仅限于金基、银基合金首饰以及金、银和金基、银基合金的镶嵌首饰。自2002年1月1日起，钻石及钻石饰品消费税改为零售环节征收。自2003年5月1日起，铂金首饰消费税改为零售环节征收。金银首饰、铂金首饰和钻石及钻石饰品消费税适用税率为5%，在纳税人销售金银首饰、铂金首饰和钻石及钻石饰品时征收。其计税依据是不含增值税的销售额。

【点拨指导】在零售环节征收消费税的金银首饰不包括镀金首饰和包金首饰。

纳税人采用以旧换新（含翻新改制）方式销售的金银首饰，应按实际收取的不含增值税的全部价款确定计税依据征收消费税。

【知识链接】金银首饰以旧换新的，应按照销售方实际收取的不含增值税的全部价款确定计税依据征收增值税。

（三）“烟”税目下“卷烟”子税目的纳税环节

卷烟消费税在生产和批发两个环节征收。自2009年5月1日起，在卷烟批发环节加征一道从价税，即在中华人民共和国境内从事卷烟批发业务的单位和个人，批发销售的所有牌号规格的卷烟，按其销售额（不含增值税）征收5%的消费税。纳税人应将卷

烟销售额与其他商品销售额分开核算，未分开核算的，一并征收消费税。纳税人销售给纳税人以外的单位和个人的卷烟于销售时纳税。纳税人之间销售的卷烟不缴纳消费税。卷烟批发企业的机构所在地，总机构与分支机构不在同一地区的，由总机构申报纳税。

自2015年5月10日起，将卷烟批发环节从价税税率由5%提高至11%，并按0.005元/支加征从量税。纳税人兼营卷烟批发和零售业务的，应当分别核算批发和零售环节的销售额、销售数量；未分别核算批发和零售环节销售额、销售数量的，按照全部销售额、销售数量计征批发环节消费税。

【点拨指导】甲卷烟厂将自产的卷烟销售给乙烟草批发公司，需要缴纳消费税（从价税率为36%或56%，从量税率为0.003元/支）。乙烟草批发公司将该批卷烟70%转售给丙烟草批发公司，不缴纳消费税；30%销售给丁烟草零售商店，需要缴纳消费税（从价税率为11%，从量税率为0.005元/支）。

（四）“烟”税目下“电子烟”子税目的纳税环节

电子烟消费税在生产和批发两个环节征收。自2022年11月1日起，将电子烟纳入消费税征收范围，在烟税目下增设电子烟子税目（简称子目）。在中华人民共和国境内生产（进口）、批发电子烟的单位和个人为消费税纳税人。

电子烟生产环节纳税人，是指取得烟草专卖生产企业许可证，并取得或经许可使用他人电子烟产品注册商标（以下称持有商标）的企业。通过代加工方式生产电子烟的，由持有商标的企业缴纳消费税。电子烟批发环节纳税人，是指取得烟草专卖批发企业许可证并经营电子烟批发业务的企业。电子烟进口环节纳税人，是指进口电子烟的单位和个人。

纳税人生产、批发电子烟的，按照生产、批发电子烟的销售额计算纳税。电子烟生产环节纳税人采用代销方式销售电子烟的，按照经销商（代理商）销售给电子烟批发企业的销售额计算纳税。纳税人进口电子烟的，按照组成计税价格计算纳税。

电子烟生产环节纳税人从事电子烟代加工业务的，应当分开核算持有商标电子烟的销售额和代加工电子烟的销售额；未分开核算的，一并缴纳消费税。

【特别提示】只有卷烟、电子烟在批发环节征收消费税，不包括烟丝和雪茄烟。

（五）“小汽车”税目下“超豪华小汽车”子税目的纳税环节

超豪华小汽车消费税在生产和零售两个环节征收。自2016年12月1日起，“小汽车”税目下增设“超豪华小汽车”子税目。征收范围为每辆零售价格130万元（不含增值税）及以上的乘用车和中轻型商用客车，即乘用车和中轻型商用客车子税目中的超豪华小汽车。对超豪华小汽车，在生产（进口）环节按现行税率征收消费税的基础上，在零售环节加征消费税，税率为10%。将超豪华小汽车销售给消费者的单位和个人为超豪华小汽车零售环节消费税纳税人。

超豪华小汽车零售环节消费税应纳税额的计算公式为：

应纳消费税＝零售环节销售额(不含增值税，下同)×零售环节税率国内汽车生产企业直接销售给消费者的超豪华小汽车，消费税税率按照生产环节税率和零售环节税率加总计算。消费税应纳税额的计算公式为：

应纳消费税＝销售额×(生产环节税率＋零售环节税率)

对我国驻外使领馆工作人员、外国驻华机构及人员、非居民常住人员、政府间协议规定等应税（消费税）进口自用，且完税价格130万元及以上的超豪华小汽车消费税，按照生产（进口）环节税率和零售环节税率（10%）加总计算，由海关代征。

第1节即测即评

【归纳总结】应税消费品的增值税和消费税的纳税环节如表3-2所示。

表3-2　应税消费品的增值税和消费税的纳税环节

项目	生产*、委托加工、进口		批发		零售	
	增值税	消费税	增值税	消费税	增值税	消费税
一般应税消费品	√	√	√	×	√	×
金银首饰、铂金首饰和钻石及钻石饰品	√	×	√	×	√	√
卷烟	√	√（复合计征）	√	√（复合计征）	√	×
电子烟	√	√	√	√	√	×
超豪华小汽车	√	√	√	×	√	√

注：*这里仅就出厂销售进行讨论。
√表示缴纳，×表示不缴纳。

第2节　消费税的计算

情境引例

我公司为一家生产成品油的炼油厂，将自产的成品油用于本单位的班车（接送员工上下班），请问是否可以免缴消费税？

一、直接对外销售应税消费品应纳消费税的计算

（一）从价定率办法下应纳税额的计算

实行从价定率办法计算的应纳税额基本计算公式为：

实行从价定率办法计算的应纳税额＝应税消费品的销售额×比例税率

应税消费品销售额的确定如下：

（1）销售额为纳税人销售应税消费品向购买方收取的全部价款和价外费用。其中，价外费用是指价外向购买方收取的手续费、补贴、基金、集资费、返还利润、奖励费、违约金、滞纳金、延期付款利息、赔偿金、代收款项、代垫款项、包装费、包装物租金、储备费、优质费、运输装卸费以及其他各种性质的价外收费。但下列项目不包括在内：

1）同时符合以下条件的代垫运输费用：承运部门的运输费用发票开具给购买方的；纳税人将该项发票转交给购买方的。

2）同时符合以下条件代为收取的政府性基金或者行政事业性收费：由国务院或者财政部批准设立的政府性基金，由国务院或者省级人民政府及其财政、价格主管部门批准设立的行政事业性收费；收取时开具省级以上财政部门印制的财政票据；所收款项全额上缴财政。

（2）应税消费品在缴纳消费税时与一般货物一样都要缴纳增值税，因此，《中华人民共和国消费税暂行条例实施细则》明确规定，应税消费品的销售额，不包括应向购货方收取的增值税税额。纳税人应税消费品的销售额中未扣除增值税税款或者因不得开具增值税专用发票而导致价款和增值税税款合并收取的，在计算消费税时，应当换算为不含增值税税款的销售额。其换算公式为：

应税消费品的销售额＝含增值税的销售额÷(1＋增值税税率或征收率)

【点拨指导】增值税是价外税，计算增值税的价格中不包括增值税；消费税是价内税，计算消费税的价格中包括消费税。消费税应税销售额应当是不含增值税但含消费税的销售额。

【特别提示】通常所说的不含税价格指的是不含增值税的价格。

【点拨指导】如果消费税纳税人是增值税一般纳税人，销售应税消费品应适用13%的增值税税率；如果消费税纳税人是增值税小规模纳税人，销售应税消费品应适用3%的增值税征收率。

（3）应税消费品连同包装物销售的，无论包装物是否单独计价以及在会计上如何核算，均应并入应税消费品的销售额缴纳消费税。如果包装物不作价随同产品销售，而是收取押金，此项押金则不应并入应税消费品的销售额征税。但对因逾期未收回的包装物不再退还的或者已收取的时间超过12个月的押金，应并入应税消费品的销售额，按照应税消费品的适用税率缴纳消费税。对既作价随同应税消费品销售，又另外收取押金的包装物，凡纳税人在规定的期限内没有退还的，其押金均应并入应税消费品的销售额，按照应税消费品的适用税率缴纳消费税。

从1995年6月1日起，对酒类（黄酒、啤酒除外）生产企业销售酒类产品而收取的包装物押金，无论押金是否返还以及在会计上如何核算，均需并入酒类产品销售额，依据酒类产品的适用税率计征消费税。

【理论答疑】从1995年6月1日起，对酒类（黄酒、啤酒除外）生产企业销售酒类产品而收取的包装物押金，无论押金是否返还以及在会计上如何核算，均需并入酒类产品销售额，依据酒类产品的适用税率计征消费税。请问为什么黄酒、啤酒除外？

答：黄酒、啤酒实行从量定额办法计算消费税，没有从价定率办法的比例税率，因此，其包装物押金也就无法计征消费税。

【归纳总结】包装物押金的税务处理如表3-3所示。

表3-3　包装物押金的税务处理

项目	增值税		消费税	
	取得时	逾期时	取得时	逾期时
一般货物包装物押金	不缴纳	缴纳	不缴纳	缴纳
成品油包装物押金	不缴纳	缴纳	不缴纳	不缴纳
啤酒、黄酒包装物押金	不缴纳	缴纳	不缴纳	不缴纳
啤酒、黄酒以外的酒类产品（包括白酒和其他酒）包装物押金	缴纳	不缴纳	缴纳	不缴纳

（4）白酒生产企业向商业销售单位收取的品牌使用费是随着应税白酒的销售而向购货方收取的，属于应税白酒销售价款的组成部分，因此，不论企业采取何种方式或以何种名义收取价款，均应并入白酒的销售额缴纳消费税。

【点拨指导】

$$\begin{aligned}\text{白酒生产企业销售白酒计算消费税的销售额} &= \underset{\text{(不含增值税)}}{\text{货价}} + \underset{\text{(不含增值税，当期非逾期)}}{\text{包装物的押金}} \\ &\quad + \underset{\text{(不含增值税)}}{\text{包装物的租金}} + \underset{\text{(不含增值税)}}{\text{品牌使用费}} + \underset{\text{(不含增值税)}}{\text{其他价外费用}}\end{aligned}$$

（5）纳税人销售的应税消费品，以人民币以外的货币结算销售额的，其销售额的人民币折合率可以选择销售额发生的当天或者当月1日的人民币汇率中间价。纳税人应在事先确定采用何种折合率，确定后1年内不得变更。

（6）纳税人通过自设非独立核算门市部销售自产应税消费品的，应当按照门市部对外销售额或销售数量计算征收消费税。

【点拨指导】纳税人通过自设独立核算门市部销售自产应税消费品的，应当按照纳税人销售给独立核算门市部的销售额或者销售数量计算征收消费税。

（7）纳税人用于换取生产资料和消费资料、投资入股和抵偿债务等方面的应税消费品，应当以纳税人同类应税消费品的最高销售价格为依据计算消费税。

【知识链接】纳税人用于换取生产资料和消费资料、投资入股和抵偿债务等方面的应税消费品，应当以纳税人同类应税消费品的平均销售价格（没有平均销售价格的，按照组成计税价格）作为计税依据计算增值税。

【特别提示】同一环节既征收消费税又征收增值税的，消费税与增值税的计税销售额一般情况下是相同的（用于换取生产资料和消费资料、投资入股和抵偿债务等方面的应税消费品除外）。

【工作实例3-1】 甲化妆品厂为增值税一般纳税人，本年1月销售高档化妆品取得含增值税销售额46.4万元，收取手续费1.5万元；另取得与高档化妆品相关的逾期包装物押金收入1.98万元。高档化妆品适用的增值税税率为13%，消费税税率为15%。

【工作要求】计算甲化妆品厂本年1月上述业务的应纳消费税。

【工作实施】价外收入和逾期包装物押金均视为含增值税销售额。

应纳消费税=(46.4+1.5+1.98)÷(1+13%)×15%=6.62(万元)

（二）从量定额办法下应纳税额的计算

实行从量定额办法计算的应纳税额基本计算公式为：

实行从量定额办法计算的应纳税额=应税消费品的销售数量×定额税率

1. 应税消费品销售数量的确定

根据应税消费品的应税行为，应税消费品的销售数量具体规定为：

(1) 销售（包括出厂销售[①]、批发、零售）应税消费品的，为应税消费品的销售（包括出厂销售、批发、零售）数量。

(2) 自产自用应税消费品的（用于连续生产应税消费品的除外[②]），为应税消费品的移送使用数量。

(3) 委托加工应税消费品的，为纳税人收回的应税消费品数量。

(4) 进口的应税消费品，为海关核定的应税消费品进口征税数量。

【特别提示】纳税人通过自设的非独立核算门市部销售自产应税消费品的，应当按照门市部对外销售数量征收消费税。

【点拨指导】实行从量定额计税的，消费税的计算与销售价格无关，不存在通过组成计税价格计算消费税的问题。

2. 计量单位的换算标准

按照消费税的相关规定，对黄酒、啤酒、成品油等应税消费品采取从量定额办法计算应纳税额。其计量单位的换算标准如表3-4所示。

表3-4 应税消费品计量单位的换算

序号	名称	计量单位的换算
1	黄酒	1吨=962升
2	啤酒	1吨=988升

① 出厂销售又称生产销售。

② 将自产自用的应税消费品用于连续生产应税消费品，在此移送环节不纳税。

续表

序号	名称	计量单位的换算
3	汽油	1吨=1 388升
4	柴油	1吨=1 176升
5	航空煤油	1吨=1 246升
6	石脑油	1吨=1 385升
7	溶剂油	1吨=1 282升
8	润滑油	1吨=1 126升
9	燃料油	1吨=1 015升

【工作实例3-2】 甲石化公司本年1月销售汽油1 000吨、柴油200吨，另向本公司在建工程车辆提供汽油10吨。已知汽油1吨=1 388升，柴油1吨=1 176升；上述汽油适用的消费税定额税率为1.52元/升，柴油适用的消费税定额税率为1.2元/升。

【工作要求】 计算甲石化公司本年1月上述业务的应纳消费税。

【工作实施】

销售汽油应纳消费税=1 000×1 388×1.52÷10 000=210.98(万元)

销售柴油应纳消费税=200×1 176×1.2÷10 000=28.22(万元)

应税消费品用于在建工程应当征收消费税，则

在建工程车辆使用汽油应纳消费税=10×1 388×1.52÷10 000=2.11(万元)

应纳消费税合计=210.98+28.22+2.11=241.31(万元)

（三）从价定率和从量定额复合计税办法下应纳税额的计算

现行消费税的征税范围中，只有卷烟和白酒（粮食白酒和薯类白酒）实行从价定率和从量定额复合计税（简称复合计税）办法。其基本计算公式为：

$$\text{实行复合计税办法计算的应纳税额}=\text{应税消费品销售额}\times\text{比例税率}+\text{应税消费品销售数量}\times\text{定额税率}$$

1. 卷烟最低计税价格的核定

自2012年1月1日起，卷烟消费税最低计税价格核定范围为卷烟生产企业在生产环节销售的所有牌号、规格的卷烟。

计税价格由国家税务总局按照卷烟批发环节销售价格扣除卷烟批发环节批发毛利核定并发布。计税价格的核定公式如下：

某牌号、规格卷烟计税价格=批发环节销售价格×(1－适用批发毛利率)

式中，批发环节销售价格按照税务机关采集的所有卷烟批发企业在价格采集期内销售的该牌号、规格卷烟的数量、销售额进行加权平均计算。其计算公式如下：

$$批发环节销售价格=\frac{\sum 该牌号、规格卷烟各采集点的销售额}{\sum 该牌号、规格卷烟各采集点的销售数量}$$

未经国家税务总局核定计税价格的新牌号、新规格卷烟，生产企业应按卷烟调拨价格申报纳税。

已经国家税务总局核定计税价格的卷烟，生产企业实际销售价格高于计税价格的，按实际销售价格确定适用税率，计算应纳税款并申报纳税；实际销售价格低于计税价格的，按计税价格确定适用税率，计算应纳税款并申报纳税。

2. 白酒最低计税价格的核定

（1）白酒消费税最低计税价格核定范围。白酒生产企业销售给销售单位的白酒，生产企业消费税计税价格低于销售单位对外销售价格（不含增值税，下同）70%以下的，税务机关应核定消费税最低计税价格。

销售单位是指销售公司、购销公司以及委托境内其他单位或个人包销本企业生产的白酒的商业机构。销售公司、购销公司是指专门购进并销售白酒生产企业生产的白酒，并与该白酒生产企业存在关联性质的公司。包销是指销售单位依据协定价格从白酒生产企业购进白酒，同时承担大部分包装材料等成本费用，并负责销售白酒。

白酒生产企业应将各种白酒的消费税计税价格和销售单位销售价格，按照规定的式样及要求，在主管税务机关规定的时限内填报。白酒消费税最低计税价格由白酒生产企业自行申报，税务机关核定。

主管税务机关应将白酒生产企业申报的销售给销售单位的消费税计税价格低于销售单位对外销售价格70%以下、年销售额1 000万元以上的各种白酒，按照规定的式样及要求，在规定的时限内逐级上报至国家税务总局。国家税务总局选择其中部分白酒核定消费税最低计税价格，其他需要核定消费税最低计税价格的白酒，消费税最低计税价格由各省、自治区、直辖市和计划单列市税务局核定。

（2）白酒消费税最低计税价格核定标准。

1）白酒生产企业销售给销售单位的白酒，生产企业消费税计税价格高于销售单位对外销售价格70%以上（含70%）的，税务机关暂不核定消费税最低计税价格。

2）白酒生产企业销售给销售单位的白酒，生产企业消费税计税价格低于销售单位对外销售价格70%以下的，消费税最低计税价格由税务机关根据生产规模、白酒品牌、利润水平等情况在销售单位对外销售价格50%～70%的范围内自行核定。其中生产规模较大、利润水平较高的企业生产的需要核定消费税最低计税价格的白酒，税务机关核价幅度原则上应选择在销售单位对外销售价格的60%～70%。自2017年5月1日起，白酒消费税最低计税价格核定比例由50%～70%统一调整为60%，已核定最低计税价格的白酒，税务机关应按照调整后的比例重新核定。

（3）白酒消费税最低计税价格的重新核定。

已核定最低计税价格的白酒，销售单位对外销售价格持续上涨或下降时间达到3个月以上、累计上涨或下降幅度在20%（含）以上的白酒，税务机关重新核定最低计税价格。

白酒生产企业未按规定上报销售单位销售价格的，主管税务机关应按照销售单位销售价格征收消费税。

（4）白酒消费税计税价格的适用。

已核定最低计税价格的白酒，生产企业实际销售价格高于消费税最低计税价格的，按实际销售价格申报纳税；实际销售价格低于消费税最低计税价格的，按最低计税价格申报纳税。

【工作实例3-3】 甲酒厂为增值税一般纳税人。本年1月销售白酒1 100千克，取得销售收入22 600元（含增值税）。白酒适用的消费税比例税率为20%，定额税率为0.5元/500克。

【工作要求】 计算甲酒厂本年1月上述业务的应纳消费税。

【工作实施】

应纳消费税＝22 600÷(1＋13%)×20%＋1 100×2×0.5＝5 100(元)

（四）外购应税消费品已纳消费税扣除（抵扣）的计算

由于某些应税消费品是用外购已缴纳消费税的应税消费品连续生产出来的，在对这些连续生产出来的应税消费品计算征税时，税法规定应按当期生产领用数量计算准予扣除的外购应税消费品已纳的消费税税款。扣除范围包括：

（1）外购已税烟丝为原料生产的卷烟；

（2）外购已税高档化妆品为原料生产的高档化妆品；

（3）外购已税珠宝玉石为原料生产的贵重首饰及珠宝玉石；

（4）外购已税鞭炮、焰火为原料生产的鞭炮、焰火；

（5）外购已税杆头、杆身和握把为原料生产的高尔夫球杆；

（6）外购已税木制一次性筷子为原料生产的木制一次性筷子；

（7）外购已税实木地板为原料生产的实木地板；

（8）外购已税汽油、柴油、石脑油、燃料油、润滑油为原料生产的应税成品油。

【特别提示】 自2015年5月1日起，从葡萄酒生产企业购进、进口葡萄酒连续生产应税葡萄酒的，准予从葡萄酒消费税应纳税额中扣除所耗用应税葡萄酒已纳消费税税款。

【归纳总结】 上述可扣除的项目都是同一税目、同一纳税环节；扣除范围不包括酒（葡萄酒除外）、小汽车、摩托车、高档手表、游艇、电池、涂料；用于生产非应税消费品的不得扣除。

【特别提示】 对自己不生产应税消费品，只是购进后再销售应税消费品的工业企业，其销售的珠宝玉石、高档化妆品和鞭炮、焰火，凡不能构成最终消费品直接进入消费品市场，而需进一步加工的（如需进行深加工、包装、贴标、组合的珠宝玉石，高档化妆品，鞭炮、焰火等)，应当征收消费税，同时允许扣除上述外购应税消费品的已纳税款。

上述当期准予扣除的外购应税消费品已纳消费税税款的计算公式为：

$$\text{当期准予扣除外购应税消费品已纳税款}=\text{当期准予扣除外购应税消费品的买价(或数量)}\times\text{外购应税消费品适用比例税率(或定额税率)}$$

$$\text{当期准予扣除外购应税消费品的买价(或数量)}=\text{期初库存的外购应税消费品的买价(或数量)}+\text{当期购进的外购应税消费品的买价(或数量)}-\text{期末库存的外购应税消费品的买价(或数量)}$$

式中，外购应税消费品的买价是指购货发票上注明的销售额（不含增值税）。

【特别提示】需要说明的是，纳税人用外购已税珠宝玉石生产的改在零售环节征收消费税的金银首饰，在计税时一律不得扣除外购已税珠宝玉石已纳税款。

【知识链接】烟草批发企业在计算应纳消费税时不得扣除已含的生产环节的消费税税款。

【工作实例 3-4】 甲卷烟生产企业本年1月月初库存外购应税烟丝金额为30万元，当月外购应税烟丝金额为60万元（不含增值税），月末库存烟丝金额为20万元，当月领用的烟丝均用于生产卷烟。烟丝适用的消费税税率为30%。

【工作要求】计算甲卷烟生产企业本年1月上述业务准许扣除的外购烟丝已纳消费税。

【工作实施】

本年1月准许扣除的外购烟丝买价＝30＋60－20＝70(万元)

本年1月准许扣除的外购烟丝已纳消费税＝70×30%＝21(万元)

二、自产自用应税消费品应纳消费税的计算

(一) 自产自用应税消费品的确定

自产自用，是指纳税人生产应税消费品后，不是用于直接对外销售，而是用于连续生产应税消费品，或用于其他方面。如果纳税人用于连续生产应税消费品，在自产自用环节不缴纳消费税；如果纳税人用于其他方面，一律于移送使用时按视同销售缴纳消费税。用于其他方面包括用于本企业连续生产非应税消费品、在建工程、管理部门、非生产机构、提供劳务、馈赠、赞助、集资、广告、样品、职工福利、奖励等。

【点拨指导】企业将自产的烟丝移送生产卷烟，其应税消费品烟丝在移送使用时不缴纳消费税（也不缴纳增值税），以后生产的应税消费品卷烟在出厂销售时缴纳消费税（同时缴纳增值税）。

企业将自产的黄酒移送生产调味料酒，由于调味料酒不属于消费税的征税范围，因此所耗用的应税消费品黄酒在移送使用时按视同销售缴纳消费税（但不缴纳增值税），以后生产的非应税消费品调味料酒在销售时不缴纳消费税（但缴纳增值税）。

【情境引例解析】

根据《财政部 国家税务总局关于对成品油生产企业生产自用油免征消费税的通知》（财税〔2010〕98号）的规定，从2009年1月1日起，对成品油生产企业在生产成品油过程中，作为燃料、动力及原料消耗掉的自产成品油，免征消费税。对用于其他用途或直接对外销售的成品油照章征收消费税。从2009年1月1日到该通知下发前，成品油生产企业生产自用油已经缴纳的消费税，符合上述免税规定的，予以退还。你公司将自产成品油用于班车（接送员工上下班）不符合上述规定，应按规定缴纳消费税。

（二）自产自用应税消费品计税依据的确定

1. 实行从价定率办法计算纳税的自产自用应税消费品计税依据的确定

实行从价定率办法计算纳税的自产自用应税消费品按照纳税人生产的同类消费品的销售价格计算纳税；没有同类消费品销售价格的，按照组成计税价格计算纳税。实行从价定率办法计算纳税的组成计税价格的计算公式为：

组成计税价格＝(成本＋利润)÷(1－比例税率)
＝成本×(1＋成本利润率)÷(1－比例税率)

【特别提示】只有当纳税人没有同类消费品销售价格时，才需计算组成计税价格。

【知识链接】纳税人用于换取生产资料和消费资料、投资入股和抵偿债务等方面的应税消费品，应当以纳税人同类应税消费品的最高销售价格作为计税依据计算征收消费税；纳税人将自己生产的应税消费品用于其他方面的（如无偿赠送其他单位或者个人），按照纳税人最近时期同类货物的平均销售价格（平均销售价格指的是加权平均销售价格；没有平均销售价格的，按照组成计税价格）作为计税依据计算征收消费税。

2. 实行从量定额办法计算纳税的自产自用应税消费品计税依据的确定

实行从量定额办法计算纳税的自产自用应税消费品的计税依据为移送使用数量。

3. 实行复合计税办法计算纳税的自产自用应税消费品计税依据的确定

从价部分，按照纳税人生产的同类消费品的销售价格计算纳税；没有同类消费品销售价格的，按照组成计税价格计算纳税。从量部分，按照纳税人自产自用应税消费品的移送使用数量作为计税依据计算纳税。

实行复合计税办法计算纳税的从价部分的组成计税价格的计算公式为：

组成计税价格＝(成本＋利润＋自产自用数量×定额税率)÷(1－比例税率)
＝[成本×(1＋成本利润率)＋自产自用数量×定额税率]
÷(1－比例税率)

上述1，3两条中的“同类消费品的销售价格”是指纳税人当月销售的同类消费品的销售价格，如果当月同类消费品各个销售价格高低不同，应按销售数量加权平均计算。但销售的应税消费品有下列情况之一的，不得列入加权平均计算：

(1) 销售价格明显偏低且无正当理由的；

（2）无销售价格的。

如果当月无销售或者当月未完结，应按照同类消费品上月或者最近月份的销售价格计算纳税。

上述 1，3 两条中，“成本”是指应税消费品的产品生产成本；“利润”是指根据应税消费品的全国平均成本利润率计算的利润，应税消费品的全国平均成本利润率由国家税务总局确定。应税消费品的全国平均成本利润率（含新增和调整后的应税消费品）如表 3 - 5 所示。

表 3 - 5　应税消费品的全国平均成本利润率（%）

消费品	全国平均成本利润率	消费品	全国平均成本利润率
甲类卷烟	10	摩托车	6
乙类卷烟	5	高尔夫球及球具	10
雪茄烟	5	高档手表	20
烟丝	5	游艇	10
电子烟	10	木制一次性筷子	5
粮食白酒	10	实木地板	5
薯类白酒	5	乘用车	8
其他酒	5	中轻型商用客车	5
高档化妆品	5	电池	4
鞭炮、焰火	5	涂料	7
贵重首饰及珠宝玉石	6		

（三）自产自用应税消费品应纳税额的计算

1. 实行从价定率办法计算纳税的自产自用应税消费品应纳税额的计算

（1）有同类消费品销售价格的。

应纳消费税＝同类应税消费品单位销售价格×自产自用数量×比例税率

（2）没有同类消费品销售价格的。

应纳消费税＝组成计税价格×比例税率

2. 实行从量定额办法计算纳税的自产自用应税消费品应纳税额的计算

应纳消费税＝自产自用数量×定额税率

3. 实行复合计税办法计算纳税的自产自用应税消费品应纳税额的计算

（1）有同类消费品销售价格的。

应纳消费税＝同类应税消费品单位销售价格×自产自用数量×比例税率
＋自产自用数量×定额税率

（2）没有同类消费品销售价格的。

应纳消费税＝组成计税价格×比例税率＋自产自用数量×定额税率

【工作实例3-5】 甲白酒厂为增值税一般纳税人，本年1月特制一批粮食白酒作为样品，该批白酒无同类产品销售价格。税务机关确定按组成计税价格计算税款。该批白酒成本为42 000元，共500千克。白酒的成本利润率为10%，白酒适用的消费税比例税率为20%，定额税率为0.5元/500克。

【工作要求】 计算回答下列问题：

（1）计算甲白酒厂本年1月该批自产粮食白酒的组成计税价格。

（2）计算甲白酒厂本年1月该批粮食白酒的应纳消费税。

【工作实施】

组成计税价格＝[42 000×(1＋10%)＋(500×2×0.5)]÷(1－20%)＝58 375(元)

应纳消费税＝58 375×20%＋500×2×0.5＝12 175(元)

三、委托加工应税消费品应纳消费税的计算

（一）委托加工应税消费品的确定

委托加工的应税消费品是指由委托方提供原料和主要材料，受托方只收取加工费和代垫部分辅助材料加工的应税消费品。对于由受托方提供原材料生产的应税消费品，或者受托方先将原材料卖给委托方，然后再接受加工的应税消费品，以及由受托方以委托方名义购进原材料生产的应税消费品，不论在财务上是否作销售处理，都不得作为委托加工应税消费品，而应当按照销售自制应税消费品缴纳消费税。

委托加工的应税消费品，除受托方为个人外，由受托方在向委托方交货时代收代缴税款。委托加工收回的应税消费品，委托方用于连续生产应税消费品的，所纳税款准予按规定扣除。委托加工的应税消费品收回后直接出售的，不再缴纳消费税。委托方将收回的应税消费品，以不高于受托方的计税价格出售的，为直接出售，不再缴纳消费税；委托方以高于受托方的计税价格出售的，不属于直接出售，需按照规定申报缴纳消费税，在计税时准予扣除受托方已代收代缴的消费税。委托个人加工的应税消费品，由委托方收回后缴纳消费税。

（二）委托加工应税消费品计税依据的确定

1. 实行从价定率办法计算纳税的委托加工应税消费品计税依据的确定

实行从价定率办法计算纳税的委托加工应税消费品按照受托方的同类消费品的销售价格计算纳税；没有同类消费品销售价格的，按照组成计税价格计算纳税。

实行从价定率办法计算纳税的组成计税价格的计算公式为：

组成计税价格＝(材料成本＋加工费)÷(1－比例税率)

2. 实行从量定额办法计算纳税的委托加工应税消费品计税依据的确定

实行从量定额办法计算纳税的委托加工应税消费品的计税依据为委托加工收回的应税消费品数量（委托加工数量）。

3. 实行复合计税办法计算纳税的委托加工应税消费品计税依据的确定

从价部分，按照受托方的同类消费品的销售价格计算纳税；没有同类消费品销售价格的，按照组成计税价格计算纳税。从量部分，按照纳税人委托加工数量作为计税依据计算纳税。

实行复合计税办法计算纳税的从价部分的组成计税价格的计算公式为：

组成计税价格＝(材料成本＋加工费＋委托加工数量×定额税率)÷(1－比例税率)

上述各组成计税价格公式中的材料成本是指委托方所提供加工材料的实际成本。委托加工应税消费品的纳税人必须在委托加工合同上如实注明（或者以其他方式提供）材料成本，凡未提供材料成本的，受托方主管税务机关有权核定其材料成本。加工费是指受托方加工应税消费品向委托方收取的全部费用（包括代垫的辅助材料实际成本）。

【特别提示】以实行从价定率办法计算缴纳消费税的委托加工应税消费品为例，其委托加工环节的消费税应以受托方同类应税消费品的销售价格为计税依据（没有同类应税消费品销售价格的，则以组成计税价格为计税依据）计算；其加工劳务的增值税（对于受托方是销项税，对于委托方是进项税）应以受托方收取的加工费（包括代垫的辅助材料的成本）为计税依据计算。

（三）委托加工应税消费品应纳税额的计算

1. 实行从价定率办法计算纳税的委托加工应税消费品应纳税额的计算

（1）受托方有同类消费品销售价格的。

应纳消费税＝同类应税消费品单位销售价格×委托加工数量×比例税率

（2）受托方没有同类消费品销售价格的。

应纳消费税＝组成计税价格×比例税率

2. 实行从量定额办法计算纳税的委托加工应税消费品应纳税额的计算

应纳消费税＝委托加工数量×定额税率

3. 实行复合计税办法计算纳税的委托加工应税消费品应纳税额的计算

（1）受托方有同类消费品销售价格的。

应纳消费税＝同类应税消费品单位销售价格×委托加工数量×比例税率
＋委托加工数量×定额税率

（2）受托方没有同类消费品销售价格的。

应纳消费税＝组成计税价格×比例税率＋委托加工数量×定额税率

【工作实例3-6】 甲化妆品生产企业本年1月受托为乙公司加工一批高档化妆品，收取不含增值税的加工费37万元，乙公司提供的原材料金额为48万元。该高档化妆品无同类产品销售价格，高档化妆品适用的消费税税率为15%。

【工作要求】 计算甲化妆品生产企业本年1月上述业务应代收代缴的消费税。

【工作实施】

组成计税价格＝(48＋37)÷(1－15%)＝100(万元)

应代收代缴消费税＝100×15%＝15(万元)

（四）委托加工收回的应税消费品已纳税款的扣除

委托加工的应税消费品已由受托方代收代缴消费税，因此，委托方收回货物后用于连续生产应税消费品的，其已纳税款准予按照规定从连续生产的应税消费品应纳税额中扣除。扣除范围包括：

（1）以委托加工收回的已税烟丝为原料生产的卷烟；

（2）以委托加工收回的已税高档化妆品为原料生产的高档化妆品；

（3）以委托加工收回的已税珠宝玉石为原料生产的贵重首饰及珠宝玉石；

（4）以委托加工收回的已税鞭炮、焰火为原料生产的鞭炮、焰火；

（5）以委托加工收回的已税杆头、杆身和握把为原料生产的高尔夫球杆；

（6）以委托加工收回的已税木制一次性筷子为原料生产的木制一次性筷子；

（7）以委托加工收回的已税实木地板为原料生产的实木地板；

（8）以委托加工收回的已税汽油、柴油、石脑油、燃料油、润滑油为原料生产的应税成品油。

上述委托加工收回的应税消费品连续生产的应税消费品准予从消费税应纳税款中按当期生产领用数量计算扣除其消费税已纳税款。当期准予扣除的委托加工应税消费品已纳税款的计算公式为：

当期准予扣除的委托加工应税消费品已纳税款＝期初库存的委托加工应税消费品已纳税款＋当期收回的委托加工应税消费品已纳税款－期末库存的委托加工应税消费品已纳税款

纳税人用委托加工收回的已税珠宝玉石生产的改在零售环节征收消费税的金银首饰，在计税时一律不得扣除已税珠宝玉石的已纳税款。

【特别提示】 纳税人以外购、进口、委托加工收回的应税消费品（以下简称外购应税消费品）为原料连续生产应税消费品，准予按现行政策规定扣除外购应税消费品已纳税款。经主管税务机关核实上述外购应税消费品未缴纳消费税的，纳税人应将已扣除的消费税税款从核实当月允许扣除的消费税中冲减。

【工作实例3-7】 甲日化生产企业为增值税一般纳税人，本年1月委托乙日化加工厂加工高档化妆品A，收回时乙日化加工厂向甲日化生产企业代收消费税400元。

甲日化生产企业本年1月委托丙日化加工厂加工高档化妆品A，收回时丙日化加工厂向甲日化生产企业代收消费税500元。甲日化生产企业将高档化妆品A收回后继续加工生产高档化妆品B并对外出售，本年1月取得不含增值税销售额10 000元。甲日化生产企业本年1月月初库存的委托加工高档化妆品A已纳税款为300元，月末库存的委托加工高档化妆品A已纳税款为330元，当月领用的高档化妆品A均用于生产高档化妆品B。

【工作要求】（1）计算甲日化生产企业本年1月上述业务准予扣除的委托加工高档化妆品A已纳税款。

（2）计算甲日化生产企业本年1月上述业务的应纳消费税。

【工作实施】

$$\begin{aligned}\text{本年1月准予扣除的委托加工高档化妆品A已纳税款} &= 300+(400+500)-330 \\ &= 870(\text{元})\end{aligned}$$

$$\text{应纳消费税}=10\ 000\times15\%-870=630(\text{元})$$

四、进口应税消费品应纳消费税的计算

（一）进口应税消费品计税依据的确定

进口应税消费品，按照组成计税价格、进口征税数量和规定的税率计算应纳税额。

1. 实行从价定率办法计算纳税的进口应税消费品计税依据的确定

实行从价定率办法计算纳税的进口应税消费品的计税依据为组成计税价格。实行从价定率办法计算纳税的组成计税价格的计算公式为：

$$\text{组成计税价格}=(\text{关税完税价格}+\text{关税})\div(1-\text{比例税率})$$

2. 实行从量定额办法计算纳税的进口应税消费品计税依据的确定

实行从量定额办法计算纳税的进口应税消费品的计税依据为海关核定的应税消费品进口征税数量。

3. 实行复合计税办法计算纳税的进口应税消费品计税依据的确定

从价部分，按照组成计税价格计算纳税；从量部分，按照海关核定的应税消费品进口征税数量作为计税依据计算纳税。实行复合计税办法计算纳税的从价部分的组成计税价格的计算公式为：

$$\text{组成计税价格}=\left(\begin{matrix}\text{关税完税}\\\text{价格}\end{matrix}+\text{关税}+\begin{matrix}\text{海关核定的应税}\\\text{消费品进口征税数量}\end{matrix}\times\begin{matrix}\text{定额}\\\text{税率}\end{matrix}\right)\div\left(1-\begin{matrix}\text{比例}\\\text{税率}\end{matrix}\right)$$

式中，关税完税价格是指海关核定的关税计税价格。

【知识链接】对于实行从价定率办法计算缴纳消费税的进口应税消费品，在缴纳进口环节消费税的同时需要缴纳进口环节增值税，进口环节增值税的组成计税价格与消费税的组成计税价格相同。对于实行复合计税办法计算缴纳消费税的进口应税消费品，在缴纳进口环节消费税的同时需要缴纳进口环节增值税，进口环节增值税的组成计税价格

与消费税从价部分的组成计税价格相同。

（二）进口应税消费品应纳税额的计算

（1）实行从价定率办法计算纳税的进口应税消费品应纳税额的计算公式为：

应纳消费税＝组成计税价格×比例税率

（2）实行从量定额办法计算纳税的进口应税消费品应纳税额的计算公式为：

应纳消费税＝海关核定的应税消费品进口征税数量×定额税率

（3）实行复合计税办法计算纳税的进口应税消费品应纳税额的计算公式为：

应纳消费税＝组成计税价格×比例税率＋海关核定的应税消费品进口征税数量×定额税率

【工作实例3-8】 甲商贸公司为增值税一般纳税人，本年1月从国外进口一批粮食白酒共计5 000千克。该批粮食白酒的关税完税价格为1 000 000元，按规定应缴纳关税200 000元。粮食白酒适用的消费税比例税率为20%，定额税率为0.5元/500克。

【工作要求】计算甲商贸公司本年1月上述进口粮食白酒业务的应纳消费税。

【工作实施】

组成计税价格＝(1 000 000＋200 000＋5 000×2×0.5)÷(1－20%)
＝1 506 250(元)

应纳消费税＝1 506 250×20%＋5 000×2×0.5＝306 250(元)

【工作引例解析】

（1）乙企业应代收代缴的消费税＝460×15×10%＝690(元)

（2）准予扣除的高尔夫球杆的杆头、杆身和握把的已纳消费税＝(16 000＋23 600＋1 000)×80%×10%＝3 248(元)

甲企业应自行缴纳的消费税＝12 000÷2×(2＋5)×10%＋23 500÷(1＋13%)×10%－3 248＝3 031.65(元)

第2节即测即评

第3节　消费税出口退（免）税和征税的计算

情境引例

我公司为一家生产企业，直接出口自产的应税消费品享受增值税出口退税政策。请问我公司出口应税消费品时对于消费税也予以退税吗？

目前，我国的出口应税消费品的消费税税收政策分为以下三种形式。

一、出口免税并退税

1. 适用范围

有出口经营权的外贸企业购进应税消费品直接出口，以及外贸企业受其他外贸企业委托代理出口应税消费品，在出口销售环节免征消费税，并可退还生产环节的消费税。

【点拨指导】外贸企业只有受其他外贸企业委托，代理出口应税消费品才可办理退税，外贸企业受其他企业（主要是非生产性的一般商贸企业）委托，代理出口应税消费品不予退（免）税。

【特别提示】《财政部 国家税务总局关于出口货物劳务增值税和消费税政策的通知》（财税〔2012〕39号）规定，出口企业出口或视同出口适用增值税退（免）税的货物，免征消费税，如果属于购进出口的货物，退还前一环节对其已征的消费税。

2. 消费税退税的计税依据

出口货物的消费税应退税额的计税依据，按购进出口货物的消费税专用缴款书和海关进口消费税专用缴款书确定。

【点拨指导】具体来说，出口货物的消费税应退税额的计税依据，按购进的用于出口货物的“出口货物消费税专用缴款书”或进口的用于出口货物的“海关进口消费税专用缴款书”确定。

【特别提示】根据《国家税务总局关于使用出口货物消费税专用缴款书管理办法的通知》（国税明电〔1993〕71号）的规定，(1) 出口企业直接从生产企业收购消费税应税货物用于出口的，由生产企业所在地税务机关在征税时开具“出口货物消费税专用缴款书”（简称“专用税票”）；(2) 专用税票经税务、国库（经收处）收款盖章后，由生产企业转交出口企业，在货物出口后据以申请退还消费税；(3) 出口企业将收购的已征收消费税的货物销售给其他企业出口的，可由主管其出口退税的税务机关在专用税票上盖章或者开具专用税票分割单交其他企业据以申请退税。

属于从价定率计征消费税的，出口货物的消费税应退税额的计税依据为已征且未在内销应税消费品应纳税额中抵扣的购进出口货物金额；属于从量定额计征消费税的，出口货物的消费税应退税额的计税依据为已征且未在内销应税消费品应纳税额中抵扣的购进出口货物数量；属于复合计征消费税的，出口货物的消费税应退税额的计税依据按从价定率和从量定额的计税依据分别确定。

3. 消费税退税的计算

$$\begin{aligned}\text{从价定率计征消费税应退税额} &= \text{从价定率计征消费税的退税计税依据}\times\text{比例税率}\\ &= \text{已征且未在内销应税消费品应纳税额中抵扣的购进出口货物金额}\times\text{比例税率}\end{aligned}$$

从量定额计征消费税应退税额＝从量定额计征消费税的退税计税依据×定额税率

＝已征且未在内销应税消费品应纳税额中抵扣的购进出口货物数量×定额税率

复合计征消费税应退税额＝从价定率计征消费税的退税计税依据×比例税率

＋从量定额计征消费税的退税计税依据×定额税率

＝已征且未在内销应税消费品应纳税额中抵扣的购进出口货物金额×比例税率

＋已征且未在内销应税消费品应纳税额中抵扣的购进出口货物数量×定额税率

【工作实例3-9】 甲外贸公司为增值税一般纳税人，具有出口经营权，本年1月从乙化妆品生产企业购进高档化妆品一批，取得的增值税专用发票上注明价款20万元、增值税税额2.6万元，取得的出口货物消费税专用缴款书上注明计税金额20万元、消费税税额3万元。当月该批高档化妆品全部出口取得销售收入30万元。该批高档化妆品适用的增值税退税率为13%，适用的消费税税率为15%。

【工作要求】 计算甲外贸公司本年1月出口高档化妆品应退的增值税和消费税。

【工作实施】

应退的增值税＝20×13%＝2.6（万元）

应退的消费税＝20×15%＝3（万元）

应退的增值税和消费税合计＝2.6＋3＝5.6（万元）

二、出口免税不退税

有出口经营权的生产企业自营出口或生产企业委托外贸企业代理出口自产的应税消费品，依据其实际出口数量免征消费税，不予退还消费税。

免征消费税是指对生产企业按其实际出口数量免征生产环节（这里的生产环节即为出口销售环节，下同）的消费税。

【点拨指导】 生产环节指的是第一道生产销售环节，即出厂销售环节，由于涉及出口，这里的生产环节即为出口销售环节。

不予办理退还消费税，是指因已免征生产环节的消费税，该应税消费品出口时，已不含有消费税，所以不需要再退还消费税。

【特别提示】《财政部 国家税务总局关于出口货物劳务增值税和消费税政策的通知》（财税〔2012〕39号）规定，出口企业出口或视同出口适用增值税免税政策的货物，免征消费税，但不退还其以前环节已征的消费税，且不允许在内销应税消费品应纳消费税税款中抵扣。

【点拨指导】这项“出口免税不退税”的消费税政策规定与第2章的第3节中“出口免税不退税”的增值税政策规定是不同的。

（1）就“出口免税不退税”的消费税政策而言，消费税出口免税是指对生产企业按其实际出口数量免征生产环节的消费税；消费税出口不退税，是指因已免征生产环节的消费税，该应税消费品出口时，已不含有消费税，所以不需要再退还消费税。

（2）就“出口免税不退税”的增值税政策而言，增值税出口免税是指对货物、劳务和跨境应税行为在出口销售环节免征增值税，这是把货物、劳务和跨境应税行为出口销售环节与出口前的销售环节都同样视为一个增值税征税环节；增值税出口不退税是指适用这个政策的出口货物、劳务和跨境应税行为因在前一道生产、销售环节或进口环节是免征增值税的，因此，出口时该货物、劳务和跨境应税行为的价格中本身就不含增值税，也不需要退还增值税。

【情境引例解析】

根据《消费税暂行条例》，对纳税人出口应税消费品，免征消费税；国务院另有规定的除外。

有出口经营权的生产企业自营出口或生产企业委托外贸企业代理出口自产的应税消费品，依据其实际出口数量免征消费税，不予退还消费税。免征消费税是指对生产企业按其实际出口数量免征生产环节的消费税。不予办理退还消费税，是指因已免征生产环节的消费税，该应税消费品出口时，已不含有消费税，所以不需要再退还消费税。因此，你公司作为一家生产企业，直接出口自产的应税消费品，依据实际出口数量免征消费税，不予办理退还消费税。

三、出口不免税也不退税

除生产企业、外贸企业外的其他企业（主要是非生产性的一般商贸企业）委托外贸企业代理出口应税消费品一律不予退（免）税，即不免税也不退税。

【特别提示】《财政部 国家税务总局关于出口货物劳务增值税和消费税政策的通知》（财税〔2012〕39号）规定，出口企业出口或视同出口适用增值税征税政策的货物，应按规定缴纳消费税，不退还其以前环节已征的消费税，且不允许在内销应税消费品应纳消费税税款中抵扣。

【点拨指导】消费税出口退（免）税的其他有关规定：（1）出口的应税消费品办理退税后，发生退关，或者国外退货进口时予以免税的，报关出口者必须及时向其机构所在地或者居住地主管税务机关申报补缴已退的消费税税款。（2）纳税人直接出口的应税消费品办理免税后，发生退关或国外退货，复进口时已予以免税的，经机构所在地或者居住地主管税务机关批准，可暂不办理补税，待其转为国内销售时，再向其主管税务机关申报补缴消费税。

第3节即测即评

第4节　消费税的征收管理

情境引例

我单位的总公司在山东济南，生产销售的产品应当缴纳消费税。近期在济南不同区又设立了几家分支机构，请问分支机构的消费税可以由我单位的总公司汇总缴纳吗？

一、消费税的征收管理要求

（一）消费税的纳税义务发生时间

（1）纳税人销售应税消费品的，按不同的销售结算方式，其消费税纳税义务发生时间分别为：

1）采取赊销和分期收款结算方式的，为书面合同约定的收款日期的当天；书面合同没有约定收款日期或者无书面合同的，为发出应税消费品的当天。

2）采取预收货款结算方式的，为发出应税消费品的当天。

3）采取托收承付和委托银行收款方式的，为发出应税消费品并办妥托收手续的当天。

4）采取其他结算方式的，为收讫销售款项或者取得索取销售款项凭据的当天。

（2）纳税人自产自用应税消费品的，其消费税纳税义务发生时间为移送使用的当天。

（3）纳税人委托加工应税消费品的，其消费税纳税义务发生时间为纳税人提货的当天。

（4）纳税人进口应税消费品的，其消费税纳税义务发生时间为报关进口的当天。

【知识链接】除委托加工应税消费品的消费税纳税义务发生时间有特殊规定之外，消费税纳税义务发生时间与增值税纳税义务发生时间基本一致。

（二）消费税的纳税期限

消费税的纳税期限分别为1日、3日、5日、10日、15日、1个月或者1个季度。纳税人的具体纳税期限，由主管税务机关根据纳税人应纳税额的大小分别核定；不能按照固定期限纳税的，可以按次纳税。

纳税人以1个月或者1个季度为一个纳税期的，自期满之日起15日内申报纳税；

以1日、3日、5日、10日或者15日为一个纳税期的，自期满之日起5日内预缴税款，于次月1日至15日内申报纳税并结清上月应纳税款。

纳税人进口应税消费品，应当自海关填发海关进口消费税专用缴款书之日起15日内缴纳税款。

【知识链接】 消费税纳税期限的有关规定与增值税纳税期限的有关规定基本一致。

（三）消费税的纳税地点

（1）纳税人销售应税消费品及自产自用应税消费品，除国家另有规定外，应当向纳税人机构所在地或者居住地的主管税务机关申报纳税。

（2）纳税人到外县（市）销售或者委托外县（市）代销自产应税消费品的，于应税消费品销售后，向机构所在地或者居住地主管税务机关申报纳税。

（3）纳税人的总机构与分支机构不在同一县（市）的，应当分别向各自机构所在地的主管税务机关申报纳税；经财政部、国家税务总局或者其授权的财政、税务机关批准，可以由总机构汇总向总机构所在地的主管税务机关申报纳税。

【特别提示】 卷烟批发企业的纳税地点比较特殊，总机构与分支机构不在同一地区的，由总机构申报纳税。

（4）委托加工的应税消费品，除受托方为个人外，由受托方向机构所在地或者居住地的主管税务机关解缴消费税税款。

【知识链接】 委托个人加工的应税消费品，由委托方向其机构所在地或者居住地的主管税务机关申报纳税。

（5）进口的应税消费品，由进口人或者其代理人向报关地海关申报纳税。

（6）出口的应税消费品办理退税后，发生退关或者国外退货进口时予以免税的，报关出口者必须及时向其机构所在地或者居住地主管税务机关申报补缴已退的消费税税款。

（7）纳税人销售应税消费品，如果因质量等原因由购买者退回时，经机构所在地或者居住地主管税务机关审核批准后，可退还已缴纳的消费税税款。

【情境引例解析】

根据《财政部 国家税务总局关于消费税纳税人总分支机构汇总缴纳消费税有关政策的通知》（财税〔2012〕42号）的有关规定，纳税人的总机构与分支机构不在同一县（市），但在同一省（自治区、直辖市）范围内，经省（自治区、直辖市）财政厅（局）、税务局审批同意，可以由总机构汇总向总机构所在地的主管税务机关申报缴纳消费税。

根据上述规定，总分支机构在同一省（自治区、直辖市）范围内，经省（自治区、直辖市）财政厅（局）、税务局审批同意，可以由总机构汇总向总机构所在地的主管税务机关申报缴纳消费税。

二、消费税的纳税申报

纳税人对消费税进行纳税申报时，应当填报《本期准予扣除税额计算表》[①]（略）、《本期准予扣除税额计算表（成品油消费税纳税人适用）》[②]、《本期减（免）税额明细表》、《本期委托加工收回情况报告表》、《卷烟批发企业月份销售明细清单（卷烟批发环节消费税纳税人适用）》[③]、《卷烟生产企业合作生产卷烟消费税情况报告表（卷烟生产环节消费税纳税人适用）》[④]、《消费税附加税费计算表》（见表3-6）、《消费税及附加税费申报表》（见表3-7）。

表3-6　消费税附加税费计算表　　金额单位：元（列至角分）

<table>
<tr><td colspan="3" rowspan="3">本期是否适用小微企业“六税两费”减免政策</td><td rowspan="3">□是
□否</td><td colspan="2" rowspan="2">减免政策适用主体</td><td colspan="4">增值税小规模纳税人：□是　□否</td></tr>
<tr><td colspan="4">增值税一般纳税人：□个体工商户
□小型微利企业</td></tr>
<tr><td colspan="2">适用减免政策起止时间</td><td colspan="4">年　月　至　年　月</td></tr>
<tr><td rowspan="3">税（费）种</td><td>计税（费）依据</td><td rowspan="2">税（费）率（%）</td><td rowspan="2">本期应纳税（费）额</td><td colspan="2">本期减免税（费）额</td><td colspan="2">小微企业“六税两费”减免政策</td><td rowspan="2">本期已缴税（费）额</td><td rowspan="2">本期应补（退）税（费）额</td></tr>
<tr><td>消费税税额</td><td>减免性质代码</td><td>减免税（费）额</td><td>减征比例（%）</td><td>减征额</td></tr>
<tr><td>1</td><td>2</td><td>3=1×2</td><td>4</td><td>5</td><td>6</td><td>7=(3−5)×6</td><td>8</td><td>9=3−5−7−8</td></tr>
<tr><td>城市维护建设税</td><td></td><td></td><td></td><td></td><td></td><td></td><td></td><td></td><td></td></tr>
<tr><td>教育费附加</td><td></td><td></td><td></td><td></td><td></td><td></td><td></td><td></td><td></td></tr>
<tr><td>地方教育附加</td><td></td><td></td><td></td><td></td><td></td><td></td><td></td><td></td><td></td></tr>
<tr><td>合计</td><td>—</td><td>—</td><td></td><td>—</td><td></td><td>—</td><td></td><td></td><td></td></tr>
</table>

① 本表由外购（含进口）或委托加工收回应税消费品用于连续生产应税消费品、委托加工收回的应税消费品以高于受托方计税价格出售的纳税人（成品油消费税纳税人除外）填写。

② 本表由外购（含进口）或委托加工收回已税汽油、柴油、石脑油、润滑油、燃料油（以下简称应税油品）用于连续生产应税消费品的成品油消费税纳税人填写。

③ 本表由卷烟批发环节消费税纳税人填报，于办理消费税纳税申报时一并报送。

④ 本表由卷烟生产环节消费税纳税人填报，未发生合作生产卷烟业务的纳税人不填报本表。

表 3-7　消费税及附加税费申报表

税款所属期：自　　年　月　日至　　年　月　日

纳税人识别号（统一社会信用代码）：□□□□□□□□□□□□□□□□□□□□

纳税人名称：　　　　　　　　　　　　　　　　　　　金额单位：人民币元（列至角分）

项目 应税消费品名称	适用税率		计量单位	本期销售数量	本期销售额	本期应纳税额
	定额税率	比例税率				
	1	2	3	4	5	6=1×4+2×5
合计	—	—	—	—	—	

	栏次	本期税费额
本期减（免）税额	7	
期初留抵税额	8	
本期准予扣除税额	9	
本期应扣除税额	10=8+9	
本期实际扣除税额	11[10<(6-7)，则为 10，否则为 6-7]	
期末留抵税额	12=10-11	
本期预缴税额	13	
本期应补（退）税额	14=6-7-11-13	
城市维护建设税本期应补（退）税额	15	
教育费附加本期应补（退）费额	16	
地方教育附加本期应补（退）费额	17	

声明：此表是根据国家税收法律法规及相关规定填写的，本人（单位）对填报内容（及附带资料）的真实性、可靠性、完整性负责。

纳税人（签章）：　年　月　日

经办人： 经办人身份证号： 代理机构签章： 代理机构统一社会信用代码：	受理人： 受理税务机关（章）： 受理日期：　年　月　日

技能训练

第 4 节即测即评

1. 甲酒厂为增值税一般纳税人，本年 1 月生产白酒 200 箱，每箱净重 20 千克，取得不含税销售收入 30 000 元，收取包装物押金 1 130

元，押金单独记账，货款及押金均收到。白酒适用的消费税比例税率为20%，定额税率为0.5元/500克。

要求：计算甲酒厂本年1月上述业务的应纳消费税。

2. 甲进出口公司本年1月进口白酒1 800吨，关税完税价格为12 000万元，适用的关税税率为180%。白酒适用的消费税比例税率为20%，定额税率为0.5元/500克。

要求：

（1）计算甲进出口公司本年1月上述进口业务的应纳进口关税；

（2）计算甲进出口公司本年1月上述进口应税消费品的组成计税价格；

（3）计算甲进出口公司本年1月上述进口业务的应纳消费税；

（4）计算甲进出口公司本年1月上述进口业务的应纳增值税。

3. 甲酒厂为增值税一般纳税人，本年1月销售自己生产的粮食白酒6吨，开具的增值税专用发票上注明的不含增值税销售额为80万元，另外向购买方收取优质费33.9万元。白酒适用的消费税比例税率为20%，定额税率为0.5元/500克。

要求：计算甲酒厂本年1月上述业务的应纳消费税和增值税销项税额。

实战演练

甲卷烟厂为增值税一般纳税人，主要生产S牌卷烟（不含税调拨价为100元/标准条）及雪茄烟。本年1月甲卷烟厂发生如下业务：

（1）从烟农手中购进烟叶，支付烟叶收购价款110万元并按规定支付了10%的价外补贴，将其运往A企业委托加工烟丝；向A企业支付加工费，取得的增值税专用发票上注明加工费10万元、增值税1.3万元，该批烟丝已收回入库，但本月未领用。A企业无同类烟丝销售价格。

（2）从乙企业（主营业务为烟丝的生产和销售）购进烟丝，取得的增值税专用发票上注明价款300万元、增值税39万元。

（3）从小规模纳税人丙企业和丁企业（主营业务均为烟丝的生产和销售）购进烟丝，均取得增值税专用发票，注明的价款共计280万元（不含税）。

（4）进口一批烟丝，支付货价300万元、经纪费15万元，该批烟丝运抵我国输入地点起卸后发生运费及保险费共计35万元，卷烟厂完税后，海关放行。

（5）以成本为350万元的特制自产烟丝生产卷烟。

（6）本月销售雪茄烟取得不含税收入500万元，并收取品牌专卖费9.04万元；领用外购烟丝为原料生产S牌卷烟，销售S牌卷烟300标准箱。

（7）月初库存外购烟丝买价为32万元，月末库存外购烟丝买价为70万元。

其他相关资料：甲卷烟厂取得的增值税专用发票、海关进口增值税专用缴款书本年1月均符合抵扣规定；烟丝适用的消费税税率为30%，关税税率为10%。调拨价为70元（不含增值税）/条以上（含70元）的卷烟为甲类卷烟，适用的消费税比例税率为

56%，定额税率为30元/万支；调拨价为70元（不含增值税）/条以下的卷烟为乙类卷烟，适用的消费税比例税率为36%，定额税率为30元/万支。雪茄烟适用的消费税税率为36%。卷烟相关单位换算：1标准箱=250标准条，1标准条=200支。

任务要求：

（1）计算本年1月A企业应代收代缴的消费税。

（2）计算甲卷烟厂本年1月进口烟丝的应纳进口环节税金合计。

（3）计算甲卷烟厂本年1月领用特制自产烟丝的应纳消费税。

（4）计算甲卷烟厂本年1月准予扣除外购烟丝的已纳消费税。

（5）计算甲卷烟厂本年1月国内销售环节的应纳消费税（不含被代收代缴的消费税）。

第4章

企业所得税法

素养提升

纳税人应当充分运用国家出台的企业所得税税收政策，合法合规纳税。

1. 我国出台了国家需要重点扶持的高新技术企业减按15%的税率征收企业所得税的优惠政策，有利于扶持高新技术企业加大科研力度，发展智能产业、拓展智能生活，体现了“强化企业科技创新主体地位，发挥科技型骨干企业引领支撑作用”[①] 的精神。

2. 我国出台了西部大开发的企业所得税优惠政策，有利于“促进西部地区经济发展与人口、资源、环境相协调，实现更高质量、更有效率、更加公平、更可持续发展”[②]。

能力目标

1. 能界定企业所得税纳税人，会判断哪些业务应当缴纳企业所得税，会选择企业所得税适用税率，能运用企业所得税优惠政策。

2. 能确定企业所得税的计税依据，能根据相关业务资料确定企业所得税的收入总额、不征税收入和免税收入、企业所得税准予扣除的项目、企业所得税不得扣除的项目，能根据相关业务资料进行亏损弥补。

3. 能根据相关业务资料对固定资产、生物资产、无形资产、长期待摊费用、存货和投资资产的涉税业务进行税务处理。

4. 能识别哪些经济业务属于企业重组，能把握企业重组的一般性税务处理和特殊性税务处理的条件，并能根据相关业务资料进行企业重组的一般性税务处理和特殊性税务处理。

---

① 习近平. 高举中国特色社会主义伟大旗帜 为全面建设社会主义现代化国家而团结奋斗——在中国共产党第二十次全国代表大会上的报告，北京：人民出版社，2022.

② 《中共中央 国务院关于新时代推进西部大开发形成新格局的指导意见》。

5. 能根据相关业务资料计算居民企业和非居民企业的应纳税额，能根据相关业务资料计算境外所得的抵扣税额。

6. 会判断哪些业务可能被税务机关进行特别纳税调整，能明确税务机关进行特别纳税调整的方法和税务机关进行核定征收的方法，会计算因特别纳税调整而加收的利息，并识记追溯时限。

7. 能确定企业所得税的纳税义务发生时间、纳税期限和纳税地点。

工作引例

企业所得税的计算

甲居民企业为增值税一般纳税人，是国家需要重点扶持的高新技术企业。本年甲居民企业取得商品销售收入5 600万元，转让固定资产的净收益为50万元，投资收益为80万元；发生商品销售成本2 200万元，税金及附加为120万元，发生销售费用1 900万元、管理费用960万元、财务费用180万元、营业外支出100万元，实现利润总额270万元，企业自行计算缴纳企业所得税40.5万元（270×15%）。经税务师审核，发现本年该企业存在如下问题：

（1）12月购进一台符合《安全生产专用设备企业所得税优惠目录》规定的安全生产专用设备，取得增值税专用发票，注明价款550万元、增值税71.5万元，当月投入使用，企业将该设备购买价款550万元一次性在成本中列支。该设备生产的产品全部在当月销售，相关成本已结转。

（2）管理费用中含业务招待费120万元。

（3）销售费用中含广告费800万元、业务宣传费400万元。

（4）财务费用中含支付给银行的借款利息60万元（借款金额1 000万元，期限1年）；支付给关联方的借款利息72万元（借款金额1 200万元，期限1年），已知关联方的权益性投资为400万元，此项交易活动不符合独立交易原则且该企业实际税负高于境内关联方。

（5）营业外支出中含通过公益性社会团体向灾区捐款65万元、因违反合同约定支付给其他企业违约金28万元、因违反工商管理规定被工商部门处以罚款7万元。

（6）投资收益中含国债利息收入20万元；从境外A国子公司分回税后收益32万元，A国政府规定的所得税税率为20%；从境外B国子公司分回税后投资收益25万元，B国政府规定的所得税税率为10%。甲居民企业按照分国（地区）不分项的方法来计算抵免限额及其来源于境外的应纳税所得额。

（7）已计入成本、费用中的全年实发的合理工资总额为500万元，实际拨缴工会经费7万元，发生职工福利费80万元、职工教育经费20万元。

工作要求

（1）计算甲居民企业准予在企业所得税税前扣除的业务招待费金额。

（2）计算甲居民企业准予在企业所得税税前扣除的广告费和业务宣传费金额。

（3）计算甲居民企业准予在企业所得税税前扣除的利息费用。

（4）计算甲居民企业准予在企业所得税税前扣除的营业外支出金额。

（5）计算甲居民企业计算应纳税所得额时，工资总额、工会经费、职工福利费和职工教育经费应调整应纳税所得额的金额。

（6）计算甲居民企业本年度境内应纳税所得额。

（7）计算甲居民企业境外所得应在我国补缴的企业所得税。

（8）计算甲居民企业应补（退）企业所得税。

工作引例解析 见本章第6节。

第1节　企业所得税的认知

情境引例

我单位为有限合伙企业，请问是否需要缴纳企业所得税?

一、企业所得税纳税人和扣缴义务人的确定

（一）企业所得税的纳税人

企业所得税是对中华人民共和国境内的企业和其他取得收入的组织的生产经营所得和其他所得征收的一种所得税。

在中华人民共和国境内，企业和其他取得收入的组织（以下统称企业）为企业所得税的纳税人，依照《中华人民共和国企业所得税法》（简称《企业所得税法》）的规定缴纳企业所得税。个人独资企业、合伙企业不适用《企业所得税法》。

【特别提示】这里所说的个人独资企业、合伙企业，是指依据中国法律、行政法规的规定在中国境内成立的个人独资企业和合伙企业，不包括境外依据外国法律成立的个人独资企业和合伙企业。

【点拨指导】合伙企业以每个合伙人为纳税人，合伙企业的合伙人是自然人的，作为自然人的合伙人缴纳个人所得税；合伙人是法人或其他组织的，作为法人或其他组织的合伙人缴纳企业所得税，该合伙人在缴纳企业所得税时，适用《企业所得税法》。

缴纳企业所得税的企业分为居民企业和非居民企业，分别承担不同的纳税责任。

1. 居民企业

居民企业是指依法在中国境内成立，或者依照外国（地区）法律成立但实际管理机

构在中国境内的企业。依法在中国境内成立的企业，包括依照中国法律、行政法规在中国境内成立的企业、事业单位、社会团体以及其他取得收入的组织。依照外国（地区）法律成立的企业，包括依照外国（地区）法律成立的企业和其他取得收入的组织。

2. 非居民企业

非居民企业是指依照外国（地区）法律成立且实际管理机构不在中国境内，但在中国境内设立机构、场所的，或者在中国境内未设立机构、场所，但有来源于中国境内所得的企业。

实际管理机构是指对企业的生产经营、人员、账务、财产等实施实质性全面管理和控制的机构。机构、场所是指在中国境内从事生产经营活动的机构、场所，包括：

（1）管理机构、营业机构、办事机构；

（2）工厂、农场、开采自然资源的场所；

（3）提供劳务的场所；

（4）从事建筑、安装、装配、修理、勘探等工程作业的场所；

（5）其他从事生产经营活动的机构、场所。

非居民企业委托营业代理人在中国境内从事生产经营活动的，包括委托单位或者个人经常代其签订合同或储存、交付货物等，该营业代理人视为非居民企业在中国境内设立的机构、场所。

【情境引例解析】

根据《企业所得税法》的规定，个人独资企业、合伙企业不适用该法。但这里所指的合伙企业仅指合伙人均为自然人的合伙企业，实际上主要是指普通合伙企业。根据《中华人民共和国合伙企业法》的规定，该法所称的合伙企业，是指自然人、法人和其他组织依照该法在中国境内设立的普通合伙企业和有限合伙企业。有限合伙企业由普通合伙人和有限合伙人组成，普通合伙人对合伙企业债务承担无限连带责任，有限合伙人以其认缴的出资额为限对合伙企业的债务承担责任。国有独资公司、国有企业、上市公司以及公益性事业单位、社会团体不得成为普通合伙人。换句话说，国有独资公司、国有企业、上市公司以及公益性事业单位、社会团体只能成为有限合伙人。

根据《财政部 国家税务总局关于合伙企业合伙人所得税问题的通知》（财税〔2008〕159 号）的规定，合伙企业以每一个合伙人为纳税义务人。合伙企业合伙人是自然人的，缴纳个人所得税；合伙人是法人和其他组织的，缴纳企业所得税。

由此可见，合伙企业以每个合伙人为纳税义务人，普通合伙企业中的合伙人均为普通合伙人，各个普通合伙人缴纳个人所得税；有限合伙企业中的自然人合伙人缴纳个人所得税，有限合伙企业中的法人和其他组织合伙人缴纳企业所得税。

（二）企业所得税的扣缴义务人

（1）支付人为扣缴义务人。非居民企业在中国境内未设立机构、场所的，或者虽设立机构、场所但取得的所得与其所设机构、场所没有实际联系的，其来源于中国境内的所得应缴纳的所得税，实行源泉扣缴，以支付人为扣缴义务人。税款由扣缴义务人在每次支付或者到期应支付时，从支付或者到期应支付的款项中扣缴。

支付人是指依照有关法律规定或者合同约定对非居民企业直接负有支付相关款项义务的单位或者个人。支付包括现金支付、汇拨支付、转账支付和权益兑价支付等货币支付和非货币支付。到期应支付的款项是指支付人按照权责发生制原则应当计入相关成本、费用的应付款项。

（2）指定扣缴义务人。对非居民企业在中国境内取得工程作业和劳务所得应缴纳的所得税，税务机关可以指定工程价款或者劳务费的支付人为扣缴义务人。

【特别提示】支付人为扣缴义务人，又称法定扣缴义务人，一般适用于在我国境内未设立机构、场所，或者虽设立机构、场所但取得的所得与其所设机构、场所没有实际联系的，其来源于我国境内所得的情形；指定扣缴义务人一般适用于在我国设立机构、场所，但所设机构、场所不具备会计核算能力的情形。

（3）扣缴义务人的其他规定。

扣缴义务人由县级以上税务机关指定，并同时告知扣缴义务人所扣税款的计算依据、计算方法、扣缴期限。

扣缴义务人每次代扣的税款，应当自代扣之日起7日内缴入国库，并向所在地的税务机关报送扣缴企业所得税报告表。

扣缴义务人未依法扣缴税款或者无法履行扣缴义务的，由纳税人在所得发生地缴纳税款。在中国境内存在多处所得发生地的，由纳税人选择其中一地申报缴纳企业所得税。

纳税人未依法缴纳税款的，税务机关可以从该纳税人在中国境内其他收入项目（指该纳税人在中国境内取得的其他各种来源的收入）的支付人应付的款项中，追缴该纳税人的应纳税款。

税务机关在追缴该纳税人应纳税款时，应当将追款理由、追缴数额、扣缴期限和缴纳方式等告知该纳税人。

二、企业所得税征税对象的确定

（一）居民企业的征税对象

居民企业应当就其来源于中国境内、境外的所得缴纳企业所得税。所得包括销售货物所得、提供劳务所得、转让财产所得、股息红利等权益性投资所得、利息所得、租金所得、特许权使用费所得、接受捐赠所得和其他所得。

（二）非居民企业的征税对象

非居民企业在中国境内设立机构、场所的，应当就其所设机构、场所取得的来源于中国境内的所得，以及发生在中国境外但与其所设机构、场所有实际联系的所得，缴纳企业所得税。实际联系是指非居民企业在中国境内设立的机构、场所拥有据以取得所得的股权、债券，以及拥有、管理、控制据以取得所得的财产等。

非居民企业在中国境内未设立机构、场所的，或者虽设立机构、场所但取得的所得与其所设机构、场所没有实际联系的，应当就其来源于中国境内的所得缴纳企业所得税。

来源于中国境内、境外的所得，按照以下原则确定：

（1）销售货物所得，按照交易活动发生地确定；

（2）提供劳务所得，按照劳务发生地确定；

（3）转让财产所得：不动产转让所得按照不动产所在地确定，动产转让所得按照转让动产的企业或者机构、场所所在地确定，权益性投资资产转让所得按照被投资企业所在地确定；

（4）股息、红利等权益性投资所得，按照分配所得的企业所在地确定；

（5）利息所得、租金所得、特许权使用费所得，按照负担、支付所得的企业或者机构、场所所在地确定，或者按照负担、支付所得的个人住所地确定；

（6）其他所得，由国务院财政、税务主管部门确定。

三、企业所得税税率的判定

企业所得税实行比例税率。企业所得税税率的具体规定如下：

（1）基本税率为25%。居民企业应当就其来源于中国境内、境外的所得缴纳企业所得税，适用的企业所得税税率为25%；非居民企业在中国境内设立机构、场所的，应当就其所设机构、场所取得的来源于中国境内的所得，以及发生在中国境外但与其所设机构、场所有实际联系的所得，缴纳企业所得税，适用的企业所得税税率为25%。

（2）低税率为20%。非居民企业在中国境内未设立机构、场所的，或者虽设立机构、场所但取得的所得与其所设机构、场所没有实际联系的，应当就其来源于中国境内的所得缴纳企业所得税，适用的企业所得税税率为20%，但实际征税时减按10%的税率征收。

【知识链接】居民企业中符合条件的小型微利企业减按20%的税率征收企业所得税。国家重点扶持的高新技术企业减按15%的税率征收企业所得税。自2018年1月1日起，对经认定的技术先进型服务企业（服务贸易类），减按15%的税率征收企业所得税。

四、企业所得税优惠政策的运用

税法规定的企业所得税的税收优惠方式主要包括免税、减税、加计扣除、加速折旧、减计收入、税额抵免等。

（一）免税与减税优惠

1. 从事农、林、牧、渔业项目的所得

企业（包括“公司＋农户”经营模式的企业）从事农、林、牧、渔业项目的所得，包括免征和减征两部分。

（1）企业从事下列项目的所得，免征企业所得税：1）蔬菜、谷物、薯类、油料、豆类、棉花、麻类、糖料、水果、坚果的种植；2）农作物新品种的选育；3）中药材的种植；4）林木的培育和种植；5）牲畜、家禽的饲养等；6）林产品的采集；7）灌溉、农产品初加工、兽医、农技推广、农机作业和维修等农、林、牧、渔服务业项目；8）远洋捕捞。

（2）企业从事下列项目的所得，减半征收企业所得税：1）花卉、茶以及其他饮料作物和香料作物的种植；2）海水养殖、内陆养殖等。

2. 从事国家重点扶持的公共基础设施项目投资经营的所得

税法所称国家重点扶持的公共基础设施项目，是指《公共基础设施项目企业所得税优惠目录》规定的港口码头、机场、铁路、公路、城市公共交通、电力、水利等项目。

企业从事国家重点扶持的公共基础设施项目的投资经营的所得，自项目取得第一笔生产经营收入所属纳税年度起，第1～3年免征企业所得税，第4～6年减半征收企业所得税。

企业承包经营、承包建设和内部自建自用上述规定的项目，不得享受上述企业所得税优惠。

3. 从事符合条件的环境保护、节能节水项目的所得

符合条件的环境保护、节能节水项目，包括公共污水处理、公共垃圾处理、沼气综合开发利用、节能减排技术改造、海水淡化等。

企业从事符合条件的环境保护、节能节水项目的所得，自项目取得第一笔生产经营收入所属纳税年度起，第1～3年免征企业所得税，第4～6年减半征收企业所得税。

依照规定享受减免税优惠的项目，在减免税期限内转让的，受让方自受让之日起，可以在剩余期限内享受规定的减免税优惠；减免税期限届满后转让的，受让方不得就该项目重复享受减免税优惠。

【特别提示】“三免三减半”政策，减免税期间从“取得第一笔生产经营收入所属纳税年度起”。

【素养园地】我国出台了从事符合条件的环境保护、节能节水项目取得所得的企业所得税税收优惠政策，有利于提高纳税人环境保护意识，推进生态文明建设和可持续发展，促进节能节水环保产业结构的优化升级，体现了“必须牢固树立和践行绿水青山就是金山银山的理念，站在人与自然和谐共生的高度谋划发展”[①] 的宗旨。

① 习近平. 高举中国特色社会主义伟大旗帜 为全面建设社会主义现代化国家而团结奋斗——在中国共产党第二十次全国代表大会上的报告，北京：人民出版社，2022.

4. 符合条件的技术转让所得

符合条件的技术转让所得免征、减征企业所得税，是指一个纳税年度内，居民企业转让技术所有权所得不超过500万元的部分，免征企业所得税；超过500万元的部分，减半征收企业所得税。

（二）高新技术企业优惠

国家需要重点扶持的高新技术企业减按15%的税率征收企业所得税。

（三）技术先进型服务企业优惠

自2018年1月1日起，对经认定的技术先进型服务企业（服务贸易类），减按15%的税率征收企业所得税。

（四）小型微利企业优惠

自2019年1月1日至2021年12月31日，对小型微利企业年应纳税所得额不超过100万元的部分，减按25%计入应纳税所得额，按20%的税率缴纳企业所得税；对年应纳税所得额超过100万元但不超过300万元的部分，减按50%计入应纳税所得额，按20%的税率缴纳企业所得税。自2021年1月1日至2022年12月31日，对小型微利企业年应纳税所得额不超过100万元的部分，在上述优惠政策基础上，再减半征收企业所得税，即减按12.5%计入应纳税所得额，按20%的税率缴纳企业所得税。自2023年1月1日至2027年12月31日，对小型微利企业年应纳税所得额不超过100万元的部分，减按25%计入应纳税所得额，按20%的税率缴纳企业所得税。自2022年1月1日至2027年12月31日，对小型微利企业年应纳税所得额超过100万元但不超过300万元的部分，减按25%计入应纳税所得额，按20%的税率缴纳企业所得税。上述小型微利企业是指从事国家非限制和禁止行业，且同时符合年度应纳税所得额不超过300万元、从业人数不超过300人、资产总额不超过5 000万元等三个条件的企业。

从业人数包括与企业建立劳动关系的职工人数和企业接受的劳务派遣用工人数。所称从业人数和资产总额指标，应按企业全年的季度平均值确定。具体计算公式如下：

季度平均值=(季初值+季末值)÷2

全年季度平均值=全年各季度平均值之和÷4

年度中间开业或者终止经营活动的，以其实际经营期作为一个纳税年度确定上述相关指标。

【特别提示】与小型微利企业所得税优惠政策有关的征管问题规定如下：

(1) 符合财政部、税务总局规定的小型微利企业条件的企业（简称小型微利企业），按照相关政策规定享受小型微利企业所得税优惠政策。企业设立不具有法人资格的分支机构的，应当汇总计算总机构及其各分支机构的从业人数、资产总额、年度应纳税所得额，依据合计数判断是否符合小型微利企业条件。

（2）小型微利企业无论按查账征收方式或核定征收方式缴纳企业所得税，均可享受小型微利企业所得税优惠政策。

（3）小型微利企业在预缴和汇算清缴企业所得税时，通过填写纳税申报表，即可享受小型微利企业所得税优惠政策。小型微利企业应准确填报基础信息，包括从业人数、资产总额、年度应纳税所得额、国家限制或禁止行业等，信息系统将为小型微利企业智能预填优惠项目、自动计算减免税额。

（4）小型微利企业预缴企业所得税时，资产总额、从业人数、年度应纳税所得额指标，暂按当年度截至本期预缴申报所属期末的情况进行判断。

（5）原不符合小型微利企业条件的企业，在年度中间预缴企业所得税时，按照相关政策标准判断符合小型微利企业条件的，应按照截至本期预缴申报所属期末的累计情况，计算减免税额。当年度此前期间如因不符合小型微利企业条件而多预缴的企业所得税税款，可在以后季度应预缴的企业所得税税款中抵减。

（6）企业预缴企业所得税时享受了小型微利企业所得税优惠政策，但在汇算清缴时发现不符合相关政策标准的，应当按照规定补缴企业所得税税款。

（7）小型微利企业所得税统一实行按季度预缴。按月度预缴企业所得税的企业，在当年度4月、7月、10月预缴申报时，若按相关政策标准判断符合小型微利企业条件的，下一个预缴申报期起调整为按季度预缴申报，一经调整，当年度内不再变更。

【工作实例4-1】 甲企业为我国一家居民企业，符合小型微利企业条件。甲企业本年度的应纳税所得额是270万元。

【工作要求】 计算甲企业本年度应缴纳的企业所得税。

【工作实施】

应纳企业所得税＝100×25%×20%＋(270－100)×25%×20%＝13.5(万元)

或者 ＝270×25%×20%＝13.5(万元)

（五）加计扣除优惠

（1）企业为开发新技术、新产品和新工艺发生的研究开发费用（又称研究开发费、研发费用），未形成无形资产计入当期损益的，在按照规定据实扣除的基础上，按照研发费用的50%加计扣除；形成无形资产的，按照无形资产成本的150%摊销。企业开展研发活动中实际发生的研发费用，未形成无形资产计入当期损益的，在按规定据实扣除的基础上，在2018年1月1日至2023年12月31日期间，再按照实际发生额的75%在税前加计扣除；形成无形资产的，在上述期间按照无形资产成本的175%在税前摊销。适用研发费用税前加计扣除比例75%的企业，在2022年10月1日至2022年12月31日期间，税前加计扣除比例提高至100%。制造业企业开展研发活动中实际发生的研发费用，未形成无形资产计入当期损益的，在按规定据实扣除的基础上，自2021年1月1

日起，再按照实际发生额的100%在税前加计扣除；形成无形资产的，自2021年1月1日起，按照无形资产成本的200%在税前摊销。企业开展研发活动中实际发生的研发费用，未形成无形资产计入当期损益的，在按规定据实扣除的基础上，自2023年1月1日起，再按照实际发生额的100%在税前加计扣除；形成无形资产的，自2023年1月1日起，按照无形资产成本的200%在税前摊销（该政策作为制度性安排长期实施）。集成电路企业和工业母机企业开展研发活动中实际发生的研发费用，未形成无形资产计入当期损益的，在按规定据实扣除的基础上，在2023年1月1日至2027年12月31日期间，再按照实际发生额的120%在税前扣除；形成无形资产的，在上述期间按照无形资产成本的220%在税前摊销。

【特别提示】 除烟草制造业、住宿和餐饮业、批发和零售业、房地产业、租赁和商务服务业、娱乐业以外的其他企业可以享受研究开发费相关的加计扣除政策。上述企业应为会计核算健全、实行查账征收并能够准确归集研发费用的居民企业。

（2）企业安置残疾人员所支付的工资，是指企业安置残疾人员的，在按照支付给残疾职工工资据实扣除的基础上，按照支付给残疾职工工资的100%加计扣除。

（3）自2022年1月1日起，对企业出资给非营利性科学技术研究开发机构（科学技术研究开发机构以下简称科研机构）、高等学校和政府性自然科学基金用于基础研究的支出，在计算应纳税所得额时可按实际发生额在税前扣除，并可按100%在税前加计扣除。对非营利性科研机构、高等学校接收企业、个人和其他组织机构基础研究资金收入，免征企业所得税。

（六）创业投资企业优惠

创业投资企业从事国家需要重点扶持和鼓励的创业投资，可以按投资额的一定比例抵扣应纳税所得额。

创业投资企业优惠是指创业投资企业采取股权投资方式投资于未上市的中小高新技术企业2年以上的，可以按照其投资额的70%在股权持有满2年的当年抵扣该创业投资企业的应纳税所得额；当年不足抵扣的，可以在以后纳税年度结转抵扣。例如，甲企业2024年1月1日向乙企业（未上市的中小高新技术企业）投资100万元，股权持有到2025年12月31日，那么甲企业2025年度可抵扣的应纳税所得额为70万元（100×70%）。

（七）加速折旧优惠

企业的固定资产由于技术进步等原因，确需加速折旧的，可以缩短折旧年限或者采取加速折旧的方法。可采用以上折旧方法的固定资产包括：

（1）由于技术进步，产品更新换代较快的固定资产；

（2）常年处于强震动、高腐蚀状态的固定资产。

采取缩短折旧年限方法的，最低折旧年限不得低于规定折旧年限的60%；若为购置已使用过的固定资产，其最低折旧年限不得低于税法规定最低折旧年限减去已使用年限后剩余年限的60%。最低折旧年限一经确定，一般不得变更。

【特别提示】采取加速折旧方法的，可以采取双倍余额递减法或者年数总和法。

依据《财政部 国家税务总局关于完善固定资产加速折旧企业所得税政策的通知》（财税〔2014〕75号），对有关固定资产加速折旧企业所得税政策问题规定如下：

（1）对生物药品制造业，专用设备制造业，铁路、船舶、航空航天和其他运输设备制造业，计算机、通信和其他电子设备制造业，仪器仪表制造业，信息传输、软件和信息技术服务业等6个行业的企业2014年1月1日后新购进的固定资产，可缩短折旧年限或采取加速折旧的方法。

对上述6个行业的小型微利企业2014年1月1日后新购进的研发和生产经营共用的仪器、设备，单位价值不超过100万元的，允许一次性计入当期成本费用在计算应纳税所得额时扣除，不再分年度计算折旧；单位价值超过100万元的，可缩短折旧年限或采取加速折旧的方法。

（2）对所有行业企业2014年1月1日后新购进的专门用于研发的仪器、设备，单位价值不超过100万元的，允许一次性计入当期成本费用在计算应纳税所得额时扣除，不再分年度计算折旧；单位价值超过100万元的，可缩短折旧年限或采取加速折旧的方法。

（3）对所有行业企业持有的单位价值不超过5 000元的固定资产，允许一次性计入当期成本费用在计算应纳税所得额时扣除，不再分年度计算折旧。

（4）企业按该文件第一条、第二条规定缩短折旧年限的，最低折旧年限不得低于《中华人民共和国企业所得税法实施条例》（简称《企业所得税法实施条例》）第六十条规定折旧年限的60%；采取加速折旧方法的，可采取双倍余额递减法或者年数总和法。该文件第一至三条规定之外的企业固定资产加速折旧所得税处理问题，继续按照《企业所得税法》及其实施条例和现行税收政策规定执行。

另外，依据《财政部 国家税务总局关于进一步完善固定资产加速折旧企业所得税政策的通告》（财税〔2015〕106号），对有关固定资产加速折旧企业所得税政策问题补充规定如下：

（1）对轻工、纺织、机械、汽车等4个领域重点行业的企业2015年1月1日后新购进的固定资产，可由企业选择缩短折旧年限或采取加速折旧的方法。

（2）对上述行业的小型微利企业2015年1月1日后新购进的研发和生产经营共用的仪器、设备，单位价值不超过100万元的，允许一次性计入当期成本费用在计算应纳税所得额时扣除，不再分年度计算折旧；单位价值超过100万元的，可由企业选择缩短折旧年限或采取加速折旧的方法。

（3）企业按上述规定缩短折旧年限的，最低折旧年限不得低于《企业所得税法实施条例》第六十条规定折旧年限的60%；采取加速折旧方法的，可采取双倍余额递减法或者年数总和法。

【点拨指导】自2019年1月1日起，适用财税〔2014〕75号文和财税〔2015〕106

号文规定固定资产加速折旧优惠的行业范围，扩大至全部制造业领域。

【特别提示】企业在 2018 年 1 月 1 日至 2027 年 12 月 31 日期间新购进的设备、器具，单位价值不超过 500 万元的，允许一次性计入当期成本费用在计算应纳税所得额时扣除，不再分年度计算折旧。设备、器具是指除房屋、建筑物以外的固定资产。

按照《企业所得税法》及其实施条例的规定，企业根据自身生产经营需要，也可选择不实行加速折旧政策。

（八）减计收入优惠

（1）企业以《资源综合利用企业所得税优惠目录》规定的资源作为主要原材料，生产国家非限制和非禁止并符合国家和行业相关标准的产品取得的收入，减按 90%计入收入总额。

（2）自 2019 年 6 月 1 日至 2025 年 12 月 31 日，为社区提供养老、托育、家政等服务的机构，提供社区养老、托育、家政服务取得的收入，在计算应纳税所得额时，减按 90%计入收入总额。社区包括城市社区和农村社区。

（九）税额抵免优惠

税额抵免是指企业购置并实际使用《环境保护专用设备企业所得税优惠目录》《节能节水专用设备企业所得税优惠目录》《安全生产专用设备企业所得税优惠目录》规定的环境保护、节能节水、安全生产等专用设备的，该专用设备投资额的 10%可以从企业当年的企业所得税应纳税额中抵免；当年不足抵免的，可以在以后 5 个纳税年度结转抵免。

享受环境保护、节能节水、安全生产等专用设备的企业所得税优惠的企业，应当实际购置并自身实际投入使用这些专用设备。企业购置这些专用设备在 5 年内转让、出租的，应当停止享受企业所得税优惠，并补缴已经抵免的企业所得税税款。转让的受让方可以按照该专用设备投资额的 10%抵免当年企业所得税应纳税额；当年应纳税额不足抵免的，可以在以后 5 个纳税年度结转抵免。

自 2009 年 1 月 1 日起，增值税一般纳税人购进生产用固定资产发生的进项税额可从其销项税额中抵扣。如果增值税进项税额允许抵扣，其专用设备投资额不再包括增值税进项税额；如果增值税进项税额不允许抵扣，其专用设备投资额应为增值税专用发票上注明的价税合计金额，企业购买专用设备取得增值税普通发票的，其专用设备投资额为增值税普通发票上注明的金额（实际上也是价税合计金额）。

企业在 2024 年 1 月 1 日至 2027 年 12 月 31 日期间发生的节能节水、环境保护和安全生产专用设备数字化、智能化改造投入，不超过该专用设备购置时原计税基础 50%的部分，可按照 10%比例抵免企业当年应纳税额。企业当年应纳税额不足抵免的，可以向以后年度结转，但结转年限最长不得超过 5 年。

【特别提示】企业同时从事适用不同企业所得税待遇的项目的，其优惠项目应当单独计算所得，并合理分摊企业的期间费用；没有单独计算的，不得享受企业所得税优惠。

（十）民族自治地方的企业的优惠

民族自治地方的自治机关对本民族自治地方的企业应缴纳的企业所得税中属于地方分享的部分，可以决定减征或者免征。自治州、自治县决定减征或者免征的，需报省、自治区、直辖市人民政府批准。但对民族自治地方国家限制和禁止行业的企业，不得减征或者免征企业所得税。

（十一）非居民企业优惠

在中国境内未设立机构、场所，或者虽设立机构、场所但取得的所得与其所设机构、场所没有实际联系的非居民企业减按10%的税率征收企业所得税。该类非居民企业取得下列所得免征企业所得税：（1）外国政府向中国政府提供贷款取得的利息所得；（2）国际金融组织向中国政府和居民企业提供优惠贷款取得的利息所得；（3）经国务院批准的其他所得。

（十二）其他有关行业的优惠

1. 鼓励集成电路产业和软件产业发展的优惠

（1）自2020年1月1日起，国家鼓励的集成电路线宽小于28纳米（含），且经营期在15年以上的集成电路生产企业或项目，第1年至第10年免征企业所得税；国家鼓励的集成电路线宽小于65纳米（含），且经营期在15年以上的集成电路生产企业或项目，第1年至第5年免征企业所得税，第6年至第10年按照25%的法定税率减半征收企业所得税；国家鼓励的集成电路线宽小于130纳米（含），且经营期在10年以上的集成电路生产企业或项目，第1年至第2年免征企业所得税，第3年至第5年按照25%的法定税率减半征收企业所得税。

对于按照集成电路生产企业享受税收优惠政策的，优惠期自获利年度起计算；对于按照集成电路生产项目享受税收优惠政策的，优惠期自项目取得第1笔生产经营收入所属纳税年度起计算，集成电路生产项目需单独进行会计核算、计算所得，并合理分摊期间费用。

国家鼓励的线宽小于130纳米（含）的集成电路生产企业，属于国家鼓励的集成电路生产企业清单年度之前5个纳税年度发生的尚未弥补完的亏损，准予向以后年度结转，总结转年限最长不得超过10年。

（2）自2020年1月1日起，国家鼓励的集成电路设计、装备、材料、封装、测试企业和软件企业，自获利年度起，第1年至第2年免征企业所得税，第3年至第5年按照25%的法定税率减半征收企业所得税。

（3）自2020年1月1日起，国家鼓励的重点集成电路设计企业和软件企业，自获利年度起，第1年至第5年免征企业所得税，接续年度减按10%的税率征收企业所得税。

2. 经营性文化事业单位转制为企业的优惠

经营性文化事业单位转制为企业，自转制注册之日起5年内免征企业所得税。上述税收政策执行至 2027 年 12 月 31 日。企业在 2027 年 12 月 31 日享受上述税收政策不满 5 年的，可继续享受至 5 年期满为止。

【特别提示】 经营性文化事业单位是指从事新闻出版、广播影视和文化艺术的事业单位。

3. 鼓励证券投资基金发展的优惠

（1）对证券投资基金从证券市场中取得的收入，包括买卖股票、债券的差价收入，股权的股息、红利收入，债券的利息收入及其他收入，暂不征收企业所得税。

（2）对投资者从证券投资基金分配中取得的收入，暂不征收企业所得税。

（3）对证券投资基金管理人运用基金买卖股票、债券的差价收入，暂不征收企业所得税。

4. 债券利息减免税的优惠

（1）对企业取得的 2012 年及以后年度发行的地方政府债券利息收入，免征企业所得税。

（2）自 2018 年 11 月 7 日至 2021 年 11 月 6 日，对境外机构投资境内债券市场取得的债券利息收入暂免征收企业所得税。自 2021 年 11 月 7 日起至 2025 年 12 月 31 日止，该政策继续执行。

【特别提示】 暂免征收企业所得税的范围不包括境外机构在境内设立的机构、场所取得的与该机构、场所有实际联系的债券利息。

（3）对企业投资者持有 2024—2027 年发行的铁路债券取得的利息收入，减半征收企业所得税。

【特别提示】 铁路债券是指以中国国家铁路集团有限公司为发行和偿还主体的债券，包括中国铁路建设债券、中期票据、短期融资券等债务融资工具。

5. 从事污染防治的第三方企业的优惠

自 2024 年 1 月 1 日起至 2027 年 12 月 31 日止，对符合条件的从事污染防治的第三方企业减按 15%的税率征收企业所得税。第三方防治企业是指受排污企业或政府委托，负责环境污染治理设施（包括自动连续监测设施）运营维护的企业。

（十三）西部大开发的优惠

自 2021 年 1 月 1 日至 2030 年 12 月 31 日，对设在西部地区的鼓励类产业企业减按 15%的税率征收企业所得税。上述所称鼓励类产业企业是指以《西部地区鼓励类产业目录》中规定的产业项目为主营业务，且其主营业务收入占企业收入总额 60%以上的企业。

（十四）海南自由贸易港的优惠

为支持海南自由贸易港建设，自 2020 年 1 月 1 日至 2024 年 12 月 31 日有关企业所得税优惠政策规定如下（自2025年1月1日至2027年12月31日，该政策继续执行）：

（1）对注册在海南自由贸易港并实质性运营的鼓励类产业企业，减按15%的税率征收企业所得税。

（2）对在海南自由贸易港设立的旅游业、现代服务业、高新技术产业企业新增境外直接投资取得的所得，免征企业所得税。

（3）对在海南自由贸易港设立的企业，新购置（含自建、自行开发）固定资产或无形资产，单位价值不超过500万元（含）的，允许一次性计入当期成本费用在计算应纳税所得额时扣除，不再分年度计算折旧和摊销；新购置（含自建、自行开发）固定资产或无形资产，单位价值超过500万元的，可以缩短折旧、摊销年限或采取加速折旧、摊销的方法。

【特别提示】 固定资产，是指除房屋、建筑物以外的固定资产。

（十五）其他事项

（1）享受企业所得税过渡优惠政策的企业，应按照《企业所得税法》及其实施条例中有关收入和扣除的规定计算应纳税所得额。

（2）企业所得税过渡优惠政策与《企业所得税法》及其实施条例规定的优惠政策存在交叉的，由企业选择最优惠的政策执行，不得叠加享受，且一经选择，不得改变。

（3）国家已确定的其他鼓励类企业，可以按照国务院的规定享受减免税优惠。

第1节即测即评

第2节　企业所得税应纳税所得额的计算

情境引例

我公司在建设办公大楼时（目前正在建设，还未完工），由于建设承包商人员变更，违背了相关条款规定而付给我公司违约金，我公司将收到的违约金计入了营业外收入。请问我公司是否应当将取得的违约金款项计入收入总额，并计算缴纳企业所得税？

一、企业所得税计税依据确定的基本方法

应纳税额的多少，取决于应纳税所得额和适用税率两个因素。在实际操作中，应纳税所得额的计算一般有两种方法。

（一）间接计算法

在间接计算法下，会计利润加上或减去按照税法规定调整的项目金额后的金额，即为应纳税所得额。其计算公式为：

应纳税所得额＝会计利润总额±纳税调整项目金额

纳税调整项目金额包括两方面的内容：一是企业的财务会计处理和税法规定不一致的应予以调整的金额；二是企业按税法规定准予扣除的金额。

（二）直接计算法

在直接计算法下，企业每一纳税年度的收入总额减除不征税收入、免税收入、各项扣除，以及允许弥补的以前年度亏损后的余额，即为应纳税所得额。其计算公式为：

应纳税所得额＝收入总额－不征税收入－免税收入－各项扣除金额－弥补亏损

【特别提示】应税收入、不征税收入和免税收入均应计入收入总额。

【点拨指导】在计算应纳税所得额时，企业财务会计处理办法与税收法律法规的规定不一致的，应当依照税收法律法规的规定计算。

二、收入总额的确定

企业的收入总额包括以货币形式和非货币形式从各种来源取得的收入。企业取得收入的货币形式包括现金、银行存款、应收账款、应收票据、准备持有至到期的债券投资以及债务的豁免等；企业以非货币形式取得的收入，包括固定资产、生物资产、无形资产、股权投资、存货、不准备持有至到期的债券投资、劳务以及有关权益等，这些非货币性资产应当按照公允价值确定收入额，公允价值是指按照市场价格确定的价值。

【特别提示】全面营改增后，计算企业所得税的各种收入均为不含增值税的收入。

（一）一般收入的确认

（1）销售货物收入。它是指企业销售商品、产品、原材料、包装物、低值易耗品以及其他存货取得的收入。

【特别提示】销售货物收入包括销售货物的同时收取的价外费用（不含增值税）、视同销售货物收入（不含增值税）。

企业销售商品同时满足下列条件的，应确认收入的实现：

1）商品销售合同已经签订，企业已将与商品所有权相关的主要风险和报酬转移给购货方。

2）企业对已售出的商品既没有保留通常与所有权相联系的继续管理权，也没有实施有效控制。

3）收入的金额能够可靠地计量。

4）已发生或将发生的销售方的成本能够可靠地核算。

【特别提示】税法中的企业所得税收入确认条件与企业会计准则中的收入确认条件是有区别的。企业在对收入进行会计账务处理时，应当按照企业会计准则中的收入确认条件来确认收入；企业在确认企业所得税收入以便计算缴纳企业所得税时，应当按照税法中的企业所得税收入确认条件来确认收入。

符合以上收入确认条件，采取下列商品销售方式的，应按以下规定确认收入实现时间：

1）销售商品采用托收承付方式的，在办妥托收手续时确认收入。

【知识链接】采取托收承付和委托银行收款方式销售货物的，增值税的纳税义务发生时间为发出货物并办妥托收手续的当天；采取托收承付和委托银行收款方式的，消费税的纳税义务发生时间为发出应税消费品并办妥托收手续的当天。

2）销售商品采取预收款方式的，在发出商品时确认收入。

【知识链接】采取预收货款方式销售货物的，增值税的纳税义务发生时间为货物发出的当天；但销售生产工期超过12个月的大型机械设备、船舶、飞机等货物，为收到预收款或者书面合同约定的收款日期的当天；先开具发票的，为开具发票的当天。纳税人提供租赁服务采取预收款方式的，增值税的纳税义务发生时间为收到预收款的当天。纳税人采取预收货款结算方式的，消费税的纳税义务发生时间为发出应税消费品的当天。

3）销售商品需要安装和检验的，在购买方接受商品以及安装和检验完毕时确认收入。如果安装程序比较简单，可在发出商品时确认收入。

4）销售商品采用支付手续费方式委托代销的，在收到代销清单时确认收入。

【知识链接】委托其他纳税人代销货物，增值税的纳税义务发生时间为收到代销单位的代销清单或收到全部或部分货款的当天；未收到代销清单及货款的，为发出代销货物满180天的当天。

（2）提供劳务收入。它是指企业从事建筑安装、修理修配、交通运输、仓储租赁、金融保险、邮电通信、咨询经纪、文化体育、科学研究、技术服务、教育培训、餐饮住宿、中介代理、卫生保健、社区服务、旅游、娱乐、加工以及其他劳务服务活动取得的收入。

企业在各个纳税期期末，提供劳务交易的结果能够可靠估计的，应采用完工进度（完工百分比）法确认提供劳务收入。

提供劳务交易的结果能够可靠估计是指同时满足下列条件：

1）收入的金额能够可靠地计量。

2）交易的完工进度能够可靠地确定。

3）交易中已发生和将发生的成本能够可靠地核算。

企业提供劳务完工进度的确定，可选用下列方法：

1）已完工作的测量。

2）已提供劳务占劳务总量的比例。

3）发生成本占总成本的比例。

企业应按照从接受劳务方已收或应收的合同或协议价款确定提供劳务收入总额，根据纳税期末提供劳务收入总额乘以完工进度扣除以前纳税年度累计已确认提供劳务收入后的金额，确认为当期劳务收入；同时，按照提供劳务估计总成本乘以完工进度扣除以前纳税期间累计已确认劳务成本后的金额，结转为当期劳务成本。

下列提供劳务满足收入确认条件的，应按规定确认收入：

1）安装费。安装费应根据安装完工进度确认收入。安装工作是商品销售附带条件的，安装费在确认商品销售实现时确认收入。

2）宣传媒介的收费。宣传媒介的收费应在相关的广告或商业行为出现于公众面前时确认收入。广告的制作费，应根据制作广告的完工进度确认收入。

3）软件费。为特定客户开发软件的收费，应根据开发的完工进度确认收入。

4）服务费。包含在商品售价内可区分的服务费，在提供服务的期间分期确认收入。

5）艺术表演、招待宴会和其他特殊活动的收费。艺术表演、招待宴会和其他特殊活动的收费在相关活动发生时确认收入。收费涉及几项活动的，预收的款项应合理分配给每项活动，分别确认收入。

6）会员费。申请入会或加入会员，只允许取得会籍，所有其他服务或商品都要另行收费的，在取得该会员费时确认收入。申请入会或加入会员后，会员在会员期内不再付费就可得到各种服务或商品，或者以低于非会员的价格销售商品或提供服务的，该会员费应在整个受益期内分期确认收入。

7）特许权费。属于提供设备和其他有形资产的特许权费，在交付资产或转移资产所有权时确认收入；属于提供初始及后续服务的特许权费，在提供服务时确认收入。

8）劳务费。长期为客户提供重复的劳务收取的劳务费，在相关劳务活动发生时确认收入。

（3）转让财产收入。它是指企业转让固定资产、生物资产、无形资产、股权、债权等财产取得的收入。

（4）股息、红利等权益性投资收益。它是指企业因权益性投资从被投资方取得的收入。股息、红利等权益性投资收益，除国务院财政、税务主管部门另有规定外，按照被投资方作出利润分配决定的日期确认收入的实现。

（5）利息收入。它是指企业将资金提供给他人使用但不构成权益性投资，或者因他人占用本企业资金取得的收入，包括存款利息、贷款利息、债券利息、欠款利息等收入。利息收入应按照合同约定的债务人应付利息的日期确认收入的实现。

（6）租金收入。它是指企业提供固定资产、包装物或者其他有形资产的使用权取得的收入。租金收入应按照合同约定的承租人应付租金的日期确认收入的实现。

（7）特许权使用费收入。它是指企业提供专利权、非专利技术、商标权、著作权及其他特许使用权取得的收入。特许权使用费收入应按照合同约定的特许权使用人应付特许权使用费的日期确认收入的实现。

（8）接受捐赠收入。它是指企业接受的来自其他企业、组织或个人无偿给予的货币性资产、非货币性资产。接受捐赠收入，按照实际收到捐赠资产的日期确认收入的实现。

【归纳总结】股息、红利等权益性投资收益，按照被投资方作出利润分配决定的日期确认收入的实现；利息收入、租金收入和特许权使用费收入均以合同约定的日期确认收入的实现；接受捐赠收入以实际收到的日期确认收入的实现。

（9）其他收入。它是指企业取得的除以上收入外的其他收入，包括企业资产溢余收入、逾期未退包装物押金收入、确实无法偿付的应付款项、已经作坏账损失处理后又收回的应收款项、债务重组收入、补贴收入、违约金收入、汇兑收益等。

【特别提示】《企业所得税法》中的"其他收入"与会计中的"其他业务收入"不是相同的概念。其他业务收入是计算业务招待费、广告费和业务宣传费税前扣除限额的基数，即销售（营业）收入的组成部分。

企业取得财产（包括各类资产、股权、债权等）转让收入、债务重组收入、接受捐赠收入、无法偿付的应付款收入等，不论是以货币形式还是以非货币形式体现，除另有规定外，均应一次性计入确认收入的年度计算缴纳企业所得税。

【点拨指导】在2021年及以后年度汇算清缴中，企业按照市场价格销售货物、提供劳务服务等，凡由政府财政部门根据企业销售货物、提供劳务服务的数量、金额的一定比例给予全部或部分资金支付的，应当按照权责发生制原则确认收入。除上述情形外，企业取得的各种政府财政支付，如财政补贴、补助、补偿、退税等，应当按照实际取得收入的时间确认收入。

【情境引例解析】

根据《企业所得税法》的规定，收入总额是指企业以货币形式和非货币形式从各种来源取得的收入，具体包括：（1）销售货物收入；（2）提供劳务收入；（3）转让财产收入；（4）股息、红利等权益性投资收益；（5）利息收入；（6）租金收入；（7）特许权使用费收入；（8）接受捐赠收入；（9）其他收入。

根据《企业所得税法实施条例》第二十二条的规定，《企业所得税法》第六条第（九）项所称其他收入，是指企业取得的除《企业所得税法》第六条第（一）项至第（八）项规定的收入外的其他收入，包括企业资产溢余收入、逾期未退包装物押金收入、确实无法偿付的应付款项、已作坏账损失处理后又收回的应收款项、债务重组收入、补贴收入、违约金收入、汇兑收益等。

因此，你公司应当将取得的违约金款项计入收入总额，并计算缴纳企业所得税。

（二）特殊收入的确认

（1）采取分期收款方式销售货物：按照合同约定的收款日期确认收入的实现。

【知识链接】采取赊销和分期收款方式销售货物，增值税（或消费税）的纳税义务发生时间为书面合同约定的收款日期的当天；无书面合同或者书面合同没有约定收款日期的，为货物（或应税消费品）发出的当天。

（2）采取售后回购方式销售商品：销售的商品按售价确认收入，回购的商品作为购进商品处理。有证据表明不符合销售收入确认条件的，如以销售商品方式进行融资，收到的款项应确认为负债。回购价格大于原售价的，差额应在回购期间确认为利息费用。

（3）采取以旧换新方式销售商品：应当按照销售商品收入的确认条件确认收入，回收的商品作为购进商品处理。

【知识链接】增值税纳税人采取以旧换新方式销售货物的，应按新货物的同期销售价格确定销售额。但对金银首饰以旧换新业务，应按照销售方实际收取的不含增值税的全部价款征收增值税。消费税纳税人采用以旧换新（含翻新改制）方式销售的金银首饰，应按实际收取的不含增值税的全部价款确定计税依据征收消费税。

（4）采取商业折扣（折扣销售）方式销售商品：企业为促进商品销售而在商品价格上给予的价格扣除属于商业折扣。商品销售涉及商业折扣的，应当按照扣除商业折扣后的金额确定销售商品收入金额。

【知识链接】折扣销售增值税的税务处理：折扣销售在会计上又叫商业折扣，是指销售方在销售货物或应税劳务时，因购买方购货数量较大等原因而给予购买方的价格优惠。纳税人采取折扣方式销售货物，如果销售额和折扣额在同一张发票上分别注明，可按折扣后的销售额征收增值税；如果将折扣额另开发票，不论其在财务上如何处理，均不得从销售额中减除折扣额。

（5）采取现金折扣（销售折扣）方式销售商品：债权人为鼓励债务人在规定的期限内付款而向债务人提供的债务扣除属于现金折扣。销售商品涉及现金折扣的，应当按扣除现金折扣前的金额确定销售商品收入金额，现金折扣在实际发生时作为财务费用扣除。

【知识链接】销售折扣增值税的税务处理：销售折扣在会计上又叫现金折扣，是指销售方在销售货物或提供应税劳务后，为了鼓励购买方及早偿还货款而协议许诺给予购买方的一种折扣优待（如10天内付款，货款折扣2%；20天内付款，货款折扣1%；30天内付款，全价）。销售折扣发生在销货之后，是一种融资性质的理财费用，因此，销售折扣不得从销售额中扣除。

（6）采取折让退回方式销售商品：企业因售出商品的质量不合格等原因而在售价上给予的减让属于销售折让；企业因售出商品质量、品种不符合要求等原因而发生的退货属于销售退回。企业已经确认销售收入的售出商品发生销售折让或销售退回的，应当在发生当期冲减当期销售商品收入。

【知识链接】销售折让等行为增值税的税务处理：纳税人向购买方开具增值税专用发票后，由于累计购买到一定量或市场价格下降等原因，销售方给予购买方的价格优惠或补偿等折扣、折让行为，可按规定开具红字增值税专用发票。

（7）采取“买一赠一”等方式组合销售本企业商品：不属于捐赠，应将总的销售金额按各项商品公允价值的比例来分摊确认各项的销售收入。

【知识链接】纳税人将自产、委托加工或者购进的货物无偿赠送其他单位或者个人，视同销售货物缴纳增值税。对于“买一赠一”等方式组合销售是否视同销售缴纳增值税，各地税务机关有两种不同的观点：一种观点认为“买一赠一”等方式组合销售属于无偿赠送，因此视同销售缴纳增值税；另一种观点认为“买一”是“赠一”的前提，“买一赠一”等方式组合销售不属于无偿赠送，而是有偿赠送，因此不视同销售，不需要缴纳增值税。

【工作实例4-2】甲服装企业为我国一家居民企业，本年度采用“买一赠一”的方式销售本企业商品，规定以每套1 800元购买A西服的客户可获赠一条B领带，A西服正常出厂价格为1 800元，B领带正常出厂价格为200元。本年1月甲服装企业销售西服领带组合共计100套，共取得收入180 000元。以上金额均不含增值税。

【工作要求】计算甲服装企业本年1月“买一赠一”销售方式下A西服和B领带各自应确认的销售收入。

【工作实施】企业以“买一赠一”等方式组合销售本企业商品的，不属于捐赠，应将总的销售金额按各项商品的公允价值的比例来分摊确认各项的销售收入。

$$\begin{aligned}\text{分摊到A西服上的销售收入}&=\text{总销售金额}\times\text{A西服的公允价值}\div\left(\text{A西服的公允价值}+\text{B领带的公允价值}\right)\\&=180\,000\times(1\,800\times100)\div(1\,800\times100+200\times100)\\&=162\,000(\text{元})\end{aligned}$$

$$\begin{aligned}\text{分摊到B领带上的销售收入}&=\text{总销售金额}\times\text{B领带的公允价值}\div\left(\text{A西服的公允价值}+\text{B领带的公允价值}\right)\\&=180\,000\times(200\times100)\div(1\,800\times100+200\times100)\\&=18\,000(\text{元})\end{aligned}$$

（8）企业受托加工制造大型机械设备、船舶、飞机等，以及从事建筑、安装、装配业务或者提供劳务等：持续时间超过12个月的，按照纳税年度内完工进度或者完成的工作量确认收入的实现。

（9）采取产品分成方式取得收入：以企业分得产品的时间确认收入的实现，其收入额按照产品的公允价值确定。

（10）企业发生非货币性资产交换，以及将货物、财产、劳务用于捐赠、偿债、赞助、集资、广告、样品、职工福利和进行利润分配等用途：应当视同销售货物、转让财产和提供劳务，但国务院财政、税务主管部门另有规定的除外。

（三）处置资产收入的确认

根据《国家税务总局关于企业处置资产所得税处理问题的通知》（国税函〔2008〕828号）等文件，对处置资产收入的确认规定如下：

（1）企业发生下列情形的处置资产，除将资产转移至境外以外，由于资产所有权属在形式和实质上均不发生改变，可作为内部处置资产，不视同销售确认收入，相关资产的计税基础延续计算。

1）将资产用于生产、制造、加工另一产品。

2）改变资产形状、结构或性能。

3）改变资产用途（如自建商品房转为自用或经营）。

4）将资产在总机构及其分支机构之间转移。

5）上述两种或两种以上情形的混合。

6）其他不改变资产所有权属的用途。

（2）企业将资产移送他人的下列情形，因资产所有权属已发生改变而不属于内部处置资产，应按规定视同销售确定收入。

1）用于市场推广或销售。

2）用于交际应酬。

3）用于职工奖励或福利。

4）用于股息分配。

5）用于对外捐赠。

6）其他改变资产所有权属的用途。

（3）企业发生上述第（2）条规定情形的，除另有规定外，应按照被移送资产的公允价值确定销售收入。

【知识链接】视同销售确认的收入应当作为业务招待费、广告费和业务宣传费扣除限额的计算基数。

【理论答疑】对于企业所得税中的处置资产是否视同销售确认收入这一问题，有什么原则或规律？

答：根据《国家税务总局关于企业处置资产所得税处理问题的通知》（国税函〔2008〕828 号）的规定，对于企业发生的资产所有权属在形式和实质上均不发生改变的处置资产（资产转移至境外的除外），可作为内部处置资产，不视同销售确认收入；而对于企业发生的资产所有权属已发生改变的，即将资产移送他人，应按规定视同销售确认收入。

【理论答疑】对于视同销售问题，会计、增值税及企业所得税的处理有什么不同？

答：视同销售问题在会计、增值税及企业所得税上的处理如表 4-1 所示。

表 4-1　视同销售问题在会计、增值税及企业所得税上的处理

项目		会计是否确认收入	增值税是否视同销售	企业所得税是否视同销售
将货物交付其他单位或者个人代销		√	√	√
销售代销货物（针对代销行为本身）	收取手续费	×	√	×
	视同买断	√	√	√

续表

项目		会计是否确认收入	增值税是否视同销售	企业所得税是否视同销售
统一核算，异地移送		×	√	×
职工福利（给个人）	自产、委托加工	√	√	√
	购进	×	×	√
集体福利（食堂、浴室）	自产、委托加工	√（有观点认为×）	√	×
	购进	×	×	×
投资（自产、委托加工、购进）		根据不同情况，√或×	√	√
分配（自产、委托加工、购进）		√	√	√
无偿赠送（自产、委托加工、购进）		×	√	√
交际应酬	自产、委托加工	×	√	√
	购进	×	×	√
市场推广、广告样品	自产、委托加工	×	√	√
	购进	×	√	√

注：1. 企业所得税将福利定义为职工福利，应理解为包括集体福利和个人消费两部分。在计算企业所得税时，将自产、委托加工或者购进的货物用于集体福利，是否视同销售，国家税务总局对此的答复是：企业所得税方面确认收入，不区分集体和个人。但有人认为，将自产、委托加工或者购进的货物用于集体福利属于内部处置资产，资产所有权未发生转移，因此在计算企业所得税时不视同销售。本书建议，企业在具体操作时应咨询当地税务机关，根据税法的规定并结合当地税务机关的答复进行操作。

2. 企业所得税确认收入，会计上不确认收入，则需要进行纳税调整；企业所得税确认收入，会计上也确认收入，则不需要进行纳税调整。

三、不征税收入和免税收入的确定

（一）不征税收入

收入总额中的下列收入为不征税收入：

（1）财政拨款。它是指各级人民政府对纳入预算管理的事业单位、社会团体等组织拨付的财政资金，但国务院和国务院财政、税务主管部门另有规定的除外。

（2）依法收取并纳入财政管理的行政事业性收费、政府性基金。行政事业性收费是指依照法律法规等有关规定，按照国务院规定程序批准，在实施社会公共管理，以及在向公民、法人或者其他组织提供特定公共服务过程中，向特定对象收取并纳入财政管理的费用。政府性基金是指企业依照法律、行政法规等有关规定，代政府收取的具有专项用途的财政资金。

（3）国务院规定的其他不征税收入。它是指企业取得的，由国务院财政、税务主管部门规定专项用途并经国务院批准的财政性资金。财政性资金是指企业取得的来源于政府及其有关部门的财政补助、补贴、贷款贴息，以及其他各类财政专项资金，包括直接减免的增值税和即征即退、先征后退、先征后返的各种税收，但不包括企业按规定取得的出口退税款。

【特别提示】县级以上人民政府将国有资产无偿划入企业，凡指定专门用途并按规定进行管理的，企业可作为不征税收入进行企业所得税处理。其中，该项资产属于非货币性资产的，应按政府确定的接收价值计算不征税收入。

自 2018 年 9 月 20 日起，对全国社会保障基金理事会及基本养老保险基金投资管理机构在国务院批准的投资范围内，运用养老基金投资取得的归属于养老基金的投资收入，作为企业所得税不征税收入。

自 2018 年 9 月 10 日起，对全国社会保障基金取得的直接股权投资收益、股权投资基金收益，作为企业所得税不征税收入。

【特别提示】企业的不征税收入用于支出所形成的费用，不得在计算应纳税所得额时扣除；企业的不征税收入用于支出所形成的资产，其计算的折旧、摊销不得在计算应纳税所得额时扣除。

（二）免税收入

企业的下列收入为免税收入：

（1）国债利息收入。

【特别提示】国债转让收入不免税。

（2）符合条件的居民企业之间的股息、红利等权益性投资收益（该收益是指居民企业直接投资于其他居民企业取得的投资收益，但不包括连续持有居民企业公开发行并上市流通的股票不足 12 个月取得的投资收益）。

（3）在中国境内设立机构、场所的非居民企业从居民企业取得与该机构、场所有实际联系的股息、红利等权益性投资收益（该收益不包括连续持有居民企业公开发行并上市流通的股票不足 12 个月取得的投资收益）。

（4）符合条件的非营利组织的收入。

（5）非营利组织其他免税收入。具体包括：接受其他单位或者个人捐赠的收入；除《企业所得税法》第七条规定的财政拨款以外的其他政府补助收入，但不包括因政府购买服务取得的收入；按照省级以上民政、财政部门规定收取的会费；不征税收入和免税收入孳生的银行存款利息收入；财政部、国家税务总局规定的其他收入。

【归纳总结】不征税收入与免税收入的区别与联系如表 4－2 所示。

表 4－2 不征税收入与免税收入的区别与联系

项目	不征税收入	免税收入
联系	均属于企业所得税所称的“收入总额”，在计算企业所得税应纳税所得额时应扣除。	
区别	（1）不征税收入是指不应列入征税范围的收入； （2）不征税收入对应的费用、折旧、摊销一般不得在计算应纳税所得额时扣除。	（1）免税收入是应列入征税范围的收入，只是国家出于特殊考虑给予税收优惠，但在一定时期有可能恢复征税； （2）免税收入对应的费用、折旧、摊销一般可以在计算应纳税所得额时扣除。

四、准予扣除项目的确定

（一）税前扣除项目的原则

除税收法规另有规定外，税前扣除一般应遵循以下原则：

（1）权责发生制原则。它是指企业费用应在发生的所属期扣除，而不是在实际支付时确认扣除。

（2）配比原则。它是指企业发生的费用应当与收入配比扣除。除特殊规定外，企业发生的费用不得提前或滞后申报扣除。

（3）相关性原则。它是指企业可扣除的费用从性质和根源上必须与取得应税收入直接相关。

（4）确定性原则。它是指企业可扣除的费用不论何时支付，其金额必须是确定的。

（5）合理性原则。它是指符合生产经营活动常规，应当计入当期损益或者有关资产成本的必要和正常的支出。

（二）准予扣除项目的基本范围

（1）税前扣除项目包括成本、费用、税金、损失和其他支出。

1）成本。它是指企业在生产经营活动中发生的销售成本、销货成本、业务支出以及其他耗费。

2）费用。它是指企业在生产经营活动中发生的销售费用、管理费用和财务费用，已经计入成本的有关费用除外。

3）税金。它是指企业发生的除企业所得税和允许抵扣的增值税以外的各项税金及其附加。

【特别提示】企业发生的除企业所得税和允许抵扣的增值税以外的各项税金及其附加，准予在计算应纳税所得额时扣除。允许抵扣的增值税指的是允许从增值税销项税额中抵扣的增值税进项税额，其不得在计算应纳税所得额时扣除。但这里遗漏了增值税销项税额，以及简易计税方法下的增值税税额。另外，企业作为扣缴义务人为个人负担的个人所得税也不得在计算应纳税所得额时扣除，因此上述说法是不全面的。建议修改为：企业发生的除企业所得税、一般计税方法下的增值税销项税额、允许抵扣的增值税进项税额、简易计税方法下的应纳增值税税额、企业作为扣缴义务人为个人负担的个人所得税以外的各项税金及其附加，准予在计算应纳税所得额时扣除。

【理论答疑】允许企业所得税税前扣除的税金及其附加有哪些？扣除的形式有哪几种？

答：在我国目前的税收体系中，允许税前扣除的税金及其附加的种类主要有：企业按规定缴纳的消费税、城市维护建设税、教育费附加、地方教育附加、出口关税、资源税、土地增值税、房产税、车船税、城镇土地使用税、印花税、车辆购置税、契税、耕地占用税、进口关税、按规定不得抵扣的增值税进项税额等。税金及其附加扣除有两种方式：一是在发生当期扣除（如消费税、城市维护建设税、教育费附加、地方教育附加、出口关税、资源税、土地增值税、房产税、车船税、城镇土地使用税、印花税等）；二是在发生当期计入相关资产成本，在以后各期分摊扣除（如车辆购置税、契税、耕地占用税、进口关税、按规定不得抵扣的增值税进项税额等）。

4）损失。它是指企业在生产经营活动中发生的固定资产和存货的盘亏、毁损、报废损失，转让财产损失，呆账损失，坏账损失，自然灾害等不可抗力因素造成的损失，以及其他损失。企业发生的损失，减除责任人赔偿和保险赔款后的余额，依照国务院财政、税务主管部门的规定扣除。企业已经作为损失处理的资产，在以后纳税年度又全部收回或者部分收回时，应当计入当期收入。

【知识链接】并非所有的损失都可以税前扣除。准予税前扣除的损失不包括各种行政性罚款、被没收财物的损失以及刑事责任附加刑中的罚金、没收财产等。

5）其他支出。它是指除成本、费用、税金、损失外，企业在生产经营活动中发生的与生产经营活动有关的、合理的支出。

【特别提示】企业发生的支出应当区分收益性支出和资本性支出。收益性支出在发生当期直接扣除；资本性支出应当分期扣除或者计入有关资产成本，不得在发生当期直接扣除。

【实务答疑】法院判决我公司支付赔偿金，但无法取得发票，请问此项支出可否税前扣除？

答：根据《企业所得税法》的规定，企业实际发生的与取得收入有关的、合理的支出，包括成本、费用、税金、损失和其他支出，准予在计算应纳税所得额时扣除。

因此，如果该赔偿金的支出是与企业生产经营有关且属于企业因合同行为而发生的，可以税前扣除。法院判决企业支付赔偿金，企业可将法院的判决文书与收款方开具的收据作为扣除凭据。

（2）在计算应纳税所得额时，下列项目可按照实际发生额或者规定的标准扣除。

1）工资薪金支出。它是指企业每一纳税年度支付给在本企业任职或者受雇的员工的所有现金形式或非现金形式的劳动报酬，包括基本工资、奖金、津贴、补贴、年终加薪、加班工资，以及与员工任职或受雇有关的其他支出。企业发生的合理的工资薪金支出，准予扣除。

【知识链接】企业安置残疾人员的，在按照支付给残疾职工工资据实扣除的基础上，按照支付给残疾职工工资的100%加计扣除。

【实务答疑】我公司2023年12月计提的工资在2024年1月发放，请问能否计入2023年度工资薪金支出予以企业所得税税前扣除？

答：根据《国家税务总局关于企业工资薪金和职工福利费等支出税前扣除问题的公告》（国家税务总局公告2015年第34号）的规定，企业在年度汇算清缴结束前向员工实际支付的已预提汇缴的年度工资薪金，准予在汇缴年度按规定扣除。因此，你公司2023年12月计提的工资在2024年1月发放，可以在2023年度企业所得税汇算清缴时税前扣除。

2）职工福利费、工会经费、职工教育经费。

①企业发生的职工福利费支出，不超过工资薪金总额14%的部分准予扣除。

②企业拨缴的工会经费，不超过工资薪金总额2%的部分准予扣除。

③除国务院财政、税务主管部门另有规定外，企业发生的职工教育经费支出，不超过工资薪金总额8%的部分准予扣除，超过部分准予在以后纳税年度结转扣除。

④集成电路设计企业和符合条件软件企业的职工培训费用，应单独进行核算并按实际发生额在计算应纳税所得额时扣除。集成电路设计企业和符合条件的软件企业应准确划分职工教育经费中的职工培训费支出，对于不能准确划分的，以及准确划分后职工教育经费中扣除职工培训费用的余额，一律按照工资薪金总额8%的比例扣除。

【特别提示】上文所述工资薪金总额，是指企业按照有关规定实际发放的工资薪金总额，不包括企业的职工福利费，职工教育经费，工会经费，以及养老保险费、医疗保险费、失业保险费、工伤保险费、生育保险费等社会保险费和住房公积金。

【归纳总结】上述三项经费中只有职工教育经费可以结转以后纳税年度扣除。

【知识链接】防暑降温费为职工福利费；由于防暑降温用品为劳保用品，因此防暑降温用品支出为劳动保护支出（劳动保护费）。

【工作实例4-3】 甲企业为我国一家居民企业，本年发生合理的工资薪金支出100万元、职工福利费20万元、职工教育经费2万元。

【工作要求】计算甲企业本年在计算应纳税所得额时准予扣除的职工福利费和职工教育经费金额合计数。

【工作实施】

职工福利费税前扣除限额＝100×14%＝14(万元)

职工福利费实际发生20万元，超过扣除限额，因此税前准予扣除14万元。

职工教育经费税前扣除限额＝100×8%＝8(万元)

职工教育经费实际发生2万元，未超过扣除限额，因此准予全额税前扣除。

准予扣除的职工福利费和职工教育经费金额合计＝14＋2＝16(万元)

3）社会保险费。

①企业依照国务院有关主管部门或者省级人民政府规定的范围和标准为职工缴纳的“五险一金”，即基本养老保险费、基本医疗保险费、失业保险费、工伤保险费、生育保险费等基本社会保险费和住房公积金，准予扣除。

②企业为投资者或者职工支付的补充养老保险费、补充医疗保险费，在国务院财政、税务主管部门规定的范围和标准内，准予扣除。

【特别提示】企业根据国家有关政策规定，为在本企业任职或者受雇的全体员工支付的补充养老保险费、补充医疗保险费，分别在不超过职工工资总额5%标准内的部分，在计算应纳税所得额时准予扣除；超过的部分，不予扣除。

【知识链接】（1）企业参加财产保险，按照规定缴纳的保险费，准予扣除。（2）除企业依照国家有关规定为特殊工种职工支付的人身安全保险费和国务院财政、税务主管部门规定可以扣除的其他商业保险费外，企业为投资者或者职工支付的商业保险费，不得扣除。（3）企业职工因公出差乘坐交通工具发生的人身意外保险费支出，准予在计算应纳税所得额时扣除。（4）企业参加雇主责任险、公众责任险等责任保险，按照规定缴纳的保险费，准予在企业所得税税前扣除。该项规定适用于2018年度及以后年度企业所得税汇算清缴。

【实务答疑】我公司员工因公出差，购买长途车票的同时购买了人身意外伤害保险。请问这种人身意外伤害保险费支出是否可以在企业所得税税前扣除？

答：根据《国家税务总局关于企业所得税有关问题的公告》（国家税务总局公告2016年第80号）的规定，企业职工因公出差乘坐交通工具发生的人身意外保险费支出，准予企业在计算应纳税所得额时扣除。

因此，你公司为员工缴纳的人身意外伤害保险费支出准予在企业所得税税前扣除。

4）利息费用。企业在生产经营活动中发生的利息费用，按下列规定扣除。

①非金融企业向金融企业借款的利息支出、金融企业的各项存款利息支出和同业拆借利息支出、企业经批准发行债券的利息支出可据实扣除。

②非金融企业向非金融企业借款的利息支出，不超过按照金融企业同期同类贷款利率计算的数额的部分可据实扣除，超过部分不许扣除。

【特别提示】金融企业并不等同于银行。所谓金融企业，是指各类银行、保险公司及经中国人民银行批准从事金融业务的非银行金融机构，包括国家专业银行、区域性银行、股份制银行、外资银行、中外合资银行以及其他综合性银行；也包括全国性保险企业、区域性保险企业、股份制保险企业、中外合资保险企业以及其他专业性保险企业；还包括城市和农村信用社、各类财务公司以及其他从事信托投资、租赁等业务的专业和综合性非银行金融机构。所谓非金融企业，是指除上述金融企业以外的所有企业、事业单位以及社会团体等企业或组织。

【知识链接】企业从其关联方接受的债权性投资与权益性投资的比例超过财政部、国家税务总局的规定标准而发生的利息支出，不能在计算应纳税所得额时扣除。财政部、国家税务总局的规定标准如下："企业实际支付给关联方的利息支出，除另有规定外，其接受关联方债权性投资与其权益性投资的比例：金融企业为5∶1；其他企业为2∶1。"

【工作实例4-4】 甲公司为我国一家居民企业，本年3月因业务发展需要向中国工商银行借款60万元，期限半年，年利率为8%；5月又向自己的供应商借款200万元，期限半年，年利率为10%。上述借款均用于经营周转，甲公司无其他借款。

【工作要求】 计算甲公司本年在计算应纳税所得额时准予扣除的利息费用。

【工作实施】 向银行借款的利息准予税前扣除，则

向银行借款准予税前扣除的借款利息＝60×8%×6÷12＝2.4（万元）

向供应商借款的年利率为10%，在8%年利率以内的准予税前扣除，则

向供应商借款准予税前扣除的借款利息＝200×8%×6÷12＝8（万元）

本年在计算应纳税所得额时准予税前扣除的利息费用合计＝2.4＋8＝10.4（万元）

5）借款费用。

①企业在生产经营活动中发生的合理的不需要资本化的借款费用，准予扣除。

②企业为购置、建造固定资产、无形资产和经过12个月以上的建造才能达到预定可销售状态的存货发生借款的，在有关资产购置、建造期间发生的合理的借款费用，应予以资本化，作为资本性支出计入有关资产的成本；有关资产交付使用后发生的借款利息，可在发生当期扣除。

【特别提示】 准予扣除的借款费用和借款利息不包括需要资本化的借款费用和借款利息。

6）汇兑损失。企业在货币交易中及纳税年度终了时将人民币以外的货币性资产、负债按照期末即期人民币汇率中间价折算为人民币时产生的汇兑损失，除已经计入有关资产成本以及向所有者进行利润分配外，准予扣除。

7）业务招待费。企业发生的与生产经营活动有关的业务招待费支出，准予按照发生额的60%扣除，但最高不得超过当年销售（营业）收入的5‰。

作为业务招待费限额的计算基数的收入范围是当年销售（营业）收入，包括销售货物收入、让渡资产使用权（收取资产租金或使用费）收入、提供劳务收入等主营业务收入，也包括其他业务收入、视同销售收入等，但是不含营业外收入、转让固定资产或无形资产所有权收入、投资收益（从事股权投资业务的企业除外）。对从事股权投资业务的企业（包括集团公司总部、创业投资企业等），其从被投资企业所分配的股息、红利及股权转让收入，可以按规定的比例计算业务招待费扣除限额。

【特别提示】 销售（营业）收入为不含增值税的收入。

【点拨指导】 企业在筹建期间发生的与筹办活动有关的业务招待费支出，可按实际发生额的60%计入企业筹办费，并按有关规定在税前扣除。

【工作实例4-5】 甲企业为我国一家居民企业，本年销售货物收入为2 000万元，让渡专利使用权收入为200万元，包装物出租收入为50万元，视同销售货物收入为350万元，转让商标所有权收入为150万元，接受捐赠收入为20万元，债务重组收益为10万元，发生业务招待费30万元。

【工作要求】 计算甲企业本年度在计算应纳税所得额时准予扣除的业务招待费金额。

【工作实施】 由于转让商标所有权收入、接受捐赠收入、债务重组收益在税法上均不属于主营业务收入、其他业务收入、视同销售收入等范畴，不能作为计算业务招待费

的基数，因此

业务招待费的扣除基数＝2 000＋200＋50＋350＝2 600(万元)

则

业务招待费实际发生额的 60%＝30×60%＝18(万元)

当年销售(营业)收入的 5‰＝2 600×5‰＝13(万元)

由于 13 万元＜18 万元，因此，本年度在计算应纳税所得额时准予扣除的业务招待费金额为 13 万元。

8）广告费和业务宣传费。企业发生的符合条件的广告费和业务宣传费支出，除国务院财政、税务主管部门另有规定外，不超过当年销售（营业）收入 15%的部分，准予扣除；超过部分，准予结转以后纳税年度扣除。

自 2021 年 1 月 1 日至 2025 年 12 月 31 日，对化妆品制造或销售、医药制造和饮料制造（不含酒类制造）企业发生的广告费和业务宣传费支出，不超过当年销售（营业）收入 30%的部分，准予扣除；超过部分，准予在以后纳税年度结转扣除。自 2021 年 1 月 1 日至 2025 年 12 月 31 日，对签订广告费和业务宣传费分摊协议（以下简称分摊协议）的关联企业，其中一方发生的不超过当年销售（营业）收入税前扣除限额比例内的广告费和业务宣传费支出可以在本企业扣除，也可以将其中的部分或全部按照分摊协议归集至另一方扣除。另一方在计算本企业广告费和业务宣传费支出企业所得税税前扣除限额时，可将按照上述办法归集至本企业的广告费和业务宣传费不计算在内。烟草企业的烟草广告费和业务宣传费支出，一律不得在计算应纳税所得额时扣除。

【知识链接】企业申报扣除的广告费支出应与赞助支出严格区分。非广告性的赞助支出，税前不得扣除。

【点拨指导】企业在筹建期间发生的广告费和业务宣传费，可按实际发生额计入企业筹办费，并按有关规定在税前扣除。

【知识链接】广告费和业务宣传费的超标准部分可无限期向以后纳税年度结转，属于税法与会计之间的暂时性差异；而业务招待费的超标准部分不能向以后纳税年度结转，属于税法与会计之间的永久性差异。

【工作实例 4-6】 甲企业为我国一家居民企业，生产并销售机器设备，本年全年直接销售机器设备取得销售收入 12 000 万元，全年出租办公楼取得租金收入 320 万元。甲企业全年发生广告费和业务宣传费共计 2 800 万元，发生业务招待费 90 万元。

【工作要求】计算甲企业本年在计算应纳税所得额时准予扣除的广告费和业务宣传费以及业务招待费。

【工作实施】

广告费和业务宣传费实际发生额＝2 800(万元)

当年销售(营业)收入的15%=(12 000+320)×15%=1 848(万元)

由于1 848万元<2 800万元，因此，准予税前扣除的广告费和业务宣传费为1 848万元。

业务招待费实际发生额=90(万元)

业务招待费实际发生额的60%=90×60%=54(万元)

当年销售(营业)收入的5‰=(12 000+320)×5‰=61.6(万元)

由于54万元<61.6万元，因此，准予税前扣除的业务招待费为54万元。

9）环境保护专项资金。企业依照法律、行政法规有关规定提取的用于环境保护、生态恢复等方面的专项资金，准予扣除。专项资金提取后改变用途的，不得扣除。

【特别提示】这里是提取数而不是发生数。也就是说，只提取未使用的环境保护专项资金也可以税前扣除。

10）租赁费。企业根据生产经营活动的需要租入固定资产支付的租赁费，按照下列方法扣除：

①以经营租赁方式租入固定资产发生的租赁费支出，按照租赁期限均匀扣除。所谓经营租赁，是指所有权不转移的租赁。

【知识链接】如果交易合同或协议中规定租赁期限跨年度且租金提前一次性支付的，出租人可对上述已确认的收入，在租赁期内，分期均匀计入相关年度收入。

②以融资租赁方式租入固定资产发生的租赁费支出，按照规定构成融资租入固定资产价值的部分应当提取折旧费，分期扣除。所谓融资租赁，是指实质上转移了与资产所有权有关的全部风险和报酬的租赁。

11）劳动保护支出。企业发生的合理的劳动保护支出，准予扣除。

【点拨指导】劳动保护支出是指确因工作需要为雇员配备或提供工作服、手套、安全保护用品、防暑降温用品等所发生的支出。

12）公益性捐赠支出。公益性捐赠是指企业通过公益性社会组织或者县级以上人民政府及其部门，用于符合法律规定的慈善活动、公益事业的捐赠。企业当年发生以及以前年度结转的公益性捐赠支出，不超过年度利润总额12%的部分，准予扣除；超过年度利润总额12%的部分，准予结转以后3年内在计算应纳税所得额时扣除。

【点拨指导】公益性社会组织，应当依法取得公益性捐赠税前扣除资格。

年度利润总额，是指企业依照国家统一会计制度的规定计算的年度会计利润。

【特别提示】纳税人“直接”向受赠人的捐赠属于非公益性捐赠，不得在企业所得税税前扣除。

企业当年发生及以前年度结转的公益性捐赠支出，准予在当年税前扣除的部分，不能超过企业当年年度利润总额的12%。

企业发生的公益性捐赠支出未在当年税前扣除的部分，准予向以后年度结转扣除，但结转年限自捐赠发生年度的次年起计算最长不得超过3年。

企业在对公益性捐赠支出计算扣除时，应先扣除以前年度结转的捐赠支出，再扣除当年发生的捐赠支出。

自 2021 年 1 月 1 日起，企业或个人通过公益性群众团体用于符合法律规定的公益慈善事业捐赠支出，准予按税法规定在计算应纳税所得额时扣除。公益性群众团体，包括依照《社会团体登记管理条例》规定不需进行社团登记的人民团体以及经国务院批准免予登记的社会团体，且按规定条件和程序已经取得公益性捐赠税前扣除资格。

自 2019 年 1 月 1 日至 2025 年 12 月 31 日，企业通过公益性社会组织或者县级（含县级）以上人民政府及其组成部门，用于目标脱贫地区的扶贫捐赠支出，准予在计算企业所得税应纳税所得额时据实扣除。在政策执行期限内，目标脱贫地区实现脱贫的，可继续适用上述政策。企业同时发生扶贫捐赠支出和其他公益性捐赠支出，在计算公益性捐赠支出年度扣除限额时，符合条件的扶贫捐赠支出不计算在内。

【点拨指导】在 2021 年及以后年度汇算清缴中，企业在非货币性资产捐赠过程中发生的运费、保险费、人工费用等相关支出，凡纳入国家机关、公益性社会组织开具的公益捐赠票据记载的数额中的，作为公益性捐赠支出按照规定在税前扣除；上述费用未纳入公益性捐赠票据记载的数额中的，作为企业相关费用按照规定在税前扣除。

【工作实例 4-7】 甲企业为我国一家居民企业，本年度实现利润总额 80 万元，通过公益性社会团体向某灾区捐赠 10 万元，直接向某学校捐款 8 万元。甲企业之前的年度未进行公益性捐赠。

【工作要求】计算甲企业本年度在计算应纳税所得额时准予扣除的捐赠支出。

【工作实施】

公益性捐赠支出扣除限额＝80×12%＝9.6(万元)

公益性捐赠的实际捐赠支出 10 万元＞公益性捐赠支出扣除限额 9.6 万元，本年度只能税前扣除 9.6 万元。直接向某学校的捐款 8 万元不能在税前扣除。

13）有关资产的费用。企业转让各类固定资产发生的费用，允许扣除。企业按规定计算的固定资产折旧费、无形资产和递延资产的摊销费，准予扣除。

【特别提示】递延资产在会计上称为“长期待摊费用”。

14）总机构分摊的费用。非居民企业在中国境内设立的机构、场所，就其中国境外总机构发生的与该机构、场所生产经营有关的费用，能够提供总机构出具的费用汇集范围、定额、分配依据和方法等证明文件并合理分摊的，准予扣除。

15）资产损失。企业当期发生的固定资产和流动资产盘亏、毁损净损失，由其提供清查盘存资料，经主管税务机关审核后，准予扣除；企业因存货盘亏、毁损、报废等原因不得从销项税额中抵扣的进项税额，应视同企业财产损失，准予与存货损失一起在企业所得税税前按规定扣除。

【点拨指导】对于存货损失，其进项税额是否可以作为损失额税前扣除，要区分以下两种情况：

（1）存货因管理不善损失，对应的进项税额不得抵扣，但可以在企业所得税税前扣除。

损失额＝存货成本＋不得抵扣的进项税额－责任人赔偿和保险赔款

（2）存货因不可抗力损失，对应的进项税额仍然可以抵扣。

损失额＝存货成本－责任人赔偿和保险赔款

【特别提示】资产损失取消了审批制度，取而代之的是申报扣除制度。企业发生的资产损失，应按规定的程序和要求向主管税务机关申报后方能在税前扣除。未经申报的损失，不得在税前扣除。

16）手续费及佣金支出。

①企业发生的与生产经营有关的手续费及佣金支出，不超过以下规定计算限额以内的部分，准予扣除。

保险企业：自2019年1月1日起，保险企业发生与其经营活动有关的手续费及佣金支出，不超过当年全部保费收入扣除退保金等后余额的18%（含本数）的部分，在计算应纳税所得额时准予扣除；超过部分，允许结转以后年度扣除。

其他企业：其他企业按其与具有合法经营资格中介服务机构或个人（不含交易双方及其雇员、代理人和代表人等）所签订服务协议或合同确认的收入金额的5%计算限额；超过部分，不得扣除。

②企业应与具有合法经营资格中介服务企业或个人签订代办协议或合同，并按国家有关规定支付手续费及佣金。除委托个人代理外，企业以现金等非转账方式支付的手续费及佣金不得在税前扣除。企业为发行权益性证券支付给有关证券承销机构的手续费及佣金不得在税前扣除。

③企业不得将手续费及佣金支出计入回扣、业务提成、返利、进场费等费用。

④企业已计入固定资产、无形资产等相关资产的手续费及佣金支出，应当通过折旧、摊销等方式分期扣除，不得在发生当期直接扣除。

⑤企业支付的手续费及佣金不得直接冲减服务协议或合同金额，应如实入账。

⑥企业应当如实向当地主管税务机关提供当年手续费及佣金计算分配表和其他相关资料，并依法取得合法真实凭证。

17）党组织工作经费。

①国有企业（包括国有独资、全资和国有资本绝对控股、相对控股企业）纳入管理费用的党组织工作经费，实际支出不超过职工年度工资薪金总额1%的部分，可以据实在企业所得税税前扣除。

②非公有制企业党组织工作经费纳入企业管理费列支，不超过职工年度工资薪金总额1%的部分，可以据实在企业所得税税前扣除。

18）其他项目。依照有关法律、行政法规和国家有关税法规定准予扣除的其他项目，如会员费、合理的会议费、差旅费、违约金、诉讼费用等。

【归纳总结】允许在以后纳税年度结转扣除的费用有：职工教育经费；广告费和业务宣传费支出；公益性捐赠支出；保险企业发生的与其经营活动有关的手续费及佣金支出。

五、不得扣除项目的确定

在计算应纳税所得额时，下列支出不得扣除：

（1）向投资者支付的股息、红利等权益性投资收益款项。

（2）企业所得税税款。

（3）税收滞纳金。它是指纳税人违反税收法规，被税务机关处以的滞纳金。

（4）罚金、罚款和被没收财物的损失。它是指纳税人违反国家有关法律法规规定，被有关部门处以的罚款，以及被司法机关处以的罚金和被没收财物的损失。

【理论答疑】行政罚款不得在企业所得税税前扣除，那么银行罚息可以在税前扣除吗？

答：根据《企业所得税法》的规定，罚金、罚款和被没收财物的损失属于行政处罚范畴，不得在税前扣除。

但是，罚金、罚款和被没收财物的损失，不包括纳税人按照经济合同规定支付的违约金（包括银行罚息）、罚款和诉讼费。因此，银行罚息属于纳税人按照经济合同规定支付的违约金，不属于行政罚款，可以在税前扣除。

（5）超过规定标准的捐赠支出。

（6）赞助支出。它是指企业发生的与生产经营活动无关的各种非广告性质支出。

（7）未经核定的准备金支出。它是指不符合国务院财政、税务主管部门规定的各项资产减值准备、风险准备等准备金支出。

（8）企业之间支付的管理费、企业内营业机构之间支付的租金和特许权使用费，以及非银行企业内营业机构之间支付的利息。

（9）企业以其取得的不征税收入用于支出所形成的费用或资产（包括对资产计提的折旧、摊销）不得在税前扣除，但企业取得的各项免税收入所对应的各项成本费用，除另有规定外，可以在计算企业应纳税所得额时扣除。

（10）与取得收入无关的其他支出。

【特别提示】企业对内投资（包括购置或建造固定资产及购买或开发无形资产等的投资）以及对外投资（包括购买股票或债券等的投资）均不得税前扣除。对内投资只能通过对固定资产的折旧或无形资产的摊销等方式税前扣除，对外投资只能在转让股票和债券时通过从转让收入中扣除当时购买时的投资成本的方式税前扣除。

六、亏损弥补

亏损是指企业依照《企业所得税法》的规定，将每一纳税年度的收入总额减除不征税收入、免税收入和各项扣除后小于零的数额。企业某一纳税年度发生的亏损可以用下一年度的所得弥补，下一年度的所得不足以弥补的，可以逐年延续弥补，但最长不得超过 5 年。企业在汇总计算缴纳企业所得税时，其境外营业机构的亏损不得抵减境内营业机构的盈利。自 2018 年 1 月 1 日起，当年具备高新技术企业或科技型中小企业资格的企业，其具备资格年度之前 5 个年度发生的尚未弥补完的亏损，准予结转以后年度弥补，最长结转年限由 5 年延长至 10 年。

【点拨指导】 亏损是指企业财务报表中的亏损额经主管税务机关按税法规定核实调整后的金额，即税法口径的亏损额。

【特别提示】 企业某一纳税年度发生的亏损可以用下一年度的所得弥补，下一年度的所得不足以弥补的，可以逐年延续弥补，但最长不得超过 5 年。这里的“5 年”内不论是盈利还是亏损，都作为实际弥补期限计算；先亏先补，后亏后补。也就是说，亏损弥补期限是自亏损年度报告的下一年度起连续 5 年不间断地计算。

【知识链接】 筹办期间不计算为亏损年度，企业应从开始生产经营的年度计算为损益年度。对于筹办期间发生的费用支出，可在开始经营之日的当年一次性扣除，也可以按照新税法有关长期待摊费用的处理规定处理，但一经选定，不得改变。

【工作实例 4-8】 甲企业[①]为我国一家居民企业，一直执行 5 年亏损弥补规定，且 20×0 年首次出现亏损。经税务机关审定的甲企业连续 7 年应纳税所得额（未弥补亏损）情况如表 4-3 所示。

表 4-3　经税务机关审定的甲企业连续 7 年应纳税所得额（未弥补亏损）情况

单位：万元

年度	20×0	20×1	20×2	20×3	20×4	20×5	20×6
应纳税所得额	－100	10	－20	30	20	30	80

【工作要求】 计算甲企业 7 年间的应纳企业所得税。

【工作实施】 20×0 年的亏损要用 20×1 年至 20×5 年的所得弥补，尽管其间 20×2 年亏损，但也要占用 5 年抵亏期的一个抵扣年度，且先亏先补，而且 20×2 年的亏损需在 20×0 年的亏损问题解决之后才能考虑。到了 20×5 年，20×0 年的亏损未弥补完但已到 5 年抵亏期满，还有 10 万元亏损不得在企业所得税税前弥补。

20×3 年至 20×5 年的所得已被用于弥补 20×0 年的亏损，因此 20×2 年的亏损只能用 20×6 年的所得弥补。在弥补 20×2 年亏损后，20×6 年还有所得（应纳税所得额）60 万元（80－20），需要计算缴纳企业所得税，则

第 2 节即测即评

应纳企业所得税＝60×25%＝15(万元)

① 除非特别说明，本书例题中的企业均不符合小型微利企业的条件。

第3节 资产的税务处理

情境引例

我公司购买的文物、艺术品用于收藏、展示、保值增值，应当如何进行企业所得税税务处理？

资产是由于资本投资而形成的财产，对于资本性支出以及无形资产受让、开办、开发费用，不允许作为成本、费用从纳税人的收入总额中作一次性扣除，只能采取分次计提折旧或分次摊销的方式予以扣除。即纳税人在经营活动中使用的固定资产的折旧费用、无形资产和长期待摊费用的摊销费用可以扣除。税法规定，纳入税务处理范围的资产形式主要有固定资产、生物资产、无形资产、长期待摊费用、投资资产、存货等，均以历史成本为计税基础。历史成本是指企业取得该项资产时实际发生的支出。企业持有各项资产期间资产增值或者减值，除国务院财政、税务主管部门规定可以确认损益外，不得调整该资产的计税基础。

一、固定资产的税务处理

固定资产是指企业为生产产品、提供劳务、出租或者经营管理而持有的，使用时间超过12个月的非货币性资产，包括房屋、建筑物、机器、机械、运输工具及其他与生产经营活动有关的设备、器具、工具等。

(一) 固定资产计税基础

(1) 外购的固定资产，以购买价款和支付的相关税费及直接归属于使该资产达到预定用途发生的其他支出为计税基础。

(2) 自行建造的固定资产，以竣工结算前发生的支出为计税基础。

(3) 融资租入的固定资产，以租赁合同约定的付款总额和承租人在签订租赁合同过程中发生的相关费用为计税基础；租赁合同未约定付款总额的，以该资产的公允价值和承租人在签订租赁合同过程中发生的相关费用为计税基础。

(4) 盘盈的固定资产，以同类固定资产的重置完全价值为计税基础。

(5) 通过捐赠、投资、非货币性资产交换、债务重组等方式取得的固定资产，以该资产的公允价值和支付的相关税费为计税基础。

(6) 改建的固定资产，除已足额提取折旧的固定资产和租入的固定资产以外的其他固定资产，以改建过程中发生的改建支出增加为计税基础。

（二）固定资产折旧的范围

在计算应纳税所得额时，企业按照规定计算（计提）的固定资产折旧，准予扣除。下列固定资产不得计算折旧扣除：

（1）房屋、建筑物以外未投入使用的固定资产；

（2）以经营租赁方式租入的固定资产；

（3）以融资租赁方式租出的固定资产；

（4）已足额提取折旧仍继续使用的固定资产；

（5）与经营活动无关的固定资产；

（6）单独估价作为固定资产入账的土地；

（7）其他不得计算折旧扣除的固定资产。

【特别提示】未投入使用的房屋、建筑物计算的折旧准予税前扣除；房屋、建筑物以外未投入使用的固定资产，不得计算折旧扣除。

【点拨指导】经营租赁方式租入资产：由出租人计算折旧扣除，承租人不得计算折旧扣除。融资租赁方式租出资产：由承租人计算折旧扣除，出租人不得计算折旧扣除。

（三）固定资产折旧的计算方法

（1）固定资产按照直线法计算的折旧，准予扣除。

【知识链接】符合采取加速折旧方法的，可以采取双倍余额递减法或者年数总和法。

（2）企业应当自固定资产投入使用月份的次月起计算折旧；停止使用的固定资产，应当自停止使用月份的次月起停止计算折旧。

（3）企业应当根据固定资产的性质和使用情况，合理确定固定资产的预计净残值。固定资产的预计净残值一经确定，不得变更。

（四）固定资产折旧的计算年限

除国务院财政、税务主管部门另有规定外，固定资产计算折旧的最低年限如下：

（1）房屋、建筑物，为20年。

（2）飞机、火车、轮船、机器、机械和其他生产设备，为10年。

（3）与生产经营活动有关的器具、工具、家具等，为5年。

（4）飞机、火车、轮船以外的运输工具，为4年。

（5）电子设备，为3年。

从事开采石油、天然气等矿产资源的企业，在开始商业性生产前发生的费用和有关固定资产的折耗、折旧方法，由国务院财政、税务主管部门另行规定。

【工作实例4-9】 甲企业为我国一家居民企业，属于增值税一般纳税人，本年8月5日为其生产部门购进一台大型机器，取得增值税专用发票，注明价款1 200万元、税额156万元。假定该机器预计净残值率为5%，该企业按照机器的最低折旧年限采用直线法计算折旧。

【工作要求】计算甲企业购买的机器本年度在计算应纳税所得额时准予扣除的折旧额。

【工作实施】机器折旧年限最低为 10 年。由于本年 8 月 5 日购买，因此从本年 9 月起开始计算折旧。

该机器账面成本＝1 200（万元）

本年度在计算应纳税所得额时准予扣除的折旧额＝1 200×(1－5%)÷(10×12)×4＝38（万元）

二、生物资产的税务处理

生物资产是指有生命的动物和植物，分为消耗性生物资产、生产性生物资产和公益性生物资产。上述三类生物资产中，只有生产性生物资产可以计算折旧。消耗性生物资产是指为出售而持有的或在将来收获为农产品的生物资产，包括生长中的农田作物、蔬菜、用材林以及存栏待售的牲畜等。生产性生物资产是指为产出农产品、提供劳务或出租等目的而持有的生物资产，包括经济林、薪炭林、产畜和役畜等。公益性生物资产是指以防护、环境保护为主要目的的生物资产，包括防风固沙林、水土保持林和水源涵养林等。

【点拨指导】蛋鸡为生产性生物资产；肉食鸡为消耗性生物资产。

（一）生物资产的计税基础

生产性生物资产按照以下方法确定计税基础：

（1）外购的生产性生物资产，以购买价款和支付的相关税费为计税基础。

（2）通过捐赠、投资、非货币性资产交换、债务重组等方式取得的生产性生物资产，以该资产的公允价值和支付的相关税费为计税基础。

（二）生物资产的折旧方法和折旧年限

生产性生物资产按照直线法计算的折旧，准予扣除。企业应当自生产性生物资产投入使用月份的次月起计算折旧；停止使用的生产性生物资产，应当自停止使用月份的次月起停止计算折旧。

企业应当根据生产性生物资产的性质和使用情况，合理确定生产性生物资产的预计净残值。生产性生物资产的预计净残值一经确定，不得变更。

生产性生物资产计算折旧的最低年限为：（1）林木类生产性生物资产为 10 年；（2）畜类生产性生物资产为 3 年。

三、无形资产的税务处理

无形资产是指企业长期使用但没有实物形态的资产，包括专利权、商标权、著作权、土地使用权、非专利技术、商誉等。

（一）无形资产的计税基础

无形资产按照以下方法确定计税基础：

（1）外购的无形资产，以购买价款和支付的相关税费及直接归属于使该资产达到预定用途发生的其他支出为计税基础。

（2）自行开发的无形资产，以开发过程中该资产符合资本化条件后至达到预定用途前发生的支出为计税基础。

（3）通过捐赠、投资、非货币性资产交换、债务重组等方式取得的无形资产，以该资产的公允价值和支付的相关税费为计税基础。

（二）无形资产摊销的范围

在计算应纳税所得额时，企业按照规定计算的无形资产摊销费用，准予扣除。下列无形资产不得计算摊销费用扣除：

（1）自行开发的支出已在计算应纳税所得额时扣除的无形资产。

（2）自创商誉。

（3）与经营活动无关的无形资产。

（4）其他不得计算摊销费用扣除的无形资产。

【特别提示】自创商誉不得计算摊销费用扣除；外购商誉的支出，在企业整体转让或者清算时准予扣除。

（三）无形资产的摊销方法及年限

无形资产的摊销采取直线法计算，年限不得低于10年。作为投资或者受让的无形资产，有关法律规定或者合同约定了使用年限的，可以按照规定或者约定的使用年限分期摊销。外购商誉的支出，在企业整体转让或者清算时准予扣除。

四、长期待摊费用的税务处理

长期待摊费用是指企业发生的应在一个年度以上或几个年度进行摊销的费用。在计算应纳税所得额时，企业发生的下列支出作为长期待摊费用，按照规定摊销的，准予扣除。

（1）已足额提取折旧的固定资产的改建支出。

（2）租入固定资产的改建支出。

（3）固定资产的大修理支出。

（4）其他应当作为长期待摊费用的支出。

【特别提示】企业的固定资产修理支出（非固定资产大修理支出）可在发生当期直接扣除。固定资产的大修理支出，则要按照固定资产尚可使用年限分期摊销。

固定资产的改建支出是指改变房屋或者建筑物结构、延长使用年限等发生的支出。已足额提取折旧的固定资产的改建支出，按照固定资产预计尚可使用年限分期摊销；租入固定资产的改建支出，按照合同约定的剩余租赁期限分期摊销；改建的固定资产延长使用年限的，除已足额提取折旧的固定资产、租入固定资产的改建支出外，其他的固定资产发生改建支出，均应当适当延长折旧年限。

大修理支出，按照固定资产尚可使用年限分期摊销。《企业所得税法》所指固定资产的大修理支出，是指同时符合以下条件的支出：1）修理支出达到取得固定资产时的计税基础50%以上；2）修理后固定资产的使用年限延长2年以上。

其他应当作为长期待摊费用的支出，自支出发生月份的次月起分期摊销，摊销年限不得低于3年。

五、存货的税务处理

存货是指企业持有以备出售的产品或者商品、处在生产过程中的在产品、在生产或者提供劳务过程中耗用的材料和物料等。

（一）存货的计税基础

存货按照以下方法确定成本：

（1）通过支付现金方式取得的存货，以购买价款和支付的相关税费为成本。

（2）通过支付现金以外的方式取得的存货，以该存货的公允价值和支付的相关税费为成本。

（3）生产性生物资产收获的农产品，以产出或者采收过程中发生的材料费、人工费和分摊的间接费用等必要支出为成本。

（二）存货的成本计算方法

企业使用或者销售的存货的成本计算方法，可以在先进先出法、加权平均法、个别计价法中选用一种。成本计算方法一经选用，不得随意变更。

【特别提示】我国不允许使用“后进先出法”这种存货的成本计算方法。

【归纳总结】企业转让资产，该项资产的净值准予在计算企业应纳税所得额时扣除。其中，资产的净值是指有关资产、财产的计税基础减除已经按照规定扣除的折旧、折耗、摊销、准备金等后的余额。

除国务院财政、税务主管部门另有规定外，企业在重组过程中，应当在交易发生时确认有关资产的转让所得或者损失，相关资产应当按照交易价格重新确定计税基础。

六、投资资产的税务处理

投资资产是指企业对外进行权益性投资和债权性投资而形成的资产。

（一）投资资产的成本

投资资产按以下方法确定投资成本：

（1）通过支付现金方式取得的投资资产，以购买价款为成本。

（2）通过支付现金以外的方式取得的投资资产，以该资产的公允价值和支付的相关税费为成本。

（二）投资资产成本的扣除方法

企业对外投资期间，投资资产的成本在计算应纳税所得额时不得扣除；企业在转让或者处置投资资产时，投资资产的成本准予扣除。

（三）投资企业撤回或减少投资的税务处理

自2011年7月1日起，投资企业从被投资企业撤回或减少投资，其取得的资产中，相当于初始出资的部分，应确认为投资收回；相当于被投资企业累计未分配利润和累计盈余公积按减少实收资本比例计算的部分，应确认为股息所得；其余部分确认为投资资产转让所得。

被投资企业发生的经营亏损，由被投资企业按规定结转弥补；投资企业不得调整降低其投资成本，也不得将其确认为投资损失。

【情境引例解析】

根据《国家税务总局关于企业所得税若干政策征管口径问题的公告》（国家税务总局公告2021年第17号）的规定，在2021年及以后年度汇算清缴中，企业购买的文物、艺术品用于收藏、展示、保值增值的，作为投资资产进行税务处理。文物、艺术品资产在持有期间，计提的折旧、摊销费用，不得税前扣除。

第3节即测即评

第4节　企业重组的所得税处理

情境引例

企业重组的特殊性税务处理有什么好处？

一、企业重组的认知

企业重组是指企业在日常经营活动以外发生的法律结构或经济结构重大改变的交易，包括企业法律形式改变、债务重组、股权收购、资产收购、合并、分立等。

（1）企业法律形式改变。它是指企业注册名称、住所以及企业组织形式等的简单改变，但符合《财政部 国家税务总局关于企业重组业务企业所得税处理若干问题的通知》（财税〔2009〕59 号）规定其他重组的类型除外。

（2）债务重组。它是指在债务人发生财务困难的情况下，债权人按照其与债务人达成的书面协议或者法院裁定书，就其债务人的债务作出让步的事项。

（3）股权收购。它是指一家企业（以下称收购企业）购买另一家企业（以下称被收购企业）的股权，以实现对被收购企业控制的交易。收购企业支付对价的形式包括股权支付、非股权支付或两者的组合。

（4）资产收购。它是指一家企业（以下称受让企业）购买另一家企业（以下称转让企业）实质经营性资产的交易。受让企业支付对价的形式包括股权支付、非股权支付或两者的组合。

（5）合并。它是指一家或多家企业（以下称被合并企业）将其全部资产和负债转让给另一家现存或新设企业（以下称合并企业），被合并企业股东换取合并企业的股权或非股权支付，实现两个或两个以上企业的依法合并。

（6）分立。它是指一家企业（以下称被分立企业）将部分或全部资产分离转让给现存或新设的企业（以下称分立企业），被分立企业股东换取分立企业的股权或非股权支付，实现企业的依法分立。

以上所说的股权支付是指企业重组中购买、换取资产的一方支付的对价中，以本企业或其控股企业的股权、股份作为支付的形式；非股权支付是指以本企业的现金、银行存款、应收款项、本企业或其控股企业股权和股份以外的有价证券、存货、固定资产、其他资产及承担债务等作为支付的形式。

二、企业重组的一般性税务处理

（1）企业由法人转变为个人独资企业、合伙企业等非法人组织，或将登记注册地转移至中华人民共和国境外（包括我国港澳台地区），应视同企业进行清算、分配，股东重新投资成立新企业。企业的全部资产以及股东投资的计税基础均应以公允价值为基础确定。

企业发生其他法律形式简单改变的，可直接变更税务登记，除另有规定外，有关企业所得税纳税事项（包括亏损结转、税收优惠等权益和义务）由变更后的企业承继，但因住所发生变化而不符合税收优惠条件的除外。

（2）企业债务重组，相关交易应按以下规定处理：

1）以非货币资产清偿债务的，应当分解为转让（销售）相关非货币性资产、按非货币性资产公允价值清偿债务两项业务，确认相关资产的所得或损失。

2）发生债权转股权的，应当分解为债务清偿和股权投资两项业务，确认有关债务清偿所得或损失。

3）债务人应当按照支付的债务清偿额低于债务计税基础的差额，确认债务重组所得；债权人应当按照收到的债务清偿额低于债权计税基础的差额，确认债务重组损失。

4）债务人的相关所得税纳税事项原则上保持不变。

【工作实例4-10】 甲企业为我国一家居民企业，本年1月与乙企业达成债务重组协议，甲企业以一批库存商品抵偿所欠乙企业一年前发生的债务25.2万元。该批库存商品的账面成本为16万元，市场不含税售价为20万元，该批商品的增值税税率为13%。甲企业适用25%的企业所得税税率。假定不考虑城市维护建设税、教育费附加和地方教育附加。

【工作要求】 计算回答下列问题：

（1）计算甲企业该项重组业务的应纳企业所得税。

（2）计算乙企业该项重组业务的债务重组损失。

【工作实施】（1）甲公司以非货币资产清偿债务，应当分解为转让（销售）相关非货币性资产、按非货币性资产公允价值清偿债务两项业务的所得，此处简称销售货物所得和清偿债务所得：

销售货物所得＝20－16＝4（万元）

清偿债务所得（债务重组利得）＝25.2－20×（1＋13%）＝2.6（万元）

因该重组事项共应确认应纳税所得额＝4＋2.6＝6.6（万元）

6.6万元含两方面的所得：销售货物所得4万元和清偿债务所得（债务重组利得）2.6万元。

甲企业应纳企业所得税＝6.6×25%＝1.65（万元）

（2）乙企业的债务重组损失＝25.2－20－20×13%＝2.6（万元）

（3）企业股权收购、资产收购重组交易，相关交易应按以下规定处理：

1）被收购方应确认股权、资产转让所得或损失。

2）收购方取得股权或资产的计税基础应以公允价值为基础确定。

3）被收购企业的相关所得税事项原则上保持不变。

【工作实例4-11】 A公司和B公司均为我国居民企业。A公司本年1月以500万元的银行存款购买取得B公司的部分经营性资产，A公司购买B公司该部分经营性资产的账面价值为420万元，计税基础为460万元，公允价值为500万元。

【工作要求】 对A公司（受让方/收购方）、B公司（转让方/被收购方）的上述业务进行相关税务处理。

【工作实施】 1）A公司（受让方/收购方）的税务处理。A公司购买该经营性资产后，应以该资产的公允价值500万元为基础确定计税基础。

2）B公司（转让方/被收购方）的税务处理。

B公司应确认资产转让所得＝500－460＝40(万元)

（4）企业合并，当事各方应按下列规定处理：

1）合并企业应按公允价值确定接受被合并企业各项资产和负债的计税基础。

2）被合并企业及其股东都应按清算进行所得税处理。

3）被合并企业的亏损不得在合并企业结转弥补。

（5）企业分立，当事各方应按下列规定处理：

1）被分立企业对分立出去的资产应按公允价值确认资产转让所得或损失。

2）分立企业应按公允价值确认接受资产的计税基础。

3）被分立企业继续存在时，其股东取得的对价应视同被分立企业分配进行处理。

4）被分立企业不再继续存在时，被分立企业及其股东都应按清算进行所得税处理。

5）企业分立相关企业的亏损不得相互结转弥补。

三、企业重组的特殊性税务处理

（1）企业重组同时符合下列条件的，适用特殊性税务处理规定：

1）具有合理的商业目的，且不以减少、免除或者推迟缴纳税款为主要目的。

2）被收购、合并或分立部分的资产或股权比例符合以下第（2）项规定的比例。

3）企业重组后连续12个月内不改变重组资产原来的实质性经营活动。

4）重组交易对价中涉及股权支付金额符合以下第（2）项规定的比例。

5）企业重组中取得股权支付的原主要股东，在重组后连续12个月内，不得转让所取得的股权。

（2）企业重组符合上述5个条件的，交易各方对其交易中的股权支付部分，可以按以下规定进行特殊性税务处理。

1）企业债务重组确认的应纳税所得额占该企业当年应纳税所得额50%以上，可以在5个纳税年度内，均匀计入各年度的应纳税所得额。

企业发生债权转股权业务的，对债务清偿和股权投资两项业务暂不确认有关债务清偿所得或损失，股权投资的计税基础以原债权的计税基础确定。企业的其他相关所得税事项保持不变。

2）股权收购。收购企业购买的股权不低于被收购企业全部股权的50%，且收购企业在该股权收购发生时的股权支付金额不低于其交易支付总额的85%，可以选择按以下规定处理：

①被收购企业的股东取得收购企业股权的计税基础，以被收购股权的原有计税基础确定。

②收购企业取得被收购企业股权的计税基础，以被收购股权的原有计税基础确定。

③收购企业、被收购企业的原有各项资产和负债的计税基础和其他相关所得税事项保持不变。

3）资产收购。受让企业收购的资产不低于转让企业全部资产的50%，且受让企业在该资产收购发生时的股权支付金额不低于其交易支付总额的85%，可以选择按以下规定处理：

①转让企业取得受让企业股权的计税基础，以被转让资产的原有计税基础确定。

②受让企业取得转让企业资产的计税基础，以被转让资产的原有计税基础确定。

4）企业合并。企业股东在该企业合并发生时取得的股权支付金额不低于其交易支付总额的85%，以及同一控制下且不需要支付对价的企业合并，可以选择按以下规定处理：

①合并企业接受被合并企业资产和负债的计税基础，以被合并企业的原有计税基础确定。

②被合并企业合并前的相关所得税事项由合并企业承继。

③可由合并企业弥补的被合并企业亏损的限额：被合并企业净资产公允价值×截至合并业务发生当年年末国家发行的最长期限的国债利率。

④被合并企业股东取得合并企业股权的计税基础，以其原持有的被合并企业股权的计税基础确定。

【情境引例解析】

根据《财政部 国家税务总局关于企业重组业务企业所得税处理若干问题的通知》（财税〔2009〕59号）第五条的规定，企业重组同时符合下列条件的，适用特殊性税务处理规定：（1）具有合理的商业目的，且不以减少、免除或者推迟缴纳税款为主要目的。（2）被收购、合并或分立部分的资产或股权比例符合本通知规定的比例。（3）企业重组后的连续12个月内不改变重组资产原来的实质性经营活动。（4）重组交易对价中涉及股权支付金额符合本通知规定比例。（5）企业重组中取得股权支付的原主要股东，在重组后连续12个月内，不得转让所取得的股权。

以企业债务重组为例，企业债务重组符合《财政部 国家税务总局关于企业重组业务企业所得税处理若干问题的通知》（财税〔2009〕59号）第五条规定条件的，交易各方对其交易中的股权支付部分，可以按以下规定进行特殊性税务处理：企业债务重组确认的应纳税所得额占该企业当年应纳税所得额50%以上，可以在5个纳税年度的期间内，均匀计入各年度的应纳税所得额。企业发生债权转股权业务，对债务清偿和股权投资两项业务暂不确认有关债务清偿所得或损失，股权投资的计税基础以原债权的计税基础确定。企业的其他相关所得税事项保持不变。

由此可见，企业重组的特殊性税务处理会产生延期纳税的好处，但需要注意的是，企业重组的特殊性税务处理需要满足一定的前提条件，其中重要的一项前提条件是“具有合理的商业目的，且不以减少、免除或者推迟缴纳税款为主要目的”。

【工作实例 4 - 12】 甲公司为我国一家生产摩托车的居民企业，本年 1 月合并乙股份公司，乙股份公司全部资产的公允价值为 5 700 万元，全部负债为 3 200 万元，未超过弥补年限的亏损额为 620 万元。合并时甲公司给乙股份公司的股权支付额为 2 300 万元，银行存款为 200 万元。由于 2 300÷(2 300＋200)＝92%＞85%，因此该合并业务符合企业重组特殊性税务处理的条件且甲公司选择按照此方法执行（假定当年国家发行的最长期限的国债年利率为 6%）。

【工作要求】 计算可由合并企业弥补的被合并企业的亏损。

【工作实施】

可由合并企业弥补的被合并企业亏损的限额＝(5 700－3 200)×6%
＝150(万元)

620 万元＞150 万元，因此可由合并企业弥补的被合并企业的亏损为 150 万元。

5）企业分立。被分立企业所有股东按原持股比例取得分立企业的股权，分立企业和被分立企业均不改变原来的实质经营活动，且被分立企业股东在该企业分立发生时取得的股权支付金额不低于其交易支付总额的 85%，可以选择按以下规定处理。

①分立企业接受被分立企业资产和负债的计税基础，以被分立企业的原有计税基础确定。

②被分立企业已分立出去的资产相应的所得税事项由分立企业承继。

③被分立企业未超过法定弥补期限的亏损额可按分立资产占全部资产的比例进行分配，由分立企业继续弥补。

④被分立企业的股东取得分立企业的股权（以下称“新股”），如需部分或全部放弃原持有的被分立企业的股权（以下称“旧股”），“新股”的计税基础应以放弃“旧股”的计税基础确定。如不需放弃“旧股”，则其取得“新股”的计税基础可从以下两种方法中选择确定：直接将“新股”的计税基础确定为零；以被分立企业分立出去的净资产占被分立企业全部净资产的比例先调减原持有的“旧股”的计税基础，再将调减的计税基础平均分配到“新股”上。

6）重组交易各方按上述第 1）至 5）项规定对交易中股权支付暂不确认有关资产的转让所得或损失的，其非股权支付仍应在交易当期确认相应的资产转让所得或损失，并调整相应资产的计税基础。

$$\begin{array}{c}\text{非股权支付}\\\text{对应的资产转让}\\\text{所得或损失}\end{array}=\left(\begin{array}{c}\text{被转让资产的}\\\text{公允价值}\end{array}-\begin{array}{c}\text{被转让资产的}\\\text{计税基础}\end{array}\right)\times\left(\begin{array}{c}\text{非股权}\\\text{支付金额}\end{array}\div\begin{array}{c}\text{被转让资产的}\\\text{公允价值}\end{array}\right)$$

【工作实例 4 - 13】 甲公司为我国一家居民企业，持有全资子公司丙公司股权共计1 000万股，为了使丙公司更好地发展，欲让乙公司收购丙公司80%的股权，丙公司成为乙公司的控股子公司。假定收购日甲公司持有丙公司每股资产的计税基础为7元，每股资产的公允价值为9元。在收购对价中乙公司以本公司股权形式支付6 480万元，以银行存款支付720万元。甲公司适用的企业所得税税率为25%。

【工作要求】计算回答下列问题：

（1）计算甲公司取得非股权支付额对应的资产转让所得。

（2）假设甲公司未考虑非股权支付额对应的资产转让所得的应纳税所得额为100万元，计算甲公司的应纳企业所得税。

【工作实施】（1）从股权收购比重以及股权支付金额占交易额的比重看是否适用特殊性税务处理。

股权收购比重＝80%＞50%

股权支付金额占交易额的比重＝6 480÷(6 480＋720)×100%＝90%＞85%

因此，适用企业重组的特殊性税务处理方法。

被转让资产的公允价值大于计税基础的金额＝1 000×80%×(9－7)＝1 600(万元)

非股权支付比例＝720÷(6 480＋720)×100%＝10%

甲公司取得股权支付额对应的所得不确认损益，但是非股权支付额对应的收益应确认资产转让所得，则

非股权支付对应的资产转让所得＝1 600×10%＝160(万元)

或 ＝(1 000×80%×9－1 000×80%×7)×[720÷(6 480＋720)]

＝160(万元)

（2）甲公司应纳企业所得税＝(100＋160)×25%＝65(万元)

（3）企业发生涉及中国境内与境外（包括中国港澳台地区）之间的股权和资产收购交易时，除应符合企业重组的特殊性税务处理中规定的条件外，还应同时符合下列条件，才可选择适用特殊性税务处理规定。

1）非居民企业向其100%直接控股的另一非居民企业转让其拥有的居民企业股权，没有因此造成以后该项股权转让所得预提税负变化，并且转让方非居民企业向主管税务机关书面承诺在3年（含3年）内不转让其拥有受让方非居民企业的股权。

2）非居民企业向与其具有100%直接控股关系的居民企业转让其拥有的另一居民企业股权。

3）居民企业以其拥有的资产或股权向其100%直接控股的非居民企业进行投资。

4）财政部、国家税务总局核准的其他情形。

（4）在企业吸收合并中，合并后的存续企业性质及适用税收优惠的条件未发生改变的，可以继续享受合并前该企业剩余期限的税收优惠，其优惠金额按存续企业合并前一

年的应纳税所得额（亏损计为零）计算。

在企业存续分立中，分立后的存续企业性质及适用税收优惠的条件未发生改变的，可以继续享受分立前该企业剩余期限的税收优惠，其优惠金额按该企业分立前一年的应纳税所得额（亏损计为零）乘以分立后存续企业资产占分立前该企业全部资产的比例计算。

（5）企业在重组发生前后连续 12 个月内，分步对其资产、股权进行交易，应根据实质重于形式原则将上述交易作为一项企业重组交易进行处理。

（6）企业符合规定的特殊性重组条件并选择特殊性税务处理的，当事各方应在该重组业务完成当年企业所得税年度申报时，向主管税务机关提交书面备案资料，证明其符合各类特殊性重组规定的条件。企业未按规定书面备案的，一律不得按特殊性重组业务进行税务处理。

第 4 节即测即评

第 5 节　企业所得税的计算

情境引例

请问我公司取得的各项不征税收入和免税收入所对应的各项成本费用能否在企业所得税税前扣除？

一、居民企业以及在中国境内设立机构、场所且取得的所得与该机构、场所有实际联系的非居民企业查账征收应纳税额的计算

居民企业以及在中国境内设立机构、场所且取得的所得与该机构、场所有实际联系的非居民企业应纳所得税税额等于应纳税所得额乘以适用税率，其基本计算公式为：

应纳企业所得税＝应纳税所得额×适用税率－减免税额－抵免税额

由公式可以看出，应纳企业所得税的多少取决于应纳税所得额和适用税率两个因素。在实际中，应纳税所得额的计算一般有两种方法。

（一）直接计算法

在直接计算法下，企业每一纳税年度的收入总额减除不征税收入、免税收入、各项扣除以及允许弥补的以前年度亏损后的余额为应纳税所得额。其计算公式为：

应纳税所得额＝收入总额－不征税收入－免税收入－各项扣除金额－弥补亏损

（二）间接计算法

在间接计算法下，应纳税所得额是在会计利润总额的基础上加或减按照税法规定调整的项目金额后的金额。其计算公式为：

应纳税所得额＝会计利润总额±纳税调整项目金额

纳税调整项目金额包括两方面的内容：一是企业的财务会计处理和税收规定不一致的应予调整的金额；二是企业按税法规定准予扣除的税收金额。

【情境引例解析】

根据《财政部 国家税务总局关于财政性资金 行政事业性收费 政府性基金有关企业所得税政策问题的通知》（财税〔2008〕151号）的规定，企业的不征税收入用于支出所形成的费用，不得在计算应纳税所得额时扣除；企业的不征税收入用于支出所形成的资产，其计算的折旧、摊销不得在计算应纳税所得额时扣除。根据《国家税务总局关于贯彻落实企业所得税法若干税收问题的通知》（国税函〔2010〕79号）的规定，企业取得的各项免税收入所对应的各项成本费用，除另有规定者外，可以在计算企业应纳税所得额时扣除。

因此，你公司取得的各项不征税收入用于支出所形成的费用，不得在计算应纳税所得额时扣除；你公司取得的各项免税收入所对应的各项成本费用，除另有规定外，可以在计算企业应纳税所得额时扣除。

【工作实例4-14】 甲企业为我国一家居民企业，不符合小型微利企业条件。甲企业本年发生经营业务如下：

（1）取得产品销售收入4 000万元。

（2）发生产品销售成本2 600万元。

（3）发生销售费用770万元（其中广告费和业务宣传费共计650万元）、管理费用480万元（其中业务招待费25万元）、财务费用60万元。

（4）发生各种税费160万元（含增值税120万元，其他的税费均准予税前扣除）。

（5）取得营业外收入80万元，发生营业外支出50万元（含通过公益性社会团体向贫困山区捐款40万元，支付税收滞纳金6万元）。

（6）计入成本、费用的实发工资总额200万元，拨缴职工工会经费5万元，发生职工福利费31万元，发生职工教育经费18万元。

【工作要求】 计算甲企业本年度的应纳企业所得税。

【工作实施】

（1）会计利润总额＝4 000＋80－2 600－770－480－60－(160－120)－50
＝80(万元)

（2）销售（营业）收入的15%＝4 000×15%＝600万元＜650万元，因此

广告费和业务宣传费应调增应纳税所得额＝650－600＝50(万元)

（3）销售（营业）收入的5‰=4 000×5‰=20万元，业务招待费实际发生额的60%=25×60%=15万元，由于20万元>15万元，因此

业务招待费应调增应纳税所得额=25−15=10(万元)

（4）当年年度利润总额的12%=80×12%=9.6万元<40万元，因此

公益性捐赠支出应调增应纳税所得额=40−9.6=30.4(万元)

（5）税收滞纳金不得税前扣除，应调增应纳税所得额6万元。

（6）工资薪金总额的2%=200×2%=4万元<5万元，因此

工会经费应调增应纳税所得额=5−4=1(万元)

（7）工资薪金总额的14%=200×14%=28万元<31万元，因此

职工福利费应调增应纳税所得额=31−28=3(万元)

（8）工资薪金总额的8%=200×8%=16万元<18万元，因此

职工教育经费应调增应纳税所得额=18−16=2(万元)

（9）应纳税所得额=80+50+10+30.4+6+1+3+2=182.4(万元)

（10）甲企业本年度应纳企业所得税=182.4×25%=45.6(万元)

二、境外所得抵免税额的计算

企业取得的下列所得已在境外缴纳的所得税税额可以从其当期应纳税额中抵免，抵免限额为该项所得依照《企业所得税法》规定计算的应纳税额；超过抵免限额的部分，可以在以后5个年度内，用每年度抵免限额抵免当年应抵税额后的余额进行抵补。

（1）居民企业来源于中国境外的应税所得；

（2）非居民企业在中国境内设立机构、场所，取得发生在中国境外但与该机构、场所有实际联系的应税所得。

外国企业在境外实际缴纳的所得税税额中，属于居民企业从其直接或间接控制的外国企业分得的来源于中国境外的股息、红利等权益性投资收益负担的部分，可以作为该居民企业的可抵免境外所得税税额，在《企业所得税法》规定的抵免限额内抵免。

其中，直接控制是指居民企业直接持有外国企业20%以上股份，间接控制是指居民企业以间接持股方式持有外国企业20%以上股份，具体认定办法由国务院财政、税务主管部门另行制定。已在境外缴纳的所得税税额是指企业来源于中国境外的所得依照中国境外税收法律及相关规定应当缴纳并已经实际缴纳的企业所得税性质的税款。抵免限额是指企业来源于中国境外的所得，依照《企业所得税法》及其实施条例的规定计算的应纳税额。2016年12月31日之前，除国务院财政、税务主管部门另有规定外，该抵免限额应当分国（地区）不分项计算，其计算公式如下：

$$\text{抵免限额}=\text{中国境内外所得依照《企业所得税法》及其实施条例的规定计算的应纳税总额}\times\text{来源于某国(地区)的应纳税所得额}\div\text{中国境内外应纳税所得总额}$$

简化为：

抵免限额＝来源于某国(地区)的应纳税所得额×中国法定税率

自2017年1月1日起，企业可以选择按国（地区）别分别计算（即分国（地区）不分项），或者不按国（地区）别汇总计算（即不分国（地区）不分项）其来源于境外的应纳税所得额，并按照上述公式中规定的税率，分别计算其可抵免境外所得税税额和抵免限额。上述方式一经选择，5年内不得改变。企业选择采用不同于以前年度的方式（以下称新方式）计算可抵免境外所得税税额和抵免限额时，对该企业以前年度按照《财政部 国家税务总局关于企业境外所得税收抵免有关问题的通知》（财税〔2009〕125号）规定没有抵免完的余额，可在税法规定结转的剩余年限内，按新方式计算的抵免限额中继续结转抵免。

【工作实例4-15】 甲企业为我国一家居民企业，本年度境内应纳税所得额为200万元，适用25%的企业所得税税率。另外，甲企业分别在A，B两国设有分支机构（我国与A，B两国已经缔结避免双重征税协定），A国分支机构的应纳税所得额为100万元，A国企业所得税税率为20%；B国分支机构的应纳税所得额为60万元，B国企业所得税税率为30%。假设甲企业在A，B两国所得按我国税法计算的应纳税所得额和按A，B两国税法计算的应纳税所得额一致，两个分支机构在A，B两国分别缴纳了20万元和18万元的企业所得税。甲企业选择分国（地区）不分项的方法来计算其来源于境外的应纳税所得额。

【工作要求】计算甲企业汇总时在我国的应纳企业所得税。

【工作实施】(1) 甲企业按我国税法计算的境内外所得的应纳税额：

应纳税额＝(200＋100＋60)×25%＝90(万元)

(2) A，B两国的抵免限额：

A国抵免限额＝90×[100÷(200＋100＋60)]＝25(万元)

或　　＝100×25%＝25(万元)

B国抵免限额＝90×[60÷(200＋100＋60)]＝15(万元)

或　　＝60×25%＝15(万元)

因此，在A国缴纳的企业所得税为20万元，低于抵免限额25万元，只能抵免20万元；在B国缴纳的企业所得税为18万元，高于抵免限额15万元，当年只能抵免15万元，其超过抵免限额的部分3万元（18－15）当年不能抵免，可以在以后5个年度内，用每年度抵免限额抵免当年应抵税额后的余额进行抵补。

（3）汇总时在我国应纳企业所得税=90－20－15=55（万元）

三、居民企业核定征收应纳税额的计算

为了加强企业所得税的征收管理，对部分中小企业采取核定征收的办法计算其应纳税额。

（一）确定所得税核定征收的范围

居民企业纳税人中，具有下列情形之一的，核定征收企业所得税：

（1）依照法律、行政法规的规定可以不设置账簿的；

（2）依照法律、行政法规的规定应当设置但未设置账簿的；

（3）擅自销毁账簿或者拒不提供纳税资料的；

（4）虽设置账簿，但账目混乱或者成本资料、收入凭证、费用凭证残缺不全，难以查账的；

（5）发生纳税义务，未按照规定的期限办理纳税申报，经税务机关责令限期申报，逾期仍不申报的；

（6）申报的计税依据明显偏低，又无正当理由的。

特殊行业、特殊类型的纳税人和一定规模以上的纳税人不适用以上规定。上述特定纳税人由国家税务总局另行明确。

（二）核定征收办法的有关规定

（1）纳税人具有下列情形之一的，核定其应税所得率：

1）能正确核算（查实）收入总额，但不能正确核算（查实）成本费用总额的；

2）能正确核算（查实）成本费用总额，但不能正确核算（查实）收入总额的；

3）通过合理方法，能计算和推定纳税人收入总额或成本费用总额的。

（2）纳税人不属于以上情形的，核定其应纳税额。

（3）税务机关采用下列方法核定征收企业所得税：

1）参照当地同类行业或者类似行业中经营规模和收入水平相近的纳税人的税负水平核定；

2）按照应税收入额或成本费用支出额定率核定；

3）按照耗用的原材料、燃料、动力等推算或测算核定；

4）按照其他合理方法核定。

采用一种方法不足以正确核定应纳税所得额或应纳税额的，可以同时采用两种以上的方法核定。采用两种以上方法测算的应纳税额不一致时，可按测算的应纳税额从高核定。

（4）采用应税所得率方式核定征收企业所得税的，应纳企业所得税的计算公式

如下：

应纳企业所得税＝应纳税所得额×适用税率

应纳税所得额＝应税收入额×应税所得率

＝成本(费用)支出额÷(1－应税所得率)×应税所得率

式中： 应税收入额＝收入总额－不征税收入－免税收入

应税所得率的范围如表4-4所示。

表4-4 应税所得率表

行业	应税所得率（%）
农、林、牧、渔业	3～10
制造业	5～15
批发和零售贸易业	4～15
交通运输业	7～15
建筑业	8～20
饮食业	8～25
娱乐业	15～30
其他行业	10～30

四、在中国境内未设立机构、场所的，或者虽设立机构、场所但取得的所得与其所设机构、场所没有实际联系的非居民企业查账征收应纳税额的计算

对于在中国境内未设立机构、场所的，或者虽设立机构、场所但取得的所得与其所设机构、场所没有实际联系的非居民企业的所得，其来源于中国境内的所得按照下列方法计算应纳税所得额：

（1）股息、红利等权益性投资收益和利息、租金、特许权使用费所得，以收入全额为应纳税所得额；

（2）转让财产所得，以收入全额减除财产净值后的余额为应纳税所得额；

（3）其他所得，参照前两项规定的办法计算应纳税所得额。

其中，财产净值是指财产的计税基础减除已经按照规定扣除的折旧、折耗、摊销、准备金等后的余额。

对于在中国境内未设立机构、场所的，或者虽设立机构、场所但取得的所得与其所设机构、场所没有实际联系的非居民企业，应纳税额的计算公式为：

应纳企业所得税＝年应纳税所得额×税率(减按10%)

【工作实例4-16】 A国的甲企业在中国境内未设立机构、场所，但在本年度从中国境内取得了下列所得：股息60万元、利息40万元、特许权使用费100万元；同

时，甲企业转让了其在中国境内的财产，转让收入为180万元，该财产的净值为150万元。

【工作要求】计算甲企业本年度在中国境内的应纳企业所得税。

【工作实施】

$$\text{甲企业取得的股息、利息和特许权使用费的应纳税所得额}=60+40+100=200(\text{万元})$$

$$\text{甲企业取得财产转让所得的应纳税所得额}=180-150=30(\text{万元})$$

$$\text{应纳企业所得税}=(200+30)\times 10\%=23(\text{万元})$$

五、非居民企业采用核定征收方式征收企业所得税应纳税额的计算

非居民企业采用核定征收方式征收企业所得税应纳税额的计算公式为：

$$\text{非居民企业采用核定征收方式征收企业所得税应纳税额}=\text{核定的应纳税所得额}\times\text{适用税率}$$

非居民企业因会计账簿不健全，资料残缺难以查账，或者其他原因不能准确计算并据实申报其应纳税所得额的，税务机关有权采取以下方法核定其应纳税所得额。

（1）按收入总额核定应纳税所得额：适用于能够正确核算收入或通过合理方法推定收入总额，但不能正确核算成本费用的非居民企业。其计算公式如下：

$$\text{应纳税所得额}=\text{收入总额}\times\text{经税务机关核定的利润率}$$

税务机关可按照以下标准确定非居民企业的利润率：

1）从事承包工程作业、设计和咨询劳务的，利润率为15%～30%；

2）从事管理服务的，利润率为30%～50%；

3）从事其他劳务或劳务以外经营活动的，利润率不低于15%。

税务机关有根据认为非居民企业的实际利润率明显高于上述标准的，可以按照比上述标准更高的利润率核定其应纳税所得额。

（2）按成本费用核定应纳税所得额：适用于能够正确核算成本费用，但不能正确核算收入总额的非居民企业。其计算公式如下：

$$\text{应纳税所得额}=\text{成本费用总额}\div\left(1-\text{经税务机关核定的利润率}\right)\times\text{经税务机关核定的利润率}$$

（3）按经费支出换算收入核定应纳税所得额：适用于能够正确核算经费支出总额，但不能正确核算收入总额和成本费用的非居民企业。其计算公式如下：

$$\text{应纳税所得额}=\text{本期经费支出额}\div(1-\text{核定利润率})\times\text{核定利润率}$$

（4）非居民企业与中国居民企业签订机器设备或货物销售合同，同时提供设备安装、装配、技术培训、指导、监督服务等劳务，其销售货物合同中未列明提供上述劳务

服务收费金额，或者计价不合理的，主管税务机关可以根据实际情况，参照相同或相近业务的计价标准核定劳务收入。无参照标准的，以不低于销售货物合同总价款的10%为原则，确定非居民企业的劳务收入。

（5）非居民企业为中国境内客户提供劳务取得的收入，凡其提供的劳务全部发生在中国境内的，应全额在中国境内申报缴纳企业所得税；凡其提供的劳务同时发生在中国境内外的，应以劳务发生地为原则划分其境内外收入，并就其在中国境内取得的劳务收入申报缴纳企业所得税。税务机关对其境内外收入划分的合理性和真实性有疑义的，可要求非居民企业提供真实有效的证明，并根据工作量、工作时间、成本费用等因素合理划分其境内外收入；如非居民企业不能提供真实有效的证明，税务机关可视同其提供的服务全部发生在中国境内，确定其劳务收入并据以征收企业所得税。

（6）采取核定征收方式征收企业所得税的非居民企业，在中国境内从事适用不同核定利润率的经营活动，并取得应税所得的，应分别核算并适用相应的利润率计算缴纳企业所得税；凡不能分别核算的，应从高适用利润率计算缴纳企业所得税。

（7）拟采取核定征收方式的非居民企业应填写《非居民企业所得税征收方式鉴定表》（简称《鉴定表》），报送主管税务机关。主管税务机关应对企业报送的《鉴定表》的适用行业及所适用的利润率进行审核，并签注意见。对经审核不符合核定征收条件的非居民企业，主管税务机关应自收到企业提交的《鉴定表》后15个工作日内向其下达《税务事项通知书》，将鉴定结果告知企业。非居民企业未在上述期限内收到税务事项通知书的，其征收方式视同已被认可。

（8）税务机关发现非居民企业采用核定征收方式计算申报的应纳税所得额不真实，或者明显与其承担的功能风险不相匹配的，有权予以调整。

第5节即测即评

第6节　特别纳税调整

情境引例

我公司由于企业所得税特别纳税调整被加收的利息，是否可以在计算应纳税所得额时扣除？

一、调整范围

企业与其关联方之间的业务往来，不符合独立交易原则而减少企业或者其关联方应纳税收入或者所得额的，税务机关有权按照合理方法调整。

（一）关联方

关联方是指与企业有下列关联关系之一的企业、其他组织或者个人。

（1）在资金、经营、购销等方面存在直接或者间接的控制关系；

（2）直接或者间接地同为第三方所控制；

（3）在利益上具有相关联的其他关系。

（二）关联企业之间关联业务的税务处理

（1）企业与其关联方共同开发、受让无形资产，或者共同提供、接受劳务发生的成本，在计算应纳税所得额时应当按照独立交易原则进行分摊。

（2）企业与其关联方分摊成本时，应当按照成本与预期收益相配比的原则进行分摊，并在税务机关规定的期限内，按照税务机关的要求报送有关资料。

（3）企业与其关联方分摊成本时违反以上第（1）（2）项规定的，其自行分摊的成本不得在计算应纳税所得额时扣除。

（4）企业可以向税务机关提出与其关联方之间业务往来的定价原则和计算方法，税务机关与企业协商、确认后，达成预约定价安排。预约定价安排是指企业就其未来年度关联交易的定价原则和计算方法，向税务机关提出申请，与税务机关按照独立交易原则协商、确认后达成的协议。

（5）企业向税务机关报送年度企业所得税纳税申报表时，应当就其与关联方之间的业务往来，附送年度关联业务往来报告表。税务机关在进行关联业务调查时，企业及其关联方，以及与关联业务调查有关的其他企业应当按照规定提供相关资料。

（6）由居民企业，或者由居民企业和中国居民共同控制的设立在实际税负明显偏低的国家（地区）的企业，并非由于合理的经营需要而对利润不作分配或者减少分配的，上述利润中应归属于该居民企业的部分，应当计入该居民企业的当期收入。此处的控制包括：1）居民企业或中国居民直接或间接单一持有外国企业 10%以上有表决权股份，且由其共同持有该外国企业 50%以上股份；2）居民企业或居民企业和中国居民持股比例没有达到第 1）项规定的标准，但在股份、资金、经营、购销等方面对该外国企业构成实质控制。实际税负明显偏低是指实际税负明显低于《企业所得税法》规定的 25%税率的 50%。

（7）对资本弱化的行为的控制。

1）企业接受的投资类别。企业从其关联方接受的债权性投资是指企业直接或间接从关联方获得的、需要偿还本金和支付利息或者需要以其他具有支付利息性质的方式予以补偿的融资。企业间接从关联方获得的债权性投资包括：关联方通过无关联第三方提供的债权性投资；无关联第三方提供的、由关联方担保且负有连带责任的债权性投资；其他间接从关联方获得的具有负债实质的债权性投资。

企业的权益性投资是指企业接受的不需要偿还本金和支付利息，投资人对企业净资产拥有所有权的投资。

2）接受的债权性投资的利息支出。企业实际支付给关联方的利息支出，能够按照《企业所得税法》及其实施条例的有关规定提供相关资料，并证明相关交易活动符合独立交易原则的，或者该企业的实际税负不高于境内关联方的，其实际支付给境内关联方的利息支出，在计算应纳税所得额时准予扣除。除此之外，企业在计算应纳税所得额时，实际支付给关联方的利息支出，不超过规定比例（接受关联方债权性投资与其权益性投资的比例金融企业为5∶1，其他企业为2∶1）和《企业所得税法》及其实施条例有关规定计算的部分，准予扣除；超过部分，不得在发生当期和以后年度扣除。

【点拨指导】企业同时从事金融业务和非金融业务，其实际支付给关联方的利息支出应按照合理方法分开计算；没有按照合理方法分开计算的，一律按上述“其他企业”的比例（即2∶1）计算准予税前扣除的利息支出。

3）债权性投资的利息收入。企业自关联方取得的不符合规定的利息收入应按照有关规定缴纳企业所得税。

（8）对母子公司间提供服务支付费用有关企业所得税的处理。

1）母公司为其子公司提供各种服务而发生的费用，应按照独立企业之间公平交易原则确定服务的价格，作为企业正常的劳务费用进行税务处理。母子公司未按照独立企业之间的业务往来收取价款的，税务机关有权予以调整。

2）母公司向其子公司提供各项服务，双方应签订服务合同或协议，明确规定提供服务的内容、收费标准及金额等，凡按上述合同或协议规定所发生的服务费，母公司应作为营业收入申报纳税；子公司作为成本费用在税前扣除。

3）母公司向其多个子公司提供同类服务，其收取的服务费可以采取分项签订合同或协议收取，也可以采取服务分摊协议的方式，即由母公司与各子公司签订服务费用分摊合同或协议，以母公司为其子公司提供服务所发生的实际费用并附加一定比例利润作为向子公司收取的总服务费，在各服务受益子公司（包括盈利企业、亏损企业和享受减免税企业）之间按《企业所得税法》第四十一条第二款的规定合理分摊。

4）母公司以管理费形式向子公司提取费用，子公司因此支付给母公司的管理费，不得在税前扣除。

5）子公司申报税前扣除向母公司支付的服务费用，应向主管税务机关提供与母公司签订的服务合同或协议等与税前扣除该项费用相关的材料。不能提供相关材料的，支付的服务费用不得税前扣除。

二、调整方法

关联企业所得不实的，调整方法如下：

（1）可比非受控价格法。它是指按照没有关联关系的交易各方进行相同或者类似业务往来的价格进行定价的方法。

（2）再销售价格法。它是指按照从关联方购进商品再销售给没有关联关系的交易方的价格，减去相同或者类似业务的销售毛利进行定价的方法。

（3）成本加成法。它是指按照成本加合理的费用和利润进行定价的方法。

（4）交易净利润法。它是指按照没有关联关系的交易各方进行相同或者类似业务往来取得的净利润水平确定利润的方法。

（5）利润分割法。它是指将企业与其关联方的合并利润或者亏损在各方之间采用合理标准进行分配的方法。

（6）其他符合独立交易原则的方法。

【工作实例 4－17】 甲公司为我国一家居民企业，本年 1 月申报以 25 万元从境外关联公司购入一批产品，又将这批产品以 23 万元转售给无关联公司。税务机关可按其转售给无关联公司的价格减去合理的销售毛利，来调整甲公司与关联公司的交易价格。假定甲公司合理的销售毛利率为 20％。

【工作要求】 确定按照再销售价格法调整甲公司从境外关联公司进货的价格（境外关联公司向甲公司销货的价格）。

【工作实施】

$$\begin{matrix}\text{按照再销售价格法调整甲公司}\\\text{从境外关联公司进货的价格}\end{matrix}=23\times(1-20\%)=18.4(\text{万元})$$

税务机关可按这一价格调整甲公司从境外关联公司进货的价格。

三、核定征收

企业不提供与其关联方之间业务往来资料，或者提供虚假、不完整资料，未能真实反映其关联业务往来情况的，税务机关有权依法核定其应纳税所得额。核定方法有：

（1）参照同类或者类似企业的利润率水平核定；

（2）按照企业成本加合理的费用和利润的方法核定；

（3）按照关联企业集团整体利润的合理比例核定；

（4）按照其他合理方法核定。

企业对税务机关按照上述规定的方法核定的应纳税所得额有异议的，应当提供相关证据，经税务机关认定后，调整核定的应纳税所得额。

【点拨指导】 税务机关的纳税核定是维护国家的财政利益、明确纳税人应当履行的举证责任以及解决反避税调查调整日趋复杂、案件旷日持久不能结案等困难的重要制度，是很多国家的通常做法。

四、加收利息和追溯时限

企业实施其他不具有合理商业目的的安排而减少其应纳税收入或者所得额的，税务机关有权按照合理方法调整。不具有合理商业目的是指以减少、免除或者推迟缴纳税款为主要目的。

（一）特别纳税调整的加收利息

税务机关根据税法作出的纳税调整决定，应在补征税款的基础上，从每一调整年度次年6月1日起至补缴税款之日止的期限，按日加收利息。加收的利息，应当按照税款所属纳税年度中国人民银行公布的与补税期间同期的人民币贷款基准利率加5个百分点计算。特别纳税调整加收的利息，不得在计算应纳税所得额时扣除。

【情境引例解析】

根据《企业所得税法实施条例》的规定，税务机关根据税收法律、行政法规的规定，对企业作出特别纳税调整的，应当对补征的税款，自税款所属纳税年度的次年6月1日起至补缴税款之日止的期间，按日加收利息。上述加收的利息，不得在计算应纳税所得额时扣除。

因此，你公司由于企业所得税特别纳税调整被加收的利息，不得在计算应纳税所得额时扣除。

（二）特别纳税调整的追溯时限

企业与其关联方之间的业务往来，不符合独立交易原则，或者企业实施其他不具有合理商业目的的安排的，税务机关有权在该业务发生的纳税年度起10年内进行纳税调整。

【工作引例解析】

（1）购买安全生产专用设备的支出，应计入固定资产的成本，并将按期计提的折旧在税前扣除；当月购进的，次月开始计提折旧。由于本年12月购进，因此下年1月开始计提折旧。这样本年12月不能计提折旧，更不能一次性在成本中列支，所以利润总额要调增550万元。

调整后的利润总额＝270＋550＝820(万元)

（2）业务招待费税前扣除限额＝5 600×5‰＝28(万元)

实际发生额的60%＝120×60%＝72(万元)＞28万元

因此，准予在税前扣除的业务招待费为28万元。

（3）广告费和业务宣传费税前扣除限额＝5 600×15%＝840(万元)

实际发生广告费和业务宣传费＝800＋400＝1 200(万元)＞840万元

因此，准予在税前扣除的广告费和业务宣传费为840万元。

（4）支付给银行的60万元利息可以税前扣除。

银行同期同类贷款年利率＝60÷1 000×100%＝6%

接受关联方债权性投资与权益性投资的比例＝1 200：400＝3：1＞2：1

可以在税前扣除的支付给关联方的利息支出＝400×2×6%＝48(万元)

准予在税前扣除的利息费用＝60＋48＝108(万元)

(5) 公益性捐赠支出税前扣除限额＝(270＋550)×12%＝98.4(万元)

实际发生公益性捐赠支出＝65(万元)＜98.4万元

因此，准予在税前扣除的公益性捐赠支出为65万元。

另外，因违反合同约定支付给其他企业的违约金28万元，可以在税前扣除；违反工商管理规定被工商部门处以的罚款7万元，属于行政性质的罚款，不得在税前扣除。所以

准予在税前扣除的营业外支出＝100－7＝93(万元)

(6) 企业实际发生的合理的工资允许在税前据实扣除。

工会经费税前扣除限额＝500×2%＝10(万元)

由于实际拨缴的7万元没有超过限额，因此，可以在税前据实扣除。

职工福利费税前扣除限额＝500×14%＝70(万元)＜实际发生的80万元

因此，只能在税前扣除70万元，则

应调增应纳税所得额＝80－70＝10(万元)

职工教育经费税前扣除限额＝500×8%＝40(万元)＞实际发生的20万元

因此，职工教育经费不需要调整。工资总额、工会经费、职工福利费和职工教育经费共应调增应纳税所得额10万元。

(7) 国债利息收入免征企业所得税，应调减应纳税所得额20万元。

(8) 该居民企业本年度境内应纳税所得额＝270＋550＋(120－28)＋(1 200－840)＋(72－48)＋(100－93)＋10－20－32－25＝1 236(万元)

以境内、境外全部生产经营活动有关的研究开发费用总额、总收入、销售收入总额、高新技术产品（服务）收入等指标申请并经认定的高新技术企业，其来源于境外的所得可以享受高新技术企业所得税优惠政策，即对其来源于境外所得可以按照15%的优惠税率缴纳企业所得税，在计算境外抵免限额时，可按照15%的优惠税率计算境内外应纳税总额。

境外A国所得的抵免限额＝32÷(1－20%)×15%＝6(万元)

实际在A国缴纳的企业所得税＝32÷(1－20%)×20%＝8(万元)

由于在境外A国实际缴纳的税额8万元超过了抵免限额6万元，当年只能抵免6万元。超过抵免限额的部分2万元（8－6）当年不能抵免，可以在以后5个年度内，用每年度抵免限额抵免当年应抵税额后的余额进行抵补。因此，甲居民企业当年不需要在我

国补缴企业所得税。

境外 B 国所得的抵免限额＝25÷(1－10%)×15%＝4.17(万元)

实际在 B 国缴纳的企业所得税＝25÷(1－10%)×10%＝2.78(万元)

由于在境外 B 国实际缴纳的税额 2.78 万元低于抵免限额 4.17 万元，因此，只能抵免 2.78 万元。

需要在我国补缴的企业所得税＝4.17－2.78＝1.39(万元)

因此，该居民企业境外所得应在我国补缴的企业所得税为 1.39 万元。

(9) 企业购置并实际使用符合《安全生产专用设备企业所得税优惠目录》规定的安全生产专用设备的，该专用设备的投资额的 10%可以从企业当年的应纳税额中抵免，当年不足抵免的，可以在以后 5 个纳税年度结转抵免。

可抵免的应纳企业所得税＝550×10%＝55(万元)

该居民企业应补缴的企业所得税＝1 236×15%＋1.39－55－40.5

＝91.29(万元)

第 6 节即测即评

第 7 节　企业所得税的征收管理

情境引例

我公司设有不具有法人资格的营业机构。请问对于是否汇总纳税的问题，企业所得税与增值税的纳税方式一样吗?

一、企业所得税的征收管理要求

（一）纳税期限

企业所得税按年计征，分月或者分季预缴，年终汇算清缴，多退少补。

按月或按季预缴的，应当自月份或者季度终了之日起 15 日内，向税务机关报送预缴企业所得税纳税申报表，预缴税款。

企业所得税的纳税年度是指自公历 1 月 1 日起至 12 月 31 日止。企业在一个纳税年度的中间开业，或者由于合并、关闭等原因终止经营活动，使该纳税年度的实际经营期不足 12 个月的，应当以其实际经营期为一个纳税年度。企业清算时，应当以清算期间作为一个纳税年度。

自年度终了之日起5个月内，向税务机关报送年度企业所得税纳税申报表，并汇算清缴，结清应缴企业所得税税款。对于2021年度及以后年度企业所得税汇算清缴，纳税人在纳税年度内预缴企业所得税税款超过汇算清缴应纳税款的，纳税人应及时申请退税，主管税务机关应及时按有关规定办理退税，不再抵缴其下一年度应缴企业所得税税款。

企业在一个纳税年度中间开业，或者终止经营活动，使该纳税年度的实际经营期不足12个月的，应当以其实际经营期为1个纳税年度。企业依法清算时，应当以清算期间作为1个纳税年度。企业应当在办理注销登记前，就其清算所得向税务机关申报并依法缴纳企业所得税。

企业在年度中间终止经营活动的，应当自实际经营终止之日起60日内，向税务机关办理当期企业所得税汇算清缴。

（二）纳税地点

除税收法规、行政法规另有规定外，居民企业以企业登记注册地为纳税地点；登记注册地在境外的，以实际管理机构所在地为纳税地点。企业登记注册地是指企业依照国家有关规定登记注册的住所地。

居民企业在中国境内设立不具有法人资格的营业机构的，应当汇总计算并缴纳企业所得税。企业汇总计算并缴纳企业所得税时，应当统一核算应纳税所得额。除国务院另有规定外，企业之间不得合并缴纳企业所得税。

【情境引例解析】

对于企业所得税，根据《企业所得税法》的规定，居民企业在中国境内设立不具有法人资格的营业机构的，应当汇总计算并缴纳企业所得税；根据《企业所得税法实施条例》的规定，企业汇总计算并缴纳企业所得税时，应当统一核算应纳税所得额。

对于增值税，根据《增值税暂行条例》的规定，总机构和分支机构不在同一县（市）的，应当分别向各自所在地主管税务机关申报纳税；经国务院财政、税务主管部门或者其授权的财政、税务机关批准，可以由总机构汇总向总机构所在地的主管税务机关申报纳税。

因此，你公司设有不具有法人资格的营业机构，对于是否汇总纳税的问题，企业所得税与增值税的纳税方式是不一样的。

非居民企业在中国境内设立机构、场所的，应当就其所设机构、场所取得的来源于中国境内的所得，以及发生在中国境外但是与其所设机构、场所有实际联系的所得，以机构、场所所在地为纳税地点。非居民企业在中国境内设立两个或者两个以上的机构、场所的，经税务机关审核批准，可以选择由其主要机构、场所汇总缴纳企业所得税。非居民企业在中国未设立机构、场所的，或者虽然设立机构、场所但取得的所得与其所设机构、场所没有实际联系的，以扣缴义务人所在地为纳税地点。

（三）征收管理的其他要求

（1）企业在报送企业所得税纳税申报表时，应当按照规定附送财务会计报告和其他有关资料。

（2）依照《企业所得税法》缴纳的企业所得税，应当以人民币计算；所得以人民币以外的货币计算的，应当折合成人民币计算并缴纳税款。

（3）企业在纳税年度内无论盈利或者亏损，都应当依照《企业所得税法》第五十四条规定的期限，向税务机关报送预缴企业所得税纳税申报表、年度企业所得税纳税申报表及财务会计报告和税务机关规定应当报送的其他有关资料。

二、企业所得税的纳税申报

（一）企业所得税的预缴纳税申报

实行查账征收企业所得税的居民企业在月（季）度预缴企业所得税时，应当填报《中华人民共和国企业所得税月（季）度预缴纳税申报表（A类）》（见表4-5）和附表（略）。实行核定征收企业所得税的居民企业在月（季）度预缴企业所得税时，应当填报《中华人民共和国企业所得税月（季）度和年度纳税申报表（B类）》（略）。非居民企业预缴企业所得税时，应当填报《中华人民共和国非居民企业所得税预缴申报表》（略）以及附表（略）。

表4-5　中华人民共和国企业所得税月（季）度预缴纳税申报表（A类）

税款所属期间：　　年　月　日至　　年　月　日

纳税人识别号（统一社会信用代码）：□□□□□□□□□□□□□□□□□□

纳税人名称：　　　　　　　　　　　　　　　　金额单位：人民币元（列至角分）

优惠及附报事项有关信息									
项目	一季度		二季度		三季度		四季度		季度平均值
	季初	季末	季初	季末	季初	季末	季初	季末	
从业人数									
资产总额（万元）									
国家限制或禁止行业	□是　□否				小型微利企业				□是　□否
	附报事项名称								金额或选项
事项1	（填写特定事项名称）								
事项2	（填写特定事项名称）								
	预缴税款计算								本年累计
1	营业收入								
2	营业成本								
3	利润总额								
4	加：特定业务计算的应纳税所得额								
5	减：不征税收入								
6	减：资产加速折旧、摊销（扣除）调减额（填写A201020）								
7	减：免税收入、减计收入、加计扣除（7.1+7.2+…）								

续表

<table>
<tr><td>7.1</td><td colspan="3">（填写优惠事项名称）</td><td></td></tr>
<tr><td>7.2</td><td colspan="3">（填写优惠事项名称）</td><td></td></tr>
<tr><td>8</td><td colspan="3">减：所得减免（8.1＋8.2＋…）</td><td></td></tr>
<tr><td>8.1</td><td colspan="3">（填写优惠事项名称）</td><td></td></tr>
<tr><td>8.2</td><td colspan="3">（填写优惠事项名称）</td><td></td></tr>
<tr><td>9</td><td colspan="3">减：弥补以前年度亏损</td><td></td></tr>
<tr><td>10</td><td colspan="3">实际利润额（3＋4－5－6－7－8－9）＼按照上一纳税年度应纳税所得额平均额确定的应纳税所得额</td><td></td></tr>
<tr><td>11</td><td colspan="3">税率（25％）</td><td></td></tr>
<tr><td>12</td><td colspan="3">应纳所得税额（10×11）</td><td></td></tr>
<tr><td>13</td><td colspan="3">减：减免所得税额（13.1＋13.2＋…）</td><td></td></tr>
<tr><td>13.1</td><td colspan="3">（填写优惠事项名称）</td><td></td></tr>
<tr><td>13.2</td><td colspan="3">（填写优惠事项名称）</td><td></td></tr>
<tr><td>14</td><td colspan="3">减：本年实际已缴纳所得税额</td><td></td></tr>
<tr><td>15</td><td colspan="3">减：特定业务预缴（征）所得税额</td><td></td></tr>
<tr><td>16</td><td colspan="3">本期应补（退）所得税额（12－13－14－15）＼税务机关确定的本期应纳所得税额</td><td></td></tr>
<tr><td colspan="5">汇总纳税企业总分机构税款计算</td></tr>
<tr><td>17</td><td rowspan="4">总机构</td><td colspan="2">总机构本期分摊应补（退）所得税额（18＋19＋20）</td><td></td></tr>
<tr><td>18</td><td colspan="2">其中：总机构分摊应补（退）所得税额（16×总机构分摊比例__％）</td><td></td></tr>
<tr><td>19</td><td colspan="2">财政集中分配应补（退）所得税额（16×财政集中分配比例__％）</td><td></td></tr>
<tr><td>20</td><td colspan="2">总机构具有主体生产经营职能的部门分摊所得税额（16×全部分支机构分摊比例__％×总机构具有主体生产经营职能部门分摊比例__％）</td><td></td></tr>
<tr><td>21</td><td rowspan="2">分支机构</td><td colspan="2">分支机构本期分摊比例</td><td></td></tr>
<tr><td>22</td><td colspan="2">分支机构本期分摊应补（退）所得税额</td><td></td></tr>
<tr><td colspan="5">实际缴纳企业所得税计算</td></tr>
<tr><td>23</td><td colspan="2">减：民族自治地区企业所得税地方分享部分：□免征　□减征：减征幅度__％</td><td>本年累计应减免金额［(12－13－15)×40％×减征幅度］</td><td></td></tr>
<tr><td>24</td><td colspan="2">实际应补（退）所得税额</td><td></td><td></td></tr>
<tr><td colspan="5">谨声明：本纳税申报表是根据国家税收法律法规及相关规定填报的，是真实的、可靠的、完整的。
纳税人（签章）：　　年　月　日</td></tr>
<tr><td colspan="3">经办人：
经办人身份证：
代理机构签章：
代理机构统一社会信用代码：</td><td colspan="2">受理人：
受理税务机关（章）：
受理日期：　　年　月　日</td></tr>
</table>

国家税务总局监制

（二）企业所得税的年度汇算清缴纳税申报

实行查账征收企业所得税的居民企业在年度企业所得税汇算清缴时，应当填报《中华人民共和国企业所得税年度纳税申报表（A类）》（见表4－6）以及附表（略）。实行核定应税所得率方式征收企业所得税的居民企业，年度企业所得税汇算清缴时，应当填报《中华人民共和国企业所得税月（季）度和年度纳税申报表（B类）》（略）。非居民企业年度企业所得税汇算清缴时，应当填报《中华人民共和国非居民企业所得税年度纳税申报表》（略）以及附表（略）。

第7节即测即评

表4－6　中华人民共和国企业所得税年度纳税申报表（A类）

行次	类别	项目	金额
1	利润总额计算	一、营业收入（填写A101010\101020\103000）	
2		减：营业成本（填写A102010\102020\103000）	
3		减：税金及附加	
4		减：销售费用（填写A104000）	
5		减：管理费用（填写A104000）	
6		减：财务费用（填写A104000）	
7		减：资产减值损失	
8		加：公允价值变动收益	
9		加：投资收益	
10		二、营业利润（1－2－3－4－5－6－7＋8＋9）	
11		加：营业外收入（填写A101010\101020\103000）	
12		减：营业外支出（填写A102010\102020\103000）	
13		三、利润总额（10＋11－12）	
14	应纳税所得额计算	减：境外所得（填写A108010）	
15		加：纳税调整增加额（填写A105000）	
16		减：纳税调整减少额（填写A105000）	
17		减：免税、减计收入及加计扣除（填写A107010）	
18		加：境外应税所得抵减境内亏损（填写A108000）	
19		四、纳税调整后所得（13－14＋15－16－17＋18）	
20		减：所得减免（填写A107020）	
21		减：弥补以前年度亏损（填写A106000）	
22		减：抵扣应纳税所得额（填写A107030）	
23		五、应纳税所得额（19－20－21－22）	

续表

行次	类别	项目	金额
24	应纳税额计算	税率（25%）	
25		六、应纳所得税额（23×24）	
26		减：减免所得税额（填写 A107040）	
27		减：抵免所得税额（填写 A107050）	
28		七、应纳税额（25－26－27）	
29		加：境外所得应纳所得税额（填写 A108000）	
30		减：境外所得抵免所得税额（填写 A108000）	
31		八、实际应纳所得税额（28＋29－30）	
32		减：本年累计实际已预缴的所得税额	
33		九、本年应补（退）所得税额（31－32）	
34		其中：总机构分摊本年应补（退）所得税额（填写 A109000）	
35		财政集中分配本年应补（退）所得税额（填写 A109000）	
36		总机构主体生产经营部门分摊本年应补（退）所得税额（填写 A109000）	
37	实际应纳税额计算	减：民族自治地区企业所得税地方分享部分：（□免征 □减征：减征幅度__%）	
38		十、本年实际应补（退）所得税额（33－37）	

技能训练

1. 甲软件生产企业为我国一家居民企业，本年实际发生的合理的工资薪金支出为 180 万元，职工福利费为 38 万元，职工教育经费为 25 万元，其中职工培训费用为 10 万元。

要求：计算甲软件生产企业本年计算应纳税所得额时应调增的应纳税所得额。

2. 甲企业为我国一家居民企业，本年实现商品销售收入 2 800 万元，发生现金折扣 50 万元，接受捐赠收入 50 万元，转让无形资产所有权收入 10 万元。甲企业当年实际发生业务招待费 15 万元、广告费 420 万元、业务宣传费 40 万元。

要求：计算本年度甲企业在计算应纳税所得额时准予扣除的业务招待费、广告费、业务宣传费的合计额。

3. 甲企业为我国一家居民企业，符合小型微利企业的条件。本年度甲企业会计利润为 20 万元，当年 1 月购入一套办公家具，价值为 4 800 元，未计提折旧，并在计算会计利润时全额扣除。假设除上述事项外甲企业无纳税调整项目。

要求：计算甲企业本年度应纳企业所得税。

实战演练

位于市区的甲制药公司（简称甲公司）由外商持股75%，是我国的一家居民企业，为增值税一般纳税人。甲公司本年主营业务收入为5 500万元，其他业务收入为360万元，营业外收入为300万元，主营业务成本为2 800万元，其他业务成本为300万元，营业外支出为210万元，税金及附加为420万元，管理费用为550万元，销售费用为900万元，财务费用为180万元，投资收益为120万元。

当年发生的部分具体业务如下：

（1）向境外股东企业支付全年技术咨询指导费150万元。境外股东企业常年派遣指导专员驻甲公司，并对其工作成果承担全部责任和风险，以及对其业绩进行考核评估。

（2）实际发放职工工资1 500万元（其中残疾人员工资50万元），发生职工福利费支出250万元，拨缴工会经费35万元并取得专用收据，发生职工教育经费支出100万元，以前年度累计结转至本年的职工教育经费未扣除额为5万元。另为投资者支付商业保险费10万元。

（3）发生广告费支出640万元、非广告性质的赞助支出50万元，发生业务招待费支出72万元。

（4）从事《国家重点支持的高新技术领域》规定项目的研究开发活动，对研发费用实行专账管理，发生研发费用支出100万元且未形成无形资产。

（5）对外捐赠货币资金140万元（通过县级政府向贫困地区捐赠120万元，直接向某学校捐赠20万元）。

（6）为治理污水排放，当年购置污水处理设备并投入使用，设备购置价为300万元（含增值税且进项税额已从销项税额中抵扣，增值税税率为13%）。处理公共污水，当年取得收入30万元，相应的成本费用支出为22万元。

（7）撤回对某公司的股权投资取得120万元，其中含原投资成本80万元，相当于被投资公司累计未分配利润和累计盈余公积按减少实收资本比例计算的部分10万元。

其他相关资料：除非特别说明，各扣除项目均已取得有效凭证，相关优惠已办理必要手续；因境外股东企业在中国境内会计账簿不健全，主管税务机关核定技术咨询指导劳务的利润率为20%，且指定甲公司为其税款扣缴义务人；购进的污水处理设备为《环境保护专用设备企业所得税优惠目录》所列设备。

任务要求：

（1）分别计算在业务（1）中甲公司应当扣缴的企业所得税、增值税、城市维护建设税、教育费附加和地方教育附加金额。

（2）计算业务（2）中甲公司应调整的应纳税所得额。

（3）计算业务（3）中甲公司应调整的应纳税所得额。

（4）计算业务（4）中甲公司应调整的应纳税所得额。

（5）计算业务（5）中甲公司应调整的应纳税所得额。

（6）计算业务（6）中甲公司应调整的应纳税所得额和应调整的应纳企业所得税。

（7）计算业务（7）中甲公司应调整的应纳税所得额。

（8）计算甲公司本年度应纳企业所得税。

第5章

个人所得税法

素养提升

纳税人应当充分运用国家出台的个人所得税税收政策，合法合规纳税。

1. 我国自2019年1月1日起开始全面实施综合与分类相结合的个人所得税制度，这次改革采取了提高基本费用减除标准、增加专项附加扣除、优化调整税率结构、扩大低档税率的级距等手段，有利于“完善个人所得税制度，规范收入分配秩序，规范财富积累机制”①。

2. 近年来，税务部门持续加强对高收入人群、高风险行业的税收监管，会同相关部门深入开展影视行业税收秩序综合治理，这有利于进一步规范影视行业税收秩序，促进影视行业长期健康规范发展，体现了“保护合法收入，调节过高收入”② 的精神。

能力目标

1. 会界定个人所得税纳税人，会判断哪些业务应当缴纳个人所得税，会选择个人所得税适用税率，能充分运用个人所得税优惠政策。

2. 能根据相关业务资料计算工资、薪金所得，劳务报酬所得，稿酬所得，特许权使用费所得（就居民个人而言，统称为综合所得）的应纳税额，经营所得的应纳税额，财产租赁所得的应纳税额，财产转让所得的应纳税额，利息、股息、红利所得的应纳税额，偶然所得的应纳税额以及个人所得税几种特殊情况的应纳税额。

3. 能确定个人所得税的纳税义务发生时间、纳税期限和纳税地点。

---

①② 习近平. 高举中国特色社会主义伟大旗帜 为全面建设社会主义现代化国家而团结奋斗——在中国共产党第二十次全国代表大会上的报告. 北京：人民出版社，2022.

工作引例

个人所得税的计算

居民个人张某为中国境内甲公司员工，本年取得的收入情况如下：

（1）每月取得中国境内甲公司支付的税前工资、薪金收入40 000元。

（2）2月，为中国境内乙公司提供咨询服务取得税前劳务报酬收入40 000元。

（3）4月，出版小说一部，取得中国境内丙出版社支付的税前稿酬收入3 000元。

（4）8月，取得中国境内丁公司支付的税前特许权使用费收入80 000元。

（5）9月，将所租入中国境内的一套住房转租，当月向出租方支付月租金4 500元，转租收取月租金6 500元，当月实际支付房屋租赁过程中可以从租金收入中扣除的各种税费500元，并取得有效凭证。

（6）10月，以150万元的价格转让一套两年前无偿受赠获得的中国境内房产。该套房产受赠时市场价格为85万元，受赠及转让房产过程中已缴纳的税费为10万元。

（7）11月，在中国境内戊商场取得按消费积分回馈的价值1 300元的礼品，同时参加戊商场举行的抽奖活动，抽中价值6 820元的奖品。

张某本年专项扣除、专项附加扣除和依法确定的其他扣除共计50 000元。张某工资、薪金所得已经由甲公司预扣预缴个人所得税60 580元；劳务报酬所得已经由乙公司预扣预缴个人所得税7 600元；稿酬所得已经由丙出版社预扣预缴个人所得税308元；特许权使用费已经由丁公司预扣预缴个人所得税12 800元。

工作要求

（1）计算张某本年综合所得汇算清缴应补缴（退回）的个人所得税。

（2）计算张某本年9月转租住房取得的租金收入的应纳个人所得税。

（3）计算张某本年10月转让受赠房产时计算缴纳个人所得税的应纳税所得额。

（4）计算张某本年11月取得商场按消费积分回馈礼品和抽奖所获奖品的应纳个人所得税。

工作引例解析　见本章第2节。

第1节　个人所得税的认知

情境引例

居民个人作为企业员工向本企业内设工会缴纳的工会费，是否可以在综合所得的个人所得税税前扣除？

一、个人所得税纳税人和扣缴义务人的确定

（一）个人所得税的纳税人

个人所得税是对个人取得的各项应税所得征收的一种所得税。

个人所得税的纳税人具体包括自然人个人、个体工商户、个人独资企业投资者、合伙企业自然人合伙人。

【点拨指导】对于个人独资企业投资者和合伙企业自然人合伙人，不征收企业所得税，只对个人独资企业投资者和合伙企业自然人合伙人取得的生产、经营所得征收个人所得税。

在我国，依据住所和居住时间两个标准，个人所得税的纳税人可分为居民个人和非居民个人两大类，各自承担不同的纳税义务。

【特别提示】我国税法采用了“住所”和“居住时间”两个标准对居民个人和非居民个人进行界定。

1. 居民个人

在中国境内有住所，或者无住所而一个纳税年度内在中国境内居住累计满183天的个人，为居民个人。居民个人从中国境内和境外取得的所得，依照《个人所得税法》的规定缴纳个人所得税。

【特别提示】在中国境内有住所，是指因户籍、家庭、经济利益关系而在中国境内习惯性居住；从中国境内和境外取得的所得，分别是指来源于中国境内的所得和来源于中国境外的所得。

【点拨指导】除国务院财政、税务主管部门另有规定外，下列所得，不论支付地点是否在中国境内，均为来源于中国境内的所得：

（1）因任职、受雇、履约等在中国境内提供劳务取得的所得；

（2）将财产出租给承租人在中国境内使用而取得的所得；

（3）许可各种特许权在中国境内使用而取得的所得；

（4）转让中国境内的不动产等财产或者在中国境内转让其他财产取得的所得；

（5）从中国境内企业、事业单位、其他组织以及居民个人取得的利息、股息、红利所得。

2. 非居民个人

在中国境内无住所又不居住，或者无住所而一个纳税年度内在中国境内居住累计不满183天的个人，为非居民个人。非居民个人从中国境内取得的所得，依照《个人所得税法》的规定缴纳个人所得税。

【点拨指导】上述纳税年度，自公历1月1日起至12月31日止。

【特别提示】在中国境内无住所的个人，在中国境内居住累计满183天的年度连续

不满6年的，经向主管税务机关备案，其来源于中国境外且由境外单位或者个人支付的所得，免予缴纳个人所得税；在中国境内居住累计满183天的任一年度中有1次离境超过30天的，其在中国境内居住累计满183天的年度的连续年限重新起算。

在中国境内无住所的个人，一个纳税年度内在中国境内居住累计不超过90天的，其来源于中国境内的所得，由境外雇主支付并且不由该雇主在中国境内的机构、场所负担的部分，免予缴纳个人所得税。

在中国境内无住所的个人（无住所个人）居住时间的判定标准如下：无住所个人一个纳税年度内在中国境内累计居住满183天的，如果此前6年在中国境内每年累计居住天数都满183天而且没有任何一年单次离境超过30天，该纳税年度来源于中国境内、境外的所得应当缴纳个人所得税；如果此前6年的任一年在中国境内累计居住天数不满183天或者单次离境超过30天，该纳税年度来源于中国境外且由境外单位或者个人支付的所得，免予缴纳个人所得税。这里的“此前6年”，是指该纳税年度的前1年至前6年的连续6个年度，此前6年的起始年度自2019年（含）以后年度开始计算。无住所个人一个纳税年度内在中国境内累计居住天数，按照个人在中国境内累计停留的天数计算。在中国境内停留的当天满24小时的，计入中国境内居住天数；在中国境内停留的当天不足24小时的，不计入中国境内居住天数。

（二）个人所得税的扣缴义务人

个人所得税以支付所得的单位或者个人为扣缴义务人。扣缴义务人向个人支付应税款项时，应当依照个人所得税法规定预扣或者代扣税款，按时缴库，并专项记载备查。

【点拨指导】扣缴义务人对纳税人的应扣未扣税款应由纳税人予以补缴。

二、个人所得税征税对象的确定

个人所得税的征税对象是个人取得的应税所得。个人所得的形式，包括现金、实物、有价证券和其他形式的经济利益。所得为实物的，应当按照取得的凭证上所注明的价格计算应纳税所得额；无凭证的实物或者凭证上所注明的价格明显偏低的，参照市场价格核定应纳税所得额。所得为有价证券的，根据票面价格和市场价格核定应纳税所得额。所得为其他形式的经济利益的，参照市场价格核定应纳税所得额。

下列各项个人所得，应当缴纳个人所得税：（1）工资、薪金所得；（2）劳务报酬所得；（3）稿酬所得；（4）特许权使用费所得；（5）经营所得；（6）利息、股息、红利所得；（7）财产租赁所得；（8）财产转让所得；（9）偶然所得。

【点拨指导】就居民个人而言，工资、薪金所得，劳务报酬所得，稿酬所得，特许权使用费所得统称为综合所得。

（一）工资、薪金所得

工资、薪金所得是指个人因任职或者受雇而取得的工资、薪金、奖金、年终加薪、劳动分红、津贴、补贴，以及与任职或者受雇有关的其他所得。

年终加薪、劳动分红不分种类和取得情况，一律按工资、薪金所得征税。

不属于工资、薪金性质的补贴、津贴，不征收个人所得税，具体包括：（1）独生子女补贴；（2）执行公务员工资制度未纳入基本工资总额的补贴、津贴差额和家属成员的副食补贴；（3）托儿补助费；（4）差旅费津贴、误餐补助。

退休人员再任职取得的收入，在减除按税法规定的费用扣除标准后，按工资、薪金所得项目缴纳个人所得税。

离退休人员按规定领取离退休工资或养老金外，另从原任职单位取得的各类补贴、奖金、实物，不属于免税项目，应按工资、薪金所得应税项目的规定缴纳个人所得税。

对商品营销活动中，企业对营销业绩突出的雇员以培训班、研讨会、工作考察等名义组织旅游活动，通过免收差旅费、旅游费对个人实行的营销业绩奖励（包括实物、有价证券等），应根据所发生费用的全额并入营销人员当期的工资、薪金所得，按照工资、薪金所得项目征收个人所得税。

【情境引例解析】

根据《个人所得税法》和《个人所得税专项附加扣除操作办法（试行）》的规定，居民个人的综合所得，以每一纳税年度的收入额减除费用6万元以及专项扣除、专项附加扣除和依法确定的其他扣除后的余额，为应纳税所得额。专项扣除包括居民个人按照国家规定的范围和标准缴纳的基本养老保险、基本医疗保险、失业保险等社会保险费和住房公积金等；专项附加扣除包括子女教育、继续教育、大病医疗、住房贷款利息或者住房租金、赡养老人、3岁以下婴幼儿照护等支出，具体范围、标准和实施步骤由国务院确定，并报全国人民代表大会常务委员会备案。

因此，居民个人作为企业员工向本企业内设工会缴纳的工会费不属于上述文件列举的扣除范围，不得在计算综合所得的个人所得税税前扣除。

（二）劳务报酬所得

劳务报酬所得是指个人从事劳务取得的所得，包括从事设计、装潢、安装、制图、化验、测试、医疗、法律、会计、咨询、讲学、翻译、审稿、书画、雕刻、影视、录音、录像、演出、表演、广告、展览、技术服务、介绍服务、经纪服务、代办服务以及其他劳务取得的所得。

【特别提示】个人担任董事职务所取得的董事费收入，属于劳务报酬性质，按劳务报酬所得项目征税。

【点拨指导】劳务报酬所得一般属于个人独立从事自由职业取得的所得或属于独立个人劳动所得。

【点拨指导】区分劳务报酬所得和工资、薪金所得，主要看是否存在雇佣与被雇佣的关系。对于工资、薪金所得，单位与个人存在雇佣与被雇佣的关系；而对于劳务报酬所得，单位与个人不存在雇佣与被雇佣的关系。

在校学生因参与勤工俭学活动（包括参与学校组织的勤工俭学活动）而取得属于《个人所得税法》规定的应税所得项目的所得，应依法缴纳个人所得税。

对商品营销活动中，企业和单位对营销业绩突出的非雇员以培训班、研讨会、工作考察等名义组织旅游活动，通过免收差旅费、旅游费对个人实行的营销业绩奖励（包括实物、有价证券等），应根据所发生费用的全额作为该营销人员当期的劳务收入，按照劳务报酬所得项目征收个人所得税，并由提供上述费用的企业和单位代扣代缴。

【归纳总结】见表5-1。

表5-1 工资、薪金所得与劳务报酬所得项目的辨析举例

职业	收入来源	项目
演员、教师	在本单位演出、授课	工资、薪金所得
	在其他单位演出、授课	劳务报酬所得
个人	兼职	劳务报酬所得
受雇于律师个人	为律师个人工作	劳务报酬所得
保险营销员、证券经纪人	从证券公司取得佣金	劳务报酬所得
董事、监事	从任职公司（包括关联公司）取得	工资、薪金所得
	从非任职受雇单位取得	劳务报酬所得
商品营销奖励	雇员从单位取得	工资、薪金所得
	非雇员从单位取得	劳务报酬所得

（三）稿酬所得

稿酬所得是指个人因其作品以图书、报刊等形式出版、发表而取得的所得。作品包括文学作品、书画作品、摄影作品，以及其他作品。作者去世后，财产继承人取得的遗作稿酬，也应征收个人所得税。

【点拨指导】《个人所得税法》将具有特许权使用费和劳务报酬性质的稿酬所得单独列为一个独立的税目，不仅因为稿酬所得有着不完全等同于特许权使用费所得和一般劳务报酬所得的特点，还因为对其方便单独制定征税办法，从而体现国家的优惠政策。

（四）特许权使用费所得

特许权使用费所得是指个人提供专利权、商标权、著作权、非专利技术以及其他特许权的使用权取得的所得。提供著作权的使用权取得的所得，不包括稿酬所得。

作者将自己的文字作品手稿原件或复印件拍卖取得的所得，应按特许权使用费所得项目征收个人所得税。

个人取得特许权的经济赔偿收入，应按特许权使用费所得项目缴纳个人所得税，税款由支付赔偿的单位或个人代扣代缴。

从2005年5月1日起，编剧从电视剧的制作单位取得的剧本使用费，不再区分剧本的使用方是否为其任职单位，统一按特许权使用费所得项目征收个人所得税。

【实务答疑】个人转让专利权、商标权、著作权、非专利技术以及其他特许权的使用权取得的所得，按照特许权使用费所得项目缴纳个人所得税。个人转让专利权、商标权、著作权、非专利技术的所有权取得的所得，是按照财产转让所得项目缴纳个人所得税，还是按照特许权使用费所得项目缴纳个人所得税？

答：根据国家税务总局12366北京纳税服务中心的答复，个人转让专利权、商标权、著作权、非专利技术的所有权取得的所得，按照财产转让所得项目缴纳个人所得税。但全国会计专业技术资格考试《经济法基础》教材指出：个人转让专利权、商标权、著作权、非专利技术的所有权取得的所得，按照特许权使用费所得项目缴纳个人所得税。实务中，个人转让专利权、商标权、著作权、非专利技术的所有权取得的所得，具体按哪个项目缴纳个人所得税需要咨询当地税务机关。

【点拨指导】一般情况下无形资产使用权的转让按特许权使用费所得项目征税，但土地使用权、股权、债权（股权、债权属于广义的“无形资产”范畴）例外，土地使用权、股权、债权的转让按财产转让所得项目征税。

【点拨指导】作者将自己的文字作品手稿原件或复印件公开拍卖取得的所得，按特许权使用费所得项目计税。

【归纳总结】见表5-2。

表5-2　转让或者提供专利权、商标权、著作权、非专利技术以及其他特许权的所有权和使用权企业所得税和个人所得税的不同

项目	企业所得税	个人所得税
转让专利权、商标权、著作权、非专利技术以及其他特许权的所有权	转让财产收入	两种观点：（1）财产转让所得；（2）特许权使用费所得
提供专利权、商标权、著作权、非专利技术以及其他特许权的使用权	特许权使用费收入	特许权使用费所得

（五）经营所得

经营所得是指：（1）个体工商户从事生产、经营活动取得的所得，个人独资企业投资人、合伙企业的个人合伙人来源于境内注册的个人独资企业、合伙企业生产、经营的所得；（2）个人依法从事办学、医疗、咨询以及其他有偿服务活动取得的所得；（3）个人对企业、事业单位承包经营、承租经营以及转包、转租取得的所得；（4）个人从事其他生产、经营活动取得的所得。

个体工商户、个人独资企业和合伙企业或个人从事种植业、养殖业、饲养业、捕捞业取得的所得，暂不征收个人所得税。

个体工商户和从事生产经营的个人，取得与生产、经营活动无关的其他各项应税所得，应分别按照有关规定，计算征收个人所得税。

出租车归属为个人的，属于经营所得，包括：从事个体出租车运营的出租车驾驶员取得的收入；出租车属个人所有，但挂靠出租汽车经营单位或企事业单位，驾驶员向挂靠单位缴纳管理费，其从事客货运营取得的收入；出租汽车经营单位将出租车所有权转移给驾驶员，出租车驾驶员从事客货运营取得的收入。

出租汽车经营单位对出租车驾驶员采取单车承包或承租方式运营，出租车驾驶员从事客运取得的收入，按工资、薪金所得项目征收个人所得税。

【特别提示】自 2022 年 1 月 1 日起，持有股权、股票、合伙企业财产份额等权益性投资的个人独资企业、合伙企业，一律适用查账征收方式计征个人所得税。

（六）财产租赁所得

财产租赁所得是指个人出租不动产、机器设备、车船以及其他财产取得的所得。个人将承租房屋转租取得的租金收入，属于个人所得税应税所得，应按财产租赁所得项目计算缴纳个人所得税。

（七）财产转让所得

财产转让所得是指个人转让有价证券、股权、合伙企业中的财产份额、不动产、机器设备、车船以及其他财产取得的所得。从 1997 年 1 月 1 日起，对个人转让上市公司股票取得的所得继续暂免征收个人所得税，但从 2010 年 1 月 1 日起，对个人转让上市公司限售股征收个人所得税。转让境外上市公司股票所得按照财产转让所得项目缴纳个人所得税。

【特别提示】个人通过招标、竞拍或其他方式购置债权以后，通过相关司法或行政程序主张债权而取得的所得，应按照财产转让所得项目缴纳个人所得税。

个人通过网络收购玩家的虚拟货币，加价后向他人出售取得的收入，属于个人所得税应税所得，应按照财产转让所得项目计算缴纳个人所得税。

个人以非货币性资产投资，属于个人转让非货币性资产和投资同时发生。对个人转让非货币性资产的所得，应按照财产转让所得项目依法计算缴纳个人所得税。

【实务答疑】请问我以一台机器设备投资入股是否需要缴纳个人所得税?

答：根据《财政部 国家税务总局关于个人非货币性资产投资有关个人所得税政策的通知》（财税〔2015〕41 号）的规定，个人以非货币性资产投资，属于个人转让非货币性资产和投资同时发生。对个人转让非货币性资产的所得，应按照财产转让所得项目依法计算缴纳个人所得税。

因此，你以一台机器设备投资入股，属于个人转让机器设备和以机器设备进行投资同时发生；对个人转让机器设备的所得，应按照财产转让所得项目依法计算缴纳个人所得税。

（八）利息、股息、红利所得

利息、股息、红利所得是指个人拥有债权、股权等而取得的利息、股息、红利所得。

【点拨指导】利息一般是指存款、贷款和债券的利息。股息、红利是指个人拥有股权取得的公司、企业分红。按照一定的比率派发的每股息金，称为股息。根据公司、企业应分配的超过股息部分的利润，按股派发的红股，称为红利。

个人取得国债利息、国家发行的金融债券利息、教育储蓄存款利息，均免征个人所得税。

储蓄存款在1999年10月31日前孳生的利息，不征收个人所得税；储蓄存款在1999年11月1日至2007年8月14日孳生的利息，按照20％的税率征收个人所得税；储蓄存款在2007年8月15日至2008年10月8日孳生的利息，按照5％的税率征收个人所得税；储蓄存款在2008年10月9日后（含10月9日）孳生的利息，暂免征收个人所得税。

自2015年9月8日起，个人从公开发行和转让市场取得的上市公司股票，持股期限超过1年的，股息、红利所得暂免征收个人所得税。自2015年9月8日起，个人从公开发行和转让市场取得的上市公司股票，持股期限在1个月以内（含1个月）的，其股息、红利所得全额计入应纳税所得额；持股期限在1个月以上至1年（含1年）的，暂减按50％计入应纳税所得额（上述所得统一适用20％的税率计征个人所得税）。

【点拨指导】上述规定仅适用于个人从公开发行和转让市场取得的上市公司股票的股息、红利。

【特别提示】对个人持有的上市公司限售股，解禁后取得的股息、红利，按照上市公司股息、红利差别化个人所得税政策规定计算纳税，持股时间自解禁日起计算；解禁前取得的股息、红利继续暂减按50％计入应纳税所得额，适用20％的税率计征个人所得税。

（九）偶然所得

偶然所得是指个人得奖、中奖、中彩以及其他偶然性质的所得。

【点拨指导】得奖是指参加各种有奖竞赛活动，取得名次得到的奖金；中奖、中彩是指参加各种有奖活动，如有奖储蓄，或者购买彩票，经过规定程序，抽中、摇中号码而取得的奖金。

个人为单位或他人提供担保获得的收入，按照偶然所得项目计算缴纳个人所得税。房屋产权所有人将房屋产权无偿赠与他人的，受赠人因无偿受赠房屋取得的受赠收入，按照偶然所得项目计算缴纳个人所得税。企业对累积消费达到一定额度的顾客，给予额外抽奖机会，个人的获奖所得，按照偶然所得项目全额适用20％的税率缴纳个人所得税。企业在业务宣传、广告等活动中，随机向本单位以外的个人赠送礼品（包括网络红包，下同），以及企业在年会、座谈会、庆典及其他活动中向本单位以外的个人赠送礼品，个人取得的礼品收入，按照偶然所得项目计算缴纳个人所得税，但企业赠送的具有价格折扣或折让性质的消费券、代金券、抵用券、优惠券等礼品除外。

个人取得单张有奖发票奖金所得不超过 800 元（含 800 元）的，暂免征收个人所得税；个人取得单张有奖发票奖金所得超过 800 元的，应全额按照偶然所得项目征收个人所得税。税务机关或其指定的有奖发票兑奖机构，是有奖发票奖金所得个人所得税的扣缴义务人。

【特别提示】个人取得的所得，难以界定应纳税所得项目的，由国务院税务主管部门确定。

三、个人所得税税率的判定

个人所得税分别按不同的个人所得项目，规定了超额累进税率和比例税率两种形式。

（一）工资、薪金所得，劳务报酬所得，稿酬所得，特许权使用费所得个人所得税的预扣率（预扣预缴）

1. 居民个人工资、薪金所得预扣预缴个人所得税的预扣率

居民个人工资、薪金所得预扣预缴个人所得税的预扣率表如表 5－3 所示。

表 5－3　居民个人工资、薪金所得预扣预缴个人所得税的预扣率表

级数	累计预扣预缴应纳税所得额	预扣率（%）	速算扣除数（元）
1	不超过 36 000 元的	3	0
2	超过 36 000 元至 144 000 元的部分	10	2 520
3	超过 144 000 元至 300 000 元的部分	20	16 920
4	超过 300 000 元至 420 000 元的部分	25	31 920
5	超过 420 000 元至 660 000 元的部分	30	52 920
6	超过 660 000 元至 960 000 元的部分	35	85 920
7	超过 960 000 元的部分	45	181 920

2. 居民个人劳务报酬所得预扣预缴个人所得税的预扣率

居民个人劳务报酬所得预扣预缴个人所得税的预扣率表如表 5－4 所示。

表 5－4　居民个人劳务报酬所得预扣预缴个人所得税的预扣率表

级数	预扣预缴应纳税所得额	预扣率（%）	速算扣除数（元）
1	不超过 20 000 元的	20	0
2	超过 20 000 元至 50 000 元的部分	30	2 000
3	超过 50 000 元的部分	40	7 000

3. 居民个人稿酬所得、特许权使用费所得预扣预缴个人所得税的预扣率

居民个人稿酬所得、特许权使用费所得适用20%的比例预扣率。

（二）工资、薪金所得，劳务报酬所得，稿酬所得，特许权使用费所得个人所得税的适用税率（非预扣预缴）

1. 居民个人综合所得个人所得税的适用税率（按年汇算清缴）

就居民个人而言，工资、薪金所得，劳务报酬所得，稿酬所得，特许权使用费所得统称为综合所得。综合所得适用3%～45%七级超额累进税率。居民个人综合所得个人所得税的税率表（按年）如表5-5所示。

表5-5　居民个人综合所得个人所得税的税率表（按年）

级数	全年应纳税所得额	税率（%）	速算扣除数（元）
1	不超过36 000元的	3	0
2	超过36 000元至144 000元的部分	10	2 520
3	超过144 000元至300 000元的部分	20	16 920
4	超过300 000元至420 000元的部分	25	31 920
5	超过420 000元至660 000元的部分	30	52 920
6	超过660 000元至960 000元的部分	35	85 920
7	超过960 000元的部分	45	181 920

注：全年应纳税所得额是指依照《个人所得税法》第六条的规定，居民个人取得综合所得以每一纳税年度收入额减除费用60 000元以及专项扣除、专项附加扣除和依法确定的其他扣除后的余额。

2. 非居民个人工资、薪金所得，劳务报酬所得，稿酬所得，特许权使用费所得个人所得税的适用税率

非居民个人工资、薪金所得，劳务报酬所得，稿酬所得，特许权使用费所得个人所得税的税率表如表5-6[①]所示（依照表5-5按月换算后）。

表5-6　非居民个人工资、薪金所得，劳务报酬所得，稿酬所得，特许权使用费所得个人所得税的税率表

级数	应纳税所得额	税率（%）	速算扣除数（元）
1	不超过3 000元的	3	0
2	超过3 000元至12 000元的部分	10	210
3	超过12 000元至25 000元的部分	20	1 410
4	超过25 000元至35 000元的部分	25	2 660
5	超过35 000元至55 000元的部分	30	4 410
6	超过55 000元至80 000元的部分	35	7 160
7	超过80 000元的部分	45	15 160

① 在2027年12月31日前，居民个人取得全年一次性奖金，可以选择不并入当年综合所得，以全年一次性奖金收入除以12个月得到的数额，按照按月换算后的综合所得税率表（简称月度税率表，见表5-6），确定适用税率和速算扣除数，单独计算纳税。

（三）经营所得的适用税率

经营所得适用5%～35%五级超额累进税率。经营所得个人所得税的税率表如表5-7所示。

表5-7　经营所得个人所得税的税率表

级数	全年应纳税所得额	税率（%）	速算扣除数（元）
1	不超过30 000元的	5	0
2	超过30 000元至90 000元的部分	10	1 500
3	超过90 000元至300 000元的部分	20	10 500
4	超过300 000元至500 000元的部分	30	40 500
5	超过500 000元的部分	35	65 500

（四）财产租赁所得，财产转让所得，利息、股息、红利所得和偶然所得的适用税率

财产租赁所得，财产转让所得，利息、股息、红利所得和偶然所得，适用比例税率，税率为20%。

【特别提示】为了配合国家住房制度改革，支持住房租赁市场的健康发展，从2008年3月1日起，对个人出租住房取得的所得暂减按10%的税率征收个人所得税。

四、个人所得税优惠政策的运用

（一）免税项目

（1）省级人民政府、国务院部委和中国人民解放军军以上单位，以及外国组织、国际组织颁发的科学、教育、技术、文化、卫生、体育、环境保护等方面的奖金。

【特别提示】省级人民政府给奥运会冠军颁发的体育奖金免征个人所得税，但县级人民政府给奥运会冠军颁发的体育奖金仍需缴纳个人所得税。

（2）国债和国家发行的金融债券的利息。

【点拨指导】国债利息是指个人持有财政部发行的债券而取得的利息；国家发行的金融债券利息是指个人持有经国务院批准发行的金融债券而取得的利息所得。

（3）按照国家统一规定发给的补贴、津贴。

【点拨指导】按照国家统一规定发给的补贴、津贴是指按照国务院规定发给的政府特殊津贴、院士津贴，以及国务院规定免予缴纳个人所得税的其他补贴、津贴。

（4）福利费、抚恤金、救济金。

（5）保险赔款。

（6）军人的转业费、复员费、退役金。

【素养园地】我国出台了与军人的转业、复员、退役相关的税收优惠政策，有利于鼓

励和支持退役士兵等重点群体创业就业，帮助相关企业降低税费成本，引导稳岗就业，体现了“加强军人军属荣誉激励和权益保障，做好退役军人服务保障工作”① 的理念。

（7）按照国家统一规定发给干部、职工的安家费、退职费、基本养老金或者退休费、离休费、离休生活补助费。

（8）依照有关法律规定应予免税的各国驻华使馆、领事馆的外交代表、领事官员和其他人员的所得。

（9）中国政府参加的国际公约、签订的协议中规定免税的所得。

（10）国务院规定的其他免税所得。

（二）法定减税项目

有下列情形之一的，可以减征个人所得税，具体幅度和期限，由省、自治区、直辖市人民政府规定，并报同级人民代表大会常务委员会备案。

（1）残疾、孤老人员和烈属的所得。

【特别提示】对残疾人个人取得的劳动所得才能适用减税规定，具体所得项目为：工资、薪金所得，劳务报酬所得，稿酬所得，特许权使用费所得和经营所得。

（2）因自然灾害遭受重大损失的。

国务院可以规定其他减税情形，报全国人民代表大会常务委员会备案。

（三）暂免征税项目

（1）外籍个人以非现金形式或实报实销形式取得的住房补贴、伙食补贴、搬迁费、洗衣费。

（2）外籍个人按合理标准取得的境内、境外出差补贴。

（3）外籍个人取得的语言训练费、子女教育费等，经当地税务机关审核批准为合理的部分。

【特别提示】2019年1月1日至2023年12月31日期间，外籍个人符合居民个人条件的，可以选择享受个人所得税专项附加扣除，也可以选择按照相关法律文件规定，享受住房补贴、语言训练费、子女教育费等津补贴免税优惠政策，但不得同时享受。外籍个人一经选择，在一个纳税年度内不得变更。自2024年1月1日至2027年12月31日，上述政策继续执行。

（4）外籍个人从外商投资企业取得的股息、红利所得。

（5）个人在上海、深圳证券交易所转让从上市公司公开发行和转让市场取得的股票，转让所得暂不征收个人所得税。

（6）自2018年11月1日（含）起，对个人转让全国中小企业股份转让系统（新三板）挂牌公司非原始股取得的所得，暂免征收个人所得税。非原始股是指个人在新三板

① 习近平．高举中国特色社会主义伟大旗帜 为全面建设社会主义现代化国家而团结奋斗——在中国共产党第二十次全国代表大会上的报告．北京：人民出版社，2022.

挂牌公司挂牌后取得的股票，以及由上述股票孳生的送、转股。

（7）个人举报、协查各种违法、犯罪行为而获得的奖金。

（8）个人转让自用达 5 年以上，并且是家庭唯一生活用房取得的所得。

（9）对个人购买福利彩票、赈灾彩票、体育彩票，一次中奖收入在 1 万元以下（含 1 万元）的，暂免征收个人所得税；超过 1 万元的，全额征收个人所得税。

（10）达到离休、退休年龄，但确因工作需要，适当延长离休、退休年龄的高级专家（指享受国家发放的政府特殊津贴的专家、学者），其在延长离休、退休期间的工资、薪金所得，视同离休、退休工资。

（11）对国有企业职工，因企业依法被宣告破产，从破产企业取得的一次性安置费收入。

（12）职工与用人单位解除劳动关系取得的一次性补偿收入（包括用人单位发放的经济补偿金、生活补助费和其他补助费用），在当地上年职工年平均工资 3 倍数额以内的部分，可免征个人所得税；超过该标准的一次性补偿收入，应按照国家有关规定征收个人所得税。

（13）城镇企业、事业单位及其职工个人按照《失业保险条例》规定的比例，实际缴付的失业保险费，均不计入职工个人当期的工资、薪金所得，免予征收个人所得税。城镇企业、事业单位和职工个人超过上述规定的比例缴付失业保险费的，将其超过规定比例缴付的部分计入职工个人当期的工资、薪金所得，依法计征个人所得税。

（14）企业和个人按照国家或地方政府规定的比例，提取并向指定金融机构实际缴付的住房公积金、医疗保险金、基本养老保险金。

（15）个人领取原提存的住房公积金、医疗保险金、基本养老保险金，以及具备《失业保险条例》中规定条件的失业人员领取的失业保险金。

（16）个人取得的教育储蓄存款利息所得和按照国家或省级人民政府规定的比例缴付的住房公积金、医疗保险金、基本养老保险金、失业保险金存入银行个人账户所取得的利息所得。

（17）自 2008 年 10 月 9 日（含）起，对储蓄存款利息所得暂免征收个人所得税。

（18）自 2019 年 7 月 1 日至 2024 年 6 月 30 日，个人持有全国中小企业股份转让系统挂牌公司（以下简称挂牌公司）的股票，持股期限超过 1 年的，对股息、红利所得暂免征收个人所得税；个人持有挂牌公司的股票，持股期限在 1 个月以内（含 1 个月）的，其股息红利所得全额计入应纳税所得额；持股期限在 1 个月以上至 1 年（含 1 年）的，其股息红利所得暂减按 50%计入应纳税所得额。上述所得统一适用 20%的税率计征个人所得税。自 2024 年 7 月 1 日至 2027 年 12 月 31 日，上述政策继续执行。

（19）对被拆迁人按照国家有关城镇房屋拆迁管理办法规定的标准取得的拆迁补偿款。

（20）个体工商户、个人独资企业和合伙企业或个人从事种植业、养殖业、饲养业、捕捞业取得的所得。

（21）企业在销售商品（产品）和提供服务过程中向个人赠送礼品，属于下列情形之一的，不征收个人所得税。

1）企业通过价格折扣、折让方式向个人销售商品（产品）和提供服务；

2）企业在向个人销售商品（产品）和提供服务的同时给予赠品，如通信企业对个人购买手机赠话费、入网费，或者购话费赠手机等；

3）企业对累积消费达到一定额度的个人按消费积分反馈礼品。

（22）自2019年1月1日起至2023年12月31日，广东省、深圳市按内地与香港个人所得税税负差额，对在大湾区工作的境外（含港澳台，下同）高端人才和紧缺人才给予补贴，该补贴免征个人所得税。在大湾区工作的境外高端人才和紧缺人才的认定和补贴办法，按照广东省、深圳市的有关规定执行。以上规定适用范围包括广东省广州市、深圳市、珠海市、佛山市、惠州市、东莞市、中山市、江门市和肇庆市等大湾区珠三角九市。自2024年1月1日至2027年12月31日，上述政策继续执行。

（23）自2020年1月1日至2024年12月31日，对在海南自由贸易港工作的高端人才和紧缺人才，其个人所得税实际税负超过15%的部分，予以免征。自2025年1月1日至2027年12月31日，上述政策继续执行。

【特别提示】享受上述优惠政策的所得包括来源于海南自由贸易港的综合所得（包括工资薪金、劳务报酬、稿酬、特许权使用费四项所得）、经营所得以及经海南省认定的人才补贴性所得。

【点拨指导】纳税人在海南省办理个人所得税年度汇算清缴时享受上述优惠政策。

【特别提示】对享受上述优惠政策的高端人才和紧缺人才实行清单管理，由海南省商财政部、税务总局制定具体管理办法。

（24）自2019年1月1日至2023年12月31日，一个纳税年度内在船航行时间累计满183天的远洋船员，其取得的工资薪金收入减按50%计入应纳税所得额，依法缴纳个人所得税。远洋船员是指在海事管理部门依法登记注册的国际航行船舶船员和在渔业管理部门依法登记注册的远洋渔业船员。在船航行时间是指远洋船员在国际航行或作业船舶和远洋渔业船舶上的工作天数。一个纳税年度内的在船航行时间为一个纳税年度内在船航行时间的累计天数。远洋船员可选择在当年预扣预缴税款或者次年个人所得税汇算清缴时享受上述优惠政策。自2024年1月1日至2027年12月31日，上述政策继续执行。

（25）自2023年1月1日起至2027年12月31日，对个体工商户年应纳税所得额不超过200万元的部分，减半征收个人所得税。个体工商户在享受现行其他个人所得税优惠政策的基础上，可叠加享受本条优惠政策。个体工商户不区分征收方式，均可享受上述政策。

（26）自2022年1月1日起，对法律援助人员按照《中华人民共和国法律援助法》规定获得的法律援助补贴，免征增值税和个人所得税。法律援助机构向法律援助人员支付法律援助补贴时，应当为获得补贴的法律援助人员办理个人所得税劳务报酬所得免税申报。

（27）自2022年10月1日至2023年12月31日，对出售自有住房并在现住房出售后1年内在市场重新购买住房的纳税人，对其出售现住房已缴纳的个人所得税予以退税优惠。其中，新购住房金额大于或等于现住房转让金额的，全部退还已缴纳的个人所得税；新购住房金额小于现住房转让金额的，按新购住房金额占现住房转让金额的比例退还出售现住房已缴纳的个人所得税。享受上述规定优惠政策的纳税人须同时满足以下条件：1）纳税人出售和重新购买的住房应在同一城市范围内。同一城市范围是指同一直辖市、副省级城市、地级市（地区、州、盟）所辖全部行政区划范围。2）出售自有住房的纳税人与新购住房之间须直接相关，应为新购住房产权人或产权人之一。另外，对于出售多人共有住房或新购住房为多人共有的，应按照纳税人所占产权份额确定该纳税人现住房转让金额或新购住房金额。自 2024 年 1 月 1 日至 2025 年 12 月 31 日，上述政策继续执行。

（28）自 2024 年 1 月 1 日起，在全国范围实施个人养老金递延纳税优惠政策。在缴费环节，个人向个人养老金资金账户的缴费，按照 12 000 元/年的限额标准，在综合所得或经营所得中据实扣除；在投资环节，计入个人养老金资金账户的投资收益暂不征收个人所得税；在领取环节，个人领取的个人养老金，不并入综合所得，单独按照 3%的税率计算缴纳个人所得税，其缴纳的税款计入工资、薪金所得项目。个人缴费享受税前扣除优惠时，以个人养老金信息管理服务平台出具的扣除凭证为扣税凭据。取得工资薪金所得、按累计预扣法预扣预缴个人所得税劳务报酬所得的，其缴费可以选择在当年预扣预缴或次年汇算清缴时在限额标准内据实扣除。选择在当年预扣预缴的，应及时将相关凭证提供给扣缴单位。扣缴单位应按照本公告有关要求，为纳税人办理税前扣除有关事项。取得其他劳务报酬、稿酬、特许权使用费等所得或经营所得的，其缴费在次年汇算清缴时在限额标准内据实扣除。个人按规定领取个人养老金时，由开立个人养老金资金账户所在市的商业银行机构代扣代缴其应缴的个人所得税。

【点拨指导】税收法律、行政法规、部门规章和规范性文件中未明确规定纳税人享受减免税必须经税务机关审批，且纳税人取得的所得完全符合减免税条件的，无须经主管税务机关审核，纳税人可自行享受减免税。

第 1 节即测即评

税收法律、行政法规、部门规章和规范性文件中明确规定纳税人享受减免税必须经税务机关审批的，或者纳税人无法准确判断其取得的所得是否应享受个人所得税减免的，必须经主管税务机关按照有关规定审核或批准后，方可减免个人所得税。

第 2 节　个人所得税的计算

情境引例

本人有多套房产，本年取得了房产租赁收入和房产转让收入，并在取得收入的同时申报缴纳了个人所得税，此外没有其他收入。请问本人需要按纳税年度合并计算个人所得税吗？

一、居民个人综合所得个人所得税的计算

（一）居民个人综合所得预扣预缴个人所得税的计算

自2019年1月1日起，扣缴义务人向居民个人支付工资、薪金所得，劳务报酬所得，稿酬所得，特许权使用费所得时，按以下方法预扣预缴个人所得税，并向主管税务机关报送《个人所得税扣缴申报表》。年度预扣预缴税额与年度应纳税额不一致的，由居民个人于次年3月1日至6月30日向主管税务机关办理综合所得年度汇算清缴，税款多退少补。

1. 扣缴义务人向居民个人支付工资、薪金所得预扣预缴个人所得税的计算

扣缴义务人向居民个人支付工资、薪金所得时，应当按照累计预扣法计算预扣税款，并按月办理全员全额扣缴申报。具体计算公式如下：

$$\begin{matrix}\text{本期应预扣}\\\text{预缴税额}\end{matrix}=\left(\begin{matrix}\text{累计预扣预缴}\\\text{应纳税所得额}\end{matrix}\times\text{预扣率}-\begin{matrix}\text{速算}\\\text{扣除数}\end{matrix}\right)-\begin{matrix}\text{累计}\\\text{减免税额}\end{matrix}-\begin{matrix}\text{累计已预扣}\\\text{预缴税额}\end{matrix}$$

$$\begin{matrix}\text{累计预扣预缴}\\\text{应纳税所得额}\end{matrix}=\begin{matrix}\text{累计}\\\text{收入}\end{matrix}-\begin{matrix}\text{累计}\\\text{免税收入}\end{matrix}-\begin{matrix}\text{累计}\\\text{减除费用}\end{matrix}-\begin{matrix}\text{累计专项}\\\text{扣除}\end{matrix}-\begin{matrix}\text{累计专项}\\\text{附加扣除}\end{matrix}-\text{累计依法确定的其他扣除}$$

式中，累计减除费用，按照5 000元/月乘以纳税人当年截至本月在本单位的任职受雇月份数计算；专项扣除，包括居民个人按照国家规定的范围和标准缴纳的基本养老保险、基本医疗保险、失业保险等社会保险费和住房公积金等；专项附加扣除，包括子女教育、继续教育、大病医疗、住房贷款利息或者住房租金、赡养老人、3岁以下婴幼儿照护等支出，具体范围、标准和实施步骤由国务院确定，并报全国人民代表大会常务委员会备案。

【特别提示】自2020年7月1日起，对一个纳税年度内首次取得工资、薪金所得的居民个人，扣缴义务人在预扣预缴个人所得税时，可按照5 000元/月乘以纳税人当年截至本月月份数计算累计减除费用。首次取得工资、薪金所得的居民个人，是指自纳税年度首月起至新入职时，未取得工资、薪金所得或者未按照累计预扣法预扣预缴过连续性劳务报酬所得个人所得税的居民个人。正在接受全日制学历教育的学生因实习取得劳务报酬所得的，扣缴义务人预扣预缴个人所得税时，可按照《国家税务总局关于发布〈个人所得税扣缴申报管理办法（试行）〉的公告》规定的累计预扣法计算并预扣预缴税款。

自2021年1月1日起，对上一完整纳税年度内每月均在同一单位预扣预缴工资、薪金所得个人所得税且全年工资、薪金收入不超过6万元的居民个人，扣缴义务人在预扣预缴本年度工资、薪金所得个人所得税时，累计减除费用自1月份起直接按照全年6万元计算扣除。即在纳税人累计收入不超过6万元的月份，暂不预扣预缴个人所得税；

在其累计收入超过6万元的当月及年内后续月份，再预扣预缴个人所得税。扣缴义务人应当按规定办理全员全额扣缴申报，并在《个人所得税扣缴申报表》相应纳税人的备注栏注明“上年各月均有申报且全年收入不超过6万元”字样。对按照累计预扣法预扣预缴劳务报酬所得个人所得税的居民个人，扣缴义务人比照上述规定执行。

上述公式中，计算居民个人工资、薪金所得预扣预缴税额的预扣率、速算扣除数，按表5-3执行。

享受子女教育、继续教育、住房贷款利息或者住房租金、赡养老人、3岁以下婴幼儿照护专项附加扣除的纳税人，自符合条件开始，可以向支付工资、薪金所得的扣缴义务人提供上述专项附加扣除有关信息，由扣缴义务人在预扣预缴税款时，按其在本单位本年可享受的累计扣除额办理扣除，也可以在次年3月1日至6月30日内，向汇缴地主管税务机关办理汇算清缴申报时扣除。享受大病医疗专项附加扣除的纳税人，由其在次年3月1日至6月30日内，自行向汇缴地主管税务机关办理汇算清缴申报时扣除。

【点拨指导】纳税人选择在扣缴义务人发放工资、薪金所得时享受专项附加扣除的，首次享受时应当填写并向扣缴义务人报送《个人所得税专项附加扣除信息表》（简称《扣除信息表》）。纳税年度中间相关信息发生变化的，纳税人应当更新《扣除信息表》相应栏次，并及时报送给扣缴义务人。

更换工作单位的纳税人，需要由新任职、受雇扣缴义务人办理专项附加扣除的，应当在入职的当月，填写并向扣缴义务人报送《扣除信息表》。

纳税人次年需要由扣缴义务人继续办理专项附加扣除的，应当于每年12月对次年享受专项附加扣除的内容进行确认，并报送至扣缴义务人。纳税人未及时确认的，扣缴义务人于次年1月起暂停扣除，待纳税人确认后再行办理专项附加扣除。

扣缴义务人应当将纳税人报送的专项附加扣除信息，在次月办理扣缴申报时一并报送至主管税务机关。

纳税人选择在汇算清缴申报时享受专项附加扣除的，应当填写并向汇缴地主管税务机关报送《扣除信息表》。

【特别提示】纳税人同时从两处以上取得工资、薪金所得，并由扣缴义务人减除专项附加扣除的，对同一专项附加扣除项目，在一个纳税年度内只能选择从一处取得的所得中减除。

居民个人向扣缴义务人提供有关信息并依法要求办理专项附加扣除的，扣缴义务人应当按照规定在工资、薪金所得按月预扣预缴税款时予以扣除，不得拒绝。居民个人未取得工资、薪金所得，仅取得劳务报酬所得、稿酬所得、特许权使用费所得需要享受专项附加扣除的，应当在次年3月1日至6月30日内，自行向汇缴地主管税务机关报送《扣除信息表》，并在办理汇算清缴申报时扣除。一个纳税年度内，纳税人在扣缴义务人预扣预缴税款环节未享受或未足额享受专项附加扣除的，可以在当年内向支付工资、薪金的扣缴义务人申请在剩余月份发放工资、薪金时补充扣除，也可以在次年3月1日至6月30日内，向汇缴地主管税务机关办理汇算清缴时申报扣除。

扣缴义务人办理工资、薪金所得预扣预缴税款时，应当根据纳税人报送的《扣除信息表》为纳税人办理专项附加扣除。

纳税人年度中间更换工作单位的，在原单位任职、受雇期间已享受的专项附加扣除金额，不得在新任职、受雇单位扣除。原扣缴义务人应当自纳税人离职不再发放工资、薪金所得的当月起，停止为其办理专项附加扣除。

【点拨指导】 个人所得税专项附加扣除的相关规定。如二维码所示。

【实务答疑】 赡养岳父母或公婆的费用是否可以享受个人所得税附加扣除？

答：根据《个人所得税专项附加扣除暂行办法》的规定，被赡养人是指年满60岁的父母，以及子女均已去世的年满60岁的祖父母、外祖父母。因此，赡养岳父母或公婆的费用不可以享受个人所得税专项附加扣除。

【工作实例5-1】 中国居民个人张某就职于中国的甲公司。张某本年每月税前工资、薪金收入为30 000元。张某个人每月负担的基本养老保险为2 400元，基本医疗保险为600元，失业保险为150元，住房公积金为2 400元，“三险一金”合计为5 550元。[①] 张某本年每月专项附加扣除和其他依法确定的其他扣除金额合计均为2 000元。张某在上一完整纳税年度内全年工资、薪金收入超过6万元。居民个人工资、薪金所得预扣预缴个人所得税的预扣率表如表5-3所示。

【工作要求】 计算张某本年每月工资、薪金所得应由甲公司预扣预缴的个人所得税。

【工作实施】

张某1月工资、薪金所得应由甲公司预扣预缴的个人所得税 $=(30\ 000-5\ 000-5\ 550-2\ 000)\times 3\%$

$=523.5$（元）

张某2月工资、薪金所得应由甲公司预扣预缴的个人所得税 $=(30\ 000\times 2-5\ 000\times 2-5\ 550\times 2-2\ 000\times 2)\times 3\%-523.5$

$=523.5$（元）

张某3月工资、薪金所得应由甲公司预扣预缴的个人所得税 $=(30\ 000\times 3-5\ 000\times 3-5\ 550\times 3-2\ 000\times 3)\times 10\%-2\ 520-523.5-523.5$

$=1\ 668$（元）

张某4月工资、薪金所得应由甲公司预扣预缴的个人所得税 $=(30\ 000\times 4-5\ 000\times 4-5\ 550\times 4-2\ 000\times 4)\times 10\%-2\ 520-523.5-523.5-1\ 668$

---

① 该“三险一金”数据是假设数据，没有考虑实务中“三险一金”的缴费基数不能超过上年度本市职工平均工资的300%，下同。

=1 745(元)

张某 5 月工资、薪金所得应由甲公司预扣预缴的个人所得税 =(30 000×5−5 000×5−5 550×5−2 000×5)×10%−2 520−523.5−523.5−1 668−1 745
=1 745(元)

张某 6 月工资、薪金所得应由甲公司预扣预缴的个人所得税 =(30 000×6−5 000×6−5 550×6−2 000×6)×10%−2 520−523.5−523.5−1 668−1 745−1 745
=1 745(元)

张某 7 月工资、薪金所得应由甲公司预扣预缴的个人所得税 =(30 000×7−5 000×7−5 550×7−2 000×7)×10%−2 520−523.5−523.5−1 668−1 745−1 745−1 745
=1 745(元)

张某 8 月工资、薪金所得应由甲公司预扣预缴的个人所得税 =(30 000×8−5 000×8−5 550×8−2 000×8)×10%−2 520−523.5−523.5−1 668−1 745−1 745−1 745−1 745
=1 745(元)

张某 9 月工资、薪金所得应由甲公司预扣预缴的个人所得税 =(30 000×9−5 000×9−5 550×9−2 000×9)×20%−16 920−523.5−523.5−1 668−1 745−1 745−1 745−1 745−1 745
=3 050(元)

张某 10 月工资、薪金所得应由甲公司预扣预缴的个人所得税 =(30 000×10−5 000×10−5 550×10−2 000×10)×20%−16 920−523.5−523.5−1 668−1 745−1 745−1 745−1 745−1 745−3 050
=3 490(元)

张某 11 月工资、薪金所得应由甲公司预扣预缴的个人所得税 =(30 000×11−5 000×11−5 550×11−2 000×11)×20%−16 920−523.5−523.5−1 668−1 745−1 745−1 745−1 745−1 745−3 050−3 490
=3 490(元)

张某 12 月工资、薪金所得应由甲公司预扣预缴的个人所得税 =(30 000×12−5 000×12−5 550×12−2 000×12)

×20%－16 920－523.5－523.5－1 668－1 745
－1 745－1 745－1 745－1 745－3 050－3 490－3 490
＝3 490（元）

张某本年工资、薪金所得应由甲公司预扣预缴的个人所得税合计＝523.5＋523.5＋1 668＋1 745＋1 745＋1 745
＋1 745＋1 745＋3 050＋3 490＋3 490＋3 490
＝24 960（元）

2. 扣缴义务人向居民个人支付劳务报酬所得、稿酬所得、特许权使用费所得预扣预缴个人所得税的计算

扣缴义务人向居民个人支付劳务报酬所得、稿酬所得、特许权使用费所得，按次或者按月预扣预缴个人所得税。具体预扣预缴方法如下：

劳务报酬所得、稿酬所得、特许权使用费所得以收入减除费用后的余额为收入额。其中，稿酬所得的收入额减按70%计算。

劳务报酬所得、稿酬所得、特许权使用费所得每次收入不超过4 000元的，减除费用按800元计算；每次收入4 000元以上的，减除费用按20%计算。

【点拨指导】劳务报酬所得、稿酬所得、特许权使用费所得，属于一次性收入的，以取得该项收入为一次；属于同一项目连续性收入的，以一个月内取得的收入为一次。

劳务报酬所得、稿酬所得、特许权使用费所得，以每次收入额为预扣预缴应纳税所得额。劳务报酬所得适用20%～40%的超额累进预扣率（见表5-4），稿酬所得、特许权使用费所得适用20%的比例预扣率。

劳务报酬所得应预扣预缴税额＝预扣预缴应纳税所得额×预扣率－速算扣除数

稿酬所得、特许权使用费所得应预扣预缴税额＝预扣预缴应纳税所得额×20%

【点拨指导】保险营销员、证券经纪人取得的佣金收入，属于劳务报酬所得，以不含增值税的收入减除20%的费用后的余额为收入额，收入额减去展业成本以及附加税费后，并入当年综合所得，计算缴纳个人所得税。保险营销员、证券经纪人展业成本按照收入额的25%计算。扣缴义务人向保险营销员、证券经纪人支付佣金收入时，应按照《国家税务总局关于发布〈个人所得税扣缴申报管理办法（试行）〉的公告》（国家税务总局公告2018年第61号）规定的累计预扣法计算预扣税款。

【工作实例5-2】 接工作实例5-1，居民个人张某本年3月从兼职单位乙公司取得一次性劳务报酬收入40 000元，本年6月从丙出版社取得一次性稿酬收入12 000元，本年10月转让给丁公司专利权取得一次性特许权使用费收入3 000元。上述收入均为税前收入，且均来源于中国境内。假设不考虑增值税等因素。居民个人劳务报酬所得预扣预缴个人所得税的预扣率如表5-4所示。

【工作要求】

（1）计算张某劳务报酬所得应由乙公司预扣预缴的个人所得税。

（2）计算张某稿酬所得应由丙出版社预扣预缴的个人所得税。

（3）计算张某特许权使用费所得应由丁公司预扣预缴的个人所得税。

【工作实施】

（1）张某劳务报酬所得的应纳税所得额＝40 000×(1－20%)＝32 000(元)

经查表5-4得知，适用税率为30%，速算扣除数为2 000元。

$$\begin{matrix}\text{张某劳务报酬所得应由}\\\text{乙公司预扣预缴的个人所得税}\end{matrix}=32\,000\times30\%-2\,000=7\,600(\text{元})$$

（2）
$$\begin{matrix}\text{张某稿酬所得应由}\\\text{丙出版社预扣预缴的个人所得税}\end{matrix}=12\,000\times(1-20\%)\times70\%\times20\%=1\,344(\text{元})$$

（3）
$$\begin{matrix}\text{张某特许权使用费所得应由}\\\text{丁公司预扣预缴的个人所得税}\end{matrix}=(3\,000-800)\times20\%=440(\text{元})$$

（二）居民个人综合所得汇算清缴个人所得税的计算

自2019年1月1日起，居民个人的综合所得（工资、薪金所得，劳务报酬所得，稿酬所得，特许权使用费所得），以每一纳税年度的收入额减除费用60 000元以及专项扣除、专项附加扣除和依法确定的其他扣除后的余额，为应纳税所得额。各项所得的计算，以人民币为单位。所得为人民币以外的货币的，按照人民币汇率中间价折合成人民币缴纳税款。

【点拨指导】所得为人民币以外货币的，按照办理纳税申报或者扣缴申报的上一月最后一日人民币汇率中间价，折合成人民币计算应纳税所得额。年度终了后办理汇算清缴的，对已经按月、按季或者按次预缴税款的人民币以外货币所得，不再重新折算；对应当补缴税款的所得部分，按照上一纳税年度最后一日人民币汇率中间价，折合成人民币计算应纳税所得额。

居民个人的综合所得适用七级超额累进税率，其应纳税额的计算公式为：

$$\begin{aligned}\text{应纳个人所得税}&=\text{年应纳税所得额}\times\text{适用税率}-\text{速算扣除数}\\&=\left(\begin{matrix}\text{每一纳税}\\\text{年度的收入额}\end{matrix}-60\,000-\begin{matrix}\text{专项扣除、专项附加扣除}\\\text{和依法确定的其他扣除}\end{matrix}\right)\\&\quad\times\text{适用税率}-\text{速算扣除数}\\&=\left[\begin{matrix}\text{工资、薪金}\\\text{收入额}\end{matrix}+\begin{matrix}\text{劳务}\\\text{报酬收入}\end{matrix}\times(1-20\%)+\begin{matrix}\text{稿酬}\\\text{收入}\end{matrix}\times(1-20\%)\times70\%\right.\\&\quad\left.+\begin{matrix}\text{特许权}\\\text{使用费收入}\end{matrix}\times(1-20\%)-60\,000-\begin{matrix}\text{专项扣除、专项附加扣除}\\\text{和依法确定的其他扣除}\end{matrix}\right]\\&\quad\times\text{适用税率}-\text{速算扣除数}\end{aligned}$$

【特别提示】劳务报酬所得、稿酬所得、特许权使用费所得以收入减除20%的费用后的余额为收入额。稿酬所得的收入额减按70%计算。

专项扣除，包括居民个人按照国家规定的范围和标准缴纳的基本养老保险、基本医疗保险、失业保险等社会保险费和住房公积金等；专项附加扣除，包括子女教育、继续教育、大病医疗、住房贷款利息或者住房租金、赡养老人、3岁以下婴幼儿照护等支出，具体范围、标准和实施步骤由国务院确定，并报全国人民代表大会常务委员会备案；其他扣除，包括个人缴付符合国家规定的企业年金、职业年金，个人购买符合国家规定的商业健康保险、税收递延型商业养老保险的支出，以及国务院规定可以扣除的其他项目。

【特别提示】专项扣除、专项附加扣除和依法确定的其他扣除，以居民个人一个纳税年度的应纳税所得额为限额；一个纳税年度扣除不完的，不结转以后年度扣除。

【工作实例5-3】 接工作实例5-1、工作实例5-2，居民个人张某次年3月1日至6月30日内办理汇算清缴。居民个人综合所得个人所得税的税率表（按年）如表5-5所示。

【工作要求】计算张某次年3月1日至6月30日内汇算清缴应补缴（或申请退回）的个人所得税。

【工作实施】

本年张某综合所得应纳税所得额＝30 000×12＋40 000×(1－20%)＋12 000×(1－20%)×70%＋3 000×(1－20%)－60 000－5 550×12－2 000×12
＝250 520(元)

经查表5-5得知，适用税率为20%，速算扣除数为16 920元。

本年张某综合所得应纳个人所得税＝250 520×20%－16 920＝33 184(元)

本年各相关单位预扣代缴个人所得税合计＝24 960＋7 600＋1 344＋440＝34 344(元)

因此，次年3月1日至6月30日内汇算清缴时：

张某应申请退回个人所得税＝34 344－33 184＝1 160(元)

二、非居民个人工资、薪金所得，劳务报酬所得，稿酬所得，特许权使用费所得个人所得税的计算

扣缴义务人向非居民个人支付工资、薪金所得，劳务报酬所得，稿酬所得和特许权使用费所得时，应当按以下方法按月或者按次代扣代缴个人所得税：

(1) 非居民个人的工资、薪金所得，以每月收入额减除费用5 000元后的余额为应纳税所得额。

(2) 劳务报酬所得、稿酬所得、特许权使用费所得，以每次收入额为应纳税所得额，适用按月换算后的非居民个人月度税率表（见表5-6）计算应纳税额。其中，劳务报酬所得、稿酬所得、特许权使用费所得以收入减除20%的费用后的余额为收入额。

稿酬所得的收入额减按 70%计算。

非居民个人工资、薪金所得，劳务报酬所得，稿酬所得，特许权使用费所得应纳税额的计算公式为：

应纳个人所得税＝应纳税所得额×税率－速算扣除数

具体如下：

（1）非居民个人的工资、薪金所得适用七级超额累进税率，其应纳税额的计算公式为：

应纳个人所得税＝月应纳税所得额×适用税率－速算扣除数
＝(每月工资、薪金收入额－5 000)×适用税率－速算扣除数

（2）非居民个人的劳务报酬所得适用七级超额累进税率，其应纳税额的计算公式为：

应纳个人所得税＝应纳税所得额×适用税率－速算扣除数
＝每次收入额×适用税率－速算扣除数
＝劳务报酬收入×(1－20%)×适用税率－速算扣除数

（3）非居民个人的稿酬所得适用七级超额累进税率，其应纳税额的计算公式为：

应纳个人所得税＝应纳税所得额×适用税率－速算扣除数
＝每次收入额×适用税率－速算扣除数
＝稿酬收入×(1－20%)×70%×适用税率－速算扣除数

（4）非居民个人的特许权使用费所得适用七级超额累进税率，其应纳税额的计算公式为：

应纳个人所得税＝应纳税所得额×适用税率－速算扣除数
＝每次收入额×适用税率－速算扣除数
＝特许权使用费收入×(1－20%)×适用税率－速算扣除数

【知识链接】非居民个人取得工资、薪金所得，劳务报酬所得，稿酬所得，特许权使用费所得，有扣缴义务人的，由扣缴义务人按月或者按次代扣代缴税款，不办理汇算清缴。

【工作实例 5-4】 本年 1 月，非居民个人杰克从任职单位取得税前工资、薪金收入 12 000 元。上述收入来源于中国境内，且不享受免税优惠政策。非居民个人工资、薪金所得，劳务报酬所得，稿酬所得，特许权使用费所得个人所得税的适用税率如表 5-6 所示。

【工作要求】计算杰克本年 1 月的应纳个人所得税。

【工作实施】

杰克本年 1 月工资、薪金所得的应纳税所得额＝12 000－5 000＝7 000(元)

经查表5-6得知，适用税率为10%，速算扣除数为210元。

杰克本年1月工资、薪金所得应纳（任职单位应代扣代缴）个人所得税 =7 000×10%-210=490(元)

【工作实例5-5】 本年1月，非居民个人玛丽取得一次性劳务报酬收入18 000元；取得一次性稿酬收入6 000元；取得一次性特许权使用费收入3 500元。上述收入均为税前收入，均来源于中国境内，且不享受免税优惠政策。假设不考虑增值税等因素。非居民个人工资、薪金所得，劳务报酬所得，稿酬所得，特许权使用费所得个人所得税的适用税率如表5-6所示。

【工作要求】计算玛丽本年1月的应纳个人所得税。

【工作实施】

玛丽本年1月劳务报酬所得的应纳税所得额 =18 000×(1-20%)=14 400(元)

经查表5-6得知，适用税率为20%，速算扣除数为1 410元。

玛丽本年1月劳务报酬所得应纳（支付所得的单位应代扣代缴）个人所得税 =14 400×20%-1 410=1 470(元)

玛丽本年1月稿酬所得的应纳税所得额 =6 000×(1-20%)×70%=3 360(元)

经查表5-6得知，适用税率为10%，速算扣除数为210元。

玛丽本年1月稿酬所得应纳（支付所得的单位应代扣代缴）个人所得税 =3 360×10%-210=126(元)

玛丽本年1月特许权使用费所得的应纳税所得额 =3 500×(1-20%)=2 800(元)

经查表5-6得知，适用税率为3%，速算扣除数为0。

玛丽本年1月特许权使用费所得应纳（支付所得的单位应代扣代缴）个人所得税 =2 800×3%=84(元)

玛丽本年1月应纳（支付所得的单位应代扣代缴）个人所得税合计 =1 470+126+84=1 680(元)

三、经营所得个人所得税的计算

经营所得，以每一纳税年度的收入总额减除成本、费用以及损失后的余额，为应纳税所得额。

经营所得应纳税额的计算公式为：

应纳个人所得税=应纳税所得额×适用税率-速算扣除数

$$=（全年收入总额-成本、费用、损失）\times 适用税率-速算扣除数$$

成本、费用是指生产、经营活动中发生的各项直接支出和分配计入成本的间接费用以及销售费用、管理费用、财务费用；损失是指生产、经营活动中发生的固定资产和存货的盘亏、毁损、报废损失，转让财产损失，坏账损失，自然灾害等不可抗力因素造成的损失以及其他损失。

取得经营所得的个人，没有综合所得的，计算其每一纳税年度的应纳税所得额时，应当减除费用6万元、专项扣除、专项附加扣除以及依法确定的其他扣除。专项附加扣除在办理汇算清缴时减除。

【点拨指导】从事生产、经营活动，未提供完整、准确的纳税资料，不能正确计算应纳税所得额的，由主管税务机关核定应纳税所得额或者应纳税额。

【知识链接】纳税人取得经营所得，按年计算个人所得税，由纳税人在月度或者季度终了后15日内向税务机关报送纳税申报表，并预缴税款；在取得所得的次年3月31日前办理汇算清缴。

四、财产租赁所得个人所得税的计算

（一）应纳税所得额的计算

财产租赁所得，以一个月内取得的收入为一次。财产租赁所得，每次收入不超过4 000元的，减除费用800元；4 000元以上的，减除20%的费用，其余额为应纳税所得额。财产租赁所得应纳税所得额的计算公式如下：

（1）每次（月）收入不超过4 000元的：

$$应纳税所得额=每次（月）收入额-准予扣除项目-修缮费用（800元为限）-800$$

（2）每次（月）收入超过4 000元的：

$$\begin{matrix}应纳税\\所得额\end{matrix}=\left[\begin{matrix}每次（月）\\收入额\end{matrix}-\begin{matrix}准予\\扣除项目\end{matrix}-\begin{matrix}修缮费用\\（800元为限）\end{matrix}\right]\times(1-20\%)$$

个人出租财产取得的财产租赁收入，在计算缴纳个人所得税时，应依次扣除以下费用：

（1）准予扣除项目：主要指财产租赁过程中缴纳的税费。

（2）由纳税人负担的该出租财产实际开支的修缮费用。修缮费的扣除以每次800元为限，一次扣除不完的，准予在下一次继续扣除，直到扣完为止。

（3）税法规定的费用扣除标准（即定额减除费用800元或定率减除20%的费用）。

个人出租房屋的个人所得税应税收入不含增值税，计算房屋出租所得可扣除的税费不包括本次出租缴纳的增值税。个人转租房屋的，其向房屋出租方支付的租金及增值税税额，在计算转租所得时予以扣除。免征增值税的，确定计税依据时，租金收入不扣减增值税税额。

（二）应纳税额的计算

财产租赁所得适用20%的比例税率，但对个人出租住房取得的所得暂减按10%的税率征收个人所得税。财产租赁所得应纳税额的计算公式如下：

（1）每次（月）收入不超过4 000元的：

应纳个人所得税＝应纳税所得额×适用税率(20%或10%)

或　　＝[每次(月)收入额－准予扣除项目－修缮费用(800元为限)－800]×适用税率(20%或10%)

（2）每次（月）收入超过4 000元的：

应纳个人所得税＝应纳税所得额×适用税率(20%或10%)

或　　＝[每次(月)收入额－准予扣除项目－修缮费用(800元为限)]×(1－20%)×适用税率(20%或10%)

【工作实例5-6】 李某本年1月将其原居住的房屋租给张某用于居住，每月租金为3 700元（不含增值税），租金按月收取。本年1月发生修缮费用1 200元，相关税费为150元。

【工作要求】 计算本年1月李某上述业务的应纳个人所得税。

【工作实施】 修缮费的扣除以每次800元为限，一次扣除不完的，准予在下次继续扣除，直到扣完为止。对个人出租住房取得的所得暂减按10%的税率征收个人所得税。

应纳个人所得税＝[(3 700－150－800)－800]×10%
＝195(元)

五、财产转让所得个人所得税的计算

（一）应纳税所得额的计算

财产转让所得，以转让财产的收入额减除财产原值和合理费用后的余额，为应纳税所得额。

【点拨指导】 财产转让所得，按照一次转让财产的收入额减除财产原值和合理费用后的余额计算纳税。

财产转让所得应纳税所得额的计算公式为：

应纳税所得额＝收入总额－财产原值－合理费用

财产原值，按照下列方法确定：

（1）有价证券，为买入价以及买入时按照规定缴纳的有关费用；

（2）建筑物，为建造费或者购进价格以及其他有关费用；

(3) 土地使用权，为取得土地使用权所支付的金额、开发土地的费用以及其他有关费用；

(4) 机器设备、车船，为购进价格、运输费、安装费以及其他有关费用。

其他财产，参照上述规定的方法确定财产原值。

纳税人未提供完整、准确的财产原值凭证，不能按照以上规定的方法确定财产原值的，由主管税务机关核定财产原值。

合理费用是指卖出财产时按照规定支付的有关税费。

【点拨指导】个人转让房屋的个人所得税应税收入不含增值税，其取得房屋时所支付价款中包含的增值税计入财产原值，计算转让所得时可扣除的税费不包括本次转让缴纳的增值税。免征增值税的，确定计税依据时，转让房地产取得的收入不扣减增值税税额。

（二）应纳税额的计算

财产转让所得应纳税额的计算公式为：

应纳个人所得税＝应纳税所得额×适用税率

＝(收入总额－财产原值－合理税费)×20%

【工作实例 5-7】 刘某于本年 1 月转让私有住房一套，取得转让收入 240 000 元。该套住房购进时的原价为 180 000 元，转让时支付有关税费为 16 000 元。

【工作要求】计算刘某转让其私有住房取得收入的应纳个人所得税。

【工作实施】

应纳个人所得税＝(240 000－180 000－16 000)×20%＝8 800(元)

六、利息、股息、红利所得和偶然所得个人所得税的计算

利息、股息、红利所得和偶然所得个人所得税按次征收。利息、股息、红利所得，以支付利息、股息、红利时取得的收入为一次；偶然所得，以每次取得该项收入为一次。利息、股息、红利所得和偶然所得的应纳税所得额即为每次收入额。利息、股息、红利所得和偶然所得应纳税额的计算公式为：

应纳个人所得税＝应纳税所得额×适用税率＝每次收入额×20%

【实务答疑】我公司为股东个人购买汽车，请问是否需要缴纳个人所得税?

答：根据《国家税务总局关于企业为股东个人购买汽车征收个人所得税的批复》(国税函〔2005〕364 号）的规定，依据《个人所得税法》以及有关规定，企业购买车辆并将车辆所有权办到股东个人名下，其实质为企业对股东进行了红利性质的实物分配，应按照利息、股息、红利所得项目征收个人所得税。

考虑到该股东个人名下的车辆同时也为企业经营使用的实际情况，允许合理减除部分所得；减除的具体数额由主管税务机关根据车辆的实际使用情况合理确定。

【情境引例解析】

根据《个人所得税法》的规定，下列各项个人所得，应当缴纳个人所得税：（1）工资、薪金所得；（2）劳务报酬所得；（3）稿酬所得；（4）特许权使用费所得；（5）经营所得；（6）利息、股息、红利所得；（7）财产租赁所得；（8）财产转让所得；（9）偶然所得。

居民个人取得以上第（1）项至第（4）项所得（称综合所得），按纳税年度合并计算个人所得税；非居民个人取得以上第（1）项至第（4）项所得，按月或者按次分项计算个人所得税。纳税人取得以上第（5）项至第（9）项所得，依照该法的规定分别计算个人所得税。

因此，你取得的房产租赁收入和房产转让收入分别属于财产租赁所得和财产转让所得，只需要分别计算个人所得税，不需要按纳税年度合并计算个人所得税。

【工作实例5-8】 王某本年1月在某公司举行的有奖销售活动中获得奖金15 000元，领奖时发生交通费600元、食宿费400元（均由王某承担）。在颁奖现场王某直接向某大学图书馆捐款3 000元。偶然所得适用的个人所得税税率为20%。

【工作要求】 计算王某本年1月上述中奖收入的应纳个人所得税。

【工作实施】 偶然所得按收入全额计征个人所得税，不扣除任何费用；非公益性的直接捐赠税前不得扣除。

应纳个人所得税＝15 000×20%＝3 000(元)

七、个人所得税几种特殊情况的计算或处理

（一）全年一次性奖金及其他奖金个人所得税的计算

根据《财政部 税务总局关于延续实施全年一次性奖金个人所得税政策的公告》（财政部 税务总局公告2023年第30号）的规定，在2027年12月31日前，居民个人取得全年一次性奖金，符合《国家税务总局关于调整个人取得全年一次性奖金等计算征收个人所得税方法问题的通知》（国税发〔2005〕9号）规定的，不并入当年综合所得，以全年一次性奖金收入除以12个月得到的数额，按照按月换算后的综合所得个人所得税税率表（见表5-6），确定适用税率和速算扣除数，单独计算纳税。计算公式为：

应纳个人所得税＝全年一次性奖金收入×适用税率－速算扣除数

居民个人取得全年一次性奖金，也可以选择并入当年综合所得计算纳税。

雇员取得除全年一次性奖金以外的其他各种名目奖金，如半年奖、季度奖、加班奖、先进奖、考勤奖等，一律与当月工资、薪金收入合并，按税法规定缴纳个人所得税。

【工作实例5-9】 中国居民个人王某本年10月取得全年一次性奖金48 000元（税前奖金）。王某选择该全年一次性奖金不并入当年综合所得计算缴纳个人所得税。按月换算后的综合所得个人所得税税率表如表5-6所示。

【工作要求】计算王某本年10月全年一次性奖金的应纳个人所得税。

【工作实施】

48 000÷12=4 000(元)

经查表5-6得知，适用税率为10%，速算扣除数为210元。

王某本年10月全年一次性奖金的应纳个人所得税=48 000×10%-210
=4 590(元)

（二）公益慈善事业的捐赠支出的扣除

自2019年1月1日起，公益慈善事业捐赠有关个人所得税政策规定如下：

(1) 个人通过中华人民共和国境内公益性社会组织、县级以上人民政府及其部门等国家机关，向教育、扶贫、济困等公益慈善事业的捐赠（以下简称公益捐赠），发生的公益捐赠支出，可以按照《个人所得税法》有关规定在计算应纳税所得额时扣除。

【点拨指导】根据《个人所得税法》的规定，个人将其所得对教育、扶贫、济困等公益慈善事业进行捐赠，捐赠额未超过纳税人申报的应纳税所得额30%的部分，可以从其应纳税所得额中扣除；国务院规定对公益慈善事业捐赠实行全额税前扣除的，从其规定。

【特别提示】境内公益性社会组织，包括依法设立或登记并按规定条件和程序取得公益性捐赠税前扣除资格的慈善组织、其他社会组织和群众团体。

(2) 个人发生的公益捐赠支出金额，按照以下规定确定：

1）捐赠货币性资产的，按照实际捐赠金额确定。

2）捐赠股权、房产的，按照个人持有股权、房产的财产原值确定。

3）捐赠除股权、房产以外的其他非货币性资产的，按照非货币性资产的市场价格确定。

(3) 居民个人按照以下规定扣除公益捐赠支出：

1）居民个人发生的公益捐赠支出可以在财产租赁所得，财产转让所得，利息、股息、红利所得，偶然所得（以下统称分类所得），综合所得或者经营所得中扣除。在当期一个所得项目扣除不完的公益捐赠支出，可以按规定在其他所得项目中继续扣除。

2）居民个人发生的公益捐赠支出，在综合所得、经营所得中扣除的，扣除限额分别为当年综合所得、当年经营所得应纳税所得额的30%；在分类所得中扣除的，扣除限额为当月分类所得应纳税所得额的30%。

3）居民个人根据各项所得的收入、公益捐赠支出、适用税率等情况，自行决定在综合所得、分类所得、经营所得中扣除的公益捐赠支出的顺序。

（4）居民个人在综合所得中扣除公益捐赠支出的，应按照以下规定处理：

1）居民个人取得工资、薪金所得的，可以选择在预扣预缴时扣除，也可以选择在年度汇算清缴时扣除。

居民个人选择在预扣预缴时扣除的，应按照累计预扣法计算扣除限额，其捐赠当月的扣除限额为截至当月累计应纳税所得额的30%（全额扣除的从其规定，下同）。个人从两处以上取得工资、薪金所得，选择其中一处扣除，选择后当年不得变更。

2）居民个人取得劳务报酬所得、稿酬所得、特许权使用费所得的，预扣预缴时不扣除公益捐赠支出，统一在汇算清缴时扣除。

3）居民个人取得全年一次性奖金、股权激励等所得，且按规定采取不并入综合所得而单独计税方式处理的，公益捐赠支出扣除比照上述分类所得的扣除规定处理。

（5）居民个人发生的公益捐赠支出，可在捐赠当月取得的分类所得中扣除。当月分类所得应扣除未扣除的公益捐赠支出，可以按照以下规定追补扣除：

1）扣缴义务人已经代扣但尚未解缴税款的，居民个人可以向扣缴义务人提出追补扣除申请，退还已扣税款。

2）扣缴义务人已经代扣且解缴税款的，居民个人可以在公益捐赠之日起90日内提请扣缴义务人向征收税款的税务机关办理更正申报追补扣除，税务机关和扣缴义务人应当予以办理。

3）居民个人自行申报纳税的，可以在公益捐赠之日起90日内向主管税务机关办理更正申报追补扣除。

居民个人捐赠当月有多项多次分类所得的，应先在其中一项一次分类所得中扣除。已经在分类所得中扣除的公益捐赠支出，不再调整到其他所得中扣除。

（6）在经营所得中扣除公益捐赠支出，应按以下规定处理：

1）个体工商户发生的公益捐赠支出，在其经营所得中扣除。

2）个人独资企业、合伙企业发生的公益捐赠支出，其个人投资者应当按照捐赠年度合伙企业的分配比例（个人独资企业分配比例为100%），计算归属于每一个人投资者的公益捐赠支出，个人投资者应将其归属的个人独资企业、合伙企业公益捐赠支出和本人需要在经营所得中扣除的其他公益捐赠支出合并，在其经营所得中扣除。

3）在经营所得中扣除公益捐赠支出的，可以选择在预缴税款时扣除，也可以选择在汇算清缴时扣除。

4）经营所得采取核定征收方式的，不扣除公益捐赠支出。

（7）非居民个人发生的公益捐赠支出，未超过其在公益捐赠支出发生的当月应纳税所得额30%的部分，可以从其应纳税所得额中扣除。扣除不完的公益捐赠支出，可以在经营所得中继续扣除。

非居民个人按规定可以在应纳税所得额中扣除公益捐赠支出而未实际扣除的，可按照上述规定（5）追补扣除。

（8）国务院规定对公益捐赠全额税前扣除的，按照规定执行。个人同时发生按

30%扣除和全额扣除的公益捐赠支出，自行选择扣除次序。

（9）公益性社会组织、国家机关在接受个人捐赠时，应当按照规定开具捐赠票据；个人索取捐赠票据的，应予以开具。

个人发生公益捐赠时不能及时取得捐赠票据的，可以暂时凭公益捐赠银行支付凭证扣除，并向扣缴义务人提供公益捐赠银行支付凭证复印件。个人应在捐赠之日起 90 日内向扣缴义务人补充提供捐赠票据，如果个人未按规定提供捐赠票据的，扣缴义务人应在 30 日内向主管税务机关报告。

机关、企事业单位统一组织员工开展公益捐赠的，纳税人可以凭汇总开具的捐赠票据和员工明细单扣除。

（10）个人通过扣缴义务人享受公益捐赠扣除政策，应当告知扣缴义务人符合条件可扣除的公益捐赠支出金额，并提供捐赠票据的复印件，其中捐赠股权、房产的还应出示财产原值证明。扣缴义务人应当按照规定在预扣预缴、代扣代缴税款时予以扣除，并将公益捐赠扣除金额告知纳税人。

个人自行办理或扣缴义务人为个人办理公益捐赠扣除的，应当在申报时一并报送《个人所得税公益慈善事业捐赠扣除明细表》。个人应留存捐赠票据，留存期限为 5 年。

【工作实例 5-10】 中国居民张某本年 1 月取得福利彩票中奖收入 100 000 元，当场拿出 40 000 元通过国家机关对贫困地区进行捐赠。

【工作要求】计算张某本年 1 月上述中奖收入的应纳个人所得税。

【工作实施】（1）计算应纳税所得额。

未扣除捐赠前的应纳税所得额＝100 000(元)

（2）计算捐赠税前扣除限额，确定税前扣除额。

捐赠税前扣除限额＝100 000×30%＝30 000(元)

40 000 元＞30 000 元，只能税前扣除 30 000 元。

（3）计算应纳税额。

扣除允许税前扣除的捐赠后的应纳税所得额＝100 000－30 000＝70 000(元)

适用 20%的税率，则

应纳个人所得税＝70 000×20%＝14 000(元)

（三）个人无偿受赠房屋有关个人所得税的计算

房屋产权所有人将房屋产权无偿赠与他人的，受赠人因无偿受赠房屋取得的受赠收入，按照偶然所得项目计算缴纳个人所得税。但对于以下情形的房屋产权无偿赠与，对当事双方不征收个人所得税：（1）房屋产权所有人将房屋产权无偿赠与配偶、父母、子女、祖父母、外祖父母、孙子女、外孙子女、兄弟姐妹；（2）房屋产权所有人将房屋产权无偿赠与对其承担直接抚养或者赡养义务的抚养人或者赡养人；（3）房屋产权所有人死亡，依法取得房屋产权的法定继承人、遗嘱继承人或者受遗赠人。

对受赠人无偿受赠房屋计征个人所得税时，其应纳税所得额为房地产赠与合同上标明的赠与房屋价值减除赠与过程中受赠人支付的相关税费后的余额。赠与合同标明的房屋价值明显低于市场价格或房地产赠与合同未标明赠与房屋价值的，税务机关可依据受赠房屋的市场评估价格或采取其他合理方式确定受赠人的应纳税所得额。

受赠人转让受赠房屋的，以其转让受赠房屋的收入减除原捐赠人取得该房屋的实际购置成本以及赠与和转让过程中受赠人支付的相关税费后的余额，为受赠人的应纳税所得额，依法计征个人所得税。受赠人转让受赠房屋价格明显偏低且无正当理由的，税务机关可以依据该房屋的市场评估价格或其他合理方式确定的价格核定其转让收入。

【工作实例5-11】 2019年1月，张大强以100万元的价格购入一套住房。2021年1月，张大强将该住房无偿赠送给了自己的亲弟弟张小强。张小强取得房屋后，于2023年3月将该住房转让，取得转让收入125万元，在赠与和转让过程中张小强支付的相关税费共计5万元。

【工作要求】（1）计算房屋赠与过程中张大强和张小强应纳个人所得税。

（2）计算张小强转让房屋应纳个人所得税。

【工作实施】

（1）房屋产权所有人将房屋产权无偿赠与配偶、父母、子女、祖父母、外祖父母、孙子女、外孙子女、兄弟姐妹，对当事双方不征收个人所得税。因此，在房屋赠与过程中，张大强和张小强均不缴纳个人所得税。

（2）受赠人转让受赠房屋的，以其转让受赠房屋的收入减除原捐赠人取得该房屋的实际购置成本以及赠与和转让过程中受赠人支付的相关税费后的余额，为受赠人的应纳税所得额，依法计征个人所得税。

张小强转让房屋应纳个人所得税＝(125－100－5)×20％＝4(万元)

（四）两个或两个以上的个人共同取得一项收入的个人所得税的计算

两个或两个以上的个人共同取得同一项收入的，应当对每个人取得的收入分别按照个人所得税法的规定计算纳税，即按“先分、后扣、再税”的办法计算各自应该缴纳的个人所得税。

【工作实例5-12】 张某和李某为灵活就业者，本年受甲公司邀请提供会计培训，张某负责培训理论部分，李某负责培训实务部分，张某和李某与甲公司签订劳务合同，约定甲公司本年支付给张某和李某劳务报酬收入共计300 000元，其中张某分得180 000元，李某分得120 000万元。当年张某的专项扣除、专项附加扣除和依法确定的其他扣除合计额为40 000元。当年李某的专项扣除、专项附加扣除和依法确定的其他扣除合计额为30 000元。当年张某和李某均无其他收入，假设不考虑增值税等因素。居民个人综合所得个人所得税的税率表（按年）如表5-5所示。

【工作要求】 计算张某和李某综合所得的应纳个人所得税。

【工作实施】

本年张某综合所得的应纳税所得额＝180 000×(1－20%)－60 000－40 000
＝44 000(元)

经查表 5－5 得知，适用税率为 10%，速算扣除数为 2 520 元。

本年张某综合所得的应纳个人所得税＝44 000×10%－2 520＝1 880(元)

本年李某综合所得的应纳税所得额＝120 000×(1－20%)－60 000－30 000
＝6 000(元)

经查表 5－5 得知，适用税率为 3%，速算扣除数为 0。

本年李某综合所得的应纳个人所得税＝6 000×3%＝180(元)

（五）境外所得已纳税款抵免的计算

下列所得，为来源于中国境外的所得：

（1）因任职、受雇、履约等在中国境外提供劳务取得的所得。

（2）中国境外企业以及其他组织支付且负担的稿酬所得。

（3）许可各种特许权在中国境外使用而取得的所得。

（4）在中国境外从事生产、经营活动而取得的与生产、经营活动相关的所得。

（5）从中国境外企业、其他组织以及非居民个人取得的利息、股息、红利所得。

（6）将财产出租给承租人在中国境外使用而取得的所得。

（7）转让中国境外的不动产、转让对中国境外企业以及其他组织投资形成的股票、股权以及其他权益性资产（以下称权益性资产）或者在中国境外转让其他财产取得的所得。但转让对中国境外企业以及其他组织投资形成的权益性资产，该权益性资产被转让前三年（连续 36 个公历月份）内的任一时间，被投资企业或其他组织的资产公允价值 50%以上直接或间接来自位于中国境内的不动产的，取得的所得为来源于中国境内的所得。

（8）中国境外企业、其他组织以及非居民个人支付且负担的偶然所得。

（9）财政部、税务总局另有规定的，按照相关规定执行。

居民个人从中国境外取得的所得，可以从其应纳税额中抵免已在境外缴纳的个人所得税税额，但抵免额不得超过该纳税人境外所得依照我国《个人所得税法》规定计算的应纳税额。

【点拨指导】 已在境外缴纳的个人所得税税额是指居民个人来源于中国境外的所得，依照该所得来源国家（地区）的法律应当缴纳并且实际已经缴纳的个人所得税税额。

居民个人从中国境内和境外取得的综合所得、经营所得，应当分别合并计算应纳税额；从中国境内和境外取得的其他所得，应当分别单独计算应纳税额。

纳税人境外所得依照《个人所得税法》规定计算的应纳税额，是居民个人抵免已在境外缴纳的综合所得、经营所得以及其他所得的个人所得税税额的限额（以下简称抵免限额)。除国务院财政、税务主管部门另有规定外，来源于中国境外一个国家（地区）的综合所得抵免限额、经营所得抵免限额以及其他所得抵免限额之和，为来源于该国家（地区）所得的抵免限额。

居民个人在中国境外一个国家（地区）实际已经缴纳的个人所得税税额，低于依照以上规定计算出的来源于该国家（地区）所得的抵免限额的，应当在中国缴纳差额部分的税款；超过来源于该国家（地区）所得的抵免限额的，其超过部分不得在本纳税年度的应纳税额中抵免，但是可以在以后纳税年度来源于该国家（地区）所得的抵免限额的余额中补扣。补扣期限最长不得超过5年。

【特别提示】居民个人申请抵免已在境外缴纳的个人所得税税额，应当提供境外税务机关出具的税款所属年度的有关纳税凭证。

【工作实例5-13】 中国居民个人张某在本年度从A国取得彩票收入20 000元。张某在A国已经缴纳个人所得税3 000元。张某在A国没有其他收入。

【工作要求】计算张某在A国取得的彩票收入在我国应当补缴的个人所得税。

【工作实施】

张某偶然所得个人所得税扣除限额（按照我国税法规定应纳个人所得税）＝20 000×20%＝4 000(元)

张某在我国应补缴个人所得税＝4 000－3 000＝1 000(元)

八、个人所得税的纳税调整

有下列情形之一的，税务机关有权按照合理方法进行纳税调整：

(1) 个人与其关联方之间的业务往来不符合独立交易原则而减少本人或者其关联方应纳税额，且无正当理由。

(2) 居民个人控制的或者居民个人和居民企业共同控制的、设立在实际税负明显偏低的国家（地区）的企业，无合理经营需要，对应当归属于居民个人的利润不作分配或者减少分配。

(3) 个人实施其他不具有合理商业目的的安排而获取不当税收利益。

税务机关依照以上规定作出纳税调整，需要补征税款的，应当补征税款，并依法加收利息。

【点拨指导】上述利息，应当按照税款所属纳税申报期最后一日中国人民银行公布的与补税期间同期的人民币贷款基准利率计算，自税款纳税申报期满次日起至补缴税款期限届满之日止按日加收。纳税人在补缴税款期限届满前补缴税款的，利息加收至补缴税款之日。

【工作引例解析】

(1) 本年综合所得应纳税所得额＝40 000×12＋40 000×(1－20%)＋3 000×(1－20%)×70%＋80 000×(1－20%)－60 000－50 000＝467 680(元)

本年综合所得应纳个人所得税＝467 680×30%－52 920＝87 384(元)

本年综合所得汇算清缴应补缴的个人所得税＝87 384－60 580－7 600－308－12 800＝6 096(元)

(2) 在计算财产租赁所得个人所得税时，应首先扣除财产租赁过程中缴纳的税费；其次扣除个人向出租方支付的租金（转租房屋所支付的租金）；再次扣除由纳税人负担的该出租财产实际开支的修缮费用；最后减除税法规定的费用扣除标准，即经上述减除后，如果余额不足 4 000 元，则减去 800 元，如果余额超过 4 000 元，则减去 20%。

转租住房应纳个人所得税＝(6 500－500－4 500－800)×10%＝70(元)

(3) 受赠人转让受赠房屋的，以其转让受赠房屋的收入减除原捐赠人取得该房屋的实际购置成本以及赠与和转让过程中受赠人支付的相关税费后的余额，为受赠人的应纳税所得额，依法计征个人所得税。

转让受赠房产的应纳税所得额＝1 500 000－850 000－100 000＝550 000(元)

(4) 企业对累计消费达到一定额度的个人按消费积分反馈礼品，不征收个人所得税。

中奖所得应纳个人所得税＝6 820×20%＝1 364(元)

第 2 节即测即评

第 3 节　个人所得税的征收管理

情境引例

本人取得了中奖所得，发奖方未扣缴个人所得税，请问本人需要自行申报吗？

一、个人所得税的代扣代缴（含预扣预缴）

(一) 个人所得税的扣缴义务人的相关规定

我国实行个人所得税代扣代缴和个人自行申报纳税相结合的征收管理制度。个人所得税以支付所得的单位或者个人为扣缴义务人。纳税人有中国公民身份号码的，以中国公民身份号码为纳税人识别号；纳税人没有中国公民身份号码的，由税务机关赋予其纳税人识别号。扣缴义务人扣缴税款时，纳税人应当向扣缴义务人提供纳税人识别号，扣缴义务人应当按照国家规定办理全员全额扣缴申报，并向纳税人提供其个人所得和已扣缴税款等信息。扣缴义务人向个人支付应税款项时，应当依照个人所得税法规定预扣或者代扣税款，按时缴库，并专项记载备查。支付，包括现金支付、汇拨支付、转账支付和以有价证券、实物以及其他形式的支付。扣缴义务人对纳税人的应扣未扣税款应由纳税人予以补缴。

税务机关对扣缴义务人按照所扣缴的个人所得税税款，付给2%的手续费。不包括税务机关、司法机关等查补或者责令补扣的税款。

【特别提示】扣缴义务人领取的扣缴手续费可用于提升办税能力、奖励办税人员。

【特别提示】除了代扣代缴和自行纳税申报外，一些地方为了提高征管效率，方便纳税人，对个别应税所得项目采取了委托代征的方式。

【特别提示】扣缴义务人应当按照纳税人提供的信息计算税款、办理扣缴申报，不得擅自更改纳税人提供的信息。

扣缴义务人发现纳税人提供的信息与实际情况不符的，可以要求纳税人修改。纳税人拒绝修改的，扣缴义务人应当报告税务机关，税务机关应当及时处理。

纳税人发现扣缴义务人提供或者扣缴申报的个人信息、支付所得、扣缴税款等信息与实际情况不符的，有权要求扣缴义务人修改。扣缴义务人拒绝修改的，纳税人应当报告税务机关，税务机关应当及时处理。

【点拨指导】纳税人需要享受税收协定待遇的，应当在取得应税所得时主动向扣缴义务人提出，并提交相关信息、资料，扣缴义务人代扣代缴税款时按照享受税收协定待遇有关办法办理。

【特别提示】扣缴义务人依法履行代扣代缴义务，纳税人不得拒绝。纳税人拒绝的，扣缴义务人应当及时报告税务机关。

扣缴义务人有未按照规定向税务机关报送资料和信息、未按照纳税人提供信息虚报虚扣专项附加扣除、应扣未扣税款、不缴或少缴已扣税款、借用或冒用他人身份等行为的，依照《税收征收管理法》等相关法律、行政法规处理。

（二）个人所得税代扣代缴的范围

居民个人取得综合所得，按年计算个人所得税；有扣缴义务人的，由扣缴义务人按月或者按次预扣预缴税款；需要办理汇算清缴的，应当在取得所得的次年3月1日至6月30日内办理汇算清缴。预扣预缴办法由国务院税务主管部门制定。

居民个人向扣缴义务人提供专项附加扣除信息的，扣缴义务人按月预扣预缴税款时应当按照规定予以扣除，不得拒绝。

非居民个人取得工资、薪金所得，劳务报酬所得，稿酬所得和特许权使用费所得，有扣缴义务人的，由扣缴义务人按月或者按次代扣代缴税款，不办理汇算清缴。

纳税人取得利息、股息、红利所得，财产租赁所得，财产转让所得和偶然所得，按月或者按次计算个人所得税，有扣缴义务人的，由扣缴义务人按月或者按次代扣代缴税款。

作为单位的扣缴义务人向个人支付应纳税所得时，不论纳税人是否属于本单位人员，均应代扣代缴其应纳的个人所得税税款。

扣缴义务人首次向纳税人支付所得时，应当按照纳税人提供的纳税人识别号等基础信息，填写《个人所得税基础信息表（A表）（适用于扣缴义务人填报）》，并于次月扣缴申报时向税务机关报送。

扣缴义务人对纳税人向其报告的相关基础信息变化情况，应当于次月扣缴申报时向税务机关报送。

【点拨指导】全员全额扣缴申报是指扣缴义务人在代扣税款的次月15日内，向主管税务机关报送其支付所得的所有个人的有关信息、支付所得数额、扣除事项和数额、扣缴税款的具体数额和总额以及其他相关涉税信息资料。实行个人所得税全员全额扣缴申报的应税所得包括：

（1）工资、薪金所得；

（2）劳务报酬所得；

（3）稿酬所得；

（4）特许权使用费所得；

（5）利息、股息、红利所得；

（6）财产租赁所得；

（7）财产转让所得；

（8）偶然所得。

【特别提示】纳税人、扣缴义务人应当按照规定保存与专项附加扣除相关的资料。税务机关可以对纳税人提供的专项附加扣除信息进行抽查，具体办法由国务院税务主管部门另行规定。税务机关发现纳税人提供虚假信息的，应当责令改正并通知扣缴义务人；情节严重的，有关部门应当依法予以处理，纳入信用信息系统并实施联合惩戒。

【特别提示】居民个人填报专项附加扣除信息存在明显错误，经税务机关通知，居民个人拒不更正或者不说明情况的，税务机关可暂停纳税人享受专项附加扣除。居民个人按规定更正相关信息或者说明情况后，经税务机关确认，居民个人可继续享受专项附加扣除，以前月份未享受扣除的，可按规定追补扣除。

（三）个人所得税代扣代缴的期限

扣缴义务人每月或者每次预扣、代扣的税款，应当在次月15日内缴入国库，并向税务机关报送《个人所得税扣缴申报表》。

【特别提示】支付工资、薪金所得的扣缴义务人应当于年度终了后两个月内，向纳税人提供其个人所得和已扣缴税款等信息。纳税人年度中间需要提供上述信息的，扣缴义务人应当提供。

【点拨指导】纳税人取得除工资、薪金所得以外的其他所得，扣缴义务人应当在扣缴税款后，及时向纳税人提供其个人所得和已扣缴税款等信息。

（四）个人所得税的代扣代缴纳税申报

扣缴义务人代扣代缴个人所得税时，应当填报《个人所得税基础信息表（A表）（B表）》（略）、《个人所得税扣缴申报表》（见表5-8）。

表5-8 个人所得税扣缴申报表

税款所属期：　　年　　月　　日至　　年　　月　　日

扣缴义务人名称：

扣缴义务人纳税人识别号（统一社会信用代码）：□□□□□□□□□□□□□□□□□□□□□□□□□□　　　　金额单位：人民币元（列至角分）

							本月（次）情况														累计情况												税款计算							
							收入额计算				专项扣除				其他扣除									累计专项附加扣除																
序号	姓名	身份证件类型	身份证件号码	纳税人识别号	是否为非居民个人	所得项目	收入	费用	免税收入	减除费用	基本养老保险费	基本医疗保险费	失业保险费	住房公积金	年金	商业健康保险	税延养老保险	财产原值	允许扣除的税费	其他	累计收入额	累计减除费用	累计专项扣除	子女教育	继续教育	住房贷款利息	住房租金	赡养老人	3岁以下婴幼儿照护	累计其他扣除	减按计税比例	准予扣除的捐赠额	应纳税所得额	税率/预扣率	速算扣除数	应纳税额	减免税额	已缴税额	应补/退税额	备注
1	2	3	4	5	6	7	8	9	10	11	12	13	14	15	16	17	18	19	20	21	22	23	24	25	26	27	28	29	30	31	32	33	34	35	36	37	38	39	40	41
合计																																								

谨声明：本表是根据国家税收法律法规及相关规定填报的，是真实的、可靠的、完整的。

扣缴义务人（签章）：　　　　年　　月　　日

经办人签字：
经办人身份证件号码：
代理机构签章：
代理机构统一社会信用代码：

受理人：
受理税务机关（章）：
受理日期：　　年　　月　　日

国家税务总局监制

二、个人所得税的自行申报

（一）个人所得税自行申报的范围

有下列情形之一的，纳税人应当依法办理纳税申报：

（1）取得综合所得需要办理汇算清缴；

（2）取得应税所得没有扣缴义务人；

（3）取得应税所得，扣缴义务人未扣缴税款；

（4）取得境外所得；

（5）因移居境外注销中国户籍；

（6）非居民个人在中国境内从两处以上取得工资、薪金所得；

（7）国务院规定的其他情形。

（二）个人所得税自行申报的期限

居民个人取得综合所得，按年计算个人所得税；有扣缴义务人的，由扣缴义务人按月或者按次预扣预缴税款；需要办理汇算清缴的，应当在取得所得的次年 3 月 1 日至 6 月 30 日内办理汇算清缴。预扣预缴办法由国务院税务主管部门制定。

纳税人取得经营所得，按年计算个人所得税，由纳税人在月度或者季度终了后 15 日内向税务机关报送纳税申报表，并预缴税款；在取得所得的次年 3 月 31 日前办理汇算清缴。

纳税人取得应税所得没有扣缴义务人的，应当在取得所得的次月 15 日内向税务机关报送纳税申报表，并缴纳税款。

【特别提示】纳税人取得应税所得，扣缴义务人未扣缴税款的，纳税人应当在取得所得的次年 6 月 30 日前，缴纳税款；税务机关通知限期缴纳的，纳税人应当按照期限缴纳税款。

【情境引例解析】

根据《个人所得税法》的规定，取得应税所得，扣缴义务人未扣缴税款，纳税人应当依法办理纳税申报；纳税人取得应税所得，扣缴义务人未扣缴税款的，纳税人应当在取得所得的次年 6 月 30 日前，缴纳税款；税务机关通知限期缴纳的，纳税人应当按照期限缴纳税款。因此你需要自行办理纳税申报。

居民个人从中国境外取得所得的，应当在取得所得的次年 3 月 1 日至 6 月 30 日内申报纳税。

非居民个人在中国境内从两处以上取得工资、薪金所得的，应当在取得所得的次月 15 日内申报纳税。

纳税人因移居境外注销中国户籍的，应当在注销中国户籍前办理税款清算。

纳税人办理汇算清缴退税或者扣缴义务人为纳税人办理汇算清缴退税的，税务机关审核后，按照国库管理的有关规定办理退税。

【特别提示】 纳税人可以采用远程办税端、邮寄等方式申报，也可以直接到主管税务机关申报。

（三）个人所得税自行申报的地点及其他要求

（1）需要办理汇算清缴的纳税人，应当在取得所得的次年3月1日至6月30日内，向任职、受雇单位所在地主管税务机关办理纳税申报，并报送《个人所得税年度自行纳税申报表》。

（2）纳税人有两处以上任职、受雇单位的，选择向其中一处任职、受雇单位所在地主管税务机关办理纳税申报。

（3）纳税人没有任职、受雇单位的，向户籍所在地或经常居住地主管税务机关办理纳税申报。

（4）纳税人取得经营所得，按年计算个人所得税，由纳税人在月度或季度终了后15日内，向经营管理所在地主管税务机关办理预缴纳税申报，并报送《个人所得税经营所得纳税申报表（A表）》。在取得所得的次年3月31日前，向经营管理所在地主管税务机关办理汇算清缴，并报送《个人所得税经营所得纳税申报表（B表）》；从两处以上取得经营所得的，选择向其中一处经营管理所在地主管税务机关办理年度汇总申报，并报送《个人所得税经营所得纳税申报表（C表）》。

（5）纳税人取得应税所得，扣缴义务人未扣缴税款的，应当区别以下情形办理纳税申报：

1）居民个人取得综合所得的，按照上述第（1）（2）（3）项办理。

2）非居民个人取得工资、薪金所得，劳务报酬所得，稿酬所得，特许权使用费所得的，应当在取得所得的次年6月30日前，向扣缴义务人所在地主管税务机关办理纳税申报，并报送《个人所得税自行纳税申报表（A表）》。有两个以上扣缴义务人均未扣缴税款的，选择向其中一处扣缴义务人所在地主管税务机关办理纳税申报。

非居民个人在次年6月30日前离境（临时离境除外）的，应当在离境前办理纳税申报。

3）纳税人取得利息、股息、红利所得，财产租赁所得，财产转让所得和偶然所得的，应当在取得所得的次年6月30日前，按相关规定向主管税务机关办理纳税申报，并报送《个人所得税自行纳税申报表（A表）》。

税务机关通知限期缴纳的，纳税人应当按照期限缴纳税款。

（6）居民个人从中国境外取得所得的，应当在取得所得的次年3月1日至6月30日内，向中国境内任职、受雇单位所在地主管税务机关办理纳税申报；在中国境内没有任职、受雇单位的，向户籍所在地或中国境内经常居住地主管税务机关办理纳税申报；户籍所在地与中国境内经常居住地不一致的，选择其中一地主管税务机关办理纳税申报；在中国境内没有户籍的，向中国境内经常居住地主管税务机关办理纳税申报。

（7）纳税人因移居境外注销中国户籍的，应当在申请注销中国户籍前，向户籍所在地主管税务机关办理纳税申报，进行税款清算。

1）纳税人在注销户籍年度取得综合所得的，应当在注销户籍前，办理当年综合所得的汇算清缴，并报送《个人所得税年度自行纳税申报表》。尚未办理上一年度综合所得汇算清缴的，应当在办理注销户籍纳税申报时一并办理。

2）纳税人在注销户籍年度取得经营所得的，应当在注销户籍前，办理当年经营所得的汇算清缴，并报送《个人所得税经营所得纳税申报表（B 表）》。从两处以上取得经营所得的，还应当一并报送《个人所得税经营所得纳税申报表（C 表）》。尚未办理上一年度经营所得汇算清缴的，应当在办理注销户籍纳税申报时一并办理。

3）纳税人在注销户籍当年取得利息、股息、红利所得，财产租赁所得，财产转让所得和偶然所得的，应当在注销户籍前，申报当年上述所得的完税情况，并报送《个人所得税自行纳税申报表（A 表）》。

4）纳税人有未缴或者少缴税款的，应当在注销户籍前，结清欠缴或未缴的税款。纳税人存在分期缴税且未缴纳完毕的，应当在注销户籍前，结清尚未缴纳的税款。

5）纳税人办理注销户籍纳税申报时，需要办理专项附加扣除、依法确定的其他扣除的，应当向税务机关报送《个人所得税专项附加扣除信息表》《商业健康保险税前扣除情况明细表》《个人税收递延型商业养老保险税前扣除情况明细表》等。

（8）非居民个人在中国境内从两处以上取得工资、薪金所得的，应当在取得所得的次月 15 日内，向其中一处任职、受雇单位所在地主管税务机关办理纳税申报，并报送《个人所得税自行纳税申报表（A 表）》。

【特别提示】残疾、孤老人员和烈属取得综合所得办理汇算清缴时，汇算清缴地与预扣预缴地规定不一致的，用预扣预缴地规定计算的减免税额与用汇算清缴地规定计算的减免税额相比较，按照孰高值确定减免税额。

（四）个人所得税综合所得汇算清缴

第 3 节即测即评

根据《个人所得税综合所得汇算清缴管理办法》（2025 年 2 月 26 日国家税务总局令第 57 号公布，自 2025 年 2 月 26 日起施行）的规定，对个人所得税综合所得汇算清缴的管理要求归纳如下：

1. 综合所得和汇算清缴的认知

纳税人取得综合所得，按纳税年度合并计算个人所得税，并依法办理汇算清缴。

（1）综合所得的含义

综合所得，是指纳税人取得的工资薪金所得、劳务报酬所得、稿酬所得和特许权使用费所得。

（2）汇算清缴的含义

汇算清缴，是指纳税人汇总一个纳税年度内取得的综合所得收入额，减除费用六万元以及专项扣除、专项附加扣除、依法确定的其他扣除和符合条件的公益慈善事业捐赠后，适用综合所得个人所得税税率并减去速算扣除数，减去减免税额后计算本年度实际应纳税额，再减去已预缴税额，确定该纳税年度应退或者应补税额，在法定期限内向税务机关办理纳税申报并结清税款的行为。

（3）汇算清缴的计算公式

汇算清缴的计算公式如下：

应退或应补税额＝[（综合所得收入额－60 000元－“三险一金”等专项扣除
－子女教育等专项附加扣除－依法确定的其他扣除
－符合条件的公益慈善事业捐赠）×适用税率－速算扣除数]
－减免税额－已预缴税额

【特别提示】纳税人取得境外所得，应当按照有关规定据实申报。

（4）纳税年度的确定

纳税人按照实际取得综合所得的时间，确定综合所得所属纳税年度。

取得境外所得的境外纳税年度与公历年度不一致的，以境外纳税年度最后一日所在的公历年度，为境外所得对应的我国纳税年度。

（5）办理汇算清缴的期限

纳税人应当在取得综合所得的纳税年度的次年3月1日至6月30日内办理汇算清缴。在中国境内无住所的纳税人在汇算清缴开始前离境的，可以在离境前办理。

（6）无需办理汇算清缴的情形

纳税人取得综合所得时已依法预缴个人所得税且符合下列情形之一的，无需办理汇算清缴：

1）汇算清缴需补税但综合所得收入全年不超过规定金额的；

2）汇算清缴需补税但不超过规定金额的；

3）已预缴税额与汇算清缴实际应纳税额一致的；

4）符合汇算清缴退税条件但不申请退税的。

【点拨指导】2019年1月1日至2023年12月31日居民个人取得的综合所得，年度综合所得收入不超过12万元且需要汇算清缴补税的，或者年度汇算清缴补税金额不超过400元的，居民个人可免于办理个人所得税综合所得汇算清缴。居民个人取得综合所得时存在扣缴义务人未依法预扣预缴税款的情形除外。自2024年1月1日至2027年12月31日，上述政策继续执行。

（7）需要依法办理汇算清缴的情形

纳税人取得综合所得并且符合下列情形之一的，需要依法办理汇算清缴：

1）已预缴税额大于汇算清缴实际应纳税额且申请退税的；

2）已预缴税额小于汇算清缴实际应纳税额且不符合上述“（6）无需办理汇算清缴的情形”的；

3）因适用所得项目错误、扣缴义务人未依法履行扣缴义务、取得综合所得无扣缴义务人，造成纳税年度少申报或者未申报综合所得的。

2. 汇算清缴的准备及有关事项的填报

（1）汇算清缴前相关事项的准备和确认

纳税人在汇算清缴前应确认填报的联系电话、银行账户等基础信息的有效性，并通过个人所得税 APP（以下简称个税 APP）、自然人电子税务局网站（以下简称网站）或者扣缴义务人查阅确认综合所得、相关扣除、已缴税额等信息。

（2）可以在汇算清缴时填报或补充的扣除事项

纳税人可以在汇算清缴时填报或补充下列扣除：

1）减除费用 6 万元；

2）符合条件的基本养老保险、基本医疗保险、失业保险等社会保险费和住房公积金等专项扣除；

3）符合条件的 3 岁以下婴幼儿照护、子女教育、继续教育、大病医疗、住房贷款利息或者住房租金、赡养老人等专项附加扣除；

4）符合条件的企业年金和职业年金、商业健康保险、个人养老金等其他扣除；

5）符合条件的公益慈善事业捐赠。

纳税人填报上述第 2）项至第 5）项扣除的，应当按照规定留存或者提供有关证据资料。

（2）汇算清缴准备及有关事项填报的其他要求

1）同时取得综合所得和经营所得的纳税人，可在综合所得或者经营所得中申报减除费用 6 万元、专项扣除、专项附加扣除以及依法确定的其他扣除，但不得重复申报减除。

2）纳税人填报的专项附加扣除，应当符合个人所得税法及国家有关规定。

3）纳税人与其他填报人共同填报 3 岁以下婴幼儿照护、子女教育、大病医疗、住房贷款利息或者住房租金、赡养老人等专项附加扣除的，应当与其他填报人在允许扣除的标准内确认扣除金额。

4）纳税人享受相关减税或免税等税收优惠政策的，应当在填报前认真了解政策规定，确认符合条件。

5）纳税人对扣缴义务人申报的综合所得等信息有异议的，应当先行与扣缴义务人核实确认。确有错误且扣缴义务人拒不更正的，或者存在身份被冒用等情况无法与扣缴义务人取得联系的，纳税人可以通过个税 APP、网站等向税务机关发起申诉。

3. 汇算清缴的办理及服务

（1）办理汇算清缴的方式

纳税人可以选择下列方式办理汇算清缴：

1）自行办理；

2）通过任职受雇单位（含按累计预扣法预扣预缴其劳务报酬所得个人所得税的单

位，以下统称单位）代为办理；纳税人提出要求的，单位应当代为办理或者培训、辅导纳税人完成申报和退（补）税；由单位代为办理的，纳税人应当与单位以书面或者电子等方式进行确认，纳税人未与单位确认的，单位不得代为办理；

3）委托涉税专业服务机构或者其他单位及个人办理。委托办理的，纳税人应当与受托人签订授权书。

【特别提示】纳税人优先通过个税App、网站办理汇算清缴，也可以通过邮寄方式或到办税服务厅办理。选择邮寄方式办理的，纳税人应当将申报表寄送至主管税务机关所在省、自治区、直辖市和计划单列市税务局公告的地址。

（2）对汇算清缴信息资料的要求

1）纳税人办理汇算清缴，需确保填报信息真实、准确、完整。

2）通过单位代为办理或者委托受托人办理的，纳税人应当如实向单位或者受托人提供纳税年度的全部综合所得、相关扣除、享受税收优惠等信息资料。

3）纳税人、代为办理汇算清缴的单位，需将全部综合所得、相关扣除、享受税收优惠等信息资料自汇算清缴期结束之日起留存5年。

（2）代为办理汇算清缴的单位或者受托人的相关义务

代为办理汇算清缴的单位或者受托人为纳税人办理汇算清缴后，应当及时将办理情况通知纳税人。纳税人发现汇算清缴存在错误的，可以要求单位或者受托人更正申报，也可以自行更正申报。

（3）办理汇算清缴期所面向主管税务机关的确认

1）在汇算清缴期内纳税人自行办理或者委托受托人办理的，向纳税人任职受雇单位的主管税务机关申报；有两处及以上任职受雇单位的，可自主选择向其中一处主管税务机关申报。由单位代为办理汇算清缴的，向单位的主管税务机关申报。

2）纳税人没有任职受雇单位的，向其主要收入来源地、户籍所在地或者经常居住地的主管税务机关申报。主要收入来源地，是指纳税年度向纳税人累计发放劳务报酬、稿酬及特许权使用费金额最大的扣缴义务人所在地。

3）汇算清缴期结束后，税务部门为尚未办理汇算清缴的纳税人确定其主管税务机关。

4）除特殊规定外，纳税人一个纳税年度的汇算清缴主管税务机关一经确定不得变更。

（4）税务机关对汇算清缴的服务

1）税务机关依托个税App、网站提供申报表项目预填服务，帮助纳税人便捷办理汇算清缴。

2）税务机关开展汇算清缴政策解读和操作辅导，通过个税App、网站、12366等渠道提供涉税咨询。

3）独立完成汇算清缴存在困难的特殊人群提出申请，税务机关可以为其提供个性化便民服务。

4）税务机关在汇算清缴初期提供预约办理服务，有办理需求的纳税人可以通过个税 APP 预约。

5）税务机关、单位分批分期引导提醒纳税人在确定的时间段内办理汇算清缴。

（5）汇算清缴的延期

纳税人不能按期办理汇算清缴需要延期的，应当在汇算清缴期结束前向税务机关提出延期申请，经税务机关核准后，可以延期办理；但应在汇算清缴期内按照上一汇算清缴期实际缴纳的税额或者税务机关核定的税额预缴税款，并在核准的延期内完成汇算清缴。

4. 汇算清缴的退（补）税

（1）纳税人依法办理汇算清缴，实际应纳税额小于已预缴税额的，可以申请汇算清缴退税。纳税人汇算清缴补税的，应当在汇算清缴期结束前缴纳税款。

（2）综合所得收入额不超过六万元且已预缴个人所得税的纳税人，在汇算清缴期内可以通过个税 APP、网站选择简易申报方式办理汇算清缴退税。

【特别提示】 对符合汇算清缴退税条件且生活负担较重的纳税人，税务机关提供优先退税服务。

（3）纳税人提交汇算清缴退税申请后，税务机关依法开展退税审核。税务机关审核发现退税申请不符合规定，应当通知纳税人补充提供资料或更正汇算清缴申报，纳税人拒不提供资料或者拒不更正申报的，税务机关不予退税。

（4）申请汇算清缴退税及其他退税的纳税人，存在下列情形的，需在办理以前年度汇算清缴补税、更正申报或者提供资料后申请退税：

1）未依法办理以前年度汇算清缴补税的；

2）经税务机关通知以前年度汇算清缴存在疑点且未更正申报或提供资料的。

（5）纳税人申请汇算清缴退税，应当提供其在中国境内开设的符合条件的银行账户。税务机关按规定审核后办理税款退库。

纳税人未提供本人有效银行账户或者提供的账户信息有误的，按规定更正后申请退税。

（6）纳税人办理汇算清缴补税的，可以通过网上银行、办税服务厅、银行柜台、非银行支付机构等渠道缴纳税款。

选择邮寄方式办理汇算清缴补税的，纳税人应当通过个税 APP、网站或者主管税务机关确认汇算清缴进度并及时缴纳税款。

5. 汇算清缴的管理措施及法律责任

（1）汇算清缴期结束后，对未申报补税或者未足额补税的纳税人，税务机关依法追缴其不缴或者少缴的税款、加收滞纳金，并在其个人所得税纳税记录中予以标注。纳税人纠正其未申报或未补税行为后，税务机关应当及时撤销标注。

（2）纳税人因申报信息填写错误造成汇算清缴多退或少缴税款，主动改正或经税务机关提醒后及时改正的，税务机关可以按照“首违不罚”原则免予处罚。

（3）纳税人存在未按规定办理纳税申报、不缴或者少缴税款、进行虚假纳税申报、不配合税务检查、虚假承诺等行为，纳入信用信息系统，构成严重失信的，按照有关规定实施失信约束。

（4）单位未按照规定为纳税人代为办理汇算清缴，或者冒用纳税人身份办理扣缴申报、汇算清缴的，按照有关规定处理，并纳入企业纳税信用评价。企业法定代表人、合伙企业自然人合伙人、个人独资企业投资者等未依法办理汇算清缴的，关联纳入企业纳税信用评价。

（5）受托人协助纳税人虚假申报、骗取退税或者实施其他与汇算清缴相关的税收违法行为，按照税收征管法及涉税专业服务管理等规定处理，并纳入涉税专业服务信用评价管理。

（6）汇算清缴期结束后，对未申报补税或者未足额补税的纳税人，税务机关依法责令其限期改正并送达相关文书，逾期仍不改正的，税务机关可依据税收征管法规定处理处罚。情节严重的，予以公开曝光。

（7）税务机关、代为办理单位、受托人应当依法为纳税人涉税信息保密。

（8）税务机关及其工作人员违反法律法规等规定，侵犯纳税人合法权益的，纳税人可以依法投诉、举报或者申请行政复议、提起行政诉讼。

【特别提示】纳税人取得财产租赁等分类所得（财产租赁所得，财产转让所得，偶然所得和利息、股息、红利所得），以及按规定不并入综合所得计算纳税的所得，不适用《个人所得税综合所得汇算清缴管理办法》。

【特别提示】非居民个人取得工资薪金所得、劳务报酬所得、稿酬所得、特许权使用费所得，不适用《个人所得税综合所得汇算清缴管理办法》。

（五）个人所得税的自行纳税申报

纳税人自行申报个人所得税时，根据不同情况应当分别填报《个人所得税自行纳税申报表（A表）》（略）、《个人所得税年度自行纳税申报表（A表）（仅取得境内综合所得年度汇算适用）》（见表5－9）、《个人所得税经营所得纳税申报表（A表）（B表）（C表）》（略）等。

表5－9　个人所得税年度自行纳税申报表（A表）

（仅取得境内综合所得年度汇算适用）

税款所属期：　　年　　月　　日至　　年　　月　　日

纳税人姓名：

纳税人识别号：□□□□□□□□□□□□□□□□□□□□□□□□□－□□　　金额单位：人民币元（列至角分）

基本情况					
手机号码		电子邮箱		邮政编码	□□□□□□
联系地址	＿＿省（区、市）＿＿市＿＿区（县）＿＿街道（乡、镇）＿＿				
纳税地点（单选）					
1. 有任职受雇单位的，需选本项并填写“任职受雇单位信息”：				□任职受雇单位所在地	

续表

<table>
<tr><td rowspan="2">任职受雇单位信息</td><td>名称</td><td colspan="3"></td></tr>
<tr><td>纳税人识别号</td><td colspan="3">□□□□□□□□□□□□□□□□□□</td></tr>
<tr><td colspan="2">2. 没有任职受雇单位的，可以从本栏次选择一地：</td><td colspan="3">□户籍所在地　□经常居住地　□主要收入来源地</td></tr>
<tr><td colspan="2">户籍所在地/经常居住地/主要收入来源地</td><td colspan="3">____省（区、市）____市____区（县）____街道（乡、镇）__________</td></tr>
<tr><td colspan="5">申报类型（单选）</td></tr>
<tr><td colspan="5">□首次申报　　　　　　　　　　□更正申报</td></tr>
<tr><td colspan="5">综合所得个人所得税计算</td></tr>
<tr><td colspan="3">项目</td><td>行次</td><td>金额</td></tr>
<tr><td colspan="3">一、收入合计（第 1 行＝第 2 行＋第 3 行＋第 4 行＋第 5 行）</td><td>1</td><td></td></tr>
<tr><td colspan="3">（一）工资、薪金</td><td>2</td><td></td></tr>
<tr><td colspan="3">（二）劳务报酬</td><td>3</td><td></td></tr>
<tr><td colspan="3">（三）稿酬</td><td>4</td><td></td></tr>
<tr><td colspan="3">（四）特许权使用费</td><td>5</td><td></td></tr>
<tr><td colspan="3">二、费用合计［第 6 行＝(第 3 行＋第 4 行＋第 5 行)×20%］</td><td>6</td><td></td></tr>
<tr><td colspan="3">三、免税收入合计（第 7 行＝第 8 行＋第 9 行）</td><td>7</td><td></td></tr>
<tr><td colspan="3">（一）稿酬所得免税部分［第 8 行＝第 4 行×(1－20%)×30%］</td><td>8</td><td></td></tr>
<tr><td colspan="3">（二）其他免税收入（附报《个人所得税减免税事项报告表》）</td><td>9</td><td></td></tr>
<tr><td colspan="3">四、减除费用</td><td>10</td><td></td></tr>
<tr><td colspan="3">五、专项扣除合计（第 11 行＝第 12 行＋第 13 行＋第 14 行＋第 15 行）</td><td>11</td><td></td></tr>
<tr><td colspan="3">（一）基本养老保险费</td><td>12</td><td></td></tr>
<tr><td colspan="3">（二）基本医疗保险费</td><td>13</td><td></td></tr>
<tr><td colspan="3">（三）失业保险费</td><td>14</td><td></td></tr>
<tr><td colspan="3">（四）住房公积金</td><td>15</td><td></td></tr>
<tr><td colspan="3">六、专项附加扣除合计（附报《个人所得税专项附加扣除信息表》）(第 16 行＝第 17 行＋第 18 行＋第 19 行＋第 20 行＋第 21 行＋第 22 行＋第 23 行)</td><td>16</td><td></td></tr>
<tr><td colspan="3">（一）子女教育</td><td>17</td><td></td></tr>
<tr><td colspan="3">（二）继续教育</td><td>18</td><td></td></tr>
<tr><td colspan="3">（三）大病医疗</td><td>19</td><td></td></tr>
<tr><td colspan="3">（四）住房贷款利息</td><td>20</td><td></td></tr>
<tr><td colspan="3">（五）住房租金</td><td>21</td><td></td></tr>
<tr><td colspan="3">（六）赡养老人</td><td>22</td><td></td></tr>
<tr><td colspan="3">（七）3 岁以下婴幼儿照护</td><td>23</td><td></td></tr>
</table>

续表

七、其他扣除合计（第24行＝第25行＋第26行＋第27行＋第28行＋第29行＋第30行）	24	
（一）年金	25	
（二）商业健康保险（附报《商业健康保险税前扣除情况明细表》）	26	
（三）税延养老保险（附报《个人税收递延型商业养老保险税前扣除情况明细表》）	27	
（四）允许扣除的税费	28	
（五）个人养老金	29	
（六）其他	30	
八、准予扣除的捐赠额（附报《个人所得税公益慈善事业捐赠扣除明细表》）	31	
九、应纳税所得额（第32行＝第1行－第6行－第7行－第10行－第11行－第16行－第24行－第31行）	32	
十、税率（%）	33	
十一、速算扣除数	34	
十二、应纳税额（第35行＝第32行×第33行－第34行）	35	
全年一次性奖金个人所得税计算 （无住所居民个人预判为非居民个人取得的数月奖金，选择按全年一次性奖金计税的填写本部分）		
一、全年一次性奖金收入	36	
二、准予扣除的捐赠额（附报《个人所得税公益慈善事业捐赠扣除明细表》）	37	
三、税率（%）	38	
四、速算扣除数	39	
五、应纳税额［第40行＝(第36行－第37行)×第38行－第39行］	40	
税额调整		
一、综合所得收入调整额（需在“备注”栏说明调整具体原因、计算方式等）	41	
二、应纳税额调整额	42	
应补/退个人所得税计算		
一、应纳税额合计（第43行＝第35行＋第40行＋第42行）	43	
二、减免税额（附报《个人所得税减免税事项报告表》）	44	
三、已缴税额	45	
四、应补/退税额（第46行＝第43行－第44行－第45行）	46	
无住所个人附报信息		
纳税年度内在中国境内居住天数		已在中国境内居住年数
退税申请 （应补/退税额小于0的填写本部分）		
□申请退税（需填写“开户银行名称”“开户银行省份”“银行账号”）		□放弃退税
开户银行名称		开户银行省份

续表

<table>
<tr><td>银行账号</td><td colspan="2"></td></tr>
<tr><td colspan="3">备注</td></tr>
<tr><td colspan="3">谨声明：本表是根据国家税收法律法规及相关规定填报的，本人对填报内容（附带资料）的真实性、可靠性、完整性负责。
纳税人签字：　　　年　　月　　日</td></tr>
<tr><td colspan="2">经办人签字：
经办人身份证件类型：
经办人身份证件号码：
代理机构签章：
代理机构统一社会信用代码：</td><td>受理人：
受理税务机关（章）：
受理日期：　　　年　　月　　日</td></tr>
</table>

国家税务总局监制

技能训练

1. 中国公民黄某本年 1—12 月从任职单位甲公司每月取得税前工资、薪金收入 10 000元，8 月从乙公司一次性取得税前劳务报酬收入 24 000 元，10 月从丙福利彩票机构取得税前福利彩票中奖收入 28 000 元。黄某上述所得均由支付所得的单位依法预扣预缴或者代扣代缴了个人所得税。黄某本年专项扣除、专项附加扣除和依法确定的其他扣除共计 40 000 元，且由甲公司预扣预缴个人所得税时税前扣除。假设不考虑增值税等因素。

要求：计算黄某本年的应纳个人所得税。

2. 非居民个人汤姆于本年 1 月在中国进行营业性演出，一次性取得税前劳务报酬收入 68 000 元。上述收入为税前收入，均来源于中国境内，且不享受免税优惠政策。假设不考虑增值税等因素。

要求：计算汤姆本年 1 月上述劳务报酬收入的应纳个人所得税。

实战演练

中国公民李某任职于境内甲企业，同时为乙企业的个人大股东。本年 1—12 月李某取得以下收入（均为税前收入）：

（1）每月工资、薪金收入 12 000 元。

（2）甲企业支付的独生子女补贴 1 000 元。

（3）兼职劳务报酬收入 36 000 元。

（4）保险赔款5 000元。

（5）购买福利彩票，一次中奖收入25 000元。

（6）5月因持有某上市公司股票而取得红利12 000元，已知该股票为李某上年1月从公开发行和转让市场中取得的。

（7）8月将其拥有的两套住房中的一套已使用7年的住房出售，转让收入200 000元，该房产买价为120 000元，另支付其他可以扣除的相关税费8 000元。

（8）10月乙企业为李某购买了一辆小轿车并将所有权归到李某名下，已知该车购买价为300 000元。经当地税务机关核定，乙企业在代扣个人所得税税款时允许在税前减除的数额为100 000元。

李某上述所得均由支付所得的单位依法预扣预缴或者代扣代缴了个人所得税。李某本年专项扣除、专项附加扣除和依法确定的其他扣除共计40 000元，且由甲企业预扣预缴个人所得税时税前扣除。假设不考虑增值税等因素。

任务要求：

（1）李某综合所得汇算清缴应补缴（退回）的个人所得税。

（2）李某取得的保险赔款和福利彩票中奖收入的应纳个人所得税。

（3）李某取得的红利所得的应纳个人所得税。

（4）李某出售住房的应纳个人所得税。

（5）李某取得车辆所有权的应纳个人所得税。

第6章

其他税种税法（上）

素养提升

纳税人应当充分运用国家出台的相关税收政策，合法合规纳税。

1. 我国在特定情况下通过征收报复性关税、反倾销税与反补贴税、保障性关税，维护国家主权和经济利益，保护和促进我国产业的发展，调节我国经济和国际贸易，体现了我国“坚持经济全球化正确方向，推动贸易和投资自由化便利化，推进双边、区域和多边合作，促进国际宏观经济政策协调，共同营造有利于发展的国际环境，共同培育全球发展新动能，反对保护主义，反对‘筑墙设垒’、‘脱钩断链’，反对单边制裁、极限施压”① 的理念。

2. 我国征收资源税，有利于“实施全面节约战略，推进各类资源节约集约利用，加快构建废弃物循环利用体系”②，促进产业结构优化升级，促进资源再生产业的发展，实现我国经济社会可持续发展。

能力目标

1. 能判定哪些业务应缴纳关税，能根据相关业务资料计算关税，能确定关税的纳税义务发生时间、纳税期限和纳税地点。

2. 能判定哪些业务应缴纳船舶吨税，能根据相关业务资料计算船舶吨税，能确定船舶吨税的纳税义务发生时间、纳税期限和纳税地点。

3. 能判定哪些业务应缴纳城市维护建设税、教育费附加和地方教育附加，能根据相关业务资料计算城市维护建设税、教育费附加和地方教育附加，能确定城市维护建设税、教育费附加和地方教育附加的纳税义务发生时间、纳税期限和纳税地点。

---

①② 习近平. 高举中国特色社会主义伟大旗帜 为全面建设社会主义现代化国家而团结奋斗——在中国共产党第二十次全国代表大会上的报告. 北京：人民出版社，2022.

4. 能判定哪些业务应缴纳资源税，能根据相关业务资料计算资源税，能确定资源税的纳税义务发生时间、纳税期限和纳税地点。

5. 能判定哪些业务应缴纳土地增值税，能根据相关业务资料计算土地增值税，能确定土地增值税的纳税义务发生时间、纳税期限和纳税地点。

6. 能判定哪些业务应缴纳城镇土地使用税，能根据相关业务资料计算城镇土地使用税，能确定城镇土地使用税的纳税义务发生时间、纳税期限和纳税地点。

7. 能判定哪些业务应缴纳耕地占用税，能根据相关业务资料计算耕地占用税，能确定耕地占用税的纳税义务发生时间、纳税期限和纳税地点。

工作引例

关税的计算

甲公司进口设备一台，实付金额折合人民币105万元，其中包含由甲公司负担的购货佣金以外的佣金4万元、进口后发生的装配费10万元；该货物运抵中华人民共和国境内输入地点起卸前的运输及其相关费用、保险费为5万元。该设备适用的关税税率为20%。

工作要求　计算甲公司进口该设备的应纳进口关税。

工作引例解析　见本章第1节。

第1节　关税法[①]

情境引例

甲认为关境即为国境，乙认为关境有时大于国境，丙认为国境有时大于关境。请问谁的说法是正确的？

一、关税的认知

关税是海关依法对进出境货物、物品征收的一种税（就我国而言，关税是我国海关依法对进出口货物、进境物品征收的一种税）。所谓“境”是指关境，又称海关境域或关税领域，是国家《海关法》全面实施的领域。

在通常情况下，一国关境与国境是一致的，包括国家全部的领土、领海和领空。在

① 本节内容主要根据自2024年12月1日起施行的《中华人民共和国关税法》编写。

特殊情况下，一方面，如果某一国家在国境内设立了自由港、自由贸易区等，这些区域就进出口关税而言处在关境之外，这时，该国的关境小于国境。另一方面，如果几个国家结成关税同盟，组成共同的关境，实施统一的关税法令和统一的对外税则，这些国家彼此之间货物进出国境不征收关税，只对来自或运往其他国家的货物进出共同关境时征收关税，这些国家的关境大于国境。

【情境引例解析】

根据《中华人民共和国香港特别行政区基本法》和《中华人民共和国澳门特别行政区基本法》的规定，香港和澳门保持自由港地位，为我国单独的关税地区，即单独关境区。单独关境区是不完全适用该国海关法律、法规或实施单独海关管理制度的区域。因此，我国的关境小于国境；而欧盟国家都位于同一关境内，但是国境不同，因此其关境大于国境。所以，乙和丙的说法是正确的。

（一）关税纳税人和扣缴义务人的确定

1. 关税的纳税人

进口货物的收货人、出口货物的发货人、进境物品的携带人或者收件人，是关税的纳税人。

2. 关税的扣缴义务人

从事跨境电子商务零售进口的电子商务平台经营者、物流企业和报关企业，以及法律、行政法规规定负有代扣代缴、代收代缴关税税款义务的单位和个人，是关税的扣缴义务人。

（二）关税征税对象的确定

我国关税的征税对象是进口的货物、出口的货物、进境的物品。货物是指贸易性商品；物品是指入境旅客随身携带的行李物品、个人邮递物品、各种运输工具上的服务人员携带进口的自用物品、馈赠物品以及其他方式进境的个人物品。

个人合理自用的进境物品，按照简易征收办法征收关税。超过个人合理自用数量的进境物品，按照进口货物征收关税。个人合理自用的进境物品，在规定数额以内的免征关税。进境物品关税简易征收办法和免征关税数额由国务院规定，报全国人民代表大会常务委员会备案。

【特别提示】按征税对象进行分类，我国目前把对进出口货物征收的关税分为进口关税和出口关税两类。进口关税是海关对进口货物所征收的关税，它是关税中最主要的一种征税形式。出口关税是海关对出口货物所征收的关税。目前，世界各国一般不对出口货物征收关税，只是为了限制本国某些产品或资源品输出，而对部分出口货物征收出口关税。

（三）进出口税则的确定

进出口税则，又称关税税则，是一国政府根据国家包括关税政策在内的经济政策，通过一定的立法程序，制定、公布并实施的进出口货物和物品应税的以关税税目税率表为主体的文件。《中华人民共和国进出口税则》（简称《税则》）是《中华人民共和国关税法》（简称《关税法》）的附件。《税则》包括规则与说明、进口税则、出口税则三个部分。国务院关税税则委员会负责定期编纂、发布《税则》，解释《税则》的税目、税率。

进口税则包括税目税率表与归类总规则、类注、章注、子目注释、本国子目注释。税目税率表设置序号、税则号列、货品名称、最惠国税率、协定税率、特惠税率、普通税率等栏目。出口税则包括税目税率表与归类总规则、类注、章注、子目注释、本国子目注释。税目税率表设置序号、税则号列、货品名称、出口税率等栏目。归类总规则、类注、章注、子目注释、本国子目注释与进口税则相同，不单独列明。出口货物的商品归类，按照进口税则的相关规定执行。

（四）关税税目的确定

进口关税税目以世界海关组织《商品名称及编码协调制度》（简称《协调制度》）为基础，由税则号列（简称税号）和目录条文等组成。其中，税号在税则号列栏中列示，目录条文在货品名称栏中列示。税号采用8位数字编码结构，前6位数字及对应的目录条文与《协调制度》保持一致；第7，8位数字及对应的目录条文是依据《协调制度》的分类原则和方法，根据我国实际需要而制定的。进口关税税目适用规则包括归类规则等。进口货物的商品归类，应当按照《税则》规定的目录条文和归类总规则、类注、章注、子目注释、本国子目注释，以及其他归类注释确定，并归入相应的税号。

出口关税税目与进口税则关税税目相同。税目税率表中仅标示征收出口税率或实行暂定税率的税目。

【特别提示】2025年我国关税税则税目总数调整为8 960个。

（五）关税税率的判定

1. 关税税率的类别

进口关税设置最惠国税率、协定税率、特惠税率、普通税率。出口关税设置出口税率。对实行关税配额管理的进出口货物，设置关税配额税率。对进出口货物在一定期限内可以实行暂定税率。

2. 关税税率适用的总体规则

关税税率的适用应当符合相应的原产地规则。完全在一个国家或者地区获得的货物，以该国家或者地区为原产地；两个以上国家或者地区参与生产的货物，以最后完成实质性改变的国家或者地区为原产地。国务院根据中华人民共和国缔结或者共同参加的国际条约、协定对原产地的确定另有规定的，依照其规定。进口货物原产地的具体确定，依照《关税法》和国务院及其有关部门的规定执行。

3. 关税税率适用的具体规则

（1）原产于共同适用最惠国待遇条款的世界贸易组织成员的进口货物，原产于与中华人民共和国缔结或者共同参加含有相互给予最惠国待遇条款的国际条约、协定的国家或者地区的进口货物，以及原产于中华人民共和国境内的进口货物，适用最惠国税率。

（2）原产于与中华人民共和国缔结或者共同参加含有关税优惠条款的国际条约、协定的国家或者地区且符合国际条约、协定有关规定的进口货物，适用协定税率。

（3）原产于中华人民共和国给予特殊关税优惠安排的国家或者地区且符合国家原产地管理规定的进口货物，适用特惠税率。

（4）原产于上述第（1）至（3）条规定以外的国家或者地区的进口货物，以及原产地不明的进口货物，适用普通税率。

（5）适用最惠国税率的进口货物有暂定税率的，适用暂定税率。

适用协定税率的进口货物有暂定税率的，从低适用税率；其最惠国税率低于协定税率且无暂定税率的，适用最惠国税率。

适用特惠税率的进口货物有暂定税率的，从低适用税率。

适用普通税率的进口货物，不适用暂定税率。

适用出口税率的出口货物有暂定税率的，适用暂定税率。

（6）实行关税配额管理的进出口货物，关税配额内的适用关税配额税率，有暂定税率的适用暂定税率；关税配额外的，其税率的适用按照上述第（1）至（5）条的规定执行。

4. 关税税率的调整

（1）需要调整中华人民共和国在加入世界贸易组织议定书中承诺的最惠国税率、关税配额税率和出口税率的，由国务院关税税则委员会提出建议，经国务院审核后报全国人民代表大会常务委员会决定。

（2）根据实际情况，在中华人民共和国加入世界贸易组织议定书中承诺的范围内调整最惠国税率、关税配额税率和出口税率，调整特惠税率适用的国别或者地区、货物范围和税率，或者调整普通税率的，由国务院决定，报全国人民代表大会常务委员会备案。

（3）特殊情况下最惠国税率的适用，由国务院决定，报全国人民代表大会常务委员会备案。协定税率在完成有关国际条约、协定的核准或者批准程序后，由国务院关税税则委员会组织实施。实行暂定税率的货物范围、税率和期限由国务院关税税则委员会决定。与关税税目调整相关的税率的技术性转换，由国务院关税税则委员会提出建议，报国务院批准后执行。关税税率依照第（3）条规定调整的，由国务院关税税则委员会发布。

5. 特别关税的判定

特别关税包括报复性关税、反倾销税、反补贴税、保障性关税。

报复性关税是指为报复他国对本国出口货物的关税歧视，而对相关国家的进口货物征收的一种进口附加税。任何国家或者地区违反与中华人民共和国签订或者共同参加的贸易协定及相关协定，对中华人民共和国在贸易方面采取禁止、限制、加征关税或者其他影响正常贸易的措施的，对原产于该国家或者地区的进口货物可以征收报复性关税，适用报复性关税税率。适用税率视具体情况而定。

反倾销税就是对倾销商品所征收的进口附加税。当进口国因外国倾销某种产品，国内产业受到损害时，会征收相当于出口国国内市场价格与倾销价格之间差额的进口税。

反补贴税是指对进口商品征收的一种超过正常关税的特殊关税，目的在于抵消国外竞争者得到奖励和补助产生的影响，从而保护进口国的制造商。

保障性关税是指当某类商品进口量剧增，对我国相关产业产生巨大威胁或损害时，按照世界贸易组织有关规则，可以启动的一般保障措施，即在与有实质利益的国家或地区进行磋商后，在一定时期内提高该类商品的进口关税或采取数量限制措施，以保护国内相关产业不受损害。

6. 关税税率的运用

（1）进出口货物、进境物品，应当适用纳税人、扣缴义务人完成申报之日实施的税率。

（2）进口货物到达前，经海关核准先行申报的，应当适用装载该货物的运输工具申报进境之日实施的税率。

（3）有下列情形之一的，应当适用纳税人、扣缴义务人办理纳税手续之日实施的税率：

1）保税货物不复运出境，转为内销；

2）减免税货物经批准转让、移作他用或者进行其他处置；

3）暂时进境货物不复运出境或者暂时出境货物不复运进境；

4）租赁进口货物留购或者分期缴纳税款。

（4）补征或者退还关税税款，应当按照上述第（1）至（3）条的规定确定适用的税率。

（5）因纳税人、扣缴义务人违反规定需要追征税款的，应当适用违反规定行为发生之日实施的税率；行为发生之日不能确定的，适用海关发现该行为之日实施的税率。

（六）关税优惠政策的运用

1. 免征关税

下列进出口货物、进境物品，免征关税：

（1）国务院规定的免征额度内的一票货物；

（2）无商业价值的广告品和货样；

（3）进出境运输工具装载的途中必需的燃料、物料和饮食用品；

（4）在海关放行前损毁或者灭失的货物、进境物品；

（5）外国政府、国际组织无偿赠送的物资；

（6）中华人民共和国缔结或者共同参加的国际条约、协定规定免征关税的货物、进境物品；

（7）依照有关法律规定免征关税的其他货物、进境物品。

2. 减征关税

下列进出口货物、进境物品，减征关税：

（1）在海关放行前遭受损坏的货物、进境物品；

（2）中华人民共和国缔结或者共同参加的国际条约、协定规定减征关税的货物、进境物品；

（3）依照有关法律规定减征关税的其他货物、进境物品。

上述第（1）条减征关税，应当根据海关认定的受损程度办理。

3. 特殊情形关税的征免规定

（1）根据维护国家利益、促进对外交往、经济社会发展、科技创新需要或者由于突发事件等原因，国务院可以制定关税专项优惠政策，报全国人民代表大会常务委员会备案。

（2）免税货物应当依法办理手续。需由海关监管使用的减免税货物应当接受海关监管，在监管年限内转让、移作他用或者进行其他处置，按照国家有关规定需要补税的，应当补缴关税。对需由海关监管使用的减免税进境物品，参照上述规定执行。

（3）保税货物复运出境的，免征关税；不复运出境转为内销的，按照规定征收关税。加工贸易保税进口料件或者其制成品内销的，除按照规定征收关税外，还应当征收缓税利息。

（4）暂时进境或者暂时出境的下列货物、物品，可以依法暂不缴纳关税，但该货物、物品应当自进境或者出境之日起六个月内复运出境或者复运进境；需要延长复运出境或者复运进境期限的，应当根据海关总署的规定向海关办理延期手续：

1）在展览会、交易会、会议以及类似活动中展示或者使用的货物、物品；

2）文化、体育交流活动中使用的表演、比赛用品；

3）进行新闻报道或者摄制电影、电视节目使用的仪器、设备及用品；

4）开展科研、教学、医疗卫生活动使用的仪器、设备及用品；

5）在上述第1）至4）项所列活动中使用的交通工具及特种车辆；

6）货样；

7）供安装、调试、检测设备时使用的仪器、工具；

8）盛装货物的包装材料；

9）其他用于非商业目的的货物、物品。

上述所列货物、物品在规定期限内未复运出境或者未复运进境的，应当依法缴纳关税。

（5）上述第（4）条规定以外的其他暂时进境的货物、物品，应当根据该货物、物品的计税价格和其在境内滞留时间与折旧时间的比例计算缴纳进口关税；该货物、物品在规定期限届满后未复运出境的，应当补足依法应缴纳的关税。

（6）上述第（4）条规定以外的其他暂时出境货物，在规定期限届满后未复运进境的，应当依法缴纳关税。

（7）因品质、规格原因或者不可抗力，出口货物自出口之日起一年内原状复运进境的，不征收进口关税。因品质、规格原因或者不可抗力，进口货物自进口之日起一年内原状复运出境的，不征收出口关税。特殊情形下，经海关批准，可以适当延长上述规定的期限，具体办法由海关总署规定。

（8）因残损、短少、品质不良或者规格不符原因，进出口货物的发货人、承运人或者保险公司免费补偿或者更换的相同货物，进出口时不征收关税。被免费更换的原进口货物不退运出境或者原出口货物不退运进境的，海关应当对原进出口货物重新按照规定征收关税。纳税人应当在原进出口合同约定的请求赔偿期限内且不超过原进出口放行之日起三年内，向海关申报办理免费补偿或者更换货物的进出口手续。

4. 跨境电子商务零售进口税收政策

自2016年4月8日起，跨境电子商务零售进口商品按照货物征收关税和进口环节增值税、消费税，购买跨境电子商务零售进口商品的个人作为纳税人，实际交易价格（包括货物零售价格、运费和保险费）作为完税价格，电子商务企业、电子商务交易平台企业或物流企业可作为代收代缴义务人。

（1）纳税人与扣缴义务人。

1）纳税人。购买跨境电子商务零售进口商品的个人。

2）代收代缴义务人。电子商务企业、电子商务交易平台企业或物流企业。

（2）完税价格。实际交易价格（包括货物零售价格、运费和保险费）。

（3）计征限额。跨境电子商务零售进口商品的单次交易限值为人民币2 000元，个人年度交易限值为人民币20 000元。自2019年1月1日起，将跨境电子商务零售进口商品的单次交易限值由人民币2 000元提高至5 000元，年度交易限值由人民币20 000元提高至26 000元。

1）限值以内：关税税率暂设为0；进口环节增值税、消费税暂按法定应纳税额的70%征收。

2）超过单次限值、累加后超过个人年度限值的单次交易，以及完税价格超过2 000元限值的单个不可分割商品：均按照一般贸易方式全额征税。自2019年1月1日起，完税价格超过5 000元单次交易限值但低于26 000元年度交易限值，且订单下仅一件商品时，可以自跨境电子商务零售渠道进口，按照货物税率全额征收关税和进口环节增值税、消费税，交易额计入年度交易总额，但年度交易总额超过年度交易限值的，应按一般贸易管理。

3）已经购买的电子商务进口商品属于消费者个人使用的最终商品，不得进入国内市场再次销售；原则上不允许网购保税进口商品在海关特殊监管区域外开展“网购保税＋线下自提”模式。

5. 海南离岛旅客免税购物政策

自2020年7月1日起，我国实行海南离岛旅客免税购物政策。

（1）离岛免税政策的含义。离岛免税政策是指对乘飞机、火车、轮船离岛（不包括离境）旅客实行限值、限量、限品种免进口税购物，在实施离岛免税政策的免税商店（以下称离岛免税店）内或经批准的网上销售窗口付款，在机场、火车站、港口码头指定区域提货离岛的税收优惠政策。离岛免税政策免税税种为关税、进口环节增值税和消费税。

【特别提示】上述旅客，是指年满16周岁，已购买离岛机票、火车票、船票，并持有效身份证件（国内旅客持居民身份证、港澳台旅客持旅行证件、国外旅客持护照），离开海南本岛但不离境的国内外旅客，包括海南省居民。

（2）免税额度。离岛旅客每年每人免税购物额度为10万元人民币，不限次数。免税商品种类及每次购买数量限制，按照《财政部 海关总署 税务总局关于海南离岛旅客免税购物政策的公告》附件执行。超出免税限额、限量的部分，照章征收进境物品进口税。旅客购物后乘飞机、火车、轮船离岛记为1次免税购物。

【特别提示】上述离岛免税店，是指具有实施离岛免税政策资格并实行特许经营的免税商店，目前包括：海口美兰机场免税店、海口日月广场免税店、琼海博鳌免税店、三亚海棠湾免税店。具有免税品经销资格的经营主体可按规定参与海南离岛免税经营。

离岛旅客在国家规定的额度和数量范围内，在离岛免税店内或经批准的网上销售窗口购买免税商品，免税店根据旅客离岛时间运送货物，旅客凭购物凭证在机场、火车站、港口码头指定区域提货，并一次性随身携带离岛。

已经购买的离岛免税商品属于消费者个人使用的最终商品，不得进入国内市场再次销售。

（3）法律责任。对违反《财政部 海关总署 税务总局关于海南离岛旅客免税购物政策的公告》规定倒卖、代购、走私免税商品的个人，依法依规纳入信用记录，3年内不得购买离岛免税商品；对于构成走私行为或者违反海关监管规定行为的，由海关依照有关规定予以处理，构成犯罪的，依法追究刑事责任。

对协助违反离岛免税政策、扰乱市场秩序的旅行社、运输企业等，给予行业性综合整治。离岛免税店违反相关规定销售免税品，由海关依照有关法律、行政法规给予处理、处罚。离岛免税政策监管办法由海关总署另行公布。

【点拨指导】离岛免税店销售的免税商品适用的增值税、消费税免税政策，相关管理办法由税务总局商财政部另行制定。

二、关税的计算

（一）关税计税依据的确定

关税实行从价计征、从量计征、复合计征的方式征收。实行从价计征的，计税依据为应税进（出）口货物的计税价格。实行从量计征的，计税依据为应税进（出）口货物的计税数量。实行复合计征的，计税依据分别为应税进（出）口货物的计税价格和应税进（出）口货物的计税数量。我国对进（出）口货物征收关税，主要采取从价计征的方式。因此，这里主要阐述应税进（出）口货物的计税价格。

1. 进口货物计税价格的确定

进口货物的计税价格以成交价格以及该货物运抵中华人民共和国境内输入地点起卸前的运输及其相关费用、保险费为基础确定。

【点拨指导】进口货物的计税价格又称进口货物的关税完税价格。

进口货物计税价格的确定方法可以分为以下两种：一种是进口货物直接计价法，即进口货物成交价格加上该货物运抵中华人民共和国境内输入地点起卸前的运输及其相关费用、保险费，计算确定进口货物的计税价格的方法；另一种是进口货物海关估价法，即在进口货物的成交价格不符合规定条件，或者成交价格不能确定的情况下，海关经了解有关情况，并与纳税人进行价格磋商后，估定进口货物的计税价格的方法。

（1）进口货物直接计价法。

在正常情况下，对进口货物计税价格的确定一般采用进口货物直接计价法。

$$\text{进口货物计税价格}=\text{进口货物成交价格}+\text{该货物运抵中华人民共和国境内输入地点起卸前的运输及其相关费用、保险费}$$

进口货物的成交价格，是指卖方向中华人民共和国境内销售该货物时买方为进口该货物向卖方实付、应付的，并按照《关税法》第二十五条、第二十六条规定调整后的价款总额，包括直接支付的价款和间接支付的价款。

1）进口货物的成交价格应符合的条件。进口货物的成交价格应当符合下列条件：①对买方处置或者使用该货物不予限制，但法律、行政法规规定的限制、对货物转售地域的限制和对货物价格无实质性影响的限制除外；②该货物的成交价格没有因搭售或者其他因素的影响而无法确定；③卖方不得从买方直接或者间接获得因该货物进口后转售、处置或者使用而产生的任何收益，或者虽有收益但能够按照《关税法》第二十五条、第二十六条的规定进行调整；④买卖双方没有特殊关系，或者虽有特殊关系但未对成交价格产生影响。①

2）应当计入进口货物计税价格的费用。进口货物的下列费用应当计入计税价格：①由买方负担的购货佣金以外的佣金和经纪费；②由买方负担的与该货物视为一体的容器的费用；③由买方负担的包装材料费用和包装劳务费用；④与该货物的生产和向中华人民共和国境内销售有关的，由买方以免费或者以低于成本的方式提供并可以按适当比例分摊的料件、工具、模具、消耗材料及类似货物的价款，以及在中华人民共和国境外开发、设计等相关服务的费用；⑤作为该货物向中华人民共和国境内销售的条件，买方必须支付的、与该货物有关的特许权使用费；⑥卖方直接或者间接从买方获得的该货物进口后转售、处置或者使用的收益。②

① 《关税法》第二十四条第三款。

② 《关税法》第二十五条。

【点拨指导】购货佣金是指买方为购买进口货物向自己的采购代理人支付的劳务费用。经纪费是指买方为购买进口货物向代表买卖双方利益的经纪人支付的劳务费用。

【点拨指导】特许权使用费是指进口货物的买方为取得知识产权权利人及权利人有效授权人关于专利权、商标权、专有技术、著作权、分销权或者销售权的许可或者转让而支付的费用。

3）不计入进口货物计税价格的费用、税收。进口时在货物的价款中列明的下列费用、税收，不计入该货物的计税价格：①厂房、机械、设备等货物进口后进行建设、安装、装配、维修和技术服务的费用，但保修费用除外；②进口货物运抵中华人民共和国境内输入地点起卸后的运输及其相关费用、保险费；③进口关税及国内税收。[①]

【知识链接】购货佣金（买方为购买进口货物向自己的采购代理人支付的劳务费用）不计入进口货物计税价格。

【特别提示】进口关税不计入进口货物计税价格，也就是说进口关税的计税依据中不包括进口关税税款。因此进口关税属于价外税。

【工作实例 6-1】 甲进出口公司从美国进口一批化工原料，共 500 吨。货物以境外口岸离岸价格成交，每吨单价折合人民币 20 000 元；买方承担的包装费为每吨人民币 500 元；向卖方支付的佣金为每吨人民币 1 000 元；向自己的采购代理人支付的佣金为人民币 5 000 元。已知该货物运抵中国境内输入地点起卸前的运输及其相关费用、保险费为每吨人民币 2 000 元，进口后另发生运输和装卸费为每吨人民币 300 元。

【工作要求】计算甲进出口公司该批化工原料计算关税的计税价格。

【工作实施】

$$\begin{aligned}\text{该批化工原料计算关税的计税价格} &= (20\,000+500+1\,000+2\,000)\times 500\\ &= 11\,750\,000(\text{元})\end{aligned}$$

（2）进口货物海关估价法。

进口货物的成交价格不符合《关税法》第二十四条第三款规定条件，或者成交价格不能确定的，海关经了解有关情况，并与纳税人进行价格磋商后，依次以下列价格估定该货物的计税价格：1）与该货物同时或者大约同时向中华人民共和国境内销售的相同货物的成交价格。2）与该货物同时或者大约同时向中华人民共和国境内销售的类似货物的成交价格。3）与该货物进口的同时或者大约同时，将该进口货物、相同或者类似进口货物在中华人民共和国境内第一级销售环节销售给无特殊关系买方最大销售总量的单位价格，但应当扣除下列项目：①同等级或者同种类货物在中华人民共和国境内第一级销售环节销售时通常的利润和一般费用以及通常支付的佣金；②进口货物运抵中华人民共和国境内输入地点起卸后的运输及其相关费用、保险费；③进口关税及国内税收。4）按照下列各项总和计算的价格：生产该货物所使用的料件成本和加工费用，向中华

① 《关税法》第二十六条。

人民共和国境内销售同等级或者同种类货物通常的利润和一般费用，该货物运抵中华人民共和国境内输入地点起卸前的运输及其相关费用、保险费。5）以合理方法估定的价格。纳税人可以向海关提供有关资料，申请调整上述第3）项和第4）项的适用次序。

2. 出口货物计税价格的确定

出口货物的计税价格以该货物的成交价格以及该货物运至中华人民共和国境内输出地点装载前的运输及其相关费用、保险费为基础确定。

【点拨指导】 出口货物的计税价格又称出口货物的关税完税价格。

出口货物计税价格的确定方法可以分为以下两种：一种是出口货物直接计价法，即出口货物成交价格加上该货物运至中华人民共和国境内输出地点装载前的运输及其相关费用、保险费，计算确定出口货物的计税价格的方法；另一种是出口货物海关估价法，即在出口货物的成交价格不能确定的情况下，海关经了解有关情况，并与纳税人进行价格磋商后，估定出口货物的计税价格的方法。

（1）出口货物直接计价法。

在正常情况下，对出口货物计税价格的确定一般采用出口货物直接计价法。

$$\text{出口货物计税价格}=\text{出口货物成交价格}+\text{该货物运至中华人民共和国境内输出地点装载前的运输及其相关费用、保险费}$$

出口货物的成交价格，是指该货物出口时卖方为出口该货物应当向买方直接收取和间接收取的价款总额。出口关税不计入计税价格。

【特别提示】 出口关税不计入出口货物计税价格，也就是说，出口关税的计税依据中不包括出口关税税款。因此，出口关税属于价外税。

（2）出口货物海关估价法。

出口货物的成交价格不能确定的，海关经了解有关情况，并与纳税人进行价格磋商后，依次以下列价格估定该货物的计税价格：1）与该货物同时或者大约同时向同一国家或者地区出口的相同货物的成交价格。2）与该货物同时或者大约同时向同一国家或者地区出口的类似货物的成交价格。3）按照下列各项总和计算的价格：中华人民共和国境内生产相同或者类似货物的料件成本、加工费用，通常的利润和一般费用，境内发生的运输及其相关费用、保险费。4）以合理方法估定的价格。

【特别提示】 海关可以依申请或者依职权，对进出口货物、进境物品的计税价格、商品归类和原产地依法进行确定。必要时，海关可以组织化验、检验，并将海关认定的化验、检验结果作为确定计税价格、商品归类和原产地的依据。

（二）关税应纳税额的计算

实行从价计征的，应纳税额按照应税进（出）口货物的计税价格乘以比例税率计算。实行从量计征的，应纳税额按照应税进（出）口货物的计税数量乘以定额税率计算。实行复合计征的，应纳税额按照应税进（出）口货物的计税价格乘以比例税率与应税进（出）口货物的计税数量乘以定额税率之和计算。关税应纳税额的计算公式如下：

（1）从价计征应纳税额：

应纳关税＝应税进(出)口货物的计税价格×比例税率
＝应税进(出)口货物的计税数量×单位计税价格×比例税率

（2）从量计征应纳税额：

应纳关税＝应税进(出)口货物的计税数量×定额税率

（3）复合计征应纳税额：

应纳关税＝应税进(出)口货物的计税价格×比例税率＋应税进(出)口货物的计税数量×定额税率
＝应税进(出)口货物的计税数量×单位计税价格×比例税率＋应税进(出)口货物的计税数量×定额税率

【工作引例解析】

由买方负担的购货佣金以外的佣金和经纪费计入计税价格。厂房、机械、设备等货物进口后进行建设、安装、装配、维修和技术服务的费用，不计入该货物的计税价格，但是保修费用除外。

甲公司进口设备的计税价格＝105－10＋5＝100(万元)
甲公司进口设备的应纳进口关税＝100×20%＝20(万元)

三、关税的征收管理

（一）关税征收管理的模式

关税征收管理可以实施货物放行与税额确定相分离的模式。关税征收管理应当适应对外贸易新业态新模式发展需要，提升信息化、智能化、标准化、便利化水平。

（二）关税的申报与缴纳

1. 关税的申报

进出口货物的纳税人、扣缴义务人可以按照规定选择海关办理申报纳税。纳税人、扣缴义务人应当按照规定的期限和要求如实向海关申报税额，并提供相关资料。必要时，海关可以要求纳税人、扣缴义务人补充申报。

2. 关税的缴纳

进出口货物的纳税人、扣缴义务人应当自完成申报之日起15日内缴纳税款；符合海关规定条件并提供担保的，可以于次月第5个工作日结束前汇总缴纳税款。因不可抗力或者国家税收政策调整，不能按期缴纳的，经向海关申请并提供担保，可以延期缴纳，但最长不得超过6个月。纳税人、扣缴义务人未在上述规定的纳税期限内缴纳税款的，自规定的期限届满之日起，按日加收滞纳税款万分之五的滞纳金。

【工作实例 6-2】 甲公司进口一批货物，于本年 2 月 1 日完成关税的申报，申报关税税额为 10 000 元。假设本年 2 月 15 日为甲公司缴纳关税的最后期限，但甲公司迟至本年 2 月 25 日才缴纳 10 000 元的关税。

【工作要求】 计算海关对甲公司上述业务应征收的关税滞纳金。

【工作实施】 本年 2 月 15 日为缴纳关税的最后期限。从本年 2 月 16 日至 2 月 25 日，关税共滞纳 10 天，则

$$关税滞纳金=10\ 000\times10\times0.5‰=50(元)$$

（三）关税的担保与强制执行等措施

税款尚未缴纳，纳税人、扣缴义务人依照有关法律、行政法规的规定申请提供担保要求放行货物的，海关应当依法办理担保手续。

进出口货物的纳税人在规定的纳税期限内有转移、藏匿其应税货物以及其他财产的明显迹象，或者存在其他可能导致无法缴纳税款风险的，海关可以责令其提供担保；纳税人不提供担保的，经直属海关关长或者其授权的隶属海关关长批准，海关可以实施下列强制措施：（1）书面通知银行业金融机构冻结纳税人金额相当于应纳税款的存款、汇款；（2）查封、扣押纳税人价值相当于应纳税款的货物或者其他财产。纳税人在规定的纳税期限内缴纳税款的，海关应当立即解除强制措施。

纳税人未缴清税款、滞纳金且未向海关提供担保的，经直属海关关长或者其授权的隶属海关关长批准，海关可以按照规定通知移民管理机构对纳税人或者其法定代表人依法采取限制出境措施。

扣缴义务人未按照规定的期限缴纳或者解缴税款的，由海关责令其限期缴纳；逾期仍未缴纳且无正当理由的，经直属海关关长或者其授权的隶属海关关长批准，海关可以实施下列强制执行措施：（1）书面通知银行业金融机构划拨纳税人、扣缴义务人金额相当于应纳税款的存款、汇款；（2）查封、扣押纳税人、扣缴义务人价值相当于应纳税款的货物或者其他财产，依法拍卖或者变卖所查封、扣押的货物或者其他财产，以拍卖或者变卖所得抵缴税款，剩余部分退还纳税人、扣缴义务人。

【特别提示】 海关实施强制执行时，对未缴纳的滞纳金同时强制执行。

（四）关税的确认

自纳税人、扣缴义务人缴纳税款或者货物放行之日起 3 年内，海关有权对纳税人、扣缴义务人的应纳税额进行确认。

海关确认的应纳税额与纳税人、扣缴义务人申报的税额不一致的，海关应当向纳税人、扣缴义务人出具税额确认书。纳税人、扣缴义务人应当按照税额确认书载明的应纳税额，在海关规定的期限内补缴税款或者办理退税手续。

经海关确认应纳税额后需要补缴税款但未在规定的期限内补缴的，自规定的期限届满之日起，按日加收滞纳税款万分之五的滞纳金。

（五）关税的追征

因纳税人、扣缴义务人违反规定造成少征或者漏征税款的，海关可以自缴纳税款或者货物放行之日起 3 年内追征税款，并自缴纳税款或者货物放行之日起，按日加收少征或者漏征税款万分之五的滞纳金。对走私行为，海关追征税款、滞纳金的，不受上述规定期限的限制，并有权核定应纳税额。

海关发现海关监管货物因纳税人、扣缴义务人违反规定造成少征或者漏征税款的，应当自纳税人、扣缴义务人应缴纳税款之日起 3 年内追征税款，并自应缴纳税款之日起按日加收少征或者漏征税款万分之五的滞纳金。

【特别提示】海关可以对纳税人、扣缴义务人欠缴税款的情况予以公告。

（六）关税的退还

海关发现多征税款的，应当及时通知纳税人办理退还手续。

纳税人发现多缴税款的，可以自缴纳税款之日起 3 年内，向海关书面申请退还多缴的税款。海关应当自受理申请之日起 30 日内查实并通知纳税人办理退还手续，纳税人应当自收到通知之日起 3 个月内办理退还手续。

有下列情形之一的，纳税人自缴纳税款之日起 1 年内，可以向海关申请退还关税：（1）已征进口关税的货物，因品质、规格原因或者不可抗力，1 年内原状复运出境；（2）已征出口关税的货物，因品质、规格原因或者不可抗力，1 年内原状复运进境，并已重新缴纳因出口而退还的国内环节有关税收；（3）已征出口关税的货物，因故未装运出口，申报退关。

申请退还关税应当以书面形式提出，并提供原缴款凭证及相关资料。海关应当自受理申请之日起 30 日内查实并通知纳税人办理退还手续。纳税人应当自收到通知之日起 3 个月内办理退还手续。

按照其他有关法律、行政法规规定应当退还关税的，海关应当依法予以退还。按照规定退还关税的，应当加算银行同期活期存款利息。

（七）关税征收管理的其他要求

对规避《关税法》有关规定，不具有合理商业目的而减少应纳税额的行为，国家可以采取调整关税等反规避措施。

报关企业接受纳税人的委托，以纳税人的名义办理报关纳税手续，因报关企业违反规定造成海关少征、漏征税款的，报关企业对少征或者漏征的税款及其滞纳金与纳税人承担纳税的连带责任。

报关企业接受纳税人的委托，以报关企业的名义办理报关纳税手续的，报关企业与纳税人承担纳税的连带责任。

除不可抗力外，在保管海关监管货物期间，海关监管货物损毁或者灭失的，对海关监管货物负有保管义务的单位或者个人应当承担相应的纳税责任。

未履行纳税义务的纳税人有合并、分立情形的，在合并、分立前，应当向海关报告，依法缴清税款、滞纳金或者提供担保。纳税人合并时未缴清税款、滞纳金或者未提供担保的，由合并后的法人或者非法人组织继续履行未履行的纳税义务；纳税人分立时未缴清税款、滞纳金或者未提供担保的，分立后的法人或者非法人组织对未履行的纳税义务承担连带责任。

纳税人在减免税货物、保税货物监管期间，有合并、分立或者其他资产重组情形的，应当向海关报告；按照规定需要缴税的，应当依法缴清税款、滞纳金或者提供担保；按照规定可以继续享受减免税、保税的，应当向海关办理变更纳税人的手续。

纳税人未履行纳税义务或者在减免税货物、保税货物监管期间，有解散、破产或者其他依法终止经营情形的，应当在清算前向海关报告。海关应当依法清缴税款、滞纳金。

海关征收的税款优先于无担保债权，法律另有规定的除外。纳税人欠缴税款发生在纳税人以其财产设定抵押、质押之前的，税款应当先于抵押权、质权执行。

纳税人欠缴税款，同时被行政机关处以罚款、没收违法所得，其财产不足以同时支付的，应当先缴纳税款。

税款、滞纳金应当按照国家有关规定及时缴入国库。

退还税款、利息涉及从国库中退库的，按照法律、行政法规有关国库管理的规定执行。

税款、滞纳金、利息等应当以人民币计算。

进出口货物、进境物品的价格以及有关费用以人民币以外的货币计算的，按照纳税人完成申报之日的计征汇率折合为人民币计算。上述计征汇率，是指按照海关总署规定确定的日期当日的人民币汇率中间价。

海关因关税征收的需要，可以依法向有关政府部门和机构查询纳税人的身份、账户、资金往来等涉及关税的信息，有关政府部门和机构应当在职责范围内予以协助和配合。海关获取的涉及关税的信息只能用于关税征收目的。

第 1 节即测即评

第 2 节　船舶吨税法

情境引例

应税船舶负责人未按照规定申报纳税，会受到什么处罚？

一、船舶吨税的认知

（一）船舶吨税纳税人的确定

对自中华人民共和国境外港口进入中华人民共和国境内港口的船舶（简称应税船

舶）征收船舶吨税（简称吨税），以应税船舶负责人为船舶吨税的纳税人。

（二）船舶吨税税目的确定

船舶吨税的税目依照《船舶吨税税目税率表》（见表 6－1）执行。具体来说，船舶吨税按船舶净吨位的大小分等级设置四个税目，分别是：不超过 2 000 净吨的应税船舶；超过 2 000 净吨但不超过 10 000 净吨的应税船舶；超过 10 000 净吨但不超过50 000 净吨的应税船舶；超过 50 000 净吨的应税船舶。

表 6－1　船舶吨税税目税率表

<table>
<tr><th rowspan="3">税目
（按船舶净吨位划分）</th><th colspan="6">税率（元/净吨）</th><th rowspan="3">备注</th></tr>
<tr><th colspan="3">普通税率
（按执照期限划分）</th><th colspan="3">优惠税率
（按执照期限划分）</th></tr>
<tr><th>1 年</th><th>90 日</th><th>30 日</th><th>1 年</th><th>90 日</th><th>30 日</th></tr>
<tr><td>不超过 2 000 净吨</td><td>12.6</td><td>4.2</td><td>2.1</td><td>9.0</td><td>3.0</td><td>1.5</td><td rowspan="4">1. 拖船按照发动机功率每千瓦折合净吨位 0.67 吨。
2. 无法提供净吨位证明文件的游艇，按照发动机功率每千瓦折合净吨位 0.05 吨。
3. 拖船和非机动驳船分别按相同净吨位船舶税率的 50%计征税款。</td></tr>
<tr><td>超过 2 000 净吨，但不超过 10 000 净吨</td><td>24.0</td><td>8.0</td><td>4.0</td><td>17.4</td><td>5.8</td><td>2.9</td></tr>
<tr><td>超过 10 000 净吨，但不超过 50 000 净吨</td><td>27.6</td><td>9.2</td><td>4.6</td><td>19.8</td><td>6.6</td><td>3.3</td></tr>
<tr><td>超过 50 000 净吨</td><td>31.8</td><td>10.6</td><td>5.3</td><td>22.8</td><td>7.6</td><td>3.8</td></tr>
</table>

（三）船舶吨税税率的判定

船舶吨税税率采用定额税率，分为 30 日、90 日和 1 年三种不同的税率，具体分为两类：普通税率和优惠税率。船舶吨税的税率依照《船舶吨税税目税率表》执行。

【点拨指导】我国国籍的应税船舶，船籍国（地区）与我国签订含有互相给予船舶税费最惠国待遇条款的条约或者协定的应税船舶，适用优惠税率；其他应税船舶，适用普通税率。

（四）船舶吨税优惠政策的运用

下列船舶免征船舶吨税：

（1）应纳税额在人民币 50 元以下的船舶；

（2）自境外以购买、受赠、继承等方式取得船舶所有权的初次进口到港的空载船舶；

（3）船舶吨税执照期满后 24 小时内不上下客货的船舶；

（4）非机动船舶（不包括非机动驳船）；

（5）捕捞、养殖渔船；

（6）避难、防疫隔离、修理、改造、终止运营或者拆解，并不上下客货的船舶；

（7）军队、武装警察部队专用或者征用的船舶；

（8）警用船舶；

（9）依照法律规定应当予以免税的外国驻华使领馆、国际组织驻华代表机构及其有关人员的船舶；

（10）国务院规定的其他船舶。

【特别提示】 国务院规定的其他船舶免税规定，由国务院报全国人民代表大会常务委员会备案。

二、船舶吨税的计算

（一）船舶吨税计税依据的确定

船舶吨税以船舶净吨位为计税依据。

（二）船舶吨税应纳税额的计算

船舶吨税按照船舶净吨位和船舶吨税执照期限征收。应税船舶负责人在每次申报纳税时，可以按照《船舶吨税税目税率表》选择申领一种期限的船舶吨税执照。应纳税额的计算公式为：

应纳船舶吨税＝应税船舶净吨位×适用税率

【特别提示】 海关根据船舶负责人的申报，审核其申报吨位与其提供的船舶吨位证明和船舶国籍证书或者海事部门签发的船舶国籍证书收存证明相符后，按其申报执照的期限计征船舶吨税，并填发缴款凭证交船舶负责人缴纳税款。

【工作实例6-3】 本年1月，甲应税船舶从A国某港口进入中国境内某港口，该船舶为3 000净吨，适用普通税率。该船舶执照期限为30日，税率为4.0元/净吨。

【工作要求】 计算甲应税船舶负责人本年1月的应纳船舶吨税。

【工作实施】

应纳船舶吨税＝3 000×4.0＝12 000(元)

三、船舶吨税的征收管理

（一）船舶吨税的征收管理要求

1. 船舶吨税的纳税义务发生时间

船舶吨税由海关负责征收。船舶吨税纳税义务发生时间为应税船舶进入境内港口的当日。应税船舶在船舶吨税执照期满后尚未离开港口的，应当申领新的船舶吨税执照，自上一执照期满的次日起续缴船舶吨税。

应税船舶在进入港口办理入境手续时，应当向海关申报纳税领取船舶吨税执照，或者交验船舶吨税执照（或者申请核验船舶吨税执照电子信息）。应税船舶在离开港口办理出境手续时，应当交验船舶吨税执照（或者申请核验船舶吨税执照电子信息）。

2. 船舶吨税的纳税期限

船舶吨税分1年期缴纳、90天期缴纳与30天期缴纳三种。缴纳期限由应税船舶负责人自行选择。应税船舶负责人应当自海关填发船舶吨税缴款凭证之日起15日内缴清税款。未按期缴清税款的，自滞纳税款之日起至缴清税款之日止，按日加收滞纳税款万分之五的税款滞纳金。

应税船舶到达港口前，经海关核准先行申报并办结出入境手续的，应税船舶负责人应当向海关提供与其依法履行船舶吨税缴纳义务相适应的担保；应税船舶到达港口后，按规定向海关申报纳税。

3. 船舶吨税征收管理的其他相关规定

海关发现少征或者漏征税款的，应当自应税船舶应当缴纳税款之日起1年内，补征税款。但因应税船舶违反规定造成少征或者漏征税款的，海关可以自应当缴纳税款之日起3年内追征税款，并自应当缴纳税款之日起按日加征少征或者漏征税款万分之五的税款滞纳金。

【特别提示】海关发现多征税款的，应当在24小时内通知应税船舶办理退还手续，并加算银行同期活期存款利息。

应税船舶发现多缴税款的，可以自缴纳税款之日起3年内以书面形式要求海关退还多缴的税款并加算银行同期活期存款利息；海关应当自受理退税申请之日起30日内查实并通知应税船舶办理退还手续。

【情境引例解析】

根据《中华人民共和国船舶吨税法》（简称《船舶吨税法》）的规定，应税船舶有下列行为之一的，由海关责令限期改正，处2 000元以上30 000元以下的罚款；不缴或者少缴应纳税款的，处不缴或者少缴税款50%以上5倍以下的罚款，但罚款不得低于2 000元：（1）未按照规定申报纳税、领取船舶吨税执照；（2）未按照规定交验船舶吨税执照（或者申请核验船舶吨税执照电子信息）以及提供其他证明文件。

（二）船舶吨税的纳税申报

应税船舶负责人应在应税船舶抵港申报纳税时，如实填写《船舶吨税执照申请书》（见表6-2），同时应当交验如下证明文件：

（1）船舶国籍证书或者海事部门签发的船舶国籍证书收存证明；

（2）船舶吨位证明。

表 6-2　船舶吨税执照申请书

Application for Tonnage Dues Certificate

船舶吨税执照申请书

按照《中华人民共和国船舶吨税法》的规定，检同有关证件（包括国籍证书、吨位证书或相关部门证明文件），开具下列事项，请予完纳船舶吨税，并发给船舶吨税执照。

In compliance with the provisions of the Vessel Tonnage Dues Law of the People's Republic of China, I hereby submit the following particulars together with the relevant documents (including the Certificate of Nationality, the Tonnage Certificate or supporting documents issued by the relevant departments) with the request for the issue of a Tonnage Dues Certificate upon payment of tonnage Dues.

1. 船名
Ship's Name ____________

2. 船舶编号
Ship's Number ____________

3. 船舶类型
Ship's Description ____________

4. 国籍
Nationality ____________

5. 净吨位
Net Tonnage ____________

6. 进港时间
Arrival Time ____________

7. 按一年期、九十日期或三十日期（由申请人选定一种）
Tonnage Dues Certificate valid for one year/90 days/30 days (Applicant required the words)
____

兹声明上列各项申报正确无讹承担法律责任

此　致

中华人民共和国________海关

I hereby declare that all the particulars given in this Application are true and correct. I will take the relevant responsibility.

To ________ Customs of the People's Republic of China

船长（签名盖章）__________
Ship's Captain (signature and stamp)
日期　　　年　　月　　日
Date ____________

船舶代理（签名盖章）__________
Ship's Agent (signature and stamp)
日期　　　年　　月　　日
Date ____________

备注
Remark ____________

应税船舶为拖船或无法提供净吨位证明文件的游艇的，应税船舶负责人还应提供发动机功率（千瓦）等相关材料。

应税船舶负责人应通过“互联网＋海关”、国际贸易“单一窗口”等关企事务平台登录“海关船舶吨税执照申请系统”，录入并向海关发送船舶吨税执照申请信息。

应税船舶负责人选择柜台支付方式缴纳船舶吨税的，应将加盖银行已收讫税款业务印章的缴款书第一联交海关。

应税船舶负责人选择电子支付方式缴纳船舶吨税的，应根据海关总署公告2014年第6号的要求完成船舶吨税电子支付备案。

第2节即测即评

第3节 城市维护建设税法

情境引例

我公司为增值税一般纳税人，本年1月进口货物，在进口环节缴纳了100万元的增值税，请问我公司就该进口环节缴纳的增值税是否需要缴纳城市维护建设税、教育费附加和地方教育附加？

一、城市维护建设税的认知

（一）城市维护建设税纳税人和扣缴义务人的确定

1. 城市维护建设税的纳税人

城市维护建设税的纳税人（简称城建税）是在中华人民共和国境内缴纳增值税、消费税（简称两税）的单位和个人。

单位包括国有企业、集体企业、私营企业、股份制企业、其他企业和行政单位、事业单位、军事单位、社会团体、其他单位；个人包括个体工商户以及其他个人。

自2010年12月1日起，对外商投资企业、外国企业及外籍个人征收城市维护建设税。

【特别提示】征收城市维护建设税的主要目的是筹集城镇设施建设和维护资金。

2. 城市维护建设税的扣缴义务人

代扣代缴、代收代缴增值税、消费税的单位和个人，同时也是城市维护建设税的代扣代缴、代收代缴义务人。

【特别提示】代扣代缴，不含因境外单位和个人向境内销售劳务、服务、无形资产代扣代缴增值税情形。

（二）城市维护建设税征税范围的确定

城市维护建设税的征税范围比较广。凡是在市区、县城、镇，以及市区、县城、镇以外的其他地区，只要是缴纳增值税、消费税的单位和个人，均属于城市维护建设税的征税范围。

对进口货物或者境外单位和个人向境内销售劳务、服务、无形资产缴纳的增值税、消费税税额，不征收城市维护建设税。

【特别提示】城市维护建设税的征税范围没有覆盖到进口环节，也就是说，纳税人在进口环节缴纳增值税、消费税的同时并不缴纳城市维护建设税。

【素养园地】 我国征收城市维护建设税的主要目的是保障城市环境及其他基础设施的维护和建设，体现了"以城市群、都市圈为依托构建大中小城市协调发展格局，推进以县城为重要载体的城镇化建设"① 的理念。

（三）城市维护建设税税率的判定

城市维护建设税采用比例税率。按纳税人所在地的不同，设置三档差别比例税率（见表6-3）。

表6-3　城市维护建设税税率表

纳税人所在地	税率（%）
市区	7
县城、镇	5
市区、县城、镇以外的其他地区	1

【点拨指导】 城市维护建设税纳税人按所在地在市区、县城、镇和不在上述区域适用不同税率。市区、县城、镇按照行政区划确定。行政区划变更的，自变更完成当月起适用新行政区划对应的城市维护建设税税率，纳税人在变更完成当月的下一个纳税申报期按新税率申报缴纳。

城市维护建设税的适用税率，应当按照纳税人所在地的规定税率执行。但是，对下列两种情况，可按缴纳增值税、消费税所在地的规定税率就地缴纳城市维护建设税。

（1）由受托方代扣代缴、代收代缴增值税、消费税的单位和个人，其代扣代缴、代收代缴的城市维护建设税按受托方所在地适用税率执行。

（2）流动经营等无固定纳税地点的单位和个人，在经营地缴纳增值税、消费税的，其城市维护建设税的缴纳按经营地适用税率执行。

（四）城市维护建设税优惠政策的运用

城市维护建设税原则上不单独减免，但因城市维护建设税又具有附加税性质，当主税（增值税、消费税）发生税收减免时，城市维护建设税相应发生税收减免。城市维护建设税的税收减免具体有以下几种情况：

（1）城市维护建设税按减免后实际缴纳的增值税、消费税税额计征，即随增值税、消费税的减免而减免（出口货物、劳务或者跨境销售服务、无形资产增值税免抵税额除外）。

（2）对由于减免增值税、消费税而发生退税的，可同时退还已征收的城市维护建设税。但对出口货物、劳务和跨境销售服务、无形资产退还增值税、消费税的，不退还已缴纳的城市维护建设税。

---

① 习近平. 高举中国特色社会主义伟大旗帜 为全面建设社会主义现代化国家而团结奋斗——在中国共产党第二十次全国代表大会上的报告. 北京：人民出版社，2022.

【知识链接】对进口货物或者境外单位和个人向境内销售劳务、服务、无形资产缴纳的增值税、消费税税额，不征收城市维护建设税。

（3）因纳税人多缴发生的增值税、消费税退税，同时退还已缴纳的城市维护建设税。增值税、消费税实行先征后返、先征后退、即征即退的，除另有规定外，不予退还随增值税、消费税附征的城市维护建设税。

（4）对国家重大水利工程建设基金免征城市维护建设税。

（5）根据国民经济和社会发展的需要，国务院对重大公共基础设施建设、特殊产业和群体以及重大突发事件应对等情形，可以规定减征或者免征城市维护建设税，报全国人民代表大会常务委员会备案。

【特别提示】自2023年1月1日至2027年12月31日，对增值税小规模纳税人、小型微利企业和个体工商户减半征收资源税（不含水资源税）、城市维护建设税、房产税、城镇土地使用税、印花税（不含证券交易印花税）、耕地占用税和教育费附加、地方教育附加。增值税小规模纳税人、小型微利企业和个体工商户已依法享受资源税、城市维护建设税、房产税、城镇土地使用税、印花税、耕地占用税、教育费附加、地方教育附加等其他优惠政策的，可叠加享受上述规定的优惠政策。

【归纳总结】对于城市维护建设税、教育费附加和地方教育附加，进口不征，出口不退，免抵要征。

二、城市维护建设税的计算

（一）城市维护建设税计税依据的确定

城市维护建设税的计税依据为纳税人依法实际缴纳的增值税、消费税税额。

具体来说，依法实际缴纳的增值税、消费税税额，是指纳税人依照增值税、消费税相关法律法规和税收政策规定计算的应当缴纳的增值税、消费税税额（不含因进口货物或境外单位和个人向境内销售劳务、服务、无形资产缴纳的增值税、消费税税额），加上增值税免抵税额，扣除直接减免的增值税、消费税税额和期末留抵退税退还的增值税税额后的金额。

增值税免抵税额，是指出口货物、劳务或者跨境销售服务、无形资产增值税免抵税额。

直接减免的增值税、消费税税额，是指依照增值税、消费税相关法律法规和税收政策规定，直接减征或免征的增值税、消费税税额，不包括实行先征后返、先征后退、即征即退办法退还的增值税、消费税税额。

【特别提示】纳税人自收到留抵退税额之日起，应当在下一个纳税申报期从城市维护建设税计税依据中扣除。留抵退税额仅允许在按照增值税一般计税方法确定的城市维护建设税计税依据中扣除。当期未扣除完的余额，在以后纳税申报期按规定继续扣除。

【点拨指导】对于增值税小规模纳税人更正、查补此前按照一般计税方法确定的城市维护建设税计税依据，允许扣除尚未扣除完的留抵退税额。

【特别提示】对增值税免抵税额征收的城市维护建设税，纳税人应在税务机关核准免抵税额的下一个纳税申报期内向主管税务机关申报缴纳。

【特别提示】纳税人违反增值税、消费税有关税法而加收的滞纳金和罚款，是税务机关对纳税人违法行为的经济制裁，不作为城市维护建设税的计税依据，但纳税人在被查补增值税、消费税和被处以罚款时，应同时对其偷（逃）漏的城市维护建设税进行补税、征收滞纳金和罚款。

（二）城市维护建设税应纳税额的计算

城市维护建设税应纳税额的计算公式为：

应纳城市维护建设税＝纳税人依法实际缴纳的增值税、消费税税额×适用税率

【工作实例6-4】 甲企业位于县城，本年1月应纳增值税30万元，应纳消费税20万元，出口货物增值税免抵税额为6万元，应纳土地增值税4万元。

【工作要求】计算甲企业本年1月的应纳城市维护建设税。

【工作实施】

应纳城市维护建设税＝(30＋20＋6)×5％＝2.8(万元)

三、城市维护建设税的征收管理

（一）城市维护建设税的征收管理要求

1. 城市维护建设税的纳税义务发生时间

城市维护建设税的纳税义务发生时间与增值税、消费税的纳税义务发生时间一致，分别与增值税、消费税同时缴纳。

【点拨指导】同时缴纳是指在缴纳增值税、消费税时，应当在增值税、消费税同一缴纳地点、同一缴纳期限内，一并缴纳对应的城市维护建设税。采用委托代征、代扣代缴、代收代缴、预缴、补缴等方式缴纳增值税、消费税的，应当同时缴纳城市维护建设税。代扣代缴，不含因境外单位和个人向境内销售劳务、服务、无形资产代扣代缴增值税情形。

2. 城市维护建设税的纳税期限

城市维护建设税的纳税期限与增值税、消费税的纳税期限一致。根据增值税和消费税法律制度的规定，增值税、消费税的纳税期限分别为1日、3日、5日、10日、15日、1个月或者1个季度；纳税人的具体纳税期限，由税务机关根据纳税人应纳税额的大小分别核定；不能按照固定期限纳税的，可以按次纳税。

【特别提示】扣缴义务人解缴税款的期限，依照上述规定执行。

3. 城市维护建设税的纳税地点

纳税人实际缴纳增值税、消费税的地点，就是该纳税人缴纳城市维护建设税的地点。但是下列情况除外：

（1）代扣代缴、代收代缴增值税、消费税的单位和个人，同时也是城市维护建设税的代扣代缴、代收代缴义务人，其城市维护建设税的纳税地点在代扣代收地。

（2）跨省开采的油田，下属生产单位与核算单位不在一个省内的，其生产的原油，在油井所在地缴纳增值税，其应纳税款由核算单位按照各油井的产量和规定税率，计算汇拨各油井所在地缴纳。因此，各油井应纳的城市维护建设税，应由核算单位计算，随同增值税一并汇拨油井所在地，由油井在缴纳增值税的同时，一并缴纳城市维护建设税。

（3）对流动经营等无固定纳税地点的单位和个人，城市维护建设税应随同增值税、消费税在经营地按适用税率缴纳。

（4）纳税人跨地区提供建筑服务、销售和出租不动产的，应在建筑服务发生地、不动产所在地预缴增值税时，以预缴增值税税额为计税依据，并按预缴增值税所在地的城市维护建设税适用税率和教育费附加征收率就地计算缴纳城市维护建设税和教育费附加。

预缴增值税的纳税人在其机构所在地申报缴纳增值税时，以其实际缴纳的增值税税额为计税依据，并按机构所在地的城市维护建设税适用税率和教育费附加征收率就地计算缴纳城市维护建设税和教育费附加。

（二）城市维护建设税的纳税申报

纳税人对城市维护建设税进行纳税申报时，应当根据不同的情形分别填报《增值税及附加税费预缴表附列资料（附加税费情况表）》（略），以及《增值税及附加税费预缴表》（略）；《增值税及附加税费申报表（一般纳税人适用）附列资料（五）（附加税费情况表）》（见表2-12），以及《增值税及附加税费申报表（一般纳税人适用）》（见表2-13）；《增值税及附加税费申报表（小规模纳税人适用）附列资料（二）（附加税费情况表）》（见表2-14），以及《增值税及附加税费申报表（小规模纳税人适用）》（见表2-15）；《消费税附加税费计算表》（见表3-6），以及《消费税及附加税费申报表》（见表3-7）。

附录：教育费附加和地方教育附加

一、教育费附加和地方教育附加的认知

（一）教育费附加和地方教育附加缴纳人和扣缴义务人的确定

1. 教育费附加和地方教育附加的缴纳人

教育费附加和地方教育附加的缴纳人是在中华人民共和国境内缴纳增值税、消费税

的单位和个人。

自2010年12月1日起，对外商投资企业、外国企业及外籍个人征收教育费附加。

2. 教育费附加和地方教育附加的扣缴义务人

代扣代缴、代收代缴增值税、消费税的单位和个人，同时也是教育费附加和地方教育附加的代扣代缴、代收代缴义务人。

（二）教育费附加和地方教育附加征费范围的确定

教育费附加和地方教育附加的征费范围比较广。凡是在市区、县城、镇，以及市区、县城、镇以外的其他地区，只要是缴纳增值税、消费税的单位和个人，均属于教育费附加和地方教育附加的征费范围。

对进口货物或者境外单位和个人向境内销售劳务、服务、无形资产缴纳的增值税、消费税税额，不征收教育费附加和地方教育附加。

【特别提示】教育费附加和地方教育附加的征收范围没有覆盖进口环节，也就是说，纳税人在进口环节缴纳增值税、消费税的同时并不缴纳教育费附加和地方教育附加。

（三）教育费附加和地方教育附加的征收率的判定

现行教育费附加征收率为3%。地方教育附加的征收率统一为2%。

（四）教育费附加和地方教育附加优惠政策的运用

（1）教育费附加和地方教育附加按减免后实际缴纳的增值税、消费税税额计征，即随增值税、消费税的减免而减免（出口货物、劳务或者跨境销售服务、无形资产增值税免抵税额除外）。

（2）对由于减免增值税、消费税而发生退税的，可同时退还已征收的教育费附加和地方教育附加。但对出口货物、劳务和跨境销售服务、无形资产退还增值税、消费税的，不退还已征收的教育费附加和地方教育附加。

【知识链接】对进口货物或者境外单位和个人向境内销售劳务、服务、无形资产缴纳的增值税、消费税税额，不征收教育费附加和地方教育附加。

（3）因纳税人多缴发生的增值税、消费税退税，同时退还已缴纳的教育费附加和地方教育附加。增值税、消费税实行先征后返、先征后退、即征即退的，除另有规定外，不予退还随增值税、消费税附征的教育费附加和地方教育附加。

（4）对国家重大水利工程建设基金免征教育费附加和地方教育附加。

【情境引例解析】

根据《中华人民共和国城市维护建设税法》的规定，对进口货物或者境外单位和个人向境内销售劳务、服务、无形资产缴纳的增值税、消费税税额，不征收城市维护建设税。根据《财政部 国家税务总局关于城市维护建设税计税依据确定办法等事项的公告》

（财政部 税务总局公告2021年第28号）的规定，城市维护建设税以纳税人依法实际缴纳的增值税、消费税税额（简称两税税额）为计税依据。依法实际缴纳的两税税额，是指纳税人依照增值税、消费税相关法律法规和税收政策规定计算的应当缴纳的两税税额（不含因进口货物或境外单位和个人向境内销售劳务、服务、无形资产缴纳的两税税额），加上增值税免抵税额，扣除直接减免的两税税额和期末留抵退税退还的增值税税额后的金额。直接减免的两税税额，是指依照增值税、消费税相关法律法规和税收政策规定，直接减征或免征的两税税额，不包括实行先征后返、先征后退、即征即退办法退还的两税税额。教育费附加、地方教育附加计征依据与城市维护建设税计税依据一致，按上述规定执行。

应当缴纳的两税税额，不含因进口货物或境外单位和个人向境内销售劳务、服务、无形资产缴纳的两税税额。因此，你公司进口货物不需要缴纳城市维护建设税、教育费附加和地方教育附加。

二、教育费附加和地方教育附加的计算

（一）教育费附加和地方教育附加计费依据的确定

教育费附加、地方教育附加计费依据与城市维护建设税计税依据一致。即教育费附加和地方教育附加的计费依据是纳税人依法实际缴纳的增值税、消费税税额。

【特别提示】纳税人违反增值税、消费税有关税法而加收的滞纳金和罚款，是税务机关对纳税人违法行为的经济制裁，不作为教育费附加和地方教育附加的计费依据。但纳税人在被查补增值税、消费税和被处以罚款时，应同时对其偷（逃）漏的教育费附加和地方教育附加进行补征、征收滞纳金和处以罚款。

（二）教育费附加和地方教育附加缴纳额的计算

教育费附加和地方教育附加缴纳额的计算公式为：

应纳教育费附加＝纳税人依法实际缴纳的增值税、消费税税额×征收率(3%)

应纳地方教育附加＝纳税人依法实际缴纳的增值税、消费税税额×征收率(2%)

【工作实例6-5】 同工作实例6-4。

【工作要求】计算甲企业本年1月的应纳教育费附加和地方教育附加。

【工作实施】

应纳教育费附加＝(30＋20＋6)×3%＝1.68(万元)

应纳地方教育附加＝(30＋20＋6)×2%＝1.12(万元)

三、教育费附加和地方教育附加的征收管理

（一）教育费附加和地方教育附加的征收管理要求

1. 教育费附加和地方教育附加的缴纳义务发生时间

教育费附加和地方教育附加的缴纳义务发生时间与增值税、消费税的纳税义务发生时间一致，分别与增值税、消费税同时缴纳。

【点拨指导】同时缴纳是指在缴纳增值税、消费税时，应当在增值税、消费税同一缴纳地点、同一缴纳期限内，一并缴纳对应的教育费附加和地方教育附加。采用委托代征、代扣代缴、代收代缴、预缴、补缴等方式缴纳增值税、消费税的，应当同时缴纳教育费附加和地方教育附加。代扣代缴，不含因境外单位和个人向境内销售劳务、服务、无形资产代扣代缴增值税情形。

2. 教育费附加和地方教育附加的缴纳期限

教育费附加和地方教育附加的缴纳期限与增值税、消费税的纳税期限一致。根据增值税和消费税法律制度的规定，增值税、消费税的纳税期限分别为1日、3日、5日、10日、15日、1个月或者1个季度；纳税人的具体纳税期限，由税务机关根据纳税人应纳税额的大小分别核定；不能按照固定期限纳税的，可以按次纳税。

【特别提示】扣缴义务人解缴教育费附加和地方教育附加的期限，依照上述规定执行。

3. 教育费附加和地方教育附加的缴纳地点

纳税人实际缴纳增值税、消费税的地点，就是该纳税人缴纳教育费附加和地方教育附加的地点。但是下列情况除外：

（1）代扣代缴、代收代缴增值税、消费税的单位和个人，同时也是教育费附加和地方教育附加的代扣代缴、代收代缴义务人，其教育费附加和地方教育附加的征纳地点在代扣代收地。

（2）跨省开采的油田，下属生产单位与核算单位不在一个省内的，其生产的原油，在油井所在地缴纳增值税，其应纳税款由核算单位按照各油井的产量和规定税率，计算汇拨各油井所在地缴纳。因此，各油井应纳的教育费附加和地方教育附加，应由核算单位计算，随同增值税一并汇拨油井所在地，由油井在缴纳增值税的同时，一并缴纳教育费附加和地方教育附加。

（3）对流动经营等无固定纳税地点的单位和个人，教育费附加和地方教育附加应随同增值税、消费税在经营地缴纳。

（4）纳税人跨地区提供建筑服务、销售和出租不动产的，应在建筑服务发生地、不动产所在地预缴增值税时，以预缴增值税税额为计税依据，并按预缴增值税所在地的城市维护建设税适用税率和教育费附加征收率就地计算缴纳城市维护建设税和教育

费附加。

预缴增值税的纳税人在其机构所在地申报缴纳增值税时，以其实际缴纳的增值税税额为计税依据，并按机构所在地的城市维护建设税适用税率和教育费附加征收率就地计算缴纳城市维护建设税和教育费附加。

（二）教育费附加和地方教育附加的申报

纳税人对教育费附加和地方教育附加进行申报时，应当根据不同的情形分别填报《增值税及附加税费预缴表附列资料（附加税费情况表）》（略），以及《增值税及附加税费预缴表》（略）；《增值税及附加税费申报表（一般纳税人适用）附列资料（五）（附加税费情况表）》（见表2-12），以及《增值税及附加税费申报表（一般纳税人适用）》（见表2-13）；《增值税及附加税费申报表（小规模纳税人适用）附列资料（二）（附加税费情况表）》（见表2-14），以及《增值税及附加税费申报表（小规模纳税人适用）》（见表2-15）；《消费税附加税费计算表》（见表3-6），以及《消费税及附加税费申报表》（见表3-7）。

第3节即测即评

第4节　资源税法

情境引例

我公司是一家生产建材产品的企业，请问我公司在收购资源税应税产品时有代扣代缴资源税的义务吗？

一、资源税的认知

（一）资源税纳税人的确定

资源税的纳税人是指在中华人民共和国领域和中华人民共和国管辖的其他海域开发应税资源（产品）的单位和个人。

对资源税纳税人的理解，应注意以下几点：

（1）资源税仅对在中华人民共和国领域和中华人民共和国管辖的其他海域开发应税资源（产品）的单位和个人征收，因此，对进口的相关产品不征收资源税。由于对进口的相关产品不征收资源税，相应地，对出口的相关产品也不免征或退还已纳资源税。

【特别提示】对于资源税，进口不征，出口不退（免）。

（2）资源税纳税人不仅包括符合规定的中国企业和个人，还包括外商投资企业和外国企业。

（3）中外合作开采陆上、海上石油资源的企业依法缴纳资源税。2011年11月1日前已依法订立中外合作开采陆上、海上石油资源合同的，在该合同有效期内，继续依照国家有关规定缴纳矿区使用费，不缴纳资源税；合同期满后，依法缴纳资源税。

【情境引例解析】

根据《国家税务总局关于公布取消一批税务证明事项以及废止和修改部分规章规范性文件的决定》（国家税务总局令第48号）的规定，废止了《中华人民共和国资源税代扣代缴管理办法》（国税发〔1998〕49号文件印发，国家税务总局令第44号修改）。根据《关于〈国家税务总局关于公布取消一批税务证明事项以及废止和修改部分规章规范性文件的决定〉的解读》，取消"资源税管理证明"后，实行纳税人自主申报，不再采用代扣代缴的征管方式。

因此，资源税由在中华人民共和国领域和中华人民共和国管辖的其他海域开发应税资源的单位和个人自行缴纳，你公司没有代扣代缴的义务。

（二）资源税征税范围的确定

应税资源的具体范围由《中华人民共和国资源税法》（简称《资源税法》）所附《资源税税目税率表》确定。

目前我国资源税的征税范围仅涉及矿产品和盐两大类，具体包括：

（1）能源矿产。包括：原油；天然气、页岩气、天然气水合物；煤；煤成（层）气；铀、钍；油页岩、油砂、天然沥青、石煤；地热。

（2）金属矿产。包括：黑色金属和有色金属。

（3）非金属矿产。包括：矿物类、岩石类和宝玉石类。

（4）水气矿产。包括：二氧化碳气、硫化氢气、氦气、氡气；矿泉水。

（5）盐。包括：钠盐、钾盐、镁盐、锂盐；天然卤水；海盐。

纳税人开采或者生产应税产品自用的，应当依照《资源税法》的规定缴纳资源税，但是，自用于连续生产应税产品的，不缴纳资源税。纳税人自用应税产品应当缴纳资源税的情形，包括纳税人以应税产品用于非货币性资产交换、捐赠、偿债、赞助、集资、投资、广告、样品、职工福利、利润分配或者连续生产非应税产品等。

【特别提示】由于资源产品属于有形动产，资源税的征税范围与增值税的征税范围有一定程度的重叠。

【点拨指导】纳税人开采或者生产应税产品自用的，应当依照规定缴纳资源税，但是，自用于连续生产应税产品的，不缴纳资源税。

【知识链接】纳税人自产自用的应税消费品，用于连续生产应税消费品的，不纳税（消费税）；用于其他方面的（用于生产非应税消费品、在建工程、管理部门、馈赠、赞助、集资、广告、样品、职工福利、奖励等），视同销售，在移送使用时纳税（消费税）。

【特别提示】资源税对应税产品的生产者或开采者征收，并且于其销售或自用时一次性征收，批发、零售等环节不征收资源税。

【特别提示】试点征收水资源税。

自2016年7月1日起在河北省开展水资源税改革试点，采取水资源费改税方式，将地表水和地下水纳入征税范围，实行从量定额计征。自2017年12月1日起在北京、天津、山西、内蒙古、山东、河南、四川、陕西、宁夏9个省（自治区、直辖市）扩大水资源税改革试点。2024年10月15日，财政部、国家税务总局、水利部联合公布《水资源税改革试点实施办法》，宣布自2024年12月1日起全面实施水资源税改革试点。

水资源税改革
试点实施办法

（三）资源税税目的确定

资源税的税目依照《资源税税目税率表》（见表6-4）执行。

资源税的各税目征税时有的对原矿征税，有的对选矿征税，具体按照《资源税税目税率表》的规定执行，主要包括以下三类：(1) 按原矿征税。(2) 按选矿征税。(3) 按原矿或者选矿征税。

纳税人以自采原矿（经过采矿过程采出后未进行选矿或者加工的矿石）直接销售，或者自用于应当缴纳资源税情形的，按照原矿计征资源税。

纳税人以自采原矿洗选加工为选矿产品（通过破碎、切割、洗选、筛分、磨矿、分级、提纯、脱水、干燥等过程形成的产品，包括富集的精矿和研磨成粉、粒级成型、切割成型的原矿加工品）销售，或者将选矿产品自用于应当缴纳资源税情形的，按照选矿产品计征资源税，在原矿移送环节不缴纳资源税。

【特别提示】对于无法区分原生岩石矿种的粒级成型砂石颗粒，按照“砂石”税目征收资源税。

（四）资源税税率的判定

资源税的税率依照《资源税税目税率表》（见表6-4）执行。

表6-4 资源税税目税率表

税目		征税对象	税率
能源矿产	原油	原矿	6%
	天然气、页岩气、天然气水合物	原矿	6%
	煤	原矿或者选矿	2%～10%
	煤成（层）气	原矿	1%～2%
	铀、钍	原矿	4%
	油页岩、油砂、天然沥青、石煤	原矿或者选矿	1%～4%
	地热	原矿	1%～20%或者每立方米1～30元

续表

税目			征税对象	税率
金属矿产	黑色金属	铁、锰、铬、钒、钛	原矿或者选矿	1%～9%
	有色金属	铜、铅、锌、锡、镍、锑、镁、钴、铋、汞	原矿或者选矿	2%～10%
		铝土矿	原矿或者选矿	2%～9%
		钨	选矿	6.5%
		钼	选矿	8%
		金、银	原矿或者选矿	2%～6%
		铂、钯、钌、锇、铱、铑	原矿或者选矿	5%～10%
		轻稀土	选矿	7%～12%
		中重稀土	选矿	20%
		铍、锂、锆、锶、铷、铯、铌、钽、锗、镓、铟、铊、铪、铼、镉、硒、碲	原矿或者选矿	2%～10%
非金属矿产	矿物类	高岭土	原矿或者选矿	1%～6%
		石灰岩	原矿或者选矿	1%～6%或者每吨（或者每立方米）1～10元
		磷	原矿或者选矿	3%～8%
		石墨	原矿或者选矿	3%～12%
		萤石、硫铁矿、自然硫	原矿或者选矿	1%～8%
		天然石英砂、脉石英、粉石英、水晶、工业用金刚石、冰洲石、蓝晶石、硅线石（矽线石）、长石、滑石、刚玉、菱镁矿、颜料矿物、天然碱、芒硝、钠硝石、明矾石、砷、硼、碘、溴、膨润土、硅藻土、陶瓷土、耐火粘土、铁矾土、凹凸棒石粘土、海泡石粘土、伊利石粘土、累托石粘土	原矿或者选矿	1%～12%
		叶蜡石、硅灰石、透辉石、珍珠岩、云母、沸石、重晶石、毒重石、方解石、蛭石、透闪石、工业用电气石、白垩、石棉、蓝石棉、红柱石、石榴子石、石膏	原矿或者选矿	2%～12%
		其他粘土（铸型用粘土、砖瓦用粘土、陶粒用粘土、水泥配料用粘土、水泥配料用红土、水泥配料用黄土、水泥配料用泥岩、保温材料用粘土）	原矿或者选矿	1%～5%或者每吨（或者每立方米）0.1～5元

续表

税目			征税对象	税率
非金属矿产	岩石类	大理岩、花岗岩、白云岩、石英岩、砂岩、辉绿岩、安山岩、闪长岩、板岩、玄武岩、片麻岩、角闪岩、页岩、浮石、凝灰岩、黑曜岩、霞石正长岩、蛇纹岩、麦饭石、泥灰岩、含钾岩石、含钾砂页岩、天然油石、橄榄岩、松脂岩、粗面岩、辉长岩、辉石岩、正长岩、火山灰、火山渣、泥炭	原矿或者选矿	1%～10%
		砂石	原矿或者选矿	1%～5%或者每吨（或者每立方米）0.1～5元
	宝玉石类	宝石、玉石、宝石级金刚石、玛瑙、黄玉、碧玺	原矿或者选矿	4%～20%
水气矿产	二氧化碳气、硫化氢气、氦气、氡气		原矿	2%～5%
	矿泉水		原矿	1%～20%或者每立方米1～30元
盐	钠盐、钾盐、镁盐、锂盐		选矿	3%～15%
	天然卤水		原矿	3%～15%或者每吨（或者每立方米）1～10元
	海盐		原矿或者选矿	2%～5%

《资源税税目税率表》中规定实行幅度税率的，其具体适用税率由省、自治区、直辖市人民政府统筹考虑该应税资源的品位、开采条件以及对生态环境的影响等情况，在《资源税税目税率表》规定的税率幅度内提出，报同级人民代表大会常务委员会决定，并报全国人民代表大会常务委员会和国务院备案。《资源税税目税率表》中规定征税对象为原矿或者选矿的，应当分别确定具体适用税率。

纳税人开采或者生产不同税目应税产品的，应当分别核算不同税目应税产品的销售额或者销售数量；未分别核算或者不能准确提供不同税目应税产品的销售额或者销售数量的，从高适用税率。

纳税人开采或者生产同一税目下适用不同税率应税产品的，应当分别核算不同税率应税产品的销售额或者销售数量；未分别核算或者不能准确提供不同税率应税产品的销售额或者销售数量的，从高适用税率。

（五）资源税优惠政策的运用

（1）有下列情形之一的，免征资源税：

1）开采原油以及在油田范围内运输原油过程中用于加热的原油、天然气；

2）煤炭开采企业因安全生产需要抽采的煤成（层）气；

3）青藏铁路公司及其所属单位运营期间自采自用的砂、石等材料。

（2）有下列情形之一的，减征资源税：

1）从低丰度油气田开采的原油、天然气，减征20%资源税；

2）高含硫天然气、三次采油和从深水油气田开采的原油、天然气，减征30%资源税；

3）稠油、高凝油减征40%资源税；

4）从衰竭期矿山开采的矿产品，减征30%资源税；

5）2027年12月31日前，对页岩气资源税减征30%；

6）2027年12月31日前，对充填开采置换出来的煤炭，资源税减征50%。

根据国民经济和社会发展需要，国务院对有利于促进资源节约集约利用、保护环境等情形可以规定免征或者减征资源税，报全国人民代表大会常务委员会备案。

（3）有下列情形之一的，省、自治区、直辖市可以决定免征或者减征资源税：

1）纳税人开采或者生产应税产品过程中，因意外事故或者自然灾害等原因遭受重大损失；

2）纳税人开采共伴生矿、低品位矿、尾矿。

这里的免征或者减征资源税的具体办法，由省、自治区、直辖市人民政府提出，报同级人民代表大会常务委员会决定，并报全国人民代表大会常务委员会和国务院备案。

【特别提示】纳税人的免税、减税项目，应当单独核算销售额或者销售数量；未单独核算或者不能准确提供销售额或者销售数量的，不予免税或者减税。

纳税人开采或者生产同一应税产品，其中既有享受减免税政策的，又有不享受减免税政策的，按照免税、减税项目的产量占比等方法分别核算确定免税、减税项目的销售额或者销售数量。

纳税人开采或者生产同一应税产品同时符合两项或者两项以上减征资源税优惠政策的，除另有规定外，只能选择其中一项执行。

二、资源税的计算

（一）资源税计税依据的确定

资源税按照《资源税税目税率表》实行从价计征或者从量计征。

《资源税税目税率表》中规定可以选择实行从价计征或者从量计征的，具体计征方式由省、自治区、直辖市人民政府提出，报同级人民代表大会常务委员会决定，并报全国人民代表大会常务委员会和国务院备案。

应税产品为矿产品的，包括原矿和选矿产品。

1. 资源税从价计征计税依据的确定

资源税从价计征的计税依据为资源税应税产品的销售额。

（1）销售额确定的基本规定。

资源税应税产品（简称应税产品）的销售额，按照纳税人销售应税产品向购买方收取的全部价款确定，不包括增值税税款。

计入销售额中的相关运杂费用，凡取得增值税发票或者其他合法有效凭据的，准予从销售额中扣除。相关运杂费用是指应税产品从坑口或者洗选（加工）地到车站、码头或者购买方指定地点的运输费用、建设基金以及随运销产生的装卸、仓储、港杂费用。

【特别提示】纳税人将其开采的应税产品直接出口的，按其离岸价格（不含增值税）计算销售额征收资源税。

【实务答疑】我公司是一家煤矿企业，本年度销售原煤从坑口运到购买方指定地点，委托铁路部门运输并取得了发票，我公司计算缴纳资源税时可以从销售额中扣除运输费用吗？

答：根据《财政部 税务总局关于资源税有关问题执行口径的公告》（财政部 税务总局公告2020年第34号）第一条的规定，资源税应税产品（以下简称应税产品）的销售额，按照纳税人销售应税产品向购买方收取的全部价款确定，不包括增值税税款。计入销售额中的相关运杂费用，凡取得增值税发票或者其他合法有效凭据的，准予从销售额中扣除。相关运杂费用是指应税产品从坑口或者洗选（加工）地到车站、码头或者购买方指定地点的运输费用、建设基金以及随运销产生的装卸、仓储、港杂费用。

因此，你公司销售原煤从坑品运到购买方指定地点发生的运输费用，在计算缴纳资源税时可以从销售额中扣除。

（2）特殊情形下销售额的确定。

纳税人申报的应税产品销售额明显偏低且无正当理由的，或者有自用应税产品行为而无销售额的，主管税务机关可以按下列方法和顺序确定其应税产品销售额：

1）按纳税人最近时期同类产品的平均销售价格确定。

2）按其他纳税人最近时期同类产品的平均销售价格确定。

3）按后续加工非应税产品销售价格，减去后续加工环节的成本利润后确定。

4）按应税产品组成计税价格确定。

$$组成计税价格＝成本\times(1+成本利润率)\div(1-资源税税率)$$

上述公式中的成本利润率由省、自治区、直辖市税务机关确定。

5）按其他合理方法确定。

（3）外购应税产品购进金额、购进数量的扣减。

纳税人用已纳资源税的应税产品进一步加工应税产品销售的，不再缴纳资源税。纳税人外购应税产品与自采应税产品混合销售或者混合加工为应税产品销售的，在计算应税产品销售额或者销售数量时，准予扣减外购应税产品的购进金额或者购进数量；当期不足扣减的，可结转下期扣减。纳税人应当准确核算外购应税产品的购进金额或者购进数量，未准确核算的，一并计算缴纳资源税。

【特别提示】 纳税人核算并扣减当期外购应税产品购进金额、购进数量，应当依据外购应税产品的增值税发票、海关进口增值税专用缴款书或者其他合法有效凭据。

纳税人以外购原矿与自采原矿混合为原矿销售，或者以外购选矿产品与自产选矿产品混合为选矿产品销售的，在计算应税产品销售额或者销售数量时，直接扣减外购原矿或者外购选矿产品的购进金额或者购进数量。

纳税人以外购原矿与自采原矿混合洗选加工为选矿产品销售的，在计算应税产品销售额或者销售数量时，按照下列方法进行扣减：

$$\text{准予扣减的外购应税产品购进金额(数量)}=\text{外购原矿购进金额(数量)}\times\left(\frac{\text{本地区原矿适用税率}}{}\div\frac{\text{本地区选矿产品适用税率}}{}\right)$$

不能按照上述方法计算扣减的，按照主管税务机关确定的其他合理方法进行扣减。

2. 资源税从量计征计税依据的确定

资源税从量计征的计税依据为从量计征的应税产品的销售数量。应税产品的销售数量，包括纳税人开采或者生产应税产品的实际销售数量和自用于应当缴纳资源税情形的应税产品数量。

（二）资源税应纳税额的计算

实行从价计征的，应纳税额按照应税产品的销售额乘以具体适用税率（比例税率）计算。实行从量计征的，应纳税额按照应税产品的销售数量乘以具体适用税率（定额税率）计算。

（1）采用从价计征办法计算应纳税额，其计算公式为：

应纳资源税＝应税产品的销售额×比例税率

【工作实例6-6】 甲煤矿本年2月开采原煤100万吨，当月对外销售80万吨；为给职工宿舍供暖，使用本月开采的原煤10万吨；向洗煤车间移送本月开采的原煤2万吨加工洗煤，尚未对外销售；其余8万吨原煤待售。该煤矿每吨原煤不含增值税售价为500元（不含应税产品从坑口或者洗选（加工）地到车站、码头或者购买方指定地点的运输费用、建设基金以及随运销产生的装卸、仓储、港杂费用），当地原煤适用的资源税税率为5%。

【工作要求】 计算甲煤矿本年2月上述业务的应纳资源税。

【工作实施】

应纳资源税＝(80＋10)×500×5%＝2 250(万元)

（2）采用从量计征办法计算应纳税额，其计算公式为：

应纳资源税＝应税产品的销售数量×定额税率

三、资源税的征收管理

（一）资源税的征收管理要求

资源税由税务机关依照《资源税法》和《税收征收管理法》的规定征收管理。海上开采的原油和天然气资源税由海洋石油税务管理机构征收管理。税务机关与自然资源管理等部门应当建立工作配合机制，加强资源税征收管理。

1. 资源税的纳税义务发生时间

纳税人销售应税产品，纳税义务发生时间为收讫销售款项或者取得索取销售款项凭据的当日；自用应税产品的，纳税义务发生时间为移送应税产品的当日。

2. 资源税的纳税期限

资源税按月或者按季申报缴纳。不能按固定期限计算缴纳的，可以按次申报缴纳。

纳税人按月或者按季申报缴纳的，应当自月度或者季度终了之日起 15 日内，向税务机关办理纳税申报并缴纳税款；按次申报缴纳的，应当自纳税义务发生之日起 15 日内，向税务机关办理纳税申报并缴纳税款。

3. 资源税的纳税地点

纳税人应当在矿产品的开采地或者海盐的生产地缴纳资源税。

（二）资源税的纳税申报

纳税人对资源税进行纳税申报时，应填报《资源税税源明细表》（略）、《财产和行为税减免税明细申报附表》[1]（见表 6－5）、《财产和行为税纳税申报表》[2]（见表 6－6）。

【点拨指导】 自 2021 年 6 月 1 日起，纳税人申报缴纳城镇土地使用税、房产税、契税、耕地占用税、土地增值税、印花税、车船税、烟叶税、环境保护税、资源税中一个或多个税种时，使用《财产和行为税纳税申报表》。纳税人新增税源或税源变化时，需先填报《财产和行为税税源明细表》。《财产和行为税税源明细表》具体包括《城镇土地使用税房产税税源明细表》《契税税源明细表》《耕地占用税税源明细表》《土地增值税税源明细表》《印花税税源明细表》《车船税税源明细表》《烟叶税税源明细表》《环境保护税税源明细表》《资源税税源明细表》。

第 4 节即测即评

---

① 本表为《财产和行为税纳税申报表》的附表，适用于申报城镇土地使用税、房产税、契税、耕地占用税、土地增值税、印花税、车船税、环境保护税、资源税的减免税。

② 本表适用于申报城镇土地使用税、房产税、契税、耕地占用税、土地增值税、印花税、车船税、烟叶税、环境保护税、资源税。本表根据各税种税源明细表自动生成，申报前需填写税源明细表。本表包含一张附表《财产和行为税减免税明细申报附表》。

表6-5　财产和行为税减免税明细申报附表

纳税人识别号（统一社会信用代码）：□□□□□□□□□□□□□□□□□□□□

纳税人名称：　　　　　　　　　　　　　　　　　　　　金额单位：人民币元（列至角分）

<table>
<tr><td rowspan="3">本期是否适用小微企业“六税两费”减免政策</td><td rowspan="3">□是　□否</td><td rowspan="2">减免政策适用主体</td><td>增值税小规模纳税人：□是　□否</td></tr>
<tr><td>增值税一般纳税人：□个体工商户
□小型微利企业</td></tr>
<tr><td>适用减免政策起止时间</td><td>年　月至　年　月</td></tr>
<tr><td colspan="2">合计减免税额</td><td colspan="2"></td></tr>
</table>

城镇土地使用税

序号	土地编号	税款所属期起	税款所属期止	减免性质代码和项目名称	减免税额
1					
2					
小计	—			—	

房产税

序号	房产编号	税款所属期起	税款所属期止	减免性质代码和项目名称	减免税额
1					
2					
小计	—			—	

车船税

序号	车辆识别代码/船舶识别码	税款所属期起	税款所属期止	减免性质代码和项目名称	减免税额
1					
2					
小计				—	

印花税

序号	税目	税款所属期起	税款所属期止	减免性质代码和项目名称	减免税额
1					
2					
小计	—			—	

资源税

序号	税目	子目	税款所属期起	税款所属期止	减免性质代码和项目名称	减免税额
1						
2						
小计	—	—			—	

耕地占用税

序号	税源编号	税款所属期起	税款所属期止	减免性质代码和项目名称	减免税额
1					
2					
小计	—			—	

契税

序号	税源编号	税款所属期起	税款所属期止	减免性质代码和项目名称	减免税额
1					
2					
小计	—			—	

续表

土地增值税					
序号	项目编号	税款所属期起	税款所属期止	减免性质代码和项目名称	减免税额
1					
2					
小计	—			—	

环境保护税							
序号	税源编号	污染物类别	污染物名称	税款所属期起	税款所属期止	减免性质代码和项目名称	减免税额
1							
2							
小计	—	—	—			—	

声明：此表是根据国家税收法律法规及相关规定填写的，本人（单位）对填报内容（及附带资料）的真实性、可靠性、完整性负责。

纳税人（签章）：　　年　月　日

经办人： 经办人身份证号： 代理机构签章： 代理机构统一社会信用代码：	受理人： 受理税务机关（章）： 受理日期：　　年　月　日

表 6-6　财产和行为税纳税申报表

纳税人识别号（统一社会信用代码）：□□□□□□□□□□□□□□□□□□

纳税人名称：　　　　金额单位：人民币元（列至角分）

序号	税种	税目	税款所属期起	税款所属期止	计税依据	税率	应纳税额	减免税额	已缴税额	应补（退）税额
1										
2										
3										
4										
5										
6										
7										
8										
9										
10										
11	合计	—	—	—	—	—				

声明：此表是根据国家税收法律法规及相关规定填写的，本人（单位）对填报内容（及附带资料）的真实性、可靠性、完整性负责。

纳税人（签章）：　　年　月　日

经办人： 经办人身份证号： 代理机构签章： 代理机构统一社会信用代码：	受理人： 受理税务机关（章）： 受理日期：　　年　月　日

第5节　土地增值税法

情境引例

我公司为一家房地产开发企业，销售地下车位使用权，与业主签订合同约定使用年限为20年，使用费一次性收取，请问该业务是否应当缴纳土地增值税？

一、土地增值税的认知

（一）土地增值税纳税人的确定

土地增值税的纳税人是指转让国有土地使用权、地上建筑物及其附着物并取得收入的单位和个人。单位包括各类企业、事业单位、国家机关和社会团体及其他组织；个人包括个体经营者（个体工商户）。土地增值税也适用于外商投资企业、外国企业及外籍纳税人。

【知识链接】在中华人民共和国境内转移土地、房屋权属，承受的单位和个人为契税的纳税人。

（二）土地增值税征税范围的确定

1. 土地增值税征税范围的基本规定

（1）土地增值税对转让国有土地使用权的行为征税，对出让国有土地的行为不征税。

转让国有土地使用权，是指土地使用者通过向国家支付土地出让金等形式取得国有土地使用权后，将国有土地使用权再转让的行为，是国有土地使用权在二级市场上的转让行为。

土地增值税征税范围不包括国有土地使用权出让。国有土地出让，是指土地使用者为得到国有土地使用权而向国家支付土地出让金，国家以土地所有者的身份将土地使用权在一定期限内让与土地使用者的行为。因为土地使用权的出让方是国家，出让收入在性质上相当于政府凭借其拥有的国有土地所有权而在土地一级市场上收取的租金，所以，政府出让土地的行为及取得的收入不属于土地增值税的征税范围。

（2）土地增值税既对转让国有土地使用权的行为征税，也对地上的建筑物及其附着物连同国有土地使用权一并转让的行为征税。

地上的建筑物，是指建于土地上的一切建筑物，包括地上地下的各种附属设施。附着物，是指附着于土地上的不能移动，一经移动即遭损坏的物品。

（3）土地增值税只对有偿转让的房地产征税，对以继承、赠与等方式无偿转让的房地产，不予征税。

转让国有土地使用权、地上的建筑物及其附着物并取得收入，是指以出售或者其他方式有偿转让房地产的行为，不包括以继承、赠与方式无偿转让房地产的行为。不征土地增值税的房地产赠与行为包括以下两种情况：（1）房产所有人、土地使用权所有人将房屋产权、土地使用权赠与直系亲属或承担直接赡养义务人的行为。（2）房产所有人、土地使用权所有人通过中国境内非营利的社会团体、国家机关将房屋产权、土地使用权赠与教育、民政和其他社会福利、公益事业的行为。社会团体是指中国青少年发展基金会、中国宋庆龄基金会、国家减灾委员会、中国红十字会、中国残疾人联合会、中国老龄事业发展基金会、中国老区建设促进会，以及经民政部门批准成立的其他非营利的公益性组织。

【知识链接】国有土地使用权出让、土地使用权转让时，承受方均应缴纳契税。

2. 土地增值税征税范围的特殊规定

（1）房地产开发企业开发的房地产转为自用或出租。房地产开发企业将开发的部分房地产转为企业自用或用于出租等商业用途时，如果产权未发生转移，不征收土地增值税。

（2）房地产的交换。由于房地产交换既发生了房产产权、土地使用权的转移，交换双方又取得了实物形态的收入，因此属于土地增值税的征税范围。但对个人之间互换自有居住用房地产的，经当地税务机关核实，可以免征土地增值税。

【知识链接】土地、房屋权属的抵押，不属于契税的征税范围。以土地、房屋权属偿还债务，视同发生权属转移，承受方应当缴纳契税。

（3）合作建房。对于一方出地，另一方出资金，双方合作建房，建成后按比例分房自用的，暂免征收土地增值税；建成后转让的，应征收土地增值税。

（4）房地产的出租。房地产出租，出租人虽取得了收入，但没有发生房产产权、土地使用权的转让，因此不属于土地增值税的征税范围。

（5）房地产的抵押和抵债。房产的产权、土地使用权在抵押期间并没有发生权属的变更，因此，对房地产的抵押，在抵押期间不征收土地增值税。待抵押期满后，视该房地产是否转移产权而确定是否征收土地增值税。

对于以房地产抵债而发生房地产权属转让的，应列入土地增值税的征税范围。

【知识链接】土地、房屋权属的抵押，不属于契税的征税范围。以土地、房屋权属偿还债务，视同发生权属转移，承受人应当缴纳契税。

（6）房地产的代建行为。房地产的代建行为，是指房地产开发公司代客户进行房地产的开发，开发完成后向客户收取代建收入的行为。对于房地产开发公司而言，代建行为虽然取得了收入，但没有发生房地产权属的转移，其收入属于劳务收入性质，因此不属于土地增值税的征税范围。

（7）房地产的评估增值。国有企业在清产核资时对房地产进行重新评估而产生的评估增值，因其既没有发生房地产权属的转移，房产产权、土地使用权人也未取得收入，因此不属于土地增值税的征税范围。

（8）土地使用者处置土地使用权。土地使用者转让、抵押或置换土地，无论其是否取得了该土地的使用权属证书，无论其在转让、抵押或置换土地过程中是否与对方当事人办理了土地使用权属证书变更登记手续，只要土地使用者享有占有、使用、收益或处分该土地的权利，且有合同等证据表明其实质转让、抵押或置换了土地并取得了相应的经济利益，土地使用者及其对方当事人就应依照税法规定缴纳土地增值税和契税等。

3. 与企业改制重组有关的土地增值税征税范围的规定

2027年12月31日前，执行以下企业改制重组有关土地增值税政策：

（1）企业按照《中华人民共和国公司法》有关规定整体改制，包括非公司制企业改制为有限责任公司或股份有限公司，有限责任公司变更为股份有限公司，股份有限公司变更为有限责任公司，对改制前的企业将国有土地使用权、地上的建筑物及其附着物（简称房地产）转移、变更到改制后的企业，暂不征土地增值税。整体改制是指不改变原企业的投资主体，并承继原企业权利、义务的行为。

（2）按照法律规定或者合同约定，两个或两个以上企业合并为一个企业，且原企业投资主体存续的，对原企业将房地产转移、变更到合并后的企业，暂不征土地增值税。

（3）按照法律规定或者合同约定，企业分设为两个或两个以上与原企业投资主体相同的企业，对原企业将房地产转移、变更到分立后的企业，暂不征土地增值税。

（4）单位、个人在改制重组时以房地产作价入股进行投资，对其将房地产转移、变更到被投资的企业，暂不征土地增值税。

（5）上述改制重组有关土地增值税政策不适用于房地产转移任意一方为房地产开发企业的情形。

（6）改制重组后再转让房地产，需要申报缴纳土地增值税。

（三）土地增值税税率的判定

土地增值税采用四级超率累进税率。与超额累进税率的累进依据为绝对数不同，超率累进税率的累进依据为相对数。本税种的累进依据为增值额与扣除项目金额之间的比率。土地增值税税率表如表6-7所示。

表6-7　土地增值税税率表

级数	增值额与扣除项目金额的比率	税率（%）	速算扣除系数（%）
1	不超过50%的部分	30	0
2	超过50%至100%的部分	40	5
3	超过100%至200%的部分	50	15
4	超过200%的部分	60	35

（四）土地增值税优惠政策的运用

（1）建造普通标准住宅出售，增值额未超过扣除项目金额 20%的，免征土地增值税。

【特别提示】为促进房地产市场平稳健康发展，自 2024 年 12 月 1 日起，取消普通住宅和非普通住宅标准的城市，根据《中华人民共和国土地增值税暂行条例》第八条第一项，纳税人建造普通标准住宅出售，增值额未超过扣除项目金额 20%的，继续免征土地增值税。

（2）因国家建设需要依法征收、收回的房地产，免征土地增值税。

（3）因城市实施规划、国家建设的需要而搬迁，由纳税人自行转让原房地产的，免征土地增值税。

（4）从 2008 年 11 月 1 日起，对个人销售住房暂免征收土地增值税。

二、土地增值税的计算

（一）土地增值税计税依据的确定

土地增值税的计税依据是纳税人转让房地产所取得的土地增值额。土地增值额为纳税人转让房地产所取得的应税收入减除《中华人民共和国土地增值税暂行条例》（简称《土地增值税暂行条例》）规定扣除项目金额后的余额。

1. 应税收入的确定

纳税人转让房地产取得的应税收入（简称“房地产转让收入”），包括转让房地产取得的全部价款及有关的经济利益，从形式上看包括货币收入、实物收入和其他收入。非货币收入要折合货币金额计入收入总额。

营改增后，土地增值税纳税人转让房地产取得的收入为不含增值税收入。适用增值税一般计税方法的纳税人，其转让房地产的土地增值税应税收入不含增值税销项税额；适用增值税简易计税方法的纳税人，其转让房地产的土地增值税应税收入不含增值税应纳税额。免征增值税的，确定计税依据时，转让房地产取得的收入不扣减增值税税额。

为方便纳税人，简化土地增值税预征税款计算，房地产开发企业采取预收款方式销售自行开发的房地产项目的，可按照以下方法计算土地增值税预征的计征依据：

$$\text{土地增值税预征的计征依据}=\text{预收款}-\text{应预缴增值税税款}$$

房地产开发企业在营改增后进行房地产开发项目土地增值税清算时，按以下方法确定应税收入：

$$\begin{array}{c}\text{土地增值税}\\\text{应税收入}\end{array}=\begin{array}{c}\text{营改增前转让}\\\text{房地产取得的收入}\end{array}+\begin{array}{c}\text{营改增后转让房地产}\\\text{取得的不含增值税收入}\end{array}$$

【情境引例解析】

根据《土地增值税暂行条例》及《中华人民共和国土地增值税暂行条例实施细则》（简称《土地增值税暂行条例实施细则》）的规定，土地增值税是对以出售或者其他方式有偿转让国有土地使用权、地上的建筑物及其附着物的行为所征收的税。

以出售或者其他方式有偿转让国有土地使用权、地上的建筑物及其附着物，应当以办理相应产权为标志，产权未发生转移就不构成出售或转让，转让地下车位使用权相当于只发生出租地下车位的行为，因此，你公司不缴纳土地增值税，而且地下车位的成本在计算土地增值税时不得作为房地产开发成本扣除。

另外，根据《财政部 国家税务总局关于建筑服务等营改增试点政策的通知》（财税〔2017〕58号）的规定，《财政部 国家税务总局关于全面推开营业税改征增值税试点的通知》（财税〔2016〕36号）附件1《营业税改征增值税试点实施办法》第四十五条第（二）项修改为"纳税人提供租赁服务采取预收款方式的，其纳税义务发生时间为收到预收款的当天"。

因此，你公司一次性收取（预收）了使用费，需要以收取的"使用费全额"（不含增值税）为计税依据，按照"不动产租赁服务"（属于"租赁服务"）以9%的税率一次性计算缴纳增值税。

2. 纳税人从转让收入中减除的扣除项目的确定

纳税人从转让收入中减除的扣除项目包括以下几方面内容：

（1）取得土地使用权所支付的金额（适用新建房转让和存量房地产转让）。取得土地使用权所支付的金额包括纳税人为取得土地使用权所支付的地价款和按国家统一规定缴纳的费用。

（2）房地产开发成本（适用新建房转让）。房地产开发成本是指纳税人房地产开发项目实际发生的成本，包括土地征用及拆迁补偿费、前期工程费、建筑安装工程费、基础设施费、公共配套设施费、开发间接费用。

1）土地征用及拆迁补偿费，包括土地征用费、耕地占用税、劳动力安置费及有关地上、地下附着物拆迁补偿的净支出、安置动迁用房支出等。

2）前期工程费，包括规划、设计、项目可行性研究和水文、地质、勘察、测绘、"三通一平"等支出。

3）建筑安装工程费，是指以出包方式支付给承包单位的建筑安装工程费，以自营方式发生的建筑安装工程费。

4）基础设施费，包括开发小区内道路、供水、供电、供气、排污、排洪、通讯、照明、环卫、绿化等工程发生的支出。

5）公共配套设施费，包括不能有偿转让约开发小区内公共配套设施发生的支出。

6）开发间接费用，是指直接组织、管理开发项目发生的费用，包括工资、职工福利费、折旧费、修理费、办公费、水电费、劳动保护费、周转房摊销等。

（3）房地产开发费用（适用新建房转让）。房地产开发费用是指与房地产开发项目有关的销售费用、管理费用、财务费用。房地产开发费用的计算方法如下：

1）财务费用中的利息支出，凡能够按转让房地产项目计算分摊并提供金融机构证明的，允许据实扣除，但最高不能超过按商业银行同类同期贷款利率计算的金额。其他房地产开发费用，在按照“取得土地使用权所支付的金额”与“房地产开发成本”金额之和的5％以内计算扣除。

即若纳税人能按转让房地产项目分摊利息支出并能提供金融机构贷款证明的，则最多允许扣除的房地产开发费用＝利息（最高不能超过按商业银行同类同期贷款利率计算的金额）＋(取得土地使用权所支付的金额＋房地产开发成本)×5％。

2）凡不能按转让房地产项目计算分摊利息支出或不能提供金融机构证明的，房地产开发费用在按“取得土地使用权所支付的金额”与“房地产开发成本”金额之和的10％以内计算扣除。全部使用自有资金，没有利息支出的，按照以上方法扣除。

即若纳税人不能按转让房地产项目分摊利息支出或不能提供金融机构贷款证明的（也包含全部使用自有资金的无借款的情况），则最多允许扣除的房地产开发费用＝(取得土地使用权所支付的金额＋房地产开发成本)×10％。

【特别提示】财政部、国家税务总局对扣除项目金额中利息支出的计算问题作了两点专门规定：一是利息的上浮幅度按国家的有关规定执行，超过上浮幅度的部分不允许扣除；二是对于超过贷款期限的利息部分和加罚的利息不允许扣除。

3）房地产开发企业既向金融机构借款，又有其他借款的，其房地产开发费用计算扣除时不能同时适用上述第1）、2）项所述两种办法。

4）土地增值税清算时，已经计入房地产开发成本的利息支出，应调整至财务费用中计算扣除。

（4）与转让房地产有关的税金（适用新建房转让和存量房地产转让）。营改增后与转让房地产有关的税金包括城市维护建设税、印花税（非房地产开发企业的印花税记入“税金及附加”科目，可以在此扣除；房地产开发企业由于印花税记入“管理费用”科目且通过管理费用扣除，故不能在此重复扣除）。教育费附加视同税金扣除。营改增后，计算土地增值税增值额的扣除项目中与转让房地产有关的税金不包括增值税。土地增值税扣除项目涉及的增值税进项税额，允许在销项税额中计算抵扣的，不计入扣除项目；不允许在销项税额中计算抵扣的，可以计入扣除项目。

【点拨指导】从法理上看，地方教育附加是可以视同“与转让房地产有关的税金”作为土地增值税的扣除项目（“土地增值税的扣除项目”是“计算土地增值税增值额的扣除项目”的简称）的，但国家层面没有明确的文件规定，各地具体执行也不一样。纳税人应当事先咨询当地税务机关，然后进行具体的操作。

【特别提示】自2016年5月1日营改增之后，转让不动产不再缴纳营业税，而是缴纳增值税，但增值税属于价外税，不作为税金单独扣除。

营改增后，房地产开发企业实际缴纳的城市维护建设税、教育费附加，凡能够按清算项目准确计算的，允许据实扣除；凡不能按清算项目准确计算的，则按该清算项目预缴增值税时实际缴纳的城市维护建设税、教育费附加扣除。其他转让房地产行为的城市维护建设税、教育费附加扣除比照上述规定执行。

房地产开发企业在营改增后进行房地产开发项目土地增值税清算时，按以下方法确定与转让房地产有关的税金：

$$\text{与转让房地产有关的税金}=\text{营改增前实际缴纳的营业税、城市维护建设税、教育费附加}+\text{营改增后允许扣除的城市维护建设税、教育费附加}$$

（5）财政部规定的其他扣除项目（适用新建房转让）。

$$\text{从事房地产开发的纳税人可加计扣除}=\left(\text{取得土地使用权所支付的金额}+\text{房地产开发成本}\right)\times 20\%$$

【特别提示】加计扣除20%仅对房地产开发企业有效，非房地产开发企业不享受此项政策；取得土地使用权后未经开发就转让的，不得加计扣除。

（6）旧房及建筑物的评估价格（适用存量房地产转让）。税法规定，转让旧房的，应按房屋及建筑物的评估价格、取得土地使用权所支付的地价款和按国家统一规定缴纳的有关费用以及在转让环节缴纳的税金作为扣除项目金额计征土地增值税。

1）旧房及建筑物的评估价格是指转让已使用过的房屋及建筑物时，由政府批准设立的房地产评估机构评定的重置成本价乘以成新度折扣率后的价格。评估价格须经当地税务机关确认。

$$\text{评估价格}=\text{重置成本价}\times\text{成新度折扣率}$$

【点拨指导】重置成本价是指对旧房及建筑物，按转让时的建材价格及人工费用计算建造同样面积、同样层次、同样结构、同样建设标准的新房及建筑物所需花费的成本费用。成新度折扣率是指按旧房的新旧程度作一定比例的折扣。

纳税人转让旧房及建筑物，凡不能取得评估价格，但能提供购房发票的，经当地税务部门确认，《土地增值税暂行条例》第六条第（一）（三）项规定的扣除项目的金额（即取得土地使用权所支付的金额；新建房及配套设施的成本、费用，或者旧房及建筑物的评估价格），可按发票所载金额并从购买年度起至转让年度止每年加计5%计算扣除。计算扣除项目时每年按购房发票所载日期起至售房发票开具之日止，每满12个月计1年；超过1年或未满12个月但超过6个月的，可以视为1年。

营改增后，纳税人转让旧房及建筑物，凡不能取得评估价格，但能提供购房发票的，《土地增值税暂行条例》第六条第（一）（三）项规定的扣除项目的金额（即取得土地使用权所支付的金额；新建房及配置设施的成本、费用，或者旧房及建筑物的评估价格）按照下列方法计算：

①提供的购房凭据为营改增前取得的营业税发票的，按照发票所载金额（不扣减营业税）并从购买年度起至转让年度止每年加计5%计算。

②提供的购房凭据为营改增后取得的增值税普通发票的，按照发票所载价税合计金额从购买年度起至转让年度止每年加计5%计算。

③提供的购房发票为营改增后取得的增值税专用发票的，按照发票所载不含增值税金额加上不允许抵扣的增值税进项税额之和，从购买年度起至转让年度止每年加计5%计算。

对纳税人购房时缴纳的契税，凡能提供契税完税凭证的，准予作为与转让房地产有关的税金予以扣除，但不作为加计5%的基数。

对于转让旧房及建筑物，既没有评估价格，又不能提供购房发票的，税务机关可以根据《税收征收管理法》的规定，实行核定征收。

2）对取得土地使用权时未支付地价款或不能提供已支付的地价款凭据的，不允许扣除取得土地使用权时所支付的金额。

（二）土地增值税应纳税额的计算

计算土地增值税的步骤和公式如下：

第一步，计算房地产转让收入。

第二步，计算扣除项目金额。

第三步，用房地产转让收入减除扣除项目金额计算增值额，其计算公式为：

增值额＝房地产转让收入－扣除项目金额

第四步，计算增值额与扣除项目金额之间的比率（增值率），并根据土地增值税税率表确定适用税率和速算扣除系数。

第五步，计算应纳土地增值税税额，其计算公式为：

应纳土地增值税＝增值额×税率－扣除项目金额×速算扣除系数

【工作实例6-7】 甲房地产开发有限公司地处市区，在本年1月整体转让一栋普通住宅（新项目），转让取得含增值税收入15 000万元；扣除项目中，土地出让金为3 000万元，房地产开发成本假设只有建筑安装工程费，包括建筑材料3 000万元（含增值税，取得增值税专用发票，税率为13%）、外包建筑人工1 000万元（含增值税，取得增值税专用发票，税率为9%）、房地产开发费用中的利息支出1 200万元（不能按转让房地产项目计算分摊利息支出，也不能提供金融机构证明），房地产开发费用的计算扣除比例为10%。当地税务机关认为：地方教育附加不可以视同“与转让房地产有关的税金”，不作为土地增值税的扣除项目。

【工作要求】 计算甲公司本年1月上述业务的应纳土地增值税。

【工作实施】

（1）计算销售房地产的应纳增值税。

根据《国家税务总局关于发布〈房地产开发企业销售自行开发的房地产项目增值税征收管理暂行办法〉的公告》（国家税务总局公告2016年第18号）的规定，房地产开发企业中的一般纳税人，销售自行开发的房地产项目，适用一般计税方法计税，按照取得的全部价款和价外费用，扣除当期销售房地产项目对应的土地价款后的余额计算销售额（指的是计算增值税销项税额的销售额）。

应纳增值税＝增值税销项税额－增值税进项税额

$$=\left(\frac{\text{全部价款}}{\text{和价外费用}}-\frac{\text{当期允许扣除的}}{\text{土地价款}}\right)\div(1+9\%)\times9\%-\text{进项税额}$$

＝(150 000 000－30 000 000)÷(1＋9％)×9％－30 000 000

÷(1＋13％)×13％－10 000 000÷(1＋9％)×9％

＝5 631 241.37(元)

(2) 计算销售房地产的应纳土地增值税。

根据《财政部 国家税务总局关于营改增后契税房产税土地增值税个人所得税计税依据问题的通知》(财税〔2016〕43号) 的规定，营改增后，土地增值税纳税人转让房地产取得的收入为不含增值税收入（对于一般纳税人适用一般计税方法计税的情况，不含增值税收入＝含增值税收入－增值税销项税额)。

房地产转让收入(不含增值税收入)＝含增值税收入－增值税销项税额

＝150 000 000－(150 000 000－30 000 000)

÷(1＋9％)×9％

＝140 091 743.12(元)

取得土地使用权所支付的金额(土地价款)＝30 000 000(元)

房地产开发成本＝30 000 000÷(1＋13％)＋10 000 000÷(1＋9％)

＝26 548 672.57＋9 174 311.93＝35 722 984.50(元)

房地产开发费用＝(土地价款＋房地产开发成本)×10％

＝(30 000 000＋35 722 984.50)×10％＝6 572 298.45(元)

与转让房地产有关的税金＝城市维护建设税＋教育费附加

＝5 631 241.37×(7％＋3％)＝563 124.14(元)

加计扣除＝(土地价款＋房地产开发成本)×20％

＝(30 000 000＋35 722 984.50)×20％＝13 144 596.90(元)

扣除项目金额＝30 000 000＋35 722 984.50＋6 572 298.45＋563 124.14

＋13 144 596.90＝86 003 003.99(元)

增值额＝140 091 743.12－86 003 003.99＝54 088 739.13(元)

增值额与扣除项目金额的比率(增值率)＝54 088 739.13÷86 003 003.99×100％＝62.89％

经查土地增值税税率表（表6－7）得知，适用税率为40％，速算扣除系数为5％。

应纳土地增值税＝54 088 739.13×40％－86 003 003.99×5％＝17 335 345.45(元)

（三）房地产开发企业土地增值税的清算

1. 土地增值税的清算单位

土地增值税以国家有关部门审批的房地产开发项目为单位进行清算，对于分期开发的项目，以分期项目为单位清算。房地产开发项目中同时包含普通住宅和非普通住宅的，应分别计算增值额。

2. 土地增值税的清算条件

（1）符合下列情形之一的，纳税人应进行土地增值税的清算。

1）房地产开发项目全部竣工、完成销售的；

2）整体转让未竣工决算房地产开发项目的；

3）直接转让土地使用权的。

（2）符合下列情形之一的，主管税务机关可要求纳税人进行土地增值税清算。

1）已竣工验收的房地产开发项目，其已转让的房地产建筑面积占整个项目可售建筑面积的比例在 85%以上，或该比例虽未超过 85%，但剩余的可售建筑面积已经出租或自用的；

2）取得销售（预售）许可证满 3 年仍未销售完毕的；

3）纳税人申请注销税务登记但未办理土地增值税清算手续的；

4）省税务机关规定的其他情况。

3. 非直接销售和自用房地产的收入确定

（1）房地产开发企业将开发产品用于职工福利、奖励、对外投资、分配给股东或投资人、抵偿债务、换取其他单位和个人的非货币性资产等，发生所有权转移时应视同销售房地产，其收入按下列方法和顺序确认。

1）按本企业在同一地区、同一年度销售的同类房地产的平均价格确定；

2）由主管税务机关参照当地当年同类房地产的市场价格或评估价值确定。

（2）房地产开发企业将开发的部分房地产转为企业自用或出租等商业用途时，如果产权未发生转移，不征收土地增值税，在税款清算时不列收入，不扣除相应的成本和费用。

【知识链接】房地产开发企业建造的商品房，在出售前，不征收房产税，但对出售前房地产开发企业已使用或出租、出借的商品房应按照规定征收房产税。

（3）土地增值税清算时，已全额开具商品房销售发票的，按照发票所载金额确认收入；未开具发票或未全额开具发票的，以交易双方签订的销售合同所载的售房金额及其他收益确认收入。销售合同所载商品房面积与有关部门实际测量面积不一致，在清算前已发生补、退房款的，应在计算土地增值税时予以调整。

【实务答疑】我公司是一家房地产开发企业，请问在土地增值税清算时，未开具发票的房产应如何确认收入？

答：根据《国家税务总局关于土地增值税清算有关问题的通知》（国税函〔2010〕220 号）的规定，土地增值税清算时，已全额开具商品房销售发票的，按照发票所载金额确认收入；未开具发票或未全额开具发票的，以交易双方签订的销售合同所载的售房金额及其他收益确认收入。销售合同所载商品房面积与有关部门实际测量面积不一致，在清算前已发生补、退房款的，应在计算土地增值税时予以调整。

因此，你公司在进行土地增值税清算时，对于未开具发票的房产，应以交易双方签订的销售合同所载的售房金额及其他收益确认收入。

4. 土地增值税的核定征收

房地产开发企业有下列情形之一的，税务机关可以参照与其开发规模和收入水平相近的当地房地产开发企业的土地增值税税负情况，按不低于预征率的征收率核定征收土地增值税。

（1）依照法律、行政法规的规定应当设置但未设置账簿的；

（2）擅自销毁账簿或者拒不提供纳税资料的；

（3）虽设置账簿，但账目混乱或者成本资料、收入凭证、费用凭证残缺不全，难以确定转让收入或扣除项目金额的；

（4）符合土地增值税清算条件，未按照规定的期限办理清算手续，经税务机关责令限期清算，逾期仍不清算的；

（5）申报的计税依据明显偏低，又无正当理由的。

核定征收必须严格依照税收法律法规规定的条件进行，任何单位和个人不得擅自扩大核定征收范围，严禁在清算中出现“以核定为主、一核了之”“求快图省”的做法。凡擅自将核定征收作为本地区土地增值税清算主要方式的，必须立即纠正。对确需核定征收的，要严格按照税收法律法规的要求，从严、从高确定核定征收率。为了规范核定工作，核定征收率原则上不得低于5%，各省级税务机关要结合本地实际，区分不同房地产类型制定核定征收率。

5. 清算后再转让房地产的处理

在土地增值税清算时未转让的房地产，清算后销售或有偿转让的，纳税人应按规定进行土地增值税的纳税申报，扣除项目金额按清算时的单位建筑面积成本费用乘以销售或转让面积计算。

单位建筑面积成本费用＝清算时的扣除项目总金额÷清算的总建筑面积

6. 土地增值税清算后应补缴的土地增值税是否加收滞纳金的问题处理

纳税人按规定预缴土地增值税后，清算补缴的土地增值税，在主管税务机关规定的期限内补缴的，不加收滞纳金。

三、土地增值税的征收管理

（一）土地增值税的征收管理要求

1. 土地增值税的纳税期限

土地增值税的纳税人应当自转让房地产合同签订之日起7日内向房地产所在地主管税务机关办理纳税申报，并在税务机关核定的期限内缴纳土地增值税。

根据《土地增值税暂行条例实施细则》的规定，对纳税人在项目全部竣工结算前转让房地产取得的收入可以预征土地增值税。具体办法由各省、自治区、直辖市税务局根据当地情况制定。因此，对纳税人预售房地产所取得的收入，当地税务机关规定预征土地增值税的，纳税人应当到主管税务机关办理纳税申报，并按规定比例预缴，待办理决算后，多退少补；当地税务机关规定不预征土地增值税的，也应在取得收入时先到税务机关登记或备案。

为更好发挥土地增值税调节作用，根据《中华人民共和国土地增值税暂行条例》及其实施细则等有关规定，自 2024 年 12 月 1 日起，将土地增值税预征率下限降低 0.5 个百分点。调整后，除保障性住房外，东部地区省份预征率下限为 1.5%，中部和东北地区省份预征率下限为 1%，西部地区省份预征率下限为 0.5%（地区的划分按照国务院有关文件的规定执行）。

2. 土地增值税的纳税地点

土地增值税的纳税人应向房地产所在地主管税务机关办理纳税申报。房地产所在地是指房地产的坐落地。纳税人转让的房地产坐落在两个或两个以上地区的，应按房地产所在地分别申报纳税。

（二）土地增值税的纳税申报

从事房地产开发的纳税人对土地增值税进行清算时，应填报《土地增值税税源明细表》（略）、《财产和行为税减免税明细申报附表》（见表 6－5）、《财产和行为税纳税申报表》（见表 6－6）。

第 5 节即测即评

第 6 节　城镇土地使用税法

情境引例

我公司向村委会租用村集体用地，请问是否由我公司缴纳城镇土地使用税？

一、城镇土地使用税的认知

（一）城镇土地使用税纳税人的确定

城镇土地使用税的纳税人是指在城市、县城、建制镇、工矿区范围内使用土地的单位和个人。单位包括国有企业、集体企业、私营企业、股份制企业、外商投资企业、外国企业及其他企业和事业单位、社会团体、国家机关、军队及其他单位；个人包括个体工商户及其他个人。

城镇土地使用税纳税人的具体规定如下：

（1）拥有土地使用权的单位和个人为纳税人。

（2）拥有土地使用权的单位和个人不在土地所在地的，土地的代管人或实际使用人为纳税人。

（3）土地使用权未确定或权属纠纷未解决的，土地的实际使用人为纳税人。

（4）土地使用权共有的，共有各方均为纳税人，以共有各方实际使用土地的面积占总面积的比例，分别计算城镇土地使用税，由共有各方分别缴纳。

【归纳总结】受益人纳税原则：谁使用，谁受益，谁纳税。

【特别提示】一般情况下，用于租赁的房屋，由出租方缴纳城镇土地使用税。但在城镇土地使用税征税范围内，承租集体所有建设用地的，由直接从集体经济组织承租土地的单位和个人，缴纳城镇土地使用税。

【情境引例解析】

根据《财政部 国家税务总局关于集体土地城镇土地使用税有关政策的通知》（财税〔2006〕56号）的规定，在城镇土地使用税征收范围内实际使用应税集体所有建设用地但未办理土地使用权流转手续的，由实际使用集体土地的单位和个人按规定缴纳城镇土地使用税。

因此，对于你公司租用的未办理土地使用权流转手续的村集体用地，应由你公司缴纳城镇土地使用税。

（二）城镇土地使用税征税范围的确定

凡在城市、县城、建制镇、工矿区范围内的土地，不论是国家所有的土地，还是集体所有的土地，都属于城镇土地使用税的征税范围。建立在城市、县城、建制镇和工矿区以外的工矿企业则不需要缴纳城镇土地使用税。

【特别提示】自2009年1月1日起，公园、名胜古迹内的索道公司经营用地，应按规定缴纳城镇土地使用税。

（三）城镇土地使用税税率的判定

城镇土地使用税采用定额税率，即采用有幅度的差别税额，按大、中、小城市和县城、建制镇、工矿区分别规定每平方米城镇土地使用税年应纳税额。城镇土地使用税税率表如表6-8所示。

表6-8 城镇土地使用税税率表

级别	人口（人）	每平方米税额（元）
大城市	50万以上	1.5～30
中等城市	20万～50万	1.2～24
小城市	20万以下	0.9～18
县城、建制镇、工矿区		0.6～12

【特别提示】经济落后地区，城镇土地使用税的适用税额标准可适当降低，但降低

幅度不得超过上述规定最低税额的30%。

（四）城镇土地使用税优惠政策的运用

1. 城镇土地使用税减免的一般规定

（1）国家机关、人民团体、军队自用的土地，免征城镇土地使用税。上述自用的土地是指这些单位本身的办公用地和公务用地。

（2）由国家财政部门拨付事业经费的单位自用的土地，免征城镇土地使用税。上述自用的土地是指这些单位本身的业务用地。

（3）宗教寺庙、公园、名胜古迹自用的土地，免征城镇土地使用税。宗教寺庙自用的土地，是指举行宗教仪式等的用地和寺庙内的宗教人员生活用地。公园、名胜古迹自用的土地，是指供公共参观游览的用地及其管理单位的办公用地。

【特别提示】以上（1）（2）（3）中的生产、营业用地和其他用地，不属于免税范围，应按规定缴纳城镇土地使用税。例如，公园、名胜古迹中附设的营业单位，如影剧院、饮食部、茶社、照相馆等使用的土地，应按规定缴纳城镇土地使用税。

（4）市政街道、广场、绿化地带等公共用地，免征城镇土地使用税。

（5）直接用于农、林、牧、渔业的生产用地，免征城镇土地使用税。

（6）经批准开山填海整治的土地和改造的废弃土地，从使用的月份起免征城镇土地使用税5～10年。

（7）对非营利性医疗机构、疾病控制机构和妇幼保健机构等卫生机构和非营利性科研机构自用的土地，免征城镇土地使用税。

（8）对国家拨付事业经费和企业办的各类学校、托儿所、幼儿园自用的土地，免征城镇土地使用税。

（9）对民航机场用地中的机场飞行区（包括跑道、滑行道、停机坪、安全带、夜航灯光区）用地，场内外通讯导航设施用地和飞行区四周排水防洪设施用地，免征城镇土地使用税。机场道路，区分为场内、场外道路，场外道路用地免征城镇土地使用税；场内道路用地依照规定征收城镇土地使用税。机场工作区（包括办公、生产和维修用地及候机楼、停车场）用地、生活区用地、绿化用地，均须依照规定征收城镇土地使用税。

（10）对盐场的盐滩、盐矿的矿井用地，暂免征收城镇土地使用税。

【实务答疑】我公司有一块地直接用于采摘、观光的种植、养殖、饲养的土地，请问该土地是否需要缴纳城镇土地使用税？

答：根据《财政部 国家税务总局关于房产税、城镇土地使用税有关政策的通知》（财税〔2006〕186号）的规定，在城镇土地使用税征收范围内经营采摘、观光农业的单位和个人，其直接用于采摘、观光的种植、养殖、饲养的土地，根据《中华人民共和国城镇土地使用税暂行条例》第六条中“直接用于农、林、牧、渔业的生产用地”的规定，免征城镇土地使用税。

因此，你公司直接用于采摘、观光的种植、养殖、饲养的土地，免征城镇土地使用税。

2. 城镇土地使用税减免的特殊规定（包括但不限于）

（1）凡是缴纳了耕地占用税的，从批准征用之日起满1年后征收城镇土地使用税；征用非耕地因不需要缴纳耕地占用税，应从批准征用之次月起征收城镇土地使用税。

（2）对免税单位无偿使用纳税单位的土地（如公安、海关等单位使用铁路、民航等单位的土地），免征城镇土地使用税；对纳税单位无偿使用免税单位的土地，纳税单位应照章缴纳城镇土地使用税。纳税单位与免税单位共同使用、共有使用权土地上的多层建筑，对纳税单位可按其占用的建筑面积占建筑总面积的比例计征城镇土地使用税。

【点拨指导】主要看无偿使用方是否为免税单位：若无偿使用方为免税单位的，相应免税；若无偿使用方为纳税单位的，应照章纳税。

（3）对政府部门和企事业单位、社会团体以及个人等社会力量投资兴办的福利性、非营利性的老年服务机构，其自用的土地，免征城镇土地使用税。

（4）对于各类危险品仓库、厂房所需的防火、防爆、防毒等安全防范用地，可由各省、自治区、直辖市税务局确定，暂免征收城镇土地使用税；对仓库库区、厂房本身用地，应照章征收城镇土地使用税。

（5）对企业的铁路专用线、公路等用地，除另有规定者外，在企业厂区（包括生产、办公及生活区）以内的，应照章征收城镇土地使用税；在厂区以外、与社会公用地段未加隔离的，暂免征收城镇土地使用税。

（6）对企业厂区（包括生产、办公及生活区）以内的绿化用地，应照章征收城镇土地使用税，厂区以外的公共绿化用地和向社会开放的公园用地，暂免征收城镇土地使用税。

（7）自2019年6月1日至2025年12月31日，为社区提供养老、托育、家政等服务的机构自有或其通过承租、无偿使用等方式取得并用于提供社区养老、托育、家政服务的土地，免征城镇土地使用税。

（8）2027年12月31日前，对农产品批发市场、农贸市场（包括自有和承租）专门用于经营农产品的土地，暂免征收城镇土地使用税。对同时经营其他产品的农产品批发市场和农贸市场使用的土地，按其他产品与农产品交易场地面积的比例确定征免城镇土地使用税。

【特别提示】农产品批发市场、农贸市场的行政办公区、生活区，以及商业餐饮娱乐等非直接为农产品交易提供服务的土地，应按规定征收城镇土地使用税。

（9）自2024年1月1日至2027年12月31日，对国家级、省级科技企业孵化器、大学科技园和国家备案众创空间自用以及无偿或通过出租等方式提供给在孵对象使用的土地，免征城镇土地使用税。

（10）自2023年1月1日至2027年12月31日，对物流企业自有（包括自用和出租）或承租的大宗商品仓储设施用地，减按所属土地等级适用税额标准的50%计征城镇土地使用税。

二、城镇土地使用税的计算

（一）城镇土地使用税计税依据的确定

城镇土地使用税以纳税人实际占用的土地面积为计税依据，土地面积计量标准为平方米。即税务机关根据纳税人实际占用的土地面积，按照规定的税额计算应纳税额，向纳税人征收城镇土地使用税。

纳税人实际占用的土地面积按下列方法确定：

（1）由省、自治区、直辖市人民政府确定的单位组织测定土地面积的，以测定的面积为准。

（2）尚未组织测量，但纳税人持有政府部门核发的土地使用证书的，以证书确认的土地面积为准。

（3）尚未核发土地使用证书的，应由纳税人申报土地面积，据以纳税，待核发土地使用证以后再作调整。

（二）城镇土地使用税应纳税额的计算

城镇土地使用税应纳税额可以通过纳税人实际占用的土地面积乘以该土地所在地段的适用税率求得。其计算公式为：

全年应纳城镇土地使用税＝实际占用应税土地面积(平方米)×适用税率

【工作实例 6-8】 甲公园（位于某县城）本年实际占地面积为 15 000 平方米，其中影剧院、饮食部、茶社、照相馆等营业场所占地面积为 3 000 平方米，其他自用的土地为 12 000 平方米。当地规定的城镇土地使用税每平方米年税额为 5 元。

【工作要求】 计算甲公园本年的应纳城镇土地使用税。

【工作实施】 宗教寺庙、公园、名胜古迹自用的土地，免征城镇土地使用税。但宗教寺庙、公园、名胜古迹生产、营业用地和其他用地，不属于免税范围，应按规定缴纳城镇土地使用税。例如，公园、名胜古迹中附设的营业单位，如影剧院、饮食部、茶社、照相馆等使用的土地，应按规定缴纳城镇土地使用税。由此

应纳城镇土地使用税＝3 000×5＝15 000(元)

三、城镇土地使用税的征收管理

（一）城镇土地使用税的征收管理要求

1. 城镇土地使用税的纳税义务发生时间

（1）纳税人购置新建商品房，自房屋交付使用之次月起，缴纳城镇土地使用税。

（2）纳税人购置存量房，自办理房屋权属转移、变更登记手续，房地产权属登记机关签发房屋权属证书之次月起，缴纳城镇土地使用税。

（3）纳税人出租、出借房产（由房产所有人缴纳），自交付出租、出借房产之次月起，缴纳城镇土地使用税。

（4）以出让或转让方式有偿取得土地使用权的，应由受让方从合同约定交付土地时间的次月起缴纳城镇土地使用税；合同未约定交付时间的，由受让方从合同签订的次月起缴纳城镇土地使用税。

（5）纳税人新征用的耕地，自批准征用之日起满1年时开始缴纳城镇土地使用税。

（6）纳税人新征用的非耕地，自批准征用次月起缴纳城镇土地使用税。

【特别提示】自2009年1月1日起，纳税人因土地的权利发生变化而依法终止城镇土地使用税纳税义务的，其应纳税款的计算应截止到土地权利发生变化的当月月末。

2. 城镇土地使用税的纳税期限

城镇土地使用税按年计算、分期缴纳，具体纳税期限由省、自治区、直辖市人民政府确定。

以山东省为例，《国家税务总局山东省税务局关于财产和行为税有关政策问题的公告》（国家税务总局山东省税务局公告2019年第3号）规定，城镇土地使用税按季或半年缴纳的，申报纳税期限为季度或半年终了后15日内。

3. 城镇土地使用税的纳税地点

城镇土地使用税在土地所在地缴纳。纳税人使用的土地不属于同一省、自治区、直辖市管辖的，由纳税人分别向土地所在地的税务机关缴纳城镇土地使用税；在同一省、自治区、直辖市管辖范围内，纳税人跨地区使用的土地，其纳税地点由各省、自治区、直辖市税务局确定。

（二）城镇土地使用税的纳税申报

纳税人对城镇土地使用税进行纳税申报时，应填报《城镇土地使用税 房产税税源明细表》（略）、《财产和行为税减免税明细申报附表》（见表6-5）、《财产和行为税纳税申报表》（见表6-6）。

第6节即测即评

第7节　耕地占用税法

情境引例

农村居民在规定用地标准以内占用耕地新建自用住宅，免征耕地占用税吗？

一、耕地占用税的认知

（一）耕地占用税纳税人的确定

在中华人民共和国境内占用耕地建设建筑物、构筑物或者从事非农业建设的单位和个人，为耕地占用税的纳税人。

（二）耕地占用税征税范围的确定

耕地占用税的征税范围包括纳税人为建设建筑物、构筑物或者从事非农业建设而占用的耕地。

【点拨指导】耕地是指用于种植农作物的土地。

【特别提示】占用园地、林地、草地、农田水利用地、养殖水面、渔业水域滩涂以及其他农用地建设建筑物、构筑物或者从事非农业建设的，依照税法的规定缴纳耕地占用税。但占用上述农用地建设直接为农业生产服务的生产设施的，不缴纳耕地占用税。

占用耕地建设农田水利设施的，不缴纳耕地占用税。

纳税人因建设项目施工或者地质勘查临时占用耕地，应当依照税法的规定缴纳耕地占用税。纳税人在批准临时占用耕地期满之日起1年内依法复垦，恢复种植条件的，全额退还已经缴纳的耕地占用税。

【素养园地】我国征收耕地占用税，有利于合理配置土地资源，加强土地管理，保护耕地资源，补偿因占用耕地而造成的农业损失，保证农业生产的稳定发展，体现了“牢牢守住十八亿亩耕地红线，逐步把永久基本农田全部建成高标准农田”[①] 的宗旨。

（三）耕地占用税税率的判定

耕地占用税实行地区差别定额税率，以县、自治县、不设区的市和市辖区为单位，按人均占有耕地面积分设4档定额税率。其具体规定如表6-9所示。

表6-9　耕地占用税税率表

级数	县、自治县、不设区的市、市辖区人均耕地面积	每平方米税额（元）
1	1亩以下（含1亩）	10～50
2	1～2亩（含2亩）	8～40
3	2～3亩（含3亩）	6～30
4	3亩以上	5～25

《中华人民共和国耕地占用税法》（简称《耕地占用税法》）第四条第二款规定，各

① 习近平. 高举中国特色社会主义伟大旗帜 为全面建设社会主义现代化国家而团结奋斗——在中国共产党第二十次全国代表大会上的报告. 北京：人民出版社，2022.

地区耕地占用税的适用税额，由省、自治区、直辖市人民政府根据人均耕地面积和经济发展等情况，在表6-9列明的税额幅度内提出，报同级人民代表大会常务委员会决定，并报全国人民代表大会常务委员会和国务院备案。各省、自治区、直辖市耕地占用税适用税额的平均水平，不得低于《各省、自治区、直辖市耕地占用税平均税额表》（见表6-10）规定的平均税额。

表6-10　各省、自治区、直辖市耕地占用税平均税额表

省、自治区、直辖市	平均税额（元/平方米）
上海	45
北京	40
天津	35
江苏、浙江、福建、广东	30
辽宁、湖北、湖南	25
河北、安徽、江西、山东、河南、重庆、四川	22.5
广西、海南、贵州、云南、陕西	20
山西、吉林、黑龙江	17.5
内蒙古、西藏、甘肃、青海、宁夏、新疆	12.5

《耕地占用税法》第五条规定，在人均耕地低于0.5亩的地区，省、自治区、直辖市可以根据当地经济发展情况，适当提高耕地占用税的适用税额，但提高的部分不得超过《耕地占用税法》第四条第二款确定的适用税额的50%。

第六条规定，占用基本农田的，应当按照《耕地占用税法》第四条第二款或者第五条确定的当地适用税额，加按150%征收。

第十二条规定，占用园地、林地、草地、农田水利用地、养殖水面、渔业水域滩涂以及其他农用地建设建筑物、构筑物或者从事非农业建设的，适用税额可以适当低于本地区按照《耕地占用税法》第四条第二款确定的适用税额，但降低的部分不得超过50%。具体适用税额由省、自治区、直辖市人民政府提出，报同级人民代表大会常务委员会决定，并报全国人民代表大会常务委员会和国务院备案。

（四）耕地占用税优惠政策的运用

（1）军事设施、学校、幼儿园、社会福利机构、医疗机构占用耕地，免征耕地占用税。

（2）铁路线路、公路线路、飞机场跑道、停机坪、港口、航道、水利工程占用耕地，减按每平方米2元的税额征收耕地占用税。

（3）农村居民在规定用地标准以内占用耕地新建自用住宅，按照当地适用税额减半征收耕地占用税。其中农村居民经批准搬迁，新建自用住宅占用耕地不超过原宅基地面积的部分，免征耕地占用税。

（4）农村烈士遗属、因公牺牲军人遗属、残疾军人以及符合农村最低生活保障条件的农村居民，在规定用地标准以内新建自用住宅，免征耕地占用税。

根据国民经济和社会发展的需要，国务院可以规定免征或者减征耕地占用税的其他情形，报全国人民代表大会常务委员会备案。

依照税法规定免征或者减征耕地占用税后，纳税人改变原占地用途，不再属于免征或者减征耕地占用税情形的，应当按照当地适用税额补缴耕地占用税。

【情境引例解析】

根据《耕地占用税法》的规定，农村居民在规定用地标准以内占用耕地新建自用住宅，按照当地适用税额减半征收耕地占用税。

因此，农村居民在规定用地标准以内占用耕地新建自用住宅，不免征耕地占用税，但按照当地适用税额减半征收耕地占用税。

二、耕地占用税的计算

（一）耕地占用税计税依据的确定

耕地占用税以纳税人实际占用耕地的面积为计税依据，以每平方米为计量单位。

【点拨指导】实际占用的耕地面积，包括经批准占用的耕地面积和未经批准占用的耕地面积。

（二）耕地占用税应纳税额的计算

耕地占用税以纳税人实际占用的属于耕地占用税征税范围的土地（简称应税土地）面积为计税依据，按应税土地当地适用税额计税，实行一次性征收。其计算公式为：

应纳耕地占用税＝应税土地面积×适用税额（适用定额税率）

【工作实例 6-9】 农民王某有一处耕地，占地 2 500 平方米，本年 3 月将其中的 2 000 平方米用来建设农田水利设施，其余 500 平方米建造住宅（在规定用地标准以内）。当地适用的耕地占用税的定额税率为每平方米 25 元。

【工作要求】计算王某本年 3 月上述业务的应纳耕地占用税。

【工作实施】占用耕地建设农田水利设施的，不缴纳耕地占用税；农村居民在规定用地标准以内占用耕地新建自用住宅，按照当地适用税额减半征收耕地占用税。

应纳耕地占用税＝500×25×50%＝6 250（元）

三、耕地占用税的征收管理

（一）耕地占用税的征收管理要求

1. 耕地占用税的纳税义务发生时间

耕地占用税由税务机关负责征收。耕地占用税的纳税义务发生时间为纳税人收到自然资源主管部门办理占用耕地手续的书面通知的当日。

未经批准占用耕地的，耕地占用税纳税义务发生时间为自然资源主管部门认定的纳税人实际占用耕地的当日。

2. 耕地占用税的纳税期限

耕地占用税实行一次性征收。纳税人应当自纳税义务发生之日起30日内申报缴纳耕地占用税。自然资源主管部门凭耕地占用税完税凭证或者免税凭证和其他有关文件发放建设用地批准书。

3. 耕地占用税的纳税地点

纳税人占用耕地或其他农用地，应当在耕地或其他农用地所在地申报纳税。

（二）耕地占用税的纳税申报

纳税人对耕地占用税进行纳税申报时，应填报《耕地占用税税源明细表》（略）、《财产和行为税减免税明细申报附表》（见表6-5）、《财产和行为税纳税申报表》（见表6-6）。

第7节即测即评

技能训练

1. 甲公司本年1月从国外进口一批原材料，成交价格为110万元，买方支付的购货佣金为5万元，运抵我国输入地点起卸前运费及保险费为8万元；从国外进口一台机器设备，成交价格为180万元，境外运费和保险费为3万元，与设备有关的软件特许权使用费为7万元。原材料适用的关税税率20%，机器设备适用的关税税率为25%。要求：计算甲公司应缴纳的进口关税。

2. 本年1月，甲应税拖船从A国某港口进入中国境内某港口，该拖船为15 000净吨，适用普通税率。该拖船执照期限为90日，税率为9.2元/净吨。

要求：计算甲应税船舶负责人本年1月的应纳船舶吨税。

3. 甲公司是一家位于市区的进出口企业，为增值税一般纳税人，本年1月应纳增值税为50万元，出口货物免抵税额为8万元。另外，进口环节的增值税为16万元、消费税为15万元。

要求：计算甲公司本年1月应缴纳的城市维护建设税、教育费附加和地方教育附加。

4. 甲房地产开发公司本年1月转让一幢写字楼取得收入1 000万元（不含增值税）。已知该公司为取得土地使用权所支付的金额为50万元，房地产开发成本为200万元，经税务机关批准扣除的房地产开发费用为40万元，与转让房地产有关的税金为60万元。已知增值率超过50%至100%的部分，土地增值税税率为40%，速算扣除系数为5%；增值率超过100%至200%的部分，土地增值税税率为50%，速算扣除系数为15%。

要求：计算甲房地产开发公司本年1月上述业务应缴纳的土地增值税。

5. 甲企业本年初实际占地面积为960平方米。本年4月甲企业为扩大生产，根据有关部门的批准，新征用非耕地1 200平方米。甲企业所处地段城镇土地使用税适用年税额为5元/平方米。

要求：计算甲企业本年的应纳城镇土地使用税。

6. 本年初农村居民张某经批准占用耕地1 800平方米，其中，1 500平方米改成果园，300平方米用于新建住宅自用（在规定用地标准以内）。本年6月，经批准张某临时占用耕地1 000平方米用于农田水利设施建设。当地耕地占用税税额为20元/平方米。

要求：计算张某本年应缴纳的耕地占用税。

实战演练

甲煤矿企业为增值税一般纳税人，本年1月发生下列业务：

（1）开采原煤30 000吨。

（2）采取托收承付方式销售原煤240吨，每吨不含增值税售价为100元，货款已经收讫。

（3）销售未税原煤加工的选煤50吨，每吨不含增值税售价为200元；当月将生产的3吨选煤用于职工宿舍取暖；当月还将20吨选煤赠送给某关联单位。

（4）销售开采原煤过程中因安全生产需要抽采的煤成（层）气40 000立方米，取得不含税销售额65 000元，并收取优质费1 130元。

该煤矿原煤适用的资源税税率为5%，选煤适用的资源税税率为3%，天然气适用的资源税税率为6%。

任务要求：

（1）计算业务（1）的应纳资源税；

（2）计算业务（2）的应纳资源税；

（3）计算业务（3）的应纳资源税；

（4）计算当月应纳资源税合计数。

第 7 章

其他税种税法（下）

素养提升

纳税人应当充分运用国家出台的相关税收政策，合法合规纳税。

1. 我国征收房产税，有利于抑制房产投资投机行为，调控房产市场价格，节约和优化配置社会资源，规范房地产行业的发展，缩小财富差距，实现社会公平，体现了“坚持房子是用来住的、不是用来炒的定位”①。

2. 我国征收环境保护税，有利于抑制纳税人污染环境的不良行为，提高纳税人环境保护意识，推进生态文明建设和可持续发展，促进节能环保产业结构的优化升级，体现了“像保护眼睛一样保护自然和生态环境，坚定不移走生产发展、生活富裕、生态良好的文明发展道路，实现中华民族永续发展”② 的精神。

能力目标

1. 能判定哪些业务应缴纳房产税，能根据相关业务资料计算房产税，能确定房产税的纳税义务发生时间、纳税期限和纳税地点。

2. 能判定哪些业务应缴纳车船税，能根据相关业务资料计算车船税，能确定车船税的纳税义务发生时间、纳税期限和纳税地点。

3. 能判定哪些业务应缴纳车辆购置税，能根据相关业务资料计算车辆购置税，能确定车辆购置税的纳税义务发生时间、纳税期限和纳税地点。

4. 能判定哪些业务应缴纳印花税，能根据相关业务资料计算印花税，能确定印花税的纳税义务发生时间、纳税期限和纳税地点。

5. 能判定哪些业务应缴纳契税，能根据相关业务资料计算契税，能确定契税的纳

---

①② 习近平. 高举中国特色社会主义伟大旗帜 为全面建设社会主义现代化国家而团结奋斗——在中国共产党第二十次全国代表大会上的报告. 北京：人民出版社，2022.

税义务发生时间、纳税期限和纳税地点。

6. 能判定哪些业务应缴纳烟叶税，能根据相关业务资料计算烟叶税，能确定烟叶税的纳税义务发生时间、纳税期限和纳税地点。

7. 能判定哪些业务应缴纳环境保护税，能根据相关业务资料计算环境保护税，能确定环境保护税的纳税义务发生时间、纳税期限和纳税地点。

工作引例

房产税的计算

甲企业本年度共拥有土地 26 000 平方米，其中，子弟学校占地 3 000 平方米，幼儿园占地 1 600 平方米，企业内部绿化占地 2 000 平方米。本年度上半年甲企业共有房产原值 890 万元，6 月 30 日将原值 90 万元、占地面积 400 平方米的一处仓库出租给某商场存放货物，租期为 1 年，每月租金收入为 1.5 万元（不含增值税）。8 月 10 日对委托施工单位建设的生产车间办理验收手续，由在建工程转入固定资产原值 500 万元。房产税计算余值的扣除比例为 20%。

工作要求　计算甲企业本年的应纳房产税。

工作引例解析　见本章第 1 节。

第 1 节　房产税法

情境引例

我小区内有一处人防设施，产权属于全体业主，由物业公司代为经营管理，请问该处人防设施的房产税应由业主还是物业公司缴纳?

一、房产税的认知

（一）房产税纳税人的确定

房产税的纳税人是指在中华人民共和国城市、县城、建制镇和工矿区（不包括农村）内拥有房屋产权的单位和个人，具体包括产权所有人、承典人、房产代管人或者使用人。

（1）产权属于国家所有的，其经营管理的单位为纳税人。

（2）产权属于集体和个人所有的，集体单位和个人为纳税人。

（3）产权出典的房产，由承典人依照房产余值缴纳房产税。产权出典是指产权所有人为了某种需要，将自己的房屋在一定期限内转让给他人使用，以押金形式换取一定数额的现金（或者实物），并立有某种合同（契约）的行为。在此，房屋所有人称为房屋出典人，支付现金（或者实物）的人则称为房屋的承典人。

【知识链接】房产出租的，房产产权所有人（出租人）为纳税人。

（4）产权所有人、承典人均不在房产所在地的，房产代管人或者使用人为纳税人。

（5）产权未确定以及租典（租赁、出典）纠纷未解决的，房产代管人或者使用人为纳税人。

（6）无租使用其他单位房产的应税单位和个人，依照房产余值代缴纳房产税。

【情境引例解析】

根据《财政部 国家税务总局关于房产税、城镇土地使用税有关政策的通知》（财税〔2006〕186号）的规定，对居民住宅区内业主共有的经营性房产，由实际经营（包括自营和出租）的代管人或使用人缴纳房产税。其中自营的，依照房产原值减除10%～30%后的余值计征，没有房产原值或不能将业主共有房产与其他房产的原值准确划分开的，由房产所在地税务机关参照同类房产核定房产原值；出租的，依照租金收入计征。

因此，由物业公司代为管理经营的人防设施应由物业公司缴纳房产税。

（二）房产税征税范围的确定

房产税的征税对象是房产，即有屋面和围护结构（有墙或两边有柱），能够遮风避雨，可供人们在其中生产、学习、工作、娱乐、居住或储藏物资的场所。

房产税的征税范围是城市、县城、建制镇和工矿区的房屋，不包括农村的房屋。

另外，房地产开发企业建造的商品房，在出售前，不征收房产税，但对出售前房地产开发企业已使用或出租、出借的商品房应按规定征收房产税。

【特别提示】独立于房屋之外的建筑物，如围墙、烟囱、水塔、菜窖、室外游泳池等不属于房产税的征税范围。

（三）房产税税率的判定

1. 房产税从价计征税率的判定

房产税从价计征的年税率为1.2%。

2. 房产税从租计征税率的判定

房产税从租计征的税率为12%。

对个人出租住房，不区分用途，按4%的税率征收房产税；对企事业单位、社会团体以及其他组织按市场价格向个人出租用于居住的住房，减按4%的税率征收房产税。

【特别提示】自2021年10月1日起，对企事业单位、社会团体以及其他组织向个人、专业化规模化住房租赁企业出租住房的，减按4%的税率征收房产税。企事业单位、社会团体以及其他组织，对利用非居住存量土地和非居住存量房屋（含商业办公用房、工业厂房改造后出租用于居住的房屋）建设的保障性租赁住房，取得保障性租赁住房项目认定书后，向个人、专业化规模化住房租赁企业出租上述保障性租赁住房，比照适用上述房产税政策。其中，住房租赁企业，是指按规定向住房城乡建设部门进行开业报告或者备案的从事住房租赁经营业务的企业。专业化规模化住房租赁企业的标准为：企业在开业报告或者备案城市内持有或者经营租赁住房 1 000 套（间）及以上或者建筑面积 3 万平方米及以上；各省、自治区、直辖市住房城乡建设部门会同同级财政、税务部门，可根据租赁市场发展情况，对本地区全部或者部分城市在 50%的幅度内下调标准。

【归纳总结】个人出租住房涉及的税种及税率见表 7－1。

表 7－1　个人出租住房涉及的税种及税率归纳

税种	税率（征收率）
增值税	5%减按 1.5%
城市维护建设税	7%，5%或者 1%
教育费附加	3%
地方教育附加	2%
房产税	4%
个人所得税	10%

（四）房产税优惠政策的运用

房产税的税收优惠政策主要有以下几项：

（1）国家机关、人民团体、军队自用的房产免征房产税。上述自用的房产，是指这些单位本身的办公用房和公务用房。但其对出租房产以及非自身业务使用的生产、营业用房，不属于免税范围，应照章纳税。

（2）由国家财政部门拨付事业经费的单位自用的房产。上述自用的房产，是指这些单位本身的业务用房。但其所属的附属工厂、商店、招待所等不属单位公务、业务的用房，不属于免税范围，应照章纳税。

（3）宗教寺庙、公园、名胜古迹自用的房产免征房产税。宗教寺庙自用的房产，是指举行宗教仪式等的房屋和宗教人员使用的生活用房屋。公园、名胜古迹自用的房产，是指供公共参观游览的房屋及其管理单位的办公用房屋。

【特别提示】上述（1）（2）（3）的这些免税单位出租的房产以及非本身业务用的生产、营业用房产不属于免税范围，应征收房产税。例如，公园、名胜古迹中附设的营业单位，如影剧院、饮食部、茶社、照相馆等所使用的房产及出租的房产，应征收房产税。

（4）个人所有非营业用的房产免征房产税。个人所有的非营业用房，主要是指居民住房，不分面积多少，一律免征房产税。个人拥有的营业用房或者出租的房产，不属于免税房产，应照章纳税。

（5）对非营利性医疗机构、疾病控制机构和妇幼保健机构等卫生机构自用的房产，免征房产税。

（6）对国家拨付事业经费和企业办的各类学校、托儿所、幼儿园自用的房产，免征房产税。

（7）经有关部门鉴定，对毁损不堪居住的房屋和危险房屋，在停止使用后，可免征房产税。

（8）纳税人因房屋大修导致连续停用半年以上的，在房屋大修期间免征房产税，免征税额由纳税人在申报缴纳房产税时自行计算扣除，并在申报表附表或备注栏中作相应说明。

（9）凡是在基建工地为基建工地服务的各种工棚、材料棚、休息棚和办公室、食堂、茶炉房、汽车房等临时性房屋，不论是施工企业自行建造还是由基建单位出资建造交施工企业使用的，在施工期间，一律免征房产税。但是，如果在基建工程结束以后，施工企业将这种临时性房屋交还或估价转让给基建单位的，应当从基建单位接收的次月起，照章纳税。

（10）纳税单位与免税单位共同使用的房屋，按各自使用的部分划分，分别征收或免征房产税。

（11）2027年12月31日前，对农产品批发市场、农贸市场（包括自有和承租）专门用于经营农产品的房产，暂免征收房产税。对同时经营其他产品的农产品批发市场和农贸市场使用的房产，按其他产品与农产品交易场地面积的比例确定征免房产税。

【特别提示】 *农产品批发市场、农贸市场的行政办公区、生活区，以及商业餐饮娱乐等非直接为农产品交易提供服务的房产，应按规定征收房产税。*

（12）自2024年1月1日至2027年12月31日，对国家级、省级科技企业孵化器、大学科技园和国家备案众创空间自用以及无偿或通过出租等方式提供给在孵对象使用的房产，免征房产税。

（13）自2021年10月1日起，对企事业单位、社会团体以及其他组织向个人、专业化规模化住房租赁企业出租住房的，减按4%的税率征收房产税。专业化规模化住房租赁企业的标准为：企业在开业报告或者备案城市内持有或者经营租赁住房1 000套（间）及以上或者建筑面积3万平方米及以上。各省、自治区、直辖市住房城乡建设部门会同同级财政、税务部门，可根据租赁市场发展情况，对本地区全部或者部分城市在50%的幅度内下调标准。

（14）经财政部批准免税的其他房产。

二、房产税的计算

（一）房产税计税依据的确定

房产税的计税依据是房产的计税余值或房产的租金收入。按照房产计税余值征税的，称为从价计征；按照房产租金收入计征的，称为从租计征。

1. 从价计征房产税的计税依据

从价计征房产税的计税依据为房产的计税余值。房产的计税余值是指按照房产原值一次减除10%～30%后的余值（具体减除幅度由省、自治区、直辖市人民政府确定）。

对于房产原值的规定主要有以下几点：

（1）房产原值是指纳税人按照会计制度规定，在账簿“固定资产”科目中记载的房屋原价。因此，凡按会计制度规定在账簿中记载有房屋原价的，应以房屋原价按规定减除一定比例后作为房产余值计征房产税；没有记载房屋原价的，按照上述原则，并参照同类房屋确定房产原值，按规定计征房产税。

【特别提示】自2009年1月1日起，对依照房产原值计税的房产，不论是否记载在会计账簿“固定资产”科目中，均应按照房屋原价计算缴纳房产税。房屋原价应根据国家有关会计制度规定进行核算。对纳税人未按国家会计制度规定核算并记载的，应按规定予以调整或重新评估。

（2）房产原值应包括与房屋不可分割的各种附属设备或一般不单独计算价值的配套设施，主要有：暖气、卫生、通风、照明、煤气等设备；各种管线，如蒸汽、压缩空气、石油、给水排水等管道及电力、电讯、电缆导线；电梯、升降机、过道、晒台等。属于房屋附属设备的水管、下水道、暖气管、煤气管等应从最近的探视井或三通管起，计算原值；电灯网、照明线从进线盒连接管起，计算原值。

【点拨指导】凡以房屋为载体，不可随意移动的附属设备和配套设施，如给排水、采暖、消防、中央空调、电气及智能化楼宇设备等，无论在会计核算中是否单独记账与核算，都应计入房产原值，计征房产税。

【特别提示】对更换房屋附属设备和配套设施的，在将其价值计入房产原值时，可扣减原来相应设备和设施的价值；对附属设备和配套设施中易损坏、需要经常更换的零配件，更新后不再计入房产原值。

（3）纳税人对原有房屋进行改建、扩建的，要相应增加房屋的原值。

2. 从租计征房产税的计税依据

从租计征房产税的计税依据为房产的租金收入（包括实物收入和货币收入）。如果是以劳务或者其他形式为报酬抵付房租收入的，应根据当地同类房产的租金水平，确定一个标准租金额从租计征。营改增后，房产出租的，计征房产税的租金收入不含增值税。免征增值税的，确定计税依据时，租金收入不扣减增值税税额。

【特别提示】对出租房产，租赁双方签订的租赁合同约定有免收租金期限的，免收租金期间由产权所有人按照房产原值缴纳房产税。

3. 特殊业务房产税计税依据的确定

（1）对于投资联营的房产的计税规定。

1）对以房产投资联营，投资者参与投资利润分红、共担风险的，按房产余值作为计税依据计缴房产税。

2）对以房产投资收取固定收入、不承担经营风险的，实际上是以联营名义取得房屋租金，应以出租方取得的租金收入为计税依据计缴房产税。

【特别提示】融资租赁房产，实质上相当于分期付款购买固定资产，因此应以房产余值计征房产税。由承租人自融资租赁合同约定开始日的次月起依照房产余值缴纳房产税。合同未约定开始日的，由承租人自合同签订的次月起依照房产余值缴纳房产税。

（2）居民住宅区内业主共有的经营性房产的计税规定。从2007年1月1日起，对居民住宅区内业主共有的经营性房产，由实际经营（包括自营和出租）的代管人或使用人缴纳房产税。

【点拨指导】自营房产的，依照房产原值减除10%～30%后的余值计征，没有房产原值或不能将业主共有房产与其他房产的原值准确划分开的，由房产所在地税务机关参照同类房产核定房产原值；出租房产的，按照租金收入计征。

（二）房产税应纳税额的计算

1. 从价计征房产税应纳税额的计算

应纳房产税＝房产原值×(1－扣除比例)×1.2%

【特别提示】由上述公式计算出来的房产税税额是年税额。

2. 从租计征房产税应纳税额的计算

应纳房产税＝租金收入×12%(或4%)

【工作实例7-1】 甲公司办公大楼原值为30 000万元。本年4月30日，甲公司将其中部分闲置房间出租，租期为2年。出租部分房产原值为5 000万元，租金每年为1 000万元（不含增值税）。当地规定房产原值减除幅度为30%。

【工作要求】计算甲公司本年的应纳房产税。

【工作实施】

本年1—4月从价计征应纳房产税＝30 000×(1－30%)×1.2%÷12×4
＝84(万元)

本年5—12月从价计征应纳房产税＝(30 000－5 000)×(1－30%)×1.2%÷12×8
＝140(万元)

本年5—12月从租计征应纳房产税＝1 000×12%÷12×8＝80(万元)

应纳房产税合计＝84＋140＋80＝304(万元)

【工作引例解析】

第一步，房产原值扣除出租部分再扣除20%后，从价计税，则

应纳房产税＝(890－90)×(1－20%)×1.2%＝7.68(万元)

第二步，下半年出租房产，上半年按计税余值及1—6月共6个月的使用期计

税，则

应纳房产税＝90×(1－20％)×1.2％÷12×6＝0.432(万元)

或将第一步和第二步的计算改为：用全年房产原值扣除20％计税后，减掉下半年出租房产的分摊税金，则

应纳房产税＝890×(1－20％)×1.2％－90×(1－20％)×1.2％×6÷12
＝8.112(万元)

第三步，出租房产按7月至当年年底共6个月的租金收入计税，则

应纳房产税＝1.5×6×12％＝1.08(万元)

第四步，在建工程完工转入的房产应自验收手续之次月起计税，故从9月至当年年底共4个月计税，则

应纳房产税＝500×(1－20％)×1.2％÷12×4＝1.6(万元)

本年应纳房产税合计＝7.68＋0.432＋1.08＋1.6＝10.792(万元)

或　＝8.112＋1.08＋1.6＝10.792(万元)

三、房产税的征收管理

（一）房产税的征收管理要求

1. 房产税的纳税义务发生时间

（1）纳税人将原有房产用于生产经营，从生产经营之日的当月起，缴纳房产税。

（2）纳税人自行新建房屋用于生产经营，从建成之日的次月起，缴纳房产税。

（3）纳税人委托施工企业建设的房屋，从办理验收手续的次月起，缴纳房产税。

（4）纳税人购置新建商品房，自房屋交付使用之次月起，缴纳房产税。

（5）纳税人购置存量房，自办理房屋权属转移、变更登记手续，房地产权属登记机关签发房屋权属证书之次月起，缴纳房产税。

（6）纳税人出租、出借房产，自交付出租、出借房产之次月起，缴纳房产税。

（7）房地产开发企业自用、出租、出借本企业建造的商品房，自房屋使用或交付之次月起，缴纳房产税。

【特别提示】自2009年1月1日起，纳税人因房产的实物或权利状态发生变化而依法终止房产税的纳税义务的，其应纳税款的计算应截止到房产的实物或权利发生变化的当月月末。

2. 房产税的纳税期限

房产税按年计算、分期缴纳，具体纳税期限由省、自治区、直辖市人民政府规定。

以山东省为例，《国家税务总局山东省税务局关于财产和行为税有关政策问题的公

告》（国家税务总局山东省税务局公告2019年第3号）规定，房产税按月、季或半年缴纳的，申报纳税期限为月份、季度或半年终了后15日内。

3. 房产税的纳税地点

房产税在房产所在地缴纳。对房产不在同一地方的纳税人，应按房产的坐落地点分别向房产所在地的税务机关缴纳。

第1节即测即评

（二）房产税的纳税申报

纳税人对房产税进行纳税申报时，应当填报《城镇土地使用税 房产税税源明细表》（略）、《财产和行为税减免税明细申报附表》（见表6-5）、《财产和行为税纳税申报表》（见表6-6）。

第2节 车船税法

情境引例

我公司将使用了2年的车辆出售给其他公司，但是本年的车船税在出售之前已经缴纳，请问我公司能否申请退税，然后由购买方履行纳税义务？

一、车船税的认知

（一）车船税纳税人和扣缴义务人的确定

1. 车船税的纳税人

车船税的纳税人是指在中华人民共和国境内的车辆、船舶（简称车船）的所有人或者管理人。车船的所有人是指在我国境内拥有车船的单位和个人，对于私家车来说，也就是通常所说的车主；车船的管理人是指对车船具有管理权或者使用权，不具有所有权的单位。

外商投资企业、外国企业、华侨、外籍人员和港澳台同胞，也属于车船税的纳税人。

2. 车船税的扣缴义务人

根据《中华人民共和国车船税法》（简称《车船税》）的规定，从事机动车第三者责任强制保险业务的保险机构为机动车车船税的扣缴义务人（这里指的是代收代缴义务人），应当在收取保险费时依法代收车船税，并出具代收税款凭证。

【特别提示】2004年5月1日起实施的《中华人民共和国道路交通安全法》首次提

出“实行机动车第三者责任强制保险制度，设立道路交通事故社会救助基金”。2006年3月21日国务院颁布《机动车交通事故责任强制保险条例》，“机动车第三者责任强制保险”从此被“机动车交通事故责任强制保险”（简称交强险）代替。因此，就目前的情形，准确的说法应为：从事机动车交通事故责任强制保险业务的保险机构为机动车车船税的扣缴义务人。

【点拨指导】机动车车船税扣缴义务人在代收车船税时，应当在机动车交通事故责任强制保险的保险单以及保费发票上注明已收税款的信息，作为代收税款凭证。

（二）车船税征税范围的确定

车船税的征税范围是指在中华人民共和国境内属于《车船税法》所附《车船税税目税额表》规定的车辆、船舶。车辆、船舶是指依法在车船登记管理部门登记的机动车辆和船舶，以及依法不需要在车船登记管理部门登记的在单位内部场所行驶或者作业的机动车辆和船舶。车辆、船舶具体包括：

（1）车辆，具体包括：乘用车、商用客车（包括电车）、商用货车（包括半挂牵引车、三轮汽车和低速载货汽车等）、挂车、摩托车、其他车辆（不包括拖拉机）。

【点拨指导】其他车辆包括专用作业车和轮式专用机械车等。

（2）船舶，包括机动船舶和游艇。

境内单位和个人租入外国籍船舶的，不征收车船税。境内单位和个人将船舶出租到境外的，应依法征收车船税。经批准临时入境的外国车船和香港特别行政区、澳门特别行政区、台湾地区的车船，不征收车船税。

【特别提示】拖拉机、电动自行车不属于车船税的征税范围。纯电动乘用车和燃料电池乘用车不属于车船税的征税范围。

【点拨指导】汽车、摩托车、电车、挂车、农用运输车属于车船税的征税范围。

（三）车船税税目的确定

车船税的税目依照《车船税税目税额表》（见表7－2）执行。

（四）车船税税率的判定

车船税采用定额税率，又称固定税额。省、自治区、直辖市人民政府根据《车船税法》所附《车船税税目税额表》确定车辆具体适用税额时，应当遵循以下原则：

（1）乘用车依排气量从小到大递增税额；

（2）客车按照核定载客人数20人以下和20人（含）以上两档划分，递增税额。

省、自治区、直辖市人民政府确定的车辆具体适用税额，应当报国务院备案。《车船税税目税额表》[①] 如表7－2所示。

---

① 本表在《车船税法》所附《车船税税目税额表》的基础上，结合《国家税务总局关于车船税征管若干问题的公告》（国家税务总局公告2013年第42号）、《中华人民共和国车船税法实施条例》进行了补充、调整。

表 7-2　车船税税目税额表

税目		计税单位	年基准税额	备注
乘用车［按发动机汽缸容量（排气量）分档］	1.0升（含）以下	每辆	60～360元	核定载客人数9人（含）以下
	1.0升以上至1.6升（含）		300～540元	
	1.6升以上至2.0升（含）		360～660元	
	2.0升以上至2.5升（含）		660～1 200元	
	2.5升以上至3.0升（含）		1 200～2 400元	
	3.0升以上至4.0升（含）		2 400～3 600元	
	4.0升以上		3 600～5 400元	
商用车	客车	每辆	480～1 440元	核定载客人数9人以上，包括电车
	货车	整备质量每吨	16～120元	货车包括半挂牵引车、三轮汽车和低速载货汽车等；客货两用车依照货车的计税单位和年基准税额计征车船税
挂车			按照货车税额的50%计算	
其他车辆	专用作业车		16～120元	不包括拖拉机
	轮式专用机械车		16～120元	
摩托车		每辆	36～180元	
机动船舶	净吨位不超过200吨	净吨位每吨	3元	拖船、非机动驳船分别按照机动船舶税额的50%计算；拖船按照发动机功率每1千瓦折合净吨位0.67吨计算征收车船税
	净吨位超过200吨但不超过2 000吨		4元	
	净吨位超过2 000吨但不超过10 000吨		5元	
	净吨位超过10 000吨		6元	
游艇	艇身长度不超过10米	艇身长度每米	600元	
	艇身长度超过10米但不超过18米		900元	
	艇身长度超过18米但不超过30米		1 300元	
	艇身长度超过30米		2 000元	
	辅助动力帆艇		600元	

【点拨指导】排气量、整备质量、核定载客人数、净吨位、千瓦、艇身长度，以车船登记管理部门核发的车船登记证书或者行驶证所载数据为准。

【点拨指导】客货两用车，又称多用途货车，是指在设计和结构上主要用于载运货物，但在驾驶员座椅后带有固定或折叠式座椅，可运载3人以上乘客的货车。

（五）车船税优惠政策的运用

（1）捕捞、养殖渔船免征车船税。

（2）军队、武装警察部队专用的车船免征车船税。

（3）警用车船免征车船税。

（4）悬挂应急救援专用号牌的国家综合性消防救援车辆和国家综合性消防救援专用船舶免征车船税。

（5）依照法律规定应当予以免税的外国驻华使领馆、国际组织驻华代表机构及其有关人员的车船免征车船税。

（6）对节约能源、使用新能源的车船可以减征或者免征车船税。免征或者减半征收车船税的车船的范围，由国务院财政、税务主管部门商国务院有关部门制订，报国务院批准。

【点拨指导】对符合标准的节能汽车，减半征收车船税；对符合标准的新能源车船，免征车船税。具体标准详见《财政部 税务总局 工业和信息化部 交通运输部关于节能 新能源车船享受车船税优惠政策的通知》（财税〔2018〕74号）。免征车船税的新能源汽车是指纯电动商用车、插电式（含增程式）混合动力汽车、燃料电池商用车。纯电动乘用车和燃料电池乘用车不属于车船税征税范围，对其不征车船税。

【素养园地】我国出台了“对节约能源、使用新能源的车船可以减征或者免征车船税”的税收优惠政策，有利于汽车生产企业通过调整产业结构来促进节能环保、技术创新，体现了“完善能源消耗总量和强度调控，重点控制化石能源消费，逐步转向碳排放总量和强度‘双控’制度”① 的宗旨。

（7）对受地震、洪涝等严重自然灾害影响纳税困难以及其他特殊原因确需减免税的车船，可以在一定期限内减征或者免征车船税。具体减免期限和数额由省、自治区、直辖市人民政府确定，报国务院备案。

（8）省、自治区、直辖市人民政府根据当地实际情况，可以对公共交通车船，农村居民拥有并主要在农村地区使用的摩托车、三轮汽车和低速载货汽车定期减征或者免征车船税。

【知识链接】注意不征税和免税的区别。拖拉机、电动自行车、纯电动乘用车和燃料电池乘用车本身就不属于车船税的征税范围，因此不属于免税项目。

二、车船税的计算

（一）车船税计税依据的确定

1. 车船税计税依据的一般规定

（1）乘用车、商用客车、摩托车：以辆数为计税依据；

（2）商用货车、挂车、其他车辆：以整备质量吨位数为计税依据；

① 习近平．高举中国特色社会主义伟大旗帜 为全面建设社会主义现代化国家而团结奋斗——在中国共产党第二十次全国代表大会上的报告．北京：人民出版社，2022.

（3）机动船舶：以净吨位数为计税依据；

（4）游艇：以艇身长度为计税依据。

2. 车船税计税依据的特殊规定

（1）《车船税法》及其实施条例涉及的整备质量、净吨位、艇身长度等计税单位，有尾数的一律按照含尾数的计税单位据实计算车船税应纳税额。计算得出的应纳税额小数点后超过两位的，可四舍五入保留两位小数。

（2）乘用车以车辆登记管理部门核发的机动车登记证书或者行驶证书所载的排气量毫升数确定税额区间。

（二）车船税应纳税额的计算

（1）车船税各税目应纳税额的计算公式为：

应纳车船税＝计税单位×适用年基准税额

【特别提示】

拖船和非机动驳船的应纳车船税＝计税单位×适用年基准税额×50%

（2）购置的新车船，购置当年的应纳税额自纳税义务发生的当月起按月计算。其计算公式为：

应纳车船税＝年应纳税额÷12×应纳税月份数

【工作实例7-2】 甲公司本年2月12日购买了一艘净吨位为180吨的拖船，已知机动船舶净吨位每吨的年基准税额为6元。

【工作要求】计算甲公司本年的应纳车船税。

【工作实施】购置的新车船，购置当年的应纳税额自纳税义务发生的当月起按月计算。拖船按机动船舶年基准税额的50%计算，则

应纳车船税＝180×6×50%÷12×11＝495(元)

三、车船税的征收管理

（一）车船税的征收管理要求

1. 车船税的申报缴纳或者征收方式

（1）自行申报方式。

没有扣缴义务人的，纳税人应当向主管税务机关自行申报缴纳车船税。扣缴义务人已代收代缴车船税的，纳税人不再向车辆登记地的主管税务机关申报缴纳车船税。

【点拨指导】纳税人在购买机动车交通事故责任强制保险时，由扣缴义务人代收代缴车船税的，凭注明已收税款信息的机动车交通事故责任强制保险保险单，车辆登记地

的主管税务机关不再征收该纳税年度的车船税；再次征收的，车辆登记地主管税务机关应予退还。

（2）代收代缴方式。

从事机动车第三者责任强制保险业务（现为从事机动车交通事故责任强制保险业务）的保险机构为机动车车船税的扣缴义务人，在收取保险费时依法代收车船税。已完税或者依法减免税的车辆，纳税人应当向扣缴义务人提供登记地的主管税务机关出具的完税凭证或者减免税证明。纳税人没有按照规定期限缴纳车船税的，扣缴义务人在代收代缴税款时，可以一并代收代缴欠缴税款的滞纳金。车船税扣缴义务人代收代缴欠缴税款的滞纳金，从各省、自治区、直辖市人民政府规定的申报纳税期限截止日期的次日起计算。

扣缴义务人应当及时解缴代收代缴的税款和滞纳金，并向主管税务机关申报。扣缴义务人向税务机关解缴税款和滞纳金时，应当同时报送明细的税款和滞纳金扣缴报告。扣缴义务人解缴税款和滞纳金的具体期限，由省、自治区、直辖市地方税务机关依照法律、行政法规的规定确定。

（3）委托代征方式。

根据《国家税务总局 交通运输部关于发布〈船舶车船税委托代征管理办法〉的公告》（国家税务总局 交通运输部公告2013年第1号）的规定，自2013年2月1日起，税务机关可以委托交通运输部门海事管理机构代为征收船舶车船税税款。

在交通运输部直属海事管理机构（简称海事管理机构）登记的应税船舶，其车船税由船籍港所在地的税务机关委托当地海事管理机构代征。

海事管理机构受税务机关委托，在办理船舶登记手续或受理年度船舶登记信息报告时代征船舶车船税。

2. 车船税的纳税义务发生时间

车船税纳税义务发生时间为取得车船所有权或管理权的当月。取得车船所有权或者管理权的当月，应当以购买车船的发票或者其他证明文件所载日期的当月为准。

纳税人缴纳车船税时，应当提供反映排气量、整备质量、核定载客人数、净吨位、千瓦、艇身长度等与纳税相关信息的相应凭证以及税务机关根据实际需要要求提供的其他资料。纳税人以前年度已经提供前款所列资料信息的，可以不再提供。

购置的新车船，购置当年的应纳税额自纳税义务发生的当月起按月计算。

【点拨指导】具体来说，购置的新机动车，购置当年的应纳税款从购买日期的当月起至该年度终了按月计算。对于在国内购买的机动车，购买日期以机动车销售统一发票所载日期为准；对于进口机动车，购买日期以“海关关税专用缴款书”所载日期为准。

3. 车船税的纳税期限

车船税按年申报、分月计算、一次性缴纳。纳税年度自公历1月1日起至12月31日止。具体申报纳税期限由各省、自治区、直辖市人民政府规定。

4. 车船税的纳税地点

车船税由税务机关负责征收。车船税的纳税地点为车船的登记地或者车船税扣缴义务人所在地。其中，纳税人自行申报缴纳车船税的，纳税地点为车船登记地（或者说，车船登记地的主管税务机关所在地）；扣缴义务人代收代缴车船税的，纳税地点为扣缴义务人所在地。

依法不需要办理登记的车船，车船税的纳税地点为车船的所有人或者管理人所在地。

5. 车船税征收管理的其他规定

（1）在一个纳税年度内，已完税的车船被盗抢、报废、灭失的，纳税人可以凭有关管理机关出具的证明和完税证明，向纳税所在地的主管税务机关申请退还自被盗抢、报废、灭失月份起至该纳税年度终了期间的税款。

已办理退税的被盗抢车船失而复得的，纳税人应当从公安机关出具相关证明的当月起计算缴纳车船税。

（2）已缴纳车船税的车船在同一纳税年度内办理转让过户的，不另纳税，也不退税。

（3）已经缴纳车船税的车船，因质量原因被退回生产企业或者经销商的，纳税人可以向纳税所在地的主管税务机关申请退还自退货月份起至该纳税年度终了期间的税款。退货月份以退货发票所载日期的当月为准。

（4）保险机构作为车船税扣缴义务人，在代收车船税并开具增值税发票时，应在增值税发票备注栏中注明代收车船税税款信息，具体包括保险单号、税款所属期（详细至月）、代收车船税金额、滞纳金金额、金额合计等。该增值税发票可作为纳税人缴纳车船税及滞纳金的会计核算原始凭证。

【情境引例解析】

根据《中华人民共和国车船税法实施条例》的规定，已缴纳车船税的车船在同一纳税年度内办理转让过户的，不另纳税，也不退税。

因此，你公司不能申请退税。

（二）车船税的纳税申报

纳税人对车船税进行纳税申报时，应当填报《车船税税源明细表》（略）、《财产和行为税减免税明细申报附表》（见表6-5）、《财产和行为税纳税申报表》（见表6-6）。

第2节即测即评

第3节 车辆购置税法

情境引例

我公司购买车辆，取得了机动车销售统一发票，其中一联次为报税联，请问该联发票应该由哪方留存?

一、车辆购置税的认知

（一）车辆购置税纳税人的确定

在中华人民共和国境内购置汽车、有轨电车、汽车挂车、排气量超过150毫升的摩托车（以下统称应税车辆）的单位和个人，为车辆购置税的纳税人。购置是指以购买、进口、自产、受赠、获奖或者其他方式取得并自用应税车辆的行为。

【点拨指导】纳税人进口自用应税车辆，是指纳税人直接从境外进口或者委托代理进口自用的应税车辆，不包括在境内购买的进口车辆。

【特别提示】购置后自用的，才需要缴纳车辆购置税。购入待售车辆不需要缴纳车辆购置税，待进一步处置时再行确定纳税人，缴纳车辆购置税。

【知识链接】与契税相同，车辆购置税由承受方缴纳。

（二）车辆购置税征税范围的确定

车辆购置税以列举的车辆作为征税对象，未列举的车辆不纳税。其征税范围包括汽车、有轨电车、汽车挂车、排气量超过150毫升的摩托车。

【点拨指导】地铁、轻轨等城市轨道交通车辆，装载机、平地机、挖掘机、推土机等轮式专用机械车，以及起重机（吊车）、叉车、电动摩托车，不属于应税车辆。

（三）车辆购置税税率的判定

车辆购置税实行统一比例税率，税率为10%。

（四）车辆购置税优惠政策的运用

（1）依照法律规定应当予以免税的外国驻华使馆、领事馆和国际组织驻华机构及其有关人员自用的车辆免征车辆购置税。

（2）中国人民解放军和中国人民武装警察部队列入装备订货计划的车辆免征车辆购置税。

（3）悬挂应急救援专用号牌的国家综合性消防救援车辆免征车辆购置税。

（4）设有固定装置的非运输专用作业车辆免征车辆购置税。

（5）城市公交企业购置的公共汽电车辆免征车辆购置税。

（6）回国服务的在外留学人员用现汇购买1辆个人自用国产小汽车和长期来华定居专家进口1辆自用小汽车免征车辆购置税。

（7）防汛部门和森林消防部门用于指挥、检查、调度、报汛（警）、联络的由指定厂家生产的设有固定装置的指定型号的车辆免征车辆购置税。

（8）对购置日期在2024年1月1日至2025年12月31日期间的新能源汽车免征车辆购置税，其中，每辆新能源乘用车免税额不超过3万元；对购置日期在2026年1月1日至2027年12月31日期间的新能源汽车减半征收车辆购置税，其中，每辆新能源乘用车减税额不超过1.5万元。

（9）2027年12月31日前，对购置的挂车减半征收车辆购置税。

（10）中国妇女发展基金会“母亲健康快车”项目的流动医疗车免征车辆购置税。

（11）北京2022年冬奥会和冬残奥会组织委员会新购置车辆免征车辆购置税。

（12）原公安现役部队和原武警黄金、森林、水电部队改制后换发地方机动车牌证的车辆（公安消防、武警森林部队执行灭火救援任务的车辆除外），一次性免征车辆购置税。

二、车辆购置税的计算

（一）车辆购置税计税依据的确定

1. 计税依据的基本规定

车辆购置税的计税依据为应税车辆的计税价格。应税车辆的计税价格按照下列规定确定：

（1）纳税人购买自用应税车辆的计税价格，为纳税人实际支付给销售者的全部价款（含价外费用），不包括增值税税款；购买自用应税车辆计征车辆购置税的计税依据，与销售方计算增值税的计税依据一致。

$$\begin{aligned}\text{计税价格（不含增值税的销售价格）} &= \text{含增值税的销售价格} \div (1+\text{增值税税率或征收率}) \\ &= (\text{含增值税价款}+\text{价外费用}) \div (1+\text{增值税税率或征收率})\end{aligned}$$

【点拨指导】纳税人购买自用应税车辆实际支付给销售者的全部价款，依据纳税人购买应税车辆时相关凭证载明的价格确定，不包括增值税税款。

（2）纳税人进口自用应税车辆的计税价格，为关税完税价格加上关税和消费税，即组成计税价格。进口自用应税车辆计征车辆购置税的计税依据，与进口方计算增值税的计税依据一致。

1）如果进口自用车辆是属于消费税征税范围的小汽车、摩托车等应税车辆，则其组成计税价格为：

$$\begin{aligned}\text{计税价格（组成计税价格）} &= \text{关税完税价格}+\text{关税}+\text{消费税} \\ &= (\text{关税完税价格}+\text{关税}) \div (1-\text{消费税比例税率})\end{aligned}$$

2）如果进口自用车辆是不属于消费税征税范围的大卡车、大客车等应税车辆，则组成计税价格公式简化为：

计税价格（组成计税价格）＝关税完税价格＋关税

（3）纳税人自产自用应税车辆的计税价格，按照同类应税车辆（即车辆配置序列号相同的车辆）的销售价格确定，不包括增值税税款；没有同类应税车辆销售价格的，按照组成计税价格确定。

没有同类应税车辆销售价格的，按照组成计税价格确定，又分为以下两种情况：

1）如果自产自用车辆是属于消费税征税范围的小汽车、摩托车等应税车辆，则其组成计税价格为：

计税价格（组成计税价格）＝成本×（1＋成本利润率）＋消费税
＝成本×（1＋成本利润率）÷（1－消费税比例税率）

2）如果自产自用车辆是不属于消费税征税范围的大卡车、大客车等应税车辆，则组成计税价格公式简化为：

计税价格（组成计税价格）＝成本×（1＋成本利润率）

上述公式中的成本利润率，由国家税务总局各省、自治区、直辖市和计划单列市税务局确定。

（4）纳税人以受赠、获奖或者其他方式取得自用应税车辆的计税价格，按照购置应税车辆时相关凭证载明的价格确定，不包括增值税税款。

2. 计税依据的特殊规定

免税、减税车辆因转让、改变用途等原因不再属于免税、减税范围的，纳税人应当在办理车辆转移登记或者变更登记前缴纳车辆购置税。计税价格以免税、减税车辆初次办理纳税申报时确定的计税价格为基准，每满一年扣减10％。

（二）车辆购置税应纳税额的计算

车辆购置税实行从价计征的办法计算应纳税额，其计算公式为：

应纳车辆购置税＝计税价格×车辆购置税税率

由于应税车辆的来源、应税行为的发生以及计税依据组成的不同，车辆购置税应纳税额的计算方法也有区别。

1. 购买自用应税车辆应纳税额的计算

购买自用应税车辆应纳税额的计算公式如下：

$$\begin{aligned}\text{应纳车辆购置税}&=\text{含增值税的销售价格}\div(1+\text{增值税税率或征收率})\times\text{车辆购置税税率}\\&=\left(\text{含增值税价款}+\text{价外费用}\right)\div\left(1+\text{增值税税率或征收率}\right)\times\text{车辆购置税税率}\\&=\text{不含增值税的销售价格}\times\text{车辆购置税税率}\end{aligned}$$

【工作实例7-3】 甲公司本年1月从乙公司（增值税一般纳税人）购买一辆汽车自用，支付含增值税价款100 000元，并取得机动车销售统一发票。车辆购置税的税率为10%。

【工作要求】 计算甲公司本年1月的应纳车辆购置税。

【工作实施】

应纳车辆购置税＝100 000÷(1＋13%)×10%＝8 849.56(元)

2. 进口自用应税车辆应纳税额的计算

纳税人进口自用应税车辆应纳税额的计算分为两种情况：

（1）如果进口自用车辆是属于消费税征税范围的小汽车、摩托车等应税车辆，则其应纳税额的计算公式为：

应纳车辆购置税＝(关税完税价格＋关税＋消费税)×车辆购置税税率
＝(关税完税价格＋关税)÷(1－消费税比例税率)
×车辆购置税税率

（2）如果进口自用车辆是不属于消费税征税范围的大卡车、大客车等应税车辆，则其应纳税额的计算公式为：

应纳车辆购置税＝(关税完税价格＋关税)×车辆购置税税率

【工作实例7-4】 甲汽车贸易公司本年3月进口12辆小轿车，关税完税价格为36.4万元/辆，当月销售8辆，取得含税销售收入共计1 500万元；其余4辆小轿车由甲汽车贸易公司自用。小轿车适用的关税税率为230%，消费税税率为9%，车辆购置税税率为10%。

【工作要求】 计算甲汽车贸易公司的应纳车辆购置税。

【工作实施】 甲公司汽车贸易只有自用的4辆小轿车需要缴纳车辆购置税。

组成计税价格＝36.4×4×(1＋230%)÷(1－9%)＝528(万元)
应纳车辆购置税＝528×10%＝52.8(万元)

3. 自产自用应税车辆应纳税额的计算

（1）纳税人自产自用应税车辆，若有同类应税车辆的销售价格，则其应纳税额的计算公式为：

应纳车辆购置税＝同类应税车辆的销售价格×车辆购置税税率

（2）纳税人自产自用应税车辆，若没有同类应税车辆的销售价格，则其应纳税额的计算分为两种情况：

1）如果自产自用车辆是属于消费税征税范围的小汽车、摩托车等应税车辆，则其应纳税额为：

应纳车辆购置税＝组成计税价格×车辆购置税税率
＝[成本×(1＋成本利润率)＋消费税]×车辆购置税税率
＝成本×(1＋成本利润率)÷(1－消费税比例税率)
×车辆购置税税率

2）如果自产自用车辆是不属于消费税征税范围的大卡车、大客车等应税车辆，则其应纳税额为：

应纳车辆购置税＝组成计税价格×车辆购置税税率
＝成本×(1＋成本利润率)×车辆购置税税率

4. 以受赠、获奖或者其他方式取得自用应税车辆应纳税额的计算

以受赠、获奖或者其他方式取得自用应税车辆应纳税额的计算公式如下：

应纳车辆购置税＝购置应税车辆时相关凭证载明的价格×车辆购置税税率

5. 纳税人申报的应税车辆计税价格明显偏低又无正当理由的应税车辆应纳税额的计算

纳税人申报的应税车辆计税价格明显偏低又无正当理由的，由税务机关依照《税收征收管理法》的规定核定其应纳税额。

6. 特殊情形下自用应税车辆应纳税额或应退税额的计算

（1）减税、免税条件消失车辆应纳税额的计算。免税、减税车辆因转让、改变用途等原因不再属于免税、减税范围的，纳税人应当在办理车辆转移登记或者变更登记前缴纳车辆购置税。计税价格以免税、减税车辆初次办理纳税申报时确定的计税价格为基准，每满一年扣减10％，并据此计算缴纳车辆购置税。

已经办理免税、减税手续的车辆因转让、改变用途等原因不再属于免税、减税范围的，纳税人、纳税义务发生时间、应纳税额按以下规定执行：

1）发生转让行为的，受让人为车辆购置税纳税人；未发生转让行为的，车辆所有人为车辆购置税纳税人。

2）纳税义务发生时间为车辆转让或者用途改变等情形发生之日。

3）应纳税额的计算公式如下：

应纳车辆购置税＝初次办理纳税申报时确定的计税价格×(1－使用年限×10％)×10％－已纳税额

应纳税额不得为负数。

使用年限的计算方法是，自纳税人初次办理纳税申报之日起，至不再属于免税、减税范围的情形发生之日止。使用年限取整计算，不满一年的不计算在内。

（2）应税车辆退回时应退税额的计算。纳税人将已征车辆购置税的车辆退回车辆生产企业或者销售企业的，可以向主管税务机关申请退还车辆购置税。退税额以已缴税款为基准，自缴纳税款之日至申请退税之日，每满一年扣减10％。

已征车辆购置税的车辆退回车辆生产或销售企业，纳税人申请退还车辆购置税的，应退税额的计算公式如下：

应退车辆购置税＝已纳税额×(1－使用年限×10%)

应退税额不得为负数。

使用年限的计算方法是，自纳税人缴纳税款之日起，至申请退税之日止。

三、车辆购置税的征收管理

（一）车辆购置税的征收管理要求

1. 车辆购置税的纳税环节

车辆购置税由税务机关负责征收。车辆购置税实行一车一申报制度。车辆购置税实行一次性征收。购置已征车辆购置税的车辆，不再征收车辆购置税。但减税、免税条件消失的车辆，应按规定缴纳车辆购置税。车辆购置税的纳税环节为应税车辆的使用环节（即最终消费环节）。具体而言，纳税人应当在向公安机关交通管理部门办理车辆注册登记前缴纳车辆购置税。公安机关交通管理部门办理车辆注册登记，应当根据税务机关提供的应税车辆完税或者免税电子信息对纳税人申请登记的车辆信息进行核对，核对无误后依法办理车辆注册登记。

【情境引例解析】

根据《国家税务总局关于使用新版机动车销售统一发票有关问题的通知》（国税函〔2006〕479号）的规定，机动车销售统一发票为电脑六联式发票，即第一联发票联（购货单位付款凭证），第二联抵扣联（购货单位扣税凭证），第三联报税联（车辆购置税征收单位留存），第四联注册登记联（车辆登记单位留存），第五联记账联（销货单位记账凭证），第六联存根联（销货单位留存）。因此，机动车销售统一发票的第三联报税联由车辆购置税征收单位留存。

2. 车辆购置税的纳税义务发生时间

车辆购置税的纳税义务发生时间为纳税人购置应税车辆的当日。

【点拨指导】车辆购置税的纳税义务发生时间以纳税人购置应税车辆所取得的车辆相关凭证上注明的时间为准。

3. 车辆购置税的纳税期限

纳税人应当自纳税义务发生之日起60日内申报缴纳车辆购置税。

4. 车辆购置税的纳税地点

纳税人购置应税车辆，应当向车辆登记地的主管税务机关申报缴纳车辆购置税；购置不需要办理车辆登记的应税车辆的，应当向纳税人所在地的主管税务机关申报缴纳车辆购置税。

第3节即测即评

（二）车辆购置税的纳税申报

纳税人对车辆购置税进行纳税申报时，应当填报《车辆购置税纳税申报表》（见表 7-3）。

表 7-3 车辆购置税纳税申报表

填表日期： 年 月 日 金额单位：元

<table>
<tr><td colspan="2">纳税人名称</td><td></td><td>申报类型</td><td colspan="2">□征税 □免税 □减税</td></tr>
<tr><td colspan="2">证件名称</td><td></td><td>证件号码</td><td colspan="2"></td></tr>
<tr><td colspan="2">联系电话</td><td></td><td>地址</td><td colspan="2"></td></tr>
<tr><td colspan="2">合格证编号
（货物进口证明书号）</td><td></td><td>车辆识别代号/
车架号</td><td colspan="2"></td></tr>
<tr><td colspan="2">厂牌型号</td><td colspan="4"></td></tr>
<tr><td colspan="2">排量（cc）</td><td></td><td>机动车销售
统一发票代码</td><td colspan="2"></td></tr>
<tr><td colspan="2">机动车销售
统一发票号码</td><td></td><td>不含税价</td><td colspan="2"></td></tr>
<tr><td colspan="4">海关进口关税专用缴款书（进出口货物征免税证明）号码</td><td colspan="2"></td></tr>
<tr><td>关税完税价格</td><td></td><td>关税</td><td></td><td>消费税</td><td></td></tr>
<tr><td>其他有效凭证
名称</td><td></td><td>其他有效凭证
号码</td><td></td><td>其他有效凭证
价格</td><td></td></tr>
<tr><td>购置日期</td><td></td><td>申报计税
价格</td><td></td><td>申报免（减）税
条件或者代码</td><td></td></tr>
<tr><td>是否办理车辆
登记</td><td></td><td>车辆拟登记
地点</td><td colspan="3"></td></tr>
<tr><td colspan="6">纳税人声明：
本纳税申报表是根据国家税收法律法规及相关规定填报的，我确定它是真实的、可靠的、完整的。
纳税人（签名或盖章）：</td></tr>
<tr><td colspan="6">委托声明：
现委托（姓名）______（证件号码）______________办理车辆购置税涉税事宜，提供的凭证、资料是真实、可靠、完整的。任何与本申报表有关的往来文件，都可交予此人。
委托人（签名或盖章）： 被委托人（签名或盖章）：</td></tr>
<tr><td colspan="6">以下由税务机关填写</td></tr>
<tr><td colspan="2">免（减）税条件代码</td><td colspan="4"></td></tr>
<tr><td>计税价格</td><td>税率</td><td>应纳税额</td><td>免（减）税额</td><td>实纳税额</td><td>滞纳金金额</td></tr>
<tr><td></td><td></td><td></td><td></td><td></td><td></td></tr>
<tr><td colspan="2">受理人：
年 月 日</td><td colspan="2">复核人（适用于免、减税申报）：
年 月 日</td><td colspan="2">主管税务机关（章）</td></tr>
</table>

第4节 印花税法

情境引例

张某与电子商务经营者订立了电子订单，请问是否需要缴纳印花税？

一、印花税的认知

（一）印花税纳税人和扣缴义务人的确定

1. 印花税的纳税人

在中华人民共和国境内书立应税凭证、进行证券交易的单位和个人，为印花税的纳税人，应当依照《中华人民共和国印花税法》（简称《印花税法》）规定缴纳印花税。

在中华人民共和国境外书立在境内使用的应税凭证的单位和个人，应当依照《印花税法》规定缴纳印花税。

【点拨指导】印花税纳税人的具体情形：

（1）书立应税凭证的纳税人，为对应税凭证有直接权利义务关系的单位和个人。

（2）采用委托贷款方式书立的借款合同纳税人，为受托人和借款人，不包括委托人。

（3）按买卖合同或者产权转移书据税目缴纳印花税的拍卖成交确认书纳税人，为拍卖标的的产权人和买受人，不包括拍卖人。

（4）证券交易印花税对证券交易的出让方征收，不对受让方征收。

2. 印花税的扣缴义务人

纳税人为境外单位或者个人，在境内有代理人的，以其境内代理人为扣缴义务人；在境内没有代理人的，由纳税人自行申报缴纳印花税，具体办法由国务院税务主管部门规定。

证券登记结算机构为证券交易印花税的扣缴义务人，应当向其机构所在地的主管税务机关申报解缴税款以及银行结算的利息。

（二）印花税征税范围的确定

1. 印花税征税范围的基本规定

印花税征税范围中的应税凭证，是指《印花税法》所附《印花税税目税率表》列明的合同、产权转移书据和营业账簿。

【特别提示】我国并非对所有类型的合同、产权转移书据和营业账簿都征收印花税，只对《印花税法》所附《印花税税目税率表》列明的合同、产权转移书据和营业账簿征收印花税。

印花税征税范围中的证券交易，是指转让在依法设立的证券交易所、国务院批准的其他全国性证券交易场所交易的股票和以股票为基础的存托凭证。

2. 印花税应税凭证的特殊情形

（1）在中华人民共和国境外书立在境内使用的应税凭证，应当按规定缴纳印花税，具体包括以下几种情形：

1）应税凭证的标的为不动产的，该不动产在境内。

2）应税凭证的标的为股权的，该股权为中国居民企业的股权。

3）应税凭证的标的为动产或者商标专用权、著作权、专利权、专有技术使用权的，其销售方或者购买方在境内，但不包括境外单位或者个人向境内单位或者个人销售完全在境外使用的动产或者商标专用权、著作权、专利权、专有技术使用权。

4）应税凭证的标的为服务的，其提供方或者接受方在境内，但不包括境外单位或者个人向境内单位或者个人提供完全在境外发生的服务。

（2）企业之间书立的确定买卖关系、明确买卖双方权利义务的订单、要货单等单据，且未另外书立买卖合同的，应当按规定缴纳印花税。

（3）发电厂与电网之间、电网与电网之间书立的购售电合同，应当按买卖合同税目缴纳印花税。

3. 不属于印花税征收范围的凭证

下列情形的凭证，不属于印花税征收范围：

（1）人民法院的生效法律文书，仲裁机构的仲裁文书，监察机关的监察文书。

（2）县级以上人民政府及其所属部门按照行政管理权限征收、收回或者补偿安置房地产书立的合同、协议或者行政类文书。

（3）总公司与分公司、分公司与分公司之间书立的作为执行计划使用的凭证。

（三）印花税税目的确定

印花税的税目依照《印花税税目税率表》（见表7-4）执行。

（四）印花税税率的判定

印花税的税率依照《印花税税目税率表》（见表7-4）执行。

表7-4　印花税税目税率表

税目		计税依据及税率	备注
合同（指书面合同）	借款合同	借款金额的万分之零点五	指银行业金融机构、经国务院银行业监督管理机构批准设立的其他金融机构与借款人（不包括同业拆借）的借款合同

续表

税目		计税依据及税率	备注
合同（指书面合同）	融资租赁合同	租金的万分之零点五	
	买卖合同	价款的万分之三	指动产买卖合同（不包括个人书立的动产买卖合同）
	承揽合同	报酬的万分之三	
	建设工程合同	价款的万分之三	
	运输合同	运输费用的万分之三	指货运合同和多式联运合同（不包括管道运输合同）
	技术合同	价款、报酬或者使用费的万分之三	不包括专利权、专有技术使用权转让书据
	租赁合同	租金的千分之一	
	保管合同	保管费的千分之一	
	仓储合同	仓储费的千分之一	
	财产保险合同	保险费的千分之一	不包括再保险合同
产权转移书据	土地使用权出让书据	价款的万分之五	转让包括买卖（出售）、继承、赠与、互换、分割
	土地使用权、房屋等建筑物和构筑物所有权转让书据（不包括土地承包经营权和土地经营权转移）	价款的万分之五	
	股权转让书据（不包括应缴纳证券交易印花税的）	价款的万分之五	
	商标专用权、著作权、专利权、专有技术使用权转让书据	价款的万分之三	
营业账簿		实收资本（股本）、资本公积合计金额的万分之二点五	
证券交易		成交金额的千分之一	

（五）印花税优惠政策的运用

下列凭证免征印花税：

（1）应税凭证的副本或者抄本。

（2）依照法律规定应当予以免税的外国驻华使馆、领事馆和国际组织驻华代表机构为获得馆舍书立的应税凭证。

（3）中国人民解放军、中国人民武装警察部队书立的应税凭证。

（4）农民、家庭农场、农民专业合作社、农村集体经济组织、村民委员会购买农业生产资料或者销售农产品书立的买卖合同和农业保险合同。

【点拨指导】享受印花税免税优惠的家庭农场，具体范围为以家庭为基本经营单元，以农场生产经营为主业，以农场经营收入为家庭主要收入来源，从事农业规模化、标准化、集约化生产经营，纳入全国家庭农场名录系统的家庭农场。

（5）无息或者贴息借款合同、国际金融组织向中国提供优惠贷款书立的借款合同。

（6）财产所有权人将财产赠与政府、学校、社会福利机构、慈善组织书立的产权转移书据。

【点拨指导】（1）享受印花税免税优惠的学校，具体范围为经县级以上人民政府或者其教育行政部门批准成立的大学、中学、小学、幼儿园，实施学历教育的职业教育学校、特殊教育学校、专门学校，以及经省级人民政府或者其人力资源社会保障行政部门批准成立的技工院校。（2）享受印花税免税优惠的社会福利机构，具体范围为依法登记的养老服务机构、残疾人服务机构、儿童福利机构、救助管理机构、未成年人救助保护机构。（3）享受印花税免税优惠的慈善组织，具体范围为依法设立、符合《中华人民共和国慈善法》规定，以面向社会开展慈善活动为宗旨的非营利性组织。

（7）非营利性医疗卫生机构采购药品或者卫生材料书立的买卖合同。

【点拨指导】享受印花税免税优惠的非营利性医疗卫生机构，具体范围为经县级以上人民政府卫生健康行政部门批准或者备案设立的非营利性医疗卫生机构。

（8）个人与电子商务经营者订立的电子订单。

【点拨指导】享受印花税免税优惠的电子商务经营者，具体范围按《中华人民共和国电子商务法》有关规定执行。

（9）自 2023 年 8 月 28 日起，证券交易印花税实施减半征收。

根据国民经济和社会发展的需要，国务院对居民住房需求保障、企业改制重组、破产、支持小型微型企业发展等情形可以规定减征或者免征印花税，报全国人民代表大会常务委员会备案。

【特别提示】对应税凭证适用印花税减免优惠的，书立该应税凭证的纳税人均可享受印花税减免政策，明确特定纳税人适用印花税减免优惠的除外。

【情境引例解析】

根据《印花税法》的规定，个人与电子商务经营者订立的电子订单，免征印花税。因此，张某与电子商务经营者订立的电子订单，免于缴纳印花税。

二、印花税的计算

（一）印花税计税依据的确定

1. 印花税计税依据的一般规定

印花税的计税依据为各种应税凭证上所记载的计税金额。具体规定为：

（1）应税合同的计税依据，为合同所列的金额，不包括列明的增值税税款。

（2）应税产权转移书据的计税依据，为产权转移书据所列的金额，不包括列明的增值税税款。

（3）应税营业账簿的计税依据，为账簿记载的实收资本（股本）、资本公积合计金额。

（4）证券交易的计税依据，为成交金额。

【特别提示】不记载实收资本（股本）、资本公积金额的营业账簿（例如记载固定资产金额的营业账簿），不属于印花税的征税范围。

2. 印花税计税依据的特殊规定

（1）应税合同、产权转移书据未列明金额的，印花税的计税依据按照实际结算的金额确定。

（2）计税依据按照上述规定仍不能确定的，按照书立合同、产权转移书据时的市场价格确定；依法应当执行政府定价或者政府指导价的，按照国家有关规定确定。

（3）证券交易无转让价格的，按照办理过户登记手续时该证券前一个交易日收盘价计算确定计税依据；无收盘价的，按照证券面值计算确定计税依据。

（4）同一应税凭证由两方以上当事人书立的，按照各自涉及的金额分别计算应纳税额。

（5）已缴纳印花税的营业账簿，以后年度记载的实收资本（股本）、资本公积合计金额比已缴纳印花税的实收资本（股本）、资本公积合计金额增加的，按照增加部分计算应纳税额。

【理论答疑】印花税应税合同中列明不含增值税价款和增值税税款，请问印花税的计税依据是含增值税价款还是不含增值税价款？

答：根据《印花税法》的规定，应税合同的计税依据，为合同所列的金额，不包括列明的增值税税款。

因此，应税合同中列明不含增值税价款和增值税税款，印花税的计税依据为合同所列的不含增值税价款。

3. 印花税计税依据的其他规定以及补税和退税的具体情形

（1）同一应税合同、应税产权转移书据中涉及两方以上纳税人，且未列明纳税人各自涉及金额的，以纳税人平均分摊的应税凭证所列金额（不包括列明的增值税税款）确定计税依据。

（2）应税合同、应税产权转移书据所列的金额与实际结算金额不一致，不变更应税凭证所列金额的，以所列金额为计税依据；变更应税凭证所列金额的，以变更后的所列金额为计税依据。已缴纳印花税的应税凭证，变更后所列金额增加的，纳税人应当就增加部分的金额补缴印花税；变更后所列金额减少的，纳税人可以就减少部分的金额向税务机关申请退还或者抵缴印花税。

（3）纳税人因应税凭证列明的增值税税款计算错误导致应税凭证的计税依据减少或者增加的，纳税人应当按规定调整应税凭证列明的增值税税款，重新确定应税凭证计税依据。已缴纳印花税的应税凭证，调整后计税依据增加的，纳税人应当就增加部分的金额补缴印花税；调整后计税依据减少的，纳税人可以就减少部分的金额向税务机关申请退还或者抵缴印花税。

（4）纳税人转让股权的印花税计税依据，按照产权转移书据所列的金额（不包括列明的认缴后尚未实际出资权益部分）确定。

（5）应税凭证金额为人民币以外的货币的，应当按照凭证书立当日的人民币汇率中间价折合人民币确定计税依据。

（6）境内的货物多式联运，采用在起运地统一结算全程运费的，以全程运费作为运输合同的计税依据，由起运地运费结算双方缴纳印花税；采用分程结算运费的，以分程的运费作为计税依据，分别由办理运费结算的各方缴纳印花税。

（7）未履行的应税合同、产权转移书据，已缴纳的印花税不予退还及抵缴税款。

（8）纳税人多贴的印花税票，不予退税及抵缴税款。

（二）印花税应纳税额的计算

印花税的应纳税额按照计税依据乘以适用税率计算。其计算公式为：

应纳印花税＝计税依据×适用税率

同一应税凭证载有两个以上税目事项并分别列明金额的，按照各自适用的税目税率分别计算应纳税额；未分别列明金额的，从高适用税率。

【工作实例 7-5】 甲公司于本年 1 月成立，建立资金账簿 1 本，登记实收资本 3 000 000 元。在成立当月，甲公司与乙公司签订商品销售合同，合同列明不含增值税价款为 200 000 元，增值税税款为 26 000 元；当月甲公司与丙运输公司签订运输合同，合同列明不含增值税运费金额为 20 000 元，增值税税款为 1 800 元。已知营业账簿的印花税税率为 0.25‰，买卖合同的印花税税率为 0.3‰，运输合同的印花税税率为 0.3‰。

【工作要求】 计算甲公司本年 1 月的应纳印花税。

【工作实施】

营业账簿应纳印花税＝3 000 000×0.25‰＝750(元)

买卖合同应纳印花税＝200 000×0.3‰＝60(元)

运输合同应纳印花税＝20 000×0.3‰＝6(元)

应纳印花税合计＝750＋60＋6＝816(元)

三、印花税的征收管理

（一）印花税的征收管理要求

1. 印花税的缴纳方式

印花税一般采用申报的方式缴纳。

印花税也可以采用粘贴印花税票或者由税务机关依法开具其他完税凭证的方式缴纳。印花税票粘贴在应税凭证上的，由纳税人在每枚税票的骑缝处盖戳注销或者画销。印花税票由国务院税务主管部门监制。

2. 印花税的纳税义务发生时间

印花税的纳税义务发生时间为纳税人书立应税凭证或者完成证券交易的当日。

证券交易印花税扣缴义务发生时间为证券交易完成的当日。

3. 印花税的纳税期限

印花税按季、按年或者按次计征。实行按季、按年计征的，纳税人应当自季度、年度终了之日起15日内申报缴纳税款；实行按次计征的，纳税人应当自纳税义务发生之日15日内申报缴纳税款。

证券交易印花税按周解缴。证券交易印花税扣缴义务人应当自每周终了之日起5日内申报解缴税款以及银行结算的利息。

【点拨指导】应税合同、产权转移书据印花税可以按季或者按次申报缴纳，应税营业账簿印花税可以按年或者按次申报缴纳，具体纳税期限由各省、自治区、直辖市、计划单列市税务局结合征管实际确定。

【点拨指导】境外单位或者个人的应税凭证印花税可以按季、按年或者按次申报缴纳，具体纳税期限由各省、自治区、直辖市、计划单列市税务局结合征管实际确定。

【特别提示】应税合同、产权转移书据未列明金额，在后续实际结算时确定金额的，纳税人应当于书立应税合同、产权转移书据的首个纳税申报期申报应税合同、产权转移书据书立情况，在实际结算后下一个纳税申报期，以实际结算金额计算申报缴纳印花税。

4. 印花税的纳税地点

纳税人为单位的，应当向其机构所在地的主管税务机关申报缴纳印花税；纳税人为个人的，应当向应税凭证书立地或者纳税人居住地的主管税务机关申报缴纳印花税。

不动产产权发生转移的，纳税人应当向不动产所在地的主管税务机关申报缴纳印花税。

纳税人为境外单位或者个人，在境内有代理人的，以其境内代理人为扣缴义务人。境外单位或者个人的境内代理人应当按规定扣缴印花税，向境内代理人机构所在地（居住地）主管税务机关申报解缴税款。

纳税人为境外单位或者个人，在境内没有代理人的，纳税人应当自行申报缴纳印花税。境外单位或者个人可以向资产交付地、境内服务提供方或者接受方所在地（居住地）、书立应税凭证境内书立人所在地（居住地）主管税务机关申报缴纳；涉及不动产产权转移的，应当向不动产所在地主管税务机关申报缴纳。

证券登记结算机构为证券交易印花税的扣缴义务人，应当向其机构所在地的主管税务机关申报解缴税款以及银行结算的利息。

【特别提示】《印花税法》实施后，纳税人享受印花税优惠政策，继续实行“自行判别、申报享受、有关资料留存备查”的办理方式。纳税人对留存备查资料的真实性、完整性和合法性承担法律责任。

（二）印花税的纳税申报

纳税人对印花税进行纳税申报时，应当根据书立印花税应税合同、产权转移书据和营业账簿情况，填报《印花税税源明细表》（略）、《财产和行为税减免税明细申报附表》（见表6－5）、《财产和行为税纳税申报表》（见表6－6）。

第4节即测即评

第5节　契税法

情境引例

我公司完成购置房屋的交易后，已按规定缴纳了契税，但后来因人民法院判决导致房屋权属转移行为被撤销，且房屋权属变更至原权利人，请问我公司是否可以申请退还契税？

一、契税的认知

（一）契税纳税人的确定

在中华人民共和国境内转移土地、房屋权属，承受的单位和个人为契税的纳税人。土地、房屋权属是指土地使用权和房屋所有权。单位是指企业单位、事业单位、国家机关、军事单位和社会团体以及其他组织。个人是指个体经营者（个体工商户）及其他个人，包括中国公民和外籍人员。

【点拨指导】征收契税的土地、房屋权属，具体为土地使用权、房屋所有权。

【特别提示】下列情形发生土地、房屋权属转移的，承受方（承受者）应当依法缴纳契税：(1）因共有不动产份额变化的；(2）因共有人增加或者减少的；(3）因人民法院、仲裁委员会的生效法律文书或者监察机关出具的监察文书等因素，发生土地、房屋权属转移的。

【点拨指导】契税由土地、房屋权属的承受方缴纳。这里所说的承受，是指以受让、购买、受赠、互换等方式取得土地、房屋权属的行为。

（二）契税征税范围的确定

契税的征税范围如下：

(1）土地使用权出让（指的是国有土地使用权出让）。

（2）土地使用权转让（包括出售、赠与、互换，不包括土地承包经营权和土地经营权的转移）。

（3）房屋买卖、赠与、互换。

需要注意的是，以作价投资（入股）、偿还债务、划转、奖励等方式转移土地、房屋权属的，应当缴纳契税（土地、房屋权属承受方应当缴纳契税）。

【特别提示】以作价投资（入股）、偿还债务等应交付经济利益的方式转移土地、房屋权属的，参照土地使用权出让、出售或房屋买卖确定契税适用税率、计税依据等。以划转、奖励等没有价格的方式转移土地、房屋权属的，参照土地使用权或房屋赠与确定契税适用税率、计税依据等。

土地、房屋权属的典当、分拆（分割）、出租、抵押等行为，不属于契税的征税范围。

【归纳总结】房地产销售过程中涉及的税种见表7-5。

表7-5　房地产销售过程中涉及的税种

税种	卖方	买方	税收优惠举例
增值税	√		北京市、上海市、广州市和深圳市之外的地区，个人将购买2年以上（含2年）的住房对外销售的，免征增值税及相应的城市维护建设税、教育费附加和地方教育附加。自2024年12月1日起，北京市、上海市、广州市和深圳市，凡取消普通住宅和非普通住宅标准的，取消普通住宅和非普通住宅标准后，与全国其他地区适用统一的个人销售住房增值税政策，对该城市个人将购买2年以上（含2年）的住房对外销售的，免征增值税及相应的城市维护建设税、教育费附加和地方教育附加。
城市维护建设税	√		
教育费附加、地方教育附加	√		
土地增值税	√		对个人销售住房暂免征收土地增值税。
契税		√	城镇职工按规定第一次购买公有住房的，免征契税。
印花税	√	√	对个人销售或购买住房暂免征收印花税
企业所得税（企业缴纳）	√		
个人所得税（个人缴纳）	√		个人转让自用达5年以上，并且是家庭唯一生活用房取得的所得免征个人所得税。

【实务答疑】张某将他自己拥有的房地产投入他自己投资的个人独资企业，请问是否需要缴纳契税？

答：根据《财政部 税务总局关于继续实施企业、事业单位改制重组有关契税政策的公告》（财政部 税务总局公告2023年第49号）的规定，同一投资主体内部所属企业之间土地、房屋权属的划转，包括母公司与其全资子公司之间，同一公司所属全资子公司之间，同一自然人与其设立的个人独资企业、一人有限公司之间土地、房屋权属的划转，免征契税。

因此，张某将他自己拥有的房地产投入他自己投资的个人独资企业，免缴契税。

（三）契税税率的判定

契税采用比例税率，并实行3%～5%的幅度税率。契税的具体适用税率，由省、自治区、直辖市人民政府在上述规定的税率幅度内提出，报同级人民代表大会常务委员会决定，并报全国人民代表大会常务委员会和国务院备案。

（四）契税优惠政策的运用

1. 契税的免税政策

（1）国家机关、事业单位、社会团体、军事单位承受土地、房屋权属用于办公、教学、医疗、科研、军事设施。

（2）非营利性的学校、医疗机构、社会福利机构承受土地、房屋权属用于办公、教学、医疗、科研、养老、救助。

（3）承受荒山、荒地、荒滩土地使用权用于农、林、牧、渔业生产。

【素养园地】我国对承受荒山、荒地、荒滩土地使用权用于农、林、牧、渔业生产的，免征契税，有利于恢复生态环境，促进农业发展，体现了“强化农业科技和装备支撑”“拓宽农民增收致富渠道”“增强脱贫地区和脱贫群众内生发展动力”① 的宗旨。

（4）婚姻关系存续期间夫妻之间变更土地、房屋权属。

（5）夫妻因离婚分割共同财产发生土地、房屋权属变更的，免征契税。

（6）法定继承人通过继承承受土地、房屋权属。

（7）依照法律规定应当予以免税的外国驻华使馆、领事馆和国际组织驻华代表机构承受土地、房屋权属。

（8）城镇职工按规定第一次购买公有住房。

（9）外国银行分行按照《中华人民共和国外资银行管理条例》等相关规定改制为外商独资银行（或其分行），改制后的外商独资银行（或其分行）承受原外国银行分行的房屋权属。

（10）2019年6月1日至2025年12月31日，为社区提供养老、托育、家政等服务的机构，承受房屋、土地用于提供社区养老、托育、家政服务的，免征契税。

根据国民经济和社会发展的需要，国务院对居民住房需求保障、企业改制重组、灾后重建等情形可以规定免征或者减征契税，报全国人民代表大会常务委员会备案。

2. 省、自治区、直辖市可以决定免征或者减征契税的情形

（1）因土地、房屋被县级以上人民政府征收、征用，重新承受土地、房屋权属；

（2）因不可抗力灭失住房，重新承受住房权属。

上述规定的免征或者减征契税的具体办法，由省、自治区、直辖市人民政府提出，报

① 习近平. 高举中国特色社会主义伟大旗帜 为全面建设社会主义现代化国家而团结奋斗——在中国共产党第二十次全国代表大会上的报告. 北京：人民出版社，2022.

同级人民代表大会常务委员会决定，并报全国人民代表大会常务委员会和国务院备案。

【特别提示】纳税人改变有关土地、房屋的用途，或者有其他不再属于上述规定的免征、减征契税情形的，应当缴纳已经免征、减征的税款。

3. 企业、事业单位改制重组有关契税政策

为支持企业、事业单位改制重组，优化市场环境，财政部、税务总局就2024年1月1日至2027年12月31日继续实施的有关契税政策公告如下：（1）企业改制。企业按照《中华人民共和国公司法》有关规定整体改制，包括非公司制企业改制为有限责任公司或股份有限公司，有限责任公司变更为股份有限公司，股份有限公司变更为有限责任公司，原企业投资主体存续并在改制（变更）后的公司中所持股权（股份）比例超过75%，且改制（变更）后公司承继原企业权利、义务的，对改制（变更）后公司承受原企业土地、房屋权属，免征契税。

（2）事业单位改制。事业单位按照国家有关规定改制为企业，原投资主体存续并在改制后企业中出资（股权、股份）比例超过50%的，对改制后企业承受原事业单位土地、房屋权属，免征契税。

（3）公司合并。两个或两个以上的公司，依照法律规定、合同约定，合并为一个公司，且原投资主体存续的，对合并后公司承受原合并各方土地、房屋权属，免征契税。

（4）公司分立。公司依照法律规定、合同约定分立为两个或两个以上与原公司投资主体相同的公司，对分立后公司承受原公司土地、房屋权属，免征契税。

（5）企业破产。企业依照有关法律法规规定实施破产，债权人（包括破产企业职工）承受破产企业抵偿债务的土地、房屋权属，免征契税；对非债权人承受破产企业土地、房屋权属，凡按照《中华人民共和国劳动法》等国家有关法律法规政策妥善安置原企业全部职工规定，与原企业全部职工签订服务年限不少于3年的劳动用工合同的，对其承受所购企业土地、房屋权属，免征契税；与原企业超过30%的职工签订服务年限不少于3年的劳动用工合同的，减半征收契税。

（6）资产划转。对承受县级以上人民政府或国有资产管理部门按规定进行行政性调整、划转国有土地、房屋权属的单位，免征契税。

同一投资主体内部所属企业之间土地、房屋权属的划转，包括母公司与其全资子公司之间，同一公司所属全资子公司之间，同一自然人与其设立的个人独资企业、一人有限公司之间土地、房屋权属的划转，免征契税。

母公司以土地、房屋权属向其全资子公司增资，视同划转，免征契税。

（7）债权转股权。经国务院批准实施债权转股权的企业，对债权转股权后新设立的公司承受原企业的土地、房屋权属，免征契税。

（8）划拨用地出让或作价出资。以出让方式或国家作价出资（入股）方式承受原改制重组企业、事业单位划拨用地的，不属上述规定的免税范围，对承受方应按规定征收契税。

（9）公司股权（股份）转让。在股权（股份）转让中，单位、个人承受公司股权（股份），公司土地、房屋权属不发生转移，不征收契税。

【点拨指导】上述企业、公司，是指依照我国有关法律法规设立并在中国境内注册的企业、公司。投资主体存续，是指原改制重组企业、事业单位的出资人必须存在于改制重组后的企业，出资人的出资比例可以发生变动。投资主体相同，是指公司分立前后出资人不发生变动，出资人的出资比例可以发生变动。

二、契税的计算

（一）契税计税依据的确定

1. 契税计税依据的基本规定

（1）只有一个价格的情况。土地使用权出让、出售，房屋买卖，契税的计税依据为土地、房屋权属转移合同确定的成交价格，包括应交付的货币以及实物、其他经济利益对应的价款。

【点拨指导】营改增后计征契税的成交价格不含增值税。免征增值税的，确定计税依据时，成交价格不扣减增值税税额。

【知识链接】《财政部 国家税务总局关于营改增后契税 房产税 土地增值税 个人所得税计税依据问题的通知》（财税〔2016〕43号）对营改增后契税、房产税、土地增值税、个人所得税计税依据有关问题明确如下：

（1）计征契税的成交价格不含增值税。

（2）房产出租的，计征房产税的租金收入不含增值税。

（3）土地增值税纳税人转让房地产取得的收入为不含增值税收入。《土地增值税暂行条例》等规定的土地增值税扣除项目涉及的增值税进项税额，允许在销项税额中计算抵扣的，不计入扣除项目；不允许在销项税额中计算抵扣的，可以计入扣除项目。

（4）个人转让房屋的个人所得税应税收入不含增值税，其取得房屋时所支付价款中包含的增值税计入财产原值，计算转让所得时可扣除的税费不包括本次转让缴纳的增值税。

个人出租房屋的个人所得税应税收入不含增值税，计算房屋出租所得可扣除的税费不包括本次出租缴纳的增值税。个人转租房屋的，其向房屋出租方支付的租金及增值税税额，在计算转租所得时予以扣除。

（5）免征增值税的，确定计税依据时，成交价格、租金收入、转让房地产取得的收入不扣减增值税税额。

（6）在计征上述税种时，税务机关核定的计税价格或收入不含增值税。

【特别提示】税务机关依法核定计税价格，应参照市场价格，采用房地产价格评估等方法合理确定。

（2）无价格的情况。土地使用权赠与、房屋赠与以及其他没有价格的转移土地、房屋权属行为，契税的计税依据为税务机关参照土地使用权出售、房屋买卖的市场价格依法核定的价格。

【点拨指导】纳税人申报的成交价格、互换价格差额明显偏低且无正当理由的，由税务机关依照《税收征收管理法》的规定核定。

（3）补缴契税的情况。以划拨方式取得的土地使用权，经批准转让房地产时，契税的计税依据为补缴的土地使用权出让费用或者土地收益。

2. 契税计税依据的若干具体情形

（1）以划拨方式取得的土地使用权，经批准改为出让方式重新取得该土地使用权的，应由该土地使用权人以补缴的土地出让价款为计税依据缴纳契税。

（2）先以划拨方式取得土地使用权，后经批准转让房地产，划拨土地性质改为出让的，承受方应分别以补缴的土地出让价款和房地产权属转移合同确定的成交价格为计税依据缴纳契税。

（3）先以划拨方式取得土地使用权，后经批准转让房地产，划拨土地性质未发生改变的，承受方应以房地产权属转移合同确定的成交价格为计税依据缴纳契税。

（4）土地使用权及所附建筑物、构筑物等（包括在建的房屋、其他建筑物、构筑物和其他附着物）转让的，计税依据为承受方应交付的总价款。

（5）土地使用权出让的，计税依据包括土地出让金、土地补偿费、安置补助费、地上附着物和青苗补偿费、征收补偿费、城市基础设施配套费、实物配建房屋等应交付的货币以及实物、其他经济利益对应的价款。

（6）房屋附属设施（包括停车位、机动车库、非机动车库、顶层阁楼、储藏室及其他房屋附属设施）与房屋为同一不动产单元的，计税依据为承受方应交付的总价款，并适用与房屋相同的税率；房屋附属设施与房屋为不同不动产单元的，计税依据为转移合同确定的成交价格，并按当地确定的适用税率计税。

（7）承受已装修房屋的，应将包括装修费用在内的费用计入承受方应交付的总价款。

（8）土地使用权互换、房屋互换，互换价格相等的，互换双方计税依据为零；互换价格不相等的，以其差额为计税依据，由支付差额的一方缴纳契税。

（9）契税的计税依据不包括增值税。

【点拨指导】契税计税依据不包括增值税，具体情形为：（1）土地使用权出售、房屋买卖，承受方计征契税的成交价格不含增值税；实际取得增值税发票的，成交价格以发票上注明的不含税价格确定。（2）土地使用权互换、房屋互换，契税计税依据为不含增值税价格的差额。（3）税务机关核定的契税计税价格为不含增值税价格。

（二）契税应纳税额的计算

契税的应纳税额按照计税依据乘以具体适用税率计算。其计算公式为：

应纳契税＝计税依据×税率

【工作实例7-6】 甲公司本年1月购买一幢办公楼，成交价格为1 020万元（不含增值税）。当地规定的契税税率为3%。

【工作要求】计算甲公司本年 1 月购买办公楼的应纳契税。

【工作实施】土地使用权出让、出售，房屋买卖，契税的计税依据为土地、房屋权属转移合同确定的成交价格，则

应纳契税＝1 020×3%＝30.6(万元)

三、契税的征收管理

（一）契税的征收管理要求

1. 契税的纳税义务发生时间

契税的纳税环节是纳税人签订土地、房屋权属转移合同的当日，或者纳税人取得其他具有土地、房屋权属转移合同性质凭证的当日。

【点拨指导】具有土地、房屋权属转移合同性质的凭证包括契约、协议、合约、单据、确认书以及其他凭证。

关于契税纳税义务发生时间的特殊情形如下：

（1）因人民法院、仲裁委员会的生效法律文书或者监察机关出具的监察文书等发生土地、房屋权属转移的，纳税义务发生时间为法律文书等生效当日。

（2）因改变土地、房屋用途等情形应当缴纳已经减征、免征契税的，纳税义务发生时间为改变有关土地、房屋用途等情形的当日。

（3）因改变土地性质、容积率等土地使用条件需补缴土地出让价款，应当缴纳契税的，纳税义务发生时间为改变土地使用条件当日。

发生上述情形，按规定不再需要办理土地、房屋权属登记的，纳税人应自纳税义务发生之日起 90 日内申报缴纳契税。

【点拨指导】契税申报以不动产单元为基本单位。

2. 契税的纳税期限

纳税人应当在依法办理土地、房屋权属登记手续前申报缴纳契税。

【知识链接】纳税人应当在转让房地产合同签订之日起 7 日内，到房地产所在地主管税务机关办理土地增值税纳税申报。

3. 契税的纳税地点

契税由土地、房屋所在地的税务机关依照《中华人民共和国契税法》和《税收征收管理法》的规定征收管理。

4. 契税征收管理的其他规定

（1）不动产登记机构在办理土地、房屋权属登记时，应当依法查验土地、房屋的契税完税、减免税、不征税等涉税凭证或者有关信息。

（2）税务机关应当与相关部门建立契税涉税信息共享和工作配合机制。自然资源、住房城乡建设、民政、公安等相关部门应当及时向税务机关提供与转移土地、房屋权属

有关的信息，协助税务机关加强契税征收管理。

税务机关及其工作人员对税收征收管理过程中知悉的纳税人的个人信息，应当依法予以保密，不得泄露或者非法向他人提供。

（3）纳税人办理纳税事宜后，税务机关应当开具契税完税凭证。纳税人办理土地、房屋权属登记，不动产登记机构应当查验契税完税、减免税凭证或者有关信息。未按照规定缴纳契税的，不动产登记机构不予办理土地、房屋权属登记。

（4）在依法办理土地、房屋权属登记前，权属转移合同、权属转移合同性质凭证不生效、无效、被撤销或者被解除的，纳税人可以向税务机关申请退还已缴纳的税款，税务机关应当依法办理。

（5）纳税人缴纳契税后发生下列情形，可依照有关法律法规申请退税：1）因人民法院判决或者仲裁委员会裁决导致土地、房屋权属转移行为无效、被撤销或者被解除，且土地、房屋权属变更至原权利人的；2）在出让土地使用权交付时，因容积率调整或实际交付面积小于合同约定面积需退还土地出让价款的；3）在新建商品房交付时，因实际交付面积小于合同约定面积需返还房价款的。

【情境引例解析】

根据《财政部 税务总局关于贯彻实施契税法若干事项执行口径的公告》（财政部 税务总局公告2021年第23号）的规定，纳税人缴纳契税后发生下列情形，可依照有关法律法规申请退税：（1）因人民法院判决或者仲裁委员会裁决导致土地、房屋权属转移行为无效、被撤销或者被解除，且土地、房屋权属变更至原权利人的；（2）在出让土地使用权交付时，因容积率调整或实际交付面积小于合同约定面积需退还土地出让价款的；（3）在新建商品房交付时，因实际交付面积小于合同约定面积需返还房价款的。

因此，你公司可以申请退还契税。

（二）契税的纳税申报

纳税人对契税进行纳税申报时，应当填报《契税税源明细表》（略）、《财产和行为税减免税明细申报附表》（见表6-5）、《财产和行为税纳税申报表》（见表6-6）。

第5节即测即评

第6节　烟叶税法

情境引例

我公司生产烟叶对外销售，请问需要缴纳烟叶税吗？

一、烟叶税的认知

（一）烟叶税纳税人的确定

在中华人民共和国境内，依照《中华人民共和国烟草专卖法》的规定收购烟叶的单位为烟叶税的纳税人。纳税人应当依照《中华人民共和国烟叶税法》（简称《烟叶税法》）的规定缴纳烟叶税。

【情境引例解析】

根据《烟叶税法》的规定，在中华人民共和国境内，依照《中华人民共和国烟草专卖法》的规定收购烟叶的单位为烟叶税的纳税人。纳税人应当依照本法规定缴纳烟叶税。

由于你公司是生产烟叶的销售方而非收购方，因此不需要缴纳烟叶税。

（二）烟叶税征税范围的确定

烟叶税的征税范围是烟叶。烟叶是指烤烟叶、晾晒烟叶。

（三）烟叶税税率的判定

烟叶税实行比例税率，税率为20%。

二、烟叶税的计算

（一）烟叶税计税依据的确定

烟叶税的计税依据为纳税人收购烟叶实际支付的价款总额。纳税人收购烟叶实际支付的价款总额包括纳税人支付给烟叶生产销售单位和个人的烟叶收购价款和价外补贴。

【特别提示】价外补贴统一按烟叶收购价款的10%计算。

（二）烟叶税应纳税额的计算

烟叶税的应纳税额按照纳税人收购烟叶实际支付的价款总额乘以税率计算。应纳税额的计算公式为：

应纳烟叶税＝纳税人收购烟叶实际支付的价款总额(烟叶收购价款总额)×税率
＝(烟叶收购价款＋价外补贴)×税率
＝(烟叶收购价款＋价外补贴)×20%

式中：价外补贴＝烟叶收购价款×10%

因此：应纳烟叶税＝烟叶收购价款×(1＋10%)×20%

【知识链接】取得（开具）农产品销售发票或收购发票的，以农产品销售发票或收购发票上注明的农产品买价和扣除率计算进项税额（买价是指纳税人购进农产品在农产品收购发票或者销售发票上注明的价款和按照规定缴纳的烟叶税）。

【知识链接】根据《财政部 国家税务总局关于收购烟叶支付的价外补贴进项税额抵扣问题的通知》（财税〔2011〕21号）的规定，烟叶收购单位收购烟叶时按照国家有关规定以现金形式直接补贴烟农的生产投入补贴（简称价外补贴），属于农产品买价，为《中华人民共和国增值税暂行条例实施细则》（财政部 国家税务总局令第50号）第十七条中“价款”的一部分。烟叶收购单位，应将价外补贴与烟叶收购价格在同一张农产品收购发票或者销售发票上分别注明，否则，价外补贴不得计算增值税进项税额进行抵扣。

【工作实例7-7】 甲卷烟厂从烟农手中收购一批烟叶用于生产卷烟，货物已验收入库，收购价款为80 000元，另向烟农支付了价外补贴6 000元。甲卷烟厂将价外补贴与烟叶收购价格在同一张农产品收购发票上分别注明。

【工作要求】

（1）计算甲卷烟厂购进烟叶的应纳烟叶税。

（2）计算甲卷烟厂购进烟叶准予抵扣的增值税进项税额。

【工作实施】在计算烟叶税时，价外补贴统一按烟叶收购价款的10%计算，即应纳烟叶税＝烟叶收购价款×（1＋10%）×烟叶税税率（20%）；但是在计算收购烟叶准予抵扣的增值税进项税额时，价外补贴不一定就是烟叶收购价款的10%，而应当按照实际支付的价外补贴，即准予抵扣的增值税进项税额＝（烟叶收购价款＋实际价外补贴＋应纳烟叶税）×扣除率。

（1）应纳烟叶税＝烟叶收购价款×(1＋10%)×烟叶税税率(20%)
＝80 000×(1＋10%)×20%＝88 000×20%＝17 600(元)

（2）自2019年4月1日起，纳税人购进用于生产销售或委托加工13%税率货物的农产品，按照10%的扣除率计算进项税额。

购进烟叶准予抵扣的增值税进项税额合计＝(80 000＋6 000＋17 600)×10%
＝10 360(元)

其中：购买烟叶时先抵扣增值税进项税额＝(80 000＋6 000＋17 600)×9%
＝9 324(元)

领用烟叶用于生产卷烟时再抵扣增值税进项税额＝(80 000＋6 000＋17 600)×1%
＝1 036(元)

三、烟叶税的征收管理

（一）烟叶税的征收管理要求

1. 烟叶税的纳税义务发生时间

烟叶税的纳税义务发生时间为纳税人收购烟叶的当日。

2. 烟叶税的纳税期限

烟叶税按月计征，纳税人应当于纳税义务发生月终了之日起 15 日内申报并缴纳税款。

3. 烟叶税的纳税地点

纳税人应当向烟叶收购地的主管税务机关申报缴纳烟叶税。

（二）烟叶税的纳税申报

纳税人对烟叶税进行纳税申报时，应填报《烟叶税税源明细表》（略）、《财产和行为税纳税申报表》（见表 6－6）。

第 6 节即测即评

【特别提示】烟叶税没有减免税政策，因此对烟叶税进行纳税申报时，不需要填报《财产和行为税减免税明细申报附表》。

第 7 节　环境保护税法

情境引例

我公司向依法设立的污水集中处理、生活垃圾集中处理场所排放应税污染物，请问是否需要缴纳环境保护税？

一、环境保护税的认知

（一）环境保护税纳税人的确定

环境保护税纳税人是在中华人民共和国领域和中华人民共和国管辖的其他海域，直接向环境排放应税污染物的企业事业单位和其他生产经营者。

（二）环境保护税征税范围的确定

环境保护税的征税对象为纳税人直接向环境排放的应税污染物。上述应税污染物是指《中华人民共和国环境保护税法》（简称《环境保护税法》）所附《环境保护税税目税额表》《应税污染物和当量值表》规定的大气污染物、水污染物、固体废物和噪声。

依法设立的城乡污水集中处理、生活垃圾集中处理场所超过国家和地方规定的排放标准向环境排放应税污染物的，应当缴纳环境保护税。

企业事业单位和其他生产经营者贮存或者处置固体废物不符合国家和地方环境保护标准的，应当缴纳环境保护税。

【情境引例解析】

根据《环境保护税法》的规定，有下列情形之一的，不属于直接向环境排放污染物，不缴纳相应污染物的环境保护税：（1）企业事业单位和其他生产经营者向依法设立的污水集中处理、生活垃圾集中处理场所排放应税污染物的；（2）企业事业单位和其他生产经营者在符合国家和地方环境保护标准的设施、场所贮存或者处置固体废物的。

因此，你公司向依法设立的污水集中处理、生活垃圾集中处理场所排放应税污染物，不需要缴纳环境保护税。

（三）环境保护税税目的确定

环境保护税的税目依照《环境保护税税目税额表》（见表 7－6）执行。具体来说，环境保护税税目包括大气污染物、水污染物、固体废物和噪声四大类。

（四）环境保护税税率的判定

环境保护税的税率依照《环境保护税税目税额表》（见表 7－6）执行。

表 7－6　环境保护税税目税额表

<table>
<tr><th colspan="2">税目</th><th>计税单位</th><th>税额</th><th>备注</th></tr>
<tr><td colspan="2">大气污染物</td><td>每污染当量</td><td>1.2～12 元</td><td></td></tr>
<tr><td colspan="2">水污染物</td><td>每污染当量</td><td>1.4～14 元</td><td></td></tr>
<tr><td rowspan="4">固体废物</td><td>煤矸石</td><td>每吨</td><td>5 元</td><td></td></tr>
<tr><td>尾矿</td><td>每吨</td><td>15 元</td><td></td></tr>
<tr><td>危险废物</td><td>每吨</td><td>1 000 元</td><td></td></tr>
<tr><td>冶炼渣、粉煤灰、炉渣、其他固体废物（含半固态、液态废物）</td><td>每吨</td><td>25 元</td><td></td></tr>
<tr><td rowspan="6">噪声</td><td rowspan="6">工业噪声</td><td>超标 1～3 分贝</td><td>每月 350 元</td><td rowspan="6">1. 一个单位边界上有多处噪声超标，根据最高一处超标声级计算应纳税额；当沿边界长度超过 100 米有两处以上噪声超标，按照两个单位计算应纳税额。
2. 一个单位有不同地点作业场所的，应当分别计算应纳税额，合并计征。
3. 昼、夜均超标的环境噪声，昼、夜分别计算应纳税额，累计计征。
4. 声源一个月内超标不足 15 天的，减半计算应纳税额。
5. 夜间频繁突发和夜间偶然突发厂界超标噪声，按等效声级和峰值噪声两种指标中超标分贝值高的一项计算应纳税额。</td></tr>
<tr><td>超标 4～6 分贝</td><td>每月 700 元</td></tr>
<tr><td>超标 7～9 分贝</td><td>每月 1 400 元</td></tr>
<tr><td>超标 10～12 分贝</td><td>每月 28 00 元</td></tr>
<tr><td>超标 13～15 分贝</td><td>每月 5 600 元</td></tr>
<tr><td>超标 16 分贝以上</td><td>每月 11 200 元</td></tr>
</table>

（五）环境保护税优惠政策的运用

1. 免征项目

下列情形，暂予免征环境保护税：

（1）农业生产（不包括规模化养殖）排放应税污染物的；

（2）机动车、铁路机车、非道路移动机械、船舶和航空器等流动污染源排放应税污染物的；

（3）依法设立的城乡污水集中处理、生活垃圾集中处理场所排放相应应税污染物，不超过国家和地方规定的排放标准的；

（4）纳税人综合利用的固体废物，符合国家和地方环境保护标准的；

（5）国务院批准免税的其他情形。

其中，第（5）项免税规定，由国务院报全国人民代表大会常务委员会备案。

2. 减征项目

（1）纳税人排放应税大气污染物或者水污染物的浓度值低于国家和地方规定的污染物排放标准 30%的，减按 75%征收环境保护税。

（2）纳税人排放应税大气污染物或者水污染物的浓度值低于国家和地方规定的污染物排放标准 50%的，减按 50%征收环境保护税。

二、环境保护税的计算

（一）环境保护税计税依据的确定

1. 环境保护税计税依据的基本规定

应税污染物的计税依据，按照下列方法确定：

（1）应税大气污染物按照污染物排放量折合的污染当量数确定；

（2）应税水污染物按照污染物排放量折合的污染当量数确定；

（3）应税固体废物按照固体废物的排放量确定；

（4）应税噪声按照超过国家规定标准的分贝数确定。

2. 环境保护税计税依据的具体规定

（1）应税大气污染物、水污染物按照污染物排放量折合的污染当量数确定计税依据。

应税大气污染物、水污染物的污染当量数，以该污染物的排放量除以该污染物的污染当量值计算。计算公式为：

$$\text{应税大气污染物、水污染物的污染当量数}=\text{该污染物的排放量}\div\text{该污染物的污染当量值}$$

【特别提示】污染当量，是指根据污染物或者污染排放活动对环境的有害程度以及处理的技术经济性，衡量不同污染物对环境污染的综合性指标或者计量单位。同一介质相同污染当量的不同污染物，其污染程度基本相当。

每种应税大气污染物、水污染物的具体污染当量值，依照《环境保护税法》所附《应税污染物和当量值表》执行。

每一排放口或者没有排放口的应税大气污染物，按照污染当量数从大到小排序，对前三项污染物征收环境保护税。

每一排放口的应税水污染物，按照《环境保护税法》所附《应税污染物和当量值表》，区分第一类水污染物和其他类水污染物，按照污染当量数从大到小排序，对第一类水污染物按照前五项征收环境保护税，对其他类水污染物按照前三项征收环境保护税。

省、自治区、直辖市人民政府根据本地区污染物减排的特殊需要，可以增加同一排放口征收环境保护税的应税污染物项目数，报同级人民代表大会常务委员会决定，并报全国人民代表大会常务委员会和国务院备案。

纳税人有下列情形之一的，以其当期应税大气污染物、水污染物的产生量作为污染物的排放量：

1）未依法安装使用污染物自动监测设备或者未将污染物自动监测设备与生态环境主管部门的监控设备联网；

2）损毁或者擅自移动、改变污染物自动监测设备；

3）篡改、伪造污染物监测数据；

4）通过暗管、渗井、渗坑、灌注或者稀释排放以及不正常运行防治污染设施等方式违法排放应税污染物；

5）进行虚假纳税申报。

（2）应税固体废物按照固体废物的排放量确定计税依据。

应税固体废物的排放量为当期应税固体废物的产生量减去当期应税固体废物的贮存量、处置量、综合利用量的余额。计算公式为：

$$\begin{array}{c}\text{应税固体}\\\text{废物的排放量}\end{array}=\begin{array}{c}\text{当期应税固体}\\\text{废物的产生量}\end{array}-\begin{array}{c}\text{当期应税固体}\\\text{废物的贮存量}\end{array}-\begin{array}{c}\text{当期应税固体}\\\text{废物的处置量}\end{array}-\begin{array}{c}\text{当期应税固体}\\\text{废物的综合利用量}\end{array}$$

【点拨指导】固体废物的贮存量、处置量是指在符合国家和地方环境保护标准的设施、场所贮存或者处置的固体废物数量；固体废物的综合利用量是指按照国家发展和改革委员会、工业和信息化部关于资源综合利用要求以及国家和地方环境保护标准进行综合利用的固体废物数量。

纳税人有下列情形之一的，以其当期应税固体废物的产生量作为固体废物的排放量：

1）非法倾倒应税固体废物；

2）进行虚假纳税申报。

【特别提示】 从两个以上排放口排放应税污染物的，对每一排放口排放的应税污染物分别计算征收环境保护税；纳税人持有排污许可证的，其污染物排放口按照排污许可证载明的污染物排放口确定。

（3）应税噪声按照超过国家规定标准的分贝数确定计税依据。

工业噪声按照超过国家规定标准的分贝数确定每月税额。超过国家规定标准的分贝数是指实际产生的工业噪声与国家规定的工业噪声排放标准限值之间的差值。

3. 应税大气污染物、水污染物、固体废物排放量和噪声分贝数的确定方法

应税大气污染物、水污染物、固体废物的排放量和噪声的分贝数，按照下列方法和顺序计算：

（1）纳税人安装使用符合国家规定和监测规范的污染物自动监测设备的，按照污染物自动监测数据计算；

（2）纳税人未安装使用污染物自动监测设备的，按照监测机构出具的符合国家有关规定和监测规范的监测数据计算；

（3）因排放污染物种类多等原因不具备监测条件的，按照国务院生态环境主管部门规定的排污系数、物料衡算方法计算；

（4）不能按照上述第（1）项至第（3）项规定的方法计算的，按照省、自治区、直辖市人民政府生态环境主管部门规定的抽样测算的方法核定计算。

（二）环境保护税应纳税额的计算

环境保护税应纳税额按照下列方法计算。

1. 应税大气污染物应纳税额的计算

应税大气污染物的应纳税额为污染当量数乘以具体适用税额。计算公式为：

应税大气污染物应纳环境保护税＝污染当量数×具体适用税额

2. 应税水污染物应纳税额的计算

应税水污染物的应纳税额为污染当量数乘以具体适用税额。

应税水污染物应纳环境保护税＝污染当量数×具体适用税额

应税水污染物应纳税额的计算，具体来说：

（1）适用监测数据法的应税水污染物应纳税额的计算。

适用监测数据法的应税水污染物（包括第一类水污染物和第二类水污染物）的应纳税额为污染当量数乘以具体适用税额。计算公式为：

应税水污染物的应纳税额＝污染当量数×具体适用税额

（2）适用抽样测算法的应税水污染物应纳税额的计算。

适用抽样测算法的情形，纳税人按照《环境保护税法》所附《禽畜养殖业、小型企业和第三产业水污染物污染当量值》所规定的当量值计算污染当量数。

1）规模化禽畜养殖业排放的应税水污染物应纳税额。

禽畜养殖业的应税水污染物应纳税额为污染当量数乘以具体适用税额。其污染当量数以禽畜养殖数量除以污染当量值计算。计算公式为：

应纳税额＝污染当量数×具体适用税额
＝禽畜养殖数量÷污染当量值（头或羽）×具体适用税额

2）小型企业和第三产业排放的应税水污染物应纳税额。

小型企业和第三产业的应税水污染物应纳税额为污染当量数乘以具体适用税额。其污染当量数以污水排放量（吨）除以污染当量值（吨）计算。计算公式为：

应纳税额＝污染当量数×具体适用税额
＝污水排放量（吨）÷污染当量值（吨）×具体适用税额

3）医院排放的应税水污染物应纳税额。

医院排放的应税水污染物应纳税额为污染当量数乘以具体适用税额。其污染当量数以病床数或者污水排放量除以相应的污染当量值计算。计算公式为：

应纳税额＝污染当量数×具体适用税额
＝医院床位数÷污染当量值（床）×具体适用税额

或　应纳税额＝污染当量数×具体适用税额
＝污水排放量÷污染当量值（吨）×具体适用税额

3. 应税固体废物应纳税额的计算

应税固体废物的应纳税额为固体废物排放量乘以具体适用税额，其排放量为当期应税固体废物的产生量减去当期应税固体废物的贮存量、处置量、综合利用量的余额。计算公式为：

应税固体废物应纳环境保护税＝固体废物排放量×具体适用税额
＝（当期应税固体废物的产生量－当期应税固体废物的贮存量－当期应税固体废物的处置量－当期应税固体废物的综合利用量）×具体适用税额

4. 应税噪声应纳税额的计算

应税噪声的应纳税额为超过国家规定标准的分贝数对应的具体适用税额。即

应税噪声应纳环境保护税＝超过国家规定标准的分贝数对应的具体适用税额

【工作实例7-8】 甲公司本年1月向大气直接排放二氧化硫80千克、氟化物100千克、一氧化碳200千克、氯化氢100千克，假设当地大气污染物每污染当量税额为1.2元。该公司只有一个排放口。二氧化硫的污染当量值为0.95，氟化物的污染当量值为0.87，一氧化碳的污染当量值为16.7，氯化氢的污染当量值为10.75。

【工作要求】计算甲公司的应纳环境保护税。

【工作实施】应税大气污染物、水污染物的污染当量数，以该污染物的排放量除以该污染物的污染当量值计算。

二氧化硫污染当量数＝80÷0.95＝84.21

氟化物污染当量数＝100÷0.87＝114.94

一氧化碳污染当量数＝200÷16.7＝11.98

氯化氢污染当量数＝100÷10.75＝9.30

按污染当量数排序：氟化物污染当量数（114.94）＞二氧化硫污染当量数（84.21）＞一氧化碳污染当量数（11.98）＞氯化氢污染当量数（9.30）。

甲公司只有一个排放口，按照污染当量数从大到小排序，对前三项污染物征收环境保护税，则征收环境保护税的前三项污染物为：氟化物、二氧化硫、一氧化碳。

应纳环境保护税＝(114.94＋84.21＋11.98)×1.2＝253.36(元)

三、环境保护税的征收管理

（一）环境保护税的征收管理要求

1. 环境保护税的纳税义务发生时间

环境保护税的纳税义务发生时间为纳税人排放应税污染物的当日。

2. 环境保护税的纳税期限

环境保护税按月计算，按季申报缴纳。不能按固定期限计算缴纳的，可以按次申报缴纳。

纳税人按季申报缴纳的，应当自季度终了之日起 15 日内，向税务机关办理纳税申报并缴纳税款。纳税人按次申报缴纳的，应当自纳税义务发生之日起 15 日内，向税务机关办理纳税申报并缴纳税款。

纳税人申报缴纳环境保护税时，应当向税务机关报送所排放应税污染物的种类、数量，大气污染物、水污染物的浓度值，以及税务机关根据实际需要要求纳税人报送的其他纳税资料。

3. 环境保护税的纳税地点

环境保护税的纳税人应当向应税污染物排放地的税务机关申报缴纳环境保护税。

【点拨指导】应税污染物排放地是指：（1）应税大气污染物、水污染物排放口所在地；（2）应税固体废物产生地；（3）应税噪声产生地。

4. 环境保护税征收管理的其他规定

（1）征管方式。

环境保护税采用“企业申报、税务征收、环保协同、信息共享”的征管方式。纳税人应当依法如实办理纳税申报，对申报的真实性和完整性承担责任；税务机关依照《税收征收管理法》和《环境保护税法》的有关规定对环境保护税征收管理；生态环境主管部门依照《环境保护税法》和有关环境保护法律法规的规定负责对污染物监测管理；县级以上地方人民政府应当建立税务机关、生态环境主管部门和其他相关单位分工协作工作机制，加强环境保护税征收管理，保障税款及时足额入库。

（2）数据传递和比对。

生态环境主管部门和税务机关应当建立涉税信息共享平台和工作配合机制。

生态环境主管部门应当将排污单位的排污许可、污染物排放数据、环境违法和受行政处罚情况等环境保护相关信息，定期交送税务机关。

税务机关应当将纳税人的纳税申报、税款入库、减免税额、欠缴税款以及风险疑点等环境保护税涉税信息，定期交送生态环境主管部门。

生态环境主管部门发现纳税人申报的应税污染物排放信息或者适用的排污系数、物料衡算方法有误的，应当通知税务机关处理。

税务机关应当将纳税人的纳税申报数据资料与生态环境主管部门交送的相关数据资料进行比对。纳税人申报的污染物排放数据与生态环境主管部门交送的相关数据不一致的，按照生态环境主管部门交送的数据确定应税污染物的计税依据。

（3）复核。

税务机关发现纳税人的纳税申报数据资料异常或者纳税人未按照规定期限办理纳税申报的，可以提请生态环境主管部门进行复核，生态环境主管部门应当自收到税务机关的数据资料之日起15日内向税务机关出具复核意见。税务机关应当按照生态环境主管部门复核的数据资料调整纳税人的应纳税额。

【特别提示】纳税申报数据资料异常，包括但不限于下列情形：（1）纳税人当期申报的应税污染物排放量与上一年同期相比明显偏低，且无正当理由；（2）纳税人单位产品污染物排放量与同类型纳税人相比明显偏低，且无正当理由。

（二）环境保护税的纳税申报

纳税人对环境保护税进行纳税申报时，应当填报《环境保护税税源明细表》（略）、《财产和行为税减免税明细申报附表》（见表6-5）、《财产和行为税纳税申报表》（见表6-6）。

第7节即测即评

技能训练

1. 甲公司为增值税一般纳税人。本年1月甲公司与乙公司签订买卖合同，合同所列不含增值税价款2 000万元，增值税税款260万元；当月甲公司与乙公司签订仓储合同，不含增值税仓储费100万元，增值税税款6万元。买卖合同的印花税税率为0.3‰，仓储合同的印花税税率为1‰。

要求：计算甲公司本年1月上述业务的应纳印花税。

2. 甲公司本年拥有机动船3艘，每艘净吨位为3 000吨；拖船1艘，净吨位为1 800吨。机动船舶车船税计税标准为：净吨位201～2 000吨的，每吨4元；净吨位2 001～10 000吨的，每吨5元。

要求：计算甲公司本年的应纳车船税。

3. 甲公司本年1月从一般纳税人乙公司购买一辆汽车自用，支付价款113 000元（含增值税）。

要求：计算甲公司本年1月上述业务的应纳车辆购置税。

4. 周某向谢某借款60万元，后因谢某急需资金，周某以一套价值70万元的房产抵偿所欠谢某债务，谢某取得该房产产权的同时支付周某差价款10万元。已知契税税率为3%。以上价格均为不含增值税价格。

要求：计算上述房屋交易的应纳契税。

5. 甲烟草公司本年1月8日支付烟叶收购价款88万元，另向烟农支付了价外补贴10万元。

要求：计算甲烟草公司本年1月收购烟叶应缴纳的烟叶税。

6. 甲餐饮公司通过安装水流量计测得本年1月排放污水量为50吨，污染当量值为0.5吨。假设当地水污染物适用环境保护税税额为每污染当量2.8元。

要求：计算甲餐饮公司本年1月的应纳环境保护税。

实战演练

甲企业本年发生部分经营业务如下：

（1）年初将一栋原值为200万元的闲置办公楼用于对外投资联营，不承担投资风险，当年取得固定收益30万元。

（2）2月经批准新占用一处耕地6 000平方米用于委托施工企业乙建造仓库，当年7月办理了仓库验收手续，入账价值为780万元。

（3）3月新占用一处非耕地1 800平方米用于委托施工企业丙建造生产车间，当年8月办理了生产车间验收手续，入账价值为400万元。

当地政府规定计算房产余值的扣除比例为30%，城镇土地使用税每平方米年税额为5元。

任务要求：

（1）计算甲企业本年的应纳房产税。

（2）计算甲企业本年的应纳城镇土地使用税。

参考文献

[1] 中国注册会计师协会. 会计. 北京：中国财政经济出版社，2025.

[2] 中国注册会计师协会. 税法. 北京：中国财政经济出版社，2025.

[3] 全国税务师职业资格考试教材编写组. 税法（Ⅰ）. 北京：中国税务出版社，2025.

[4] 全国税务师职业资格考试教材编写组. 税法（Ⅱ）. 北京：中国税务出版社，2025.

[5] 东奥会计在线注会网上辅导税法讲义. 2025.

[6] 中华会计网校注会网上辅导税法讲义. 2025.

[7] 财政部会计资格评价中心. 经济法基础. 北京：经济科学出版社，2024.

[8] 梁文涛. 企业纳税筹划方案设计. 北京：中国人民大学出版社，2015.

[9] 梁文涛. 企业纳税方案优化设计 120 例. 北京：中国税务出版社，2014.

[10] 梁文涛. 税法. 7 版. 北京：中国人民大学出版社，2023.

[11] 梁文涛. 税法习题集. 北京：中国人民大学出版社，2023.

[12] 梁文涛. 税务会计（简明版）. 3 版. 北京：中国人民大学出版社，2024.

[13] 梁文涛. 税务会计. 5 版. 北京：中国人民大学出版社，2023.

[14] 梁文涛.《税务会计（第 5 版）》习题集. 北京：中国人民大学出版社，2023.

[15] 梁文涛. 纳税筹划. 7 版. 北京：中国人民大学出版社，2023.

[16] 梁文涛.《纳税筹划（第 7 版）》习题集. 北京：中国人民大学出版社，2023.

[17] 梁文涛. 经济法基础. 2 版. 北京：中国人民大学出版社，2025.

[18] 梁文涛. 会计职业道德. 2 版. 北京：中国人民大学出版社，2023.

[19] 梁文涛. 中国税收：税费计算与申报. 6 版. 北京：中国人民大学出版社，2024.

[20] 梁文涛. 企业纳税实务. 4 版. 北京：高等教育出版社，2023.

[21] 梁文涛. 企业纳税实务习题与实训. 4 版. 北京：高等教育出版社，2023.

图书在版编目（CIP）数据

税法：简明版 / 梁文涛主编；苏杉，张清亮副主编. -- 4 版. -- 北京：中国人民大学出版社，2024. 8. --（普通高等学校应用型教材）. -- ISBN 978-7-300-33017-4

Ⅰ. D922. 22

中国国家版本馆 CIP 数据核字第 20240XU681 号

普通高等学校应用型教材·会计
税法（简明版）（第 4 版）
主　编　梁文涛
副主编　苏　杉　张清亮
Shuifa (Jianmingban)

出版发行	中国人民大学出版社		
社　　址	北京中关村大街 31 号	**邮政编码**	100080
电　　话	010－62511242（总编室）		010－62511770（质管部）
	010－82501766（邮购部）		010－62514148（门市部）
	010－62511173（发行公司）		010－62515275（盗版举报）
网　　址	http://www.crup.com.cn		
经　　销	新华书店		
印　　刷	北京密兴印刷有限公司	**版　　次**	2020 年 3 月第 1 版
开　　本	787 mm×1092 mm　1/16		2024 年 8 月第 4 版
印　　张	25 插页 1	**印　　次**	2025 年 8 月第 6 次印刷
字　　数	532 000	**定　　价**	61.00 元

中国人民大学出版社　管理分社

教师教学服务说明

中国人民大学出版社管理分社以出版工商管理和公共管理类精品图书为宗旨。为更好地服务一线教师，我们着力建设了一批数字化、立体化的网络教学资源。教师可以通过以下方式获得免费下载教学资源的权限：

★ 在中国人民大学出版社网站 www.crup.com.cn 进行注册，注册后进入"会员中心"，在左侧点击"我的教师认证"，填写相关信息，提交后等待审核。我们将在一个工作日内为您开通相关资源的下载权限。

★ 如您急需教学资源或需要其他帮助，请加入教师 QQ 群或在工作时间与我们联络。

中国人民大学出版社　管理分社

教师 QQ 群：648333426(工商管理)　114970332(财会)　648117133(公共管理)
教师群仅限教师加入，入群请备注（学校＋姓名）

联系电话：010-62515735，62515987，62515782，82501048，62514760

电子邮箱：glcbfs@crup.com.cn

通讯地址：北京市海淀区中关村大街甲 59 号文化大厦 1501 室（100872）

管理书社　　人大社财会　　公共管理与政治学悦读坊